GRANDIOS UND EINZIGARTIG

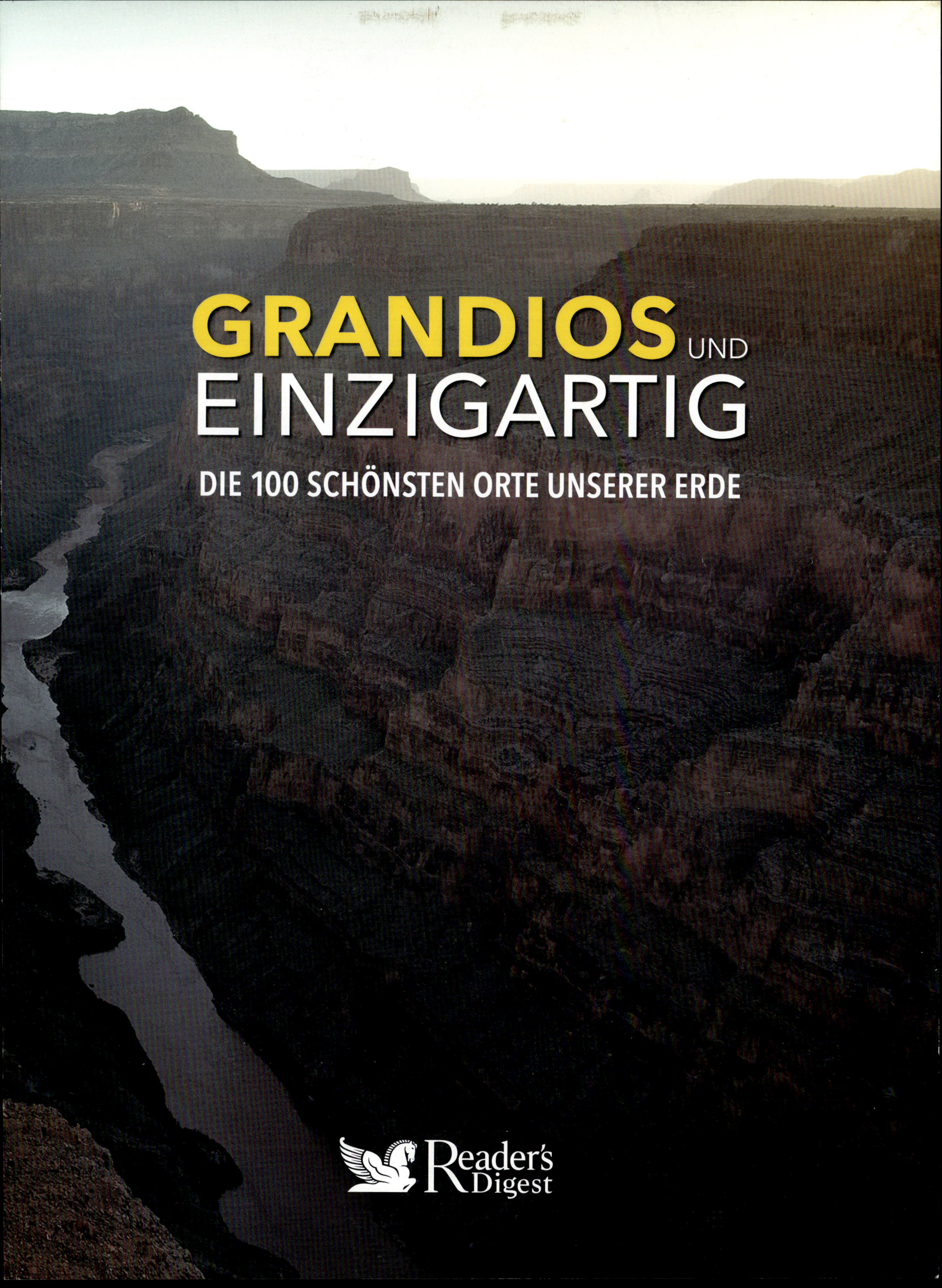

GRANDIOS UND EINZIGARTIG

DIE 100 SCHÖNSTEN ORTE UNSERER ERDE

Reader's Digest

INHALT

UNVERGLEICHLICH

OSTERINSEL

GALAPAGOSINSELN

CHINESISCHE MAUER

TAJ MAHAL

ULURU

VENEDIG

ÜBER DIESES BUCH

Unsere Erde ist voller großartiger Orte. Einige wurden von der Natur geschaffen, andere sind das Werk von Menschen und wieder andere eine Mischung aus beidem. Der majestätische Grand Canyon, die marmorne Pracht des Taj Mahal, die überirdische Schönheit der Höhle der Kristalle, die zauberhaften Kanäle Venedigs – aufzählen lassen sich solche Wunder(-werke) problemlos. Doch wie soll man aus der Fülle der überwältigenden, einzigartigen Orte die 100 allerbesten, allerschönsten auswählen?

Die Redakteure von Reader's Digest sind bekannt dafür, Informationen kompetent zu filtern. Dieses Buch stellte uns allerdings vor eine besonders große Herausforderung. Wir holten uns Rat bei erfahrenen Reisenden, bei Experten für das Welterbe, bei Geografen, Historikern und Naturforschern aus aller Welt und entschieden uns dann für die Orte, die wir als die wirklich herausragenden Stätten auf Erden empfanden. Und die Palette dieser Lokalitäten ist breit gefächert: Sie reicht von Parks über Regenwälder, Vulkane, Kathedralen, Gletscher, Paläste und ferne Inseln bis zu Wolkenkratzern in großen Städten.

Wir wollten in diesem Buch aber nicht nur die Ergebnisse unserer Auswahl vorstellen, sondern auch in Wort und Bild zeigen, wie wir zu diesen Ergebnissen kamen, und zudem kurz auf jene spektakulären Orte hinweisen, die in den jeweiligen Fällen zur Wahl gestanden hatten und die wir einfach als „Konkurrenten" bezeichnen.

Zwei erste Plätze Der Pariser Louvre ist das bekannteste Museum der Welt, der Eiffelturm das berühmteste Wahrzeichen einer Stadt.

Wodurch wird ein Ort zum „besten“? Welcher ist z. B. der spektakulärste von Palmen gesäumte tropische Strand? Und welches die imposanteste Eislandschaft? Wo zeigt sich die gotische Architektur in ihrer reinsten Form? Welches ist das bedeutendste unter den bedeutenden Museen der Welt? Wir haben all diese Fragen gestellt und beantwortet. So haben wir etwa den Pariser Louvre zum bedeutendsten Museum gekürt und nicht das Metropolitan Museum in New York, das Britische Museum in London oder den Madrider Prado. Haben wir uns richtig entschieden? Wir liefern alle nötigen Informationen für ein eigenes Urteil. Dieses Buch eröffnet (fast sogar buchstäblich) Horizonte und – durchaus beabsichtigt – Anlass zur Diskussion.

Die Gliederung des Buches soll die Vielfältigkeit dieser Zusammenstellung verdeutlichen. Es geht rund um die Welt von A nach Z, vom ägyptischen Abu Simbel bis zum Zuckerhut in Rio de Janeiro. Die alphabetische Ordnung erleichtert das Nachschlagen und sorgt zugleich für angenehme Zufälligkeit – unwillkürlich blättert man von einem faszinierenden Thema zum nächsten. Auf die antiken Tempel von Abu Simbel folgen die unwirtliche Afar-Senke in Äthiopien, die herrliche Athener Akropolis und die maurischen Höfe und Brunnen der Alhambra im andalusischen Granada … und so wechselt man von Überraschung zu Überraschung.

Zu fast jeder ausgewählten Topattraktion gehört ein Kasten mit dem Titel *Die Konkurrenten*, in dem einige der Orte genannt werden, die bei der Entscheidung zur engeren Wahl standen. Dank dieser Kästen wächst die Zahl der wunderbaren Orte, die im Buch vorgestellt werden, auf mehr als 500 an. In einigen wenigen Kapiteln verweist der Kasten *Klein, aber fein* auf sensationelle Orte, die zwar nicht groß, aber dennoch besonders sind. Die sechs Kästen mit dem Titel *Unvergleichlich, weil …* beziehen sich auf Orte, die schlicht einzigartig sind. Womit wären Venedig oder der Taj Mahal vergleichbar? In einigen Kapiteln wird die Frage aufgeworfen, welche Stätte nun wirklich die bedeutendste ihrer Art ist. Welche ist die Wüstenlandschaft schlechthin – die klassischen Sanddünen von Erg Chebbi in Marokko oder Ägyptens Weiße Wüste mit ihren seltsamen, vom Wind geformten Felsformationen?

Immer wieder gibt es Überraschungen: Wo befindet sich das faszinierendste Korallenriff? Das australische Great Barrier Reef ist weltberühmt und zweifellos hinreißend, aber viele Taucher geben dem philippinischen Tubbataha-Riff den Vorzug. Das ist, wie so viele Orte in diesem Buch, eine UNESCO-Welterbestätte und trotzdem weniger bekannt. Und wie könnte man die betörende Schönheit des Taj Mahal, der als „Träne auf der Wange der Zeit“ beschrieben wurde, wirklich verstehen, ohne um das Schicksal seines Erbauers, des Mogulkaisers Shah Jahan zu wissen, der hier der Trauer um seine Ehefrau Mumtaz Mahal ein Denkmal setzte?

Der Untertitel verrät, worum es geht: *Die 100 schönsten Orte unserer Erde*. Jede der Sehenswürdigkeiten in diesem Buch – sei es das Chrysler Building in New York oder das Schlachtfeld von Culloden in Schottland – ist für sich genommen ein Superlativ, wegen ihrer Schönheit oder weil sie Beklommenheit und Staunen hervorruft. *Grandios und einzigartig* will unterhalten, informieren, Vergnügen bereiten und bezüglich der Auswahl der Themen vielleicht auch ein wenig überraschen. Vor allem aber ist es unsere Absicht, die Sicht auf unseren Planeten und seine vielen unvergleichlichen Wunder zu verändern und zu erweitern.

Die Redaktion

DIE GEWALTIGSTEN ALTÄGYPTISCHEN BAUWERKE

ABU SIMBEL

Die Tempel von Abu Simbel – erbaut unter Ramses II. und in den 1960er-Jahren vor der Überflutung gerettet – sind die ungewöhnlichsten unter den Wunderwerken des Alten Ägypten.

Die Tempel von Abu Simbel sind die Mühen der langwierigen Anreise wert: Schon von Weitem lassen sich die gigantischen Statuen von Ramses II. und seiner Hauptfrau Nefertari erspähen, die vor mehr als 3000 Jahren in den goldfarbenen Sandstein geschlagen wurden. Neben der gewaltigen Größe fallen beim Näherkommen die außerordentlich zahlreichen und fein gearbeiteten Ausschmückungen auf, von Flachreliefs bis hin zu Gemälden, welche die Stätte zu etwas Besonderem machen.

GEOGRAFISCHE LAGE

Abu Simbel befindet sich am Westufer des Nassersees im Süden Ägyptens, auf dem Landweg fast 300 km südlich von Assuan. Die Fahrt mit dem Reisebus dauert drei Stunden. Es gibt auch Flüge von Assuan zur Ortschaft Abu Simbel. In Ägypten besteht momentan ein erhöhtes Risiko für Terroranschläge.

Der Große Tempel

Die Anlage von Abu Simbel besteht aus zwei etwa 100 m voneinander entfernten Felsentempeln. Der größere stellt Ramses II. ins Zentrum, der kleinere Nefertari. Am Großen Tempel ist der Pharao schon außen durch ursprünglich vier identische Kolossalstatuen in sitzender Positur präsent. Aus 20 m Höhe blicken sie auf die im Vergleich winzigen Besucher hinab – ein Größenunterschied, wie er einem als Gottheit geltenden Herrscher gebührt! Mit der Doppelkrone Ober- und Unterägyptens und einem heiteren Lächeln sitzt Ramses wachsam auf dem Thron vor dem Eingang. Seine Hände ruhen angespannt auf den Knien, als ob er jeden Moment aufspränge. Zu seinen Füßen stehen Statuen von Familienangehörigen; sie sind viel kleiner, aber immer noch überlebensgroß. Darunter, am Fuß des Sockels, befinden sich Figuren besiegter Feinde: Hethiter, Libyer und Nubier. Vor ihnen sind Statuen des falkenköpfigen Sonnengottes Re-Harachte aufgestellt.

Zwei Themen herrschen im Tempel vor: Götterkult und Krieg. Die Anlage ist vier Göttern gewidmet, Re-Harachte, Amun, Ptah (der „Reichstriade" der damaligen Herrscherdynastien) und Ramses II. selbst, dem Gottkönig. In einem Relief über dem Tempeleingang ist Ramses zweimal zu sehen: Er steht huldigend zu beiden Seiten von Re-Harachte, der mit einer Sonnenscheibe als Krone in einem tiefer eingeschnittenen Relief darge-

Imposante Fassade Der Eingang des Großen Tempels wird von den Kolossalstatuen des Ramses II. bewacht, die der aufgehenden Sonne entgegenblicken und zeitlose Macht ausstrahlen.

RAMSES DER GROSSE

Ramses II., von vielen Historikern als bedeutendster aller Pharaonen des Alten Ägypten betrachtet, regierte sein Reich 66 Jahre lang, von 1279 bis 1213 v. Chr., und starb im Alter von ca. 90 Jahren. Er war ein großer Kriegerkönig und zählte den Sieg über die Hethiter, die vom Gebiet der heutigen Türkei aus vordrangen, zu seinen größten Triumphen. Die Hethiter waren seit ca. 1350 v. Chr. eine Bedrohung für Ägypten, aber vorherige Pharaonen wie Echnaton oder Tutanchamun hatten ihnen kaum etwas entgegensetzen können. Erst Ramses stoppte ihr Vordringen. Er führte auch Krieg gegen die Libyer im Westen des Reiches und gegen die Nubier im Süden.

Ramses war leidenschaftlicher Bauherr - er schuf auch seinen eigenen Totentempel, das Ramesseum in Theben. Das prächtige Monument war ein ehrgeiziges Projekt, vergleichbar mit dem Bau der Pyramiden 1500 Jahre zuvor. Ramses ließ zudem eine neue Hauptstadt im Nildelta anlegen - von Pi-Ramesse sind heute nur noch Ruinen erhalten.

stellt ist. Darüber ist ein Fries aus Pavianen zu sehen, die oft mit Re-Harachte verbunden werden. Die „Sonnenaffen“ halten die Pfoten erhoben, als hießen sie die aufgehende Sonne willkommen. Im Vergleich zu den würdevollen anderen Bildern wirkt der Fries fast fröhlich.

Der Bau der Tempel begann etwa 1264 v. Chr., zehn Jahre nach der Schlacht von Kadesch im heutigen Syrien, die Ramses als seinen größten Sieg über die Hethiter verbuchte. Allerdings beanspruchten auch die Hethiter den Sieg für sich – insofern ging die Schlacht wohl eher unentschieden aus. Aber die beiden Seiten schlossen einen Friedensvertrag, der damit besiegelt wurde, dass Ramses eine Hethiterprinzessin zu einer seiner Frauen machte. Abu Simbel lag ganz im Süden des Reiches der Ägypter, auf dem Land ihrer Rivalen und Feinde, der Nubier. Die Größe des Tempels und die Darstellung von Kriegsszenen dienten also wohl zu deren Einschüchterung.

DIE ZERBROCHENE STATUE

Eine der vier Kolossalstatuen von Ramses II. an der Fassade des Großen Tempels ist unvollständig: Teile des Kopfes und des Torsos liegen verstreut am Boden. Vermutlich wurde die Statue bei einem Erdbeben um 1248 v. Chr. beschädigt, noch ehe der Tempel fertiggestellt war. Der linke Arm der Figur ganz rechts vom Eingang brach ebenfalls zu jener Zeit ab. Zwar wurden Restaurierungsarbeiten vorgenommen, doch Kopf und Torso blieben unberührt.

Während der Umsetzung des Tempels in den 1960er-Jahren wurde darüber diskutiert, ob die zerbrochene Statue nicht gleich restauriert werden sollte. Am Ende entschied sich das Team dafür, den Kopf und den Torso so zu belassen, wie sie sie vorgefunden hatten, im Sand vor dem Tempel. Dort liegt er auch heute noch.

Der Weg ins Innere

Auch im Tempel setzen sich die Kriegs- und Unbesiegbarkeitsmotive fort. Zwei große Hallen folgen aufeinander und führen sich zuspitzend zum Allerheiligsten. Die erste Halle ist die Große Pfeilerhalle, benannt nach den acht je 9 m hohen Statuen von Ramses in Gestalt des Gottes Osiris, die als Stützpfeiler – vier auf jeder Seite – den zentralen Durchgang rahmen. Die Wände schmücken Flachreliefs, die Ramses bei der Götterhuldigung oder im Krieg darstellen. Die Deckenbemalung zeigt Sterne und Geier, Symbole für Nechbet, die Göttin Oberägyptens, der Ewigkeit und Schutzherrin der Pharaonen. Ein Gang führt zur zweiten Kammer mit einer Abbildung von Ramses und Nefertari in der heiligen Barke, die sie ins Jenseits befördert.

Schließlich gelangt man zum 60 m vom Tempeleingang entfernten Allerheiligsten, an dessen Rückwand die lebensgroßen Statuen von Ramses und den drei Göttern Re-Harachte, Amun und Ptah sitzend aufgereiht sind. Jährlich am 21. Februar und am 21. Oktober (möglicherweise der Geburts- bzw. der Krönungstag von Ramses) dringen die Sonnenstrahlen bis in die hinterste Kammer vor und beleuchten drei der Götter, lassen aber Ptah, den Gott der Unterwelt, der Regeneration und der Nacht, im Schatten. Das „Sonnenwunder“ lässt sich auch heute noch beobachten – allerdings nicht mehr genau an jenen Daten.

Der Kleine Tempel

Der zweite Tempel von Abu Simbel ist kleiner und weniger aufwendig gestaltet als der für Ramses, aber diesem in vielerlei Hinsicht ähnlich. In die Fassade sind sechs aufrecht stehende Figuren ge-

Große Pfeilerhalle Die eindrucksvollen Statuen von Ramses II. überragen die Besucher. Die Figuren auf der linken Seite tragen die weiße Krone Oberägyptens, die auf der rechten Seite die Doppelkrone Ober- und Unterägyptens. Als die Tempel 1813 wiederentdeckt wurden, waren die Kolosse halb im Sand begraben.

schlagen; sie stehen in Nischen und sind von Hieroglyphen umgeben. Nefertari („schöne Gefährtin") erscheint zu beiden Seiten des Eingangs neben Ramses. Alle sechs Statuen sind rund 10 m hoch. Zu ihren Füßen befinden sich kleinere Figuren ihrer Kinder. Ungewöhnlich ist die Tatsache, dass die Nefertari-Statuen genauso groß sind wie die von Ramses. Das zeigt, wie sehr Nefertari verehrt wurde, denn normalerweise wurden Königinnen neben ihren Gatten viel kleiner dargestellt.

Die Flachreliefs und Zeichnungen an den Wänden der inneren Kammern zeigen Nefertari, die Hathor huldigt, der Göttin der Freude, Liebe, Schönheit, Mutterschaft, Musik und des Tanzes. In mehreren Abbildungen spielt Nefertari auf dem Sistrum, einer Art Metallklapper, die Hathor geweiht ist. Obwohl dies Nefertaris Tempel ist, erscheint Ramses häufig in Kriegsszenen. Im Allerheiligsten ist vor der Rückwand eine verfallene Statue von Hathor in Gestalt einer heiligen Kuh zu erkennen, die Ramses schützt.

Nefertari starb zwischen 1255 und 1250 v. Chr., sodass sie die Fertigstellung des Tempels wohl nicht mehr erlebte.

Verschüttet und gerettet

Nach dem endgültigen Niedergang des Ägyptischen Reiches verschwand auch Abu Simbel aus dem Blickfeld und wurde unter dem Flugsand der Wüste begraben. 1813 fand dann der Schweizer Reisende und Orientalist Johann Ludwig Burckhardt, der schon durch die Entdeckung von Petra in Jordanien Ruhm erlangt hatte, den oberen Teil des Kopfes einer der Ramsesstatuen im Sand. Angeblich soll Burckhardt die Stätte nach dem Jungen benannt haben, der ihn geführt hatte. Weil er die Stätte nicht allein freilegen konnte, erzählte er dem italienischen Abenteurer Giovanni Belzoni von seinem Fund. Dieser besuchte den Ort und grub die Tempel vier Jahre später aus.

Damals standen die Tempel direkt am Ufer des Nil, dessen jährliche Flut eine zentrale Rolle für die Landwirtschaft spielte. Im 20. Jh., als sich das moderne Ägypten entwickelte, wurde die Nilflut aber zur Belastung. In den 1960er-Jahren baute man den Assuan-Staudamm, um

Die Konkurrenten

BAUWERKE IM ALTEN ÄGYPTEN

■ Die wegen ihrer Lage in der Wüste umso eindrucksvoller erscheinende **Stufenpyramide von Djoser** in Sakkara hat sechs Ebenen und ist 62 m hoch. Sie wurde zwischen 2667 und 2648 v. Chr. errichtet und war Vorbild für die 100 Jahre jüngeren Pyramiden von Gizeh.

■ Die drei Pyramiden von Gizeh am Rand Kairos sind die „Klassiker". Trotz der sich immer weiter ausbreitenden Großstadt faszinieren ihre Dimensionen heute noch genauso wie vor 4500 Jahren. Zu dem Komplex gehört auch die mysteriöse **Große Sphinx** von Gizeh.

■ Die größten Tempelanlagen des Alten Ägypten liegen in **Karnak** und **Luxor**. Hier gibt es ganze Wälder aus riesigen, mit Hieroglyphen übersäten Säulen und breite, von Sphinxen gesäumte Straßen. Beide Komplexe gehörten zu Theben (Gebiet des heutigen Luxor), der Hauptstadt des Alten Ägypten von 1550 bis 1290 v. Chr.

■ Die prächtige Tempelstätte von **Dendera**, 65 km nördlich von Luxor, gehört zu den am besten erhaltenen des Alten Ägypten. Sie ist vor allem der Göttin Hathor gewidmet. Mit dem Bau begannen die Ptolemäer im 1. Jh. v. Chr.

■ Sehr gut erhalten ist auch der **Horustempel** von Edfu. Er stammt aus der Zeit der Ptolemäer. Der Bau begann etwa 237 v. Chr. und wurde 57 v. Chr. von Pharao Ptolemaios XII., dem Vater Kleopatras, fertiggestellt.

Große Pyramide und Sphinx

Große Pfeilerhalle in Karnak

■ Der Doppeltempel von **Kom Ombo** wurde für den Falkengott Haroeris und den Krokodilgott Sobek erbaut – an einer Stelle am Nil, an der sich die heiligen Krokodile sonnten. Man begann im 2. Jh. v. Chr.; die Reliefs an Wänden, Säulen und Decken stammen aus der Zeit der Ptolemäer.

■ Eine Rampe führt zu den langen terrassierten Pfeilerhallen des riesigen **Totentempels der Hatschepsut**, der durch seine ungewöhnliche Form verblüfft. Hatschepsut, die sich um 1479 v. Chr. zum Pharao krönte, ließ ihn nahe dem Tal der Könige bauen.

■ Zu den bewegendsten Zeugnissen des Alten Ägypten zählen die **Memnonkolosse**. Die zwei gigantischen verwitterten Sitzstatuen des Pharaos Amenophis III. wurden gegen 1350 v. Chr. bei Luxor aufgestellt. Sie waren einst Teil des Totentempels des Pharaos.

Neuer Standort Abu Simbel wirkt, als läge es schon seit Jahrtausenden am Nassersee. In Wirklichkeit wurde das Monument sorgsam Stein für Stein abgetragen, versetzt und wieder aufgebaut.

den Wasserstand zu regulieren und Strom zu erzeugen. Der aufgestaute Nassersee erstreckte sich hinter dem Damm auf 500 km Länge im Niltal und überflutete neben den Siedlungen von 122 000 Menschen das ursprüngliche Abu Simbel.

Mit Mitteln der UNESCO wurde 1964, als der Bau des Staudamms bereits im Gang war, ein internationales Team zur Rettung der Felsentempel gebildet. Die Tempel wurden in sorgfältig nummerierte Einzelteile zersägt – 1054 Stücke, teilweise mit einem Gewicht von 33 t – und wie ein dreidimensionales Puzzle an höherer Stelle 200 m weiter westlich und 65 m oberhalb der ursprünglichen Tempelstätte wieder zusammengefügt.

Bravouröse Ingenieurskunst

Die Versetzung der Tempel war ein fast genauso außergewöhnliches Projekt wie der ursprüngliche Bau. Während 3275 Jahre zuvor die Fassaden in die Felswand gehauen und in dem dahinter liegenden Gestein die Kammern ausgehöhlt worden waren, mussten die Ingenieure nun umgekehrt vorgehen. Sie hatten 330 000 t umliegendes Felsmaterial abzutragen, um die Wände der inneren Kammern wie Hüllen abtransportieren zu können. Stück für Stück wurden die Teile auf Sandbetten in großen Anhängern gelegt und den Hügel hinauf gebracht, wo sie wieder zusammengesetzt wurden.

Die Dammbauer indes hatten ihren eigenen Zeitplan und als das Wasser zu steigen begann, wurde rund um die Tempel ein provisorischer Damm gezogen. Die große Pfeilerhalle, deren Decke nun auf einer mit Filz überzogenen Stahlkonstruktion ruht, war eines der letzten Teile, die abgetragen wurden, nur drei Monate bevor man die gesamte Stätte flutete.

Unterdessen begann das Restaurierungsteam, die Einzelteile der Tempel auf dem Hügel zusammenzusetzen. Die Kolossalstatuen der Fassaden wurden an Stahlträger montiert und mithilfe von Beton und Epoxitharz fest verankert. Jedes Einzelteil fixierten die Arbeiter vorsichtig mit Metallplatten, Winkeln und Brettern an seinem Platz. Später verfüllten sie die feinen Fugen (insgesamt 10 km) mit Mörtel und übermalten sie in der Farbe des Gesteins.

Ein gewaltiger Rückschlag ereignete sich 1966, als die Dammbauer erklärten, dass der Wasserspiegel des Nassersees 1 m höher liegen würde als geplant. Daraufhin musste der bereits zu einem Achtel aufgebaute Kleine Tempel, der im Original etwas unterhalb des Großen Tempels stand, erneut abgetragen und weiter oben wiederaufgebaut werden.

Fertigstellung in Sicht

Um die ursprüngliche Erscheinungsform der Fassaden zu rekonstruieren, mussten die Tempel jeweils in einen künstlichen Hügel eingebettet werden. Das war eine weitere Herausforderung, zumal die Wände der Innenkammern nun Tausende Tonnen Geröll tragen mussten. Damit sie unter dem Gewicht nicht zusammenbrachen, konstruierten die Ingenieure hinter den Fassaden je eine riesige Stahlbetonkuppel. Diese Kuppeln, eine Meisterleistung der damaligen Bautechnik, bogen sich unter dem Gewicht des Steins und nahmen die vorgesehene Form an.

Nach vier Jahren Präzisionsarbeit war das Projekt 1968 endlich fertig. Meter um Meter stieg das Wasser am Felsen empor – bis direkt unter die Tempel. Ramses II. und Nefertari blickten also wieder auf das Nilwasser. Das Wunderwerk der Alten Welt ist zu einem Wunderwerk der Moderne geworden.

Heikles Unterfangen Behutsam wird einer der in mehrere Blöcke zersägten Köpfe von Ramses II. von seinem ursprünglichen Standort entfernt. Die Tempel wurden genau vermessen, sodass jeder einzelne Block wieder an der richtigen Stelle eingefügt werden konnte.

DIE EXTREMSTE LANDSCHAFT

AFAR-SENKE

Große Hitze und eine unbeständige geologische Beschaffenheit machen diesen Landstrich in vielerlei Hinsicht zu einem der heißesten in Afrika. Vor Jahrmillionen war die unwirtliche Region aber die Wiege der Menschheit.

Die Afar-Senke, auch Danakil-Senke genannt, ist eines der heißesten Gebiete der Erde. Selbst im Winter liegen die Tagestemperaturen teilweise bei über 42 °C, im Sommer bei über 50 °C. Es ist so trocken und heiß, dass die Bewohner – vor allem Salzhändler und Nomaden – tagsüber oft in ihren Zelten bleiben, denn es gibt kaum Schatten. Die Gegend ist ein politisches und klimatisches Pulverfass. Die Afar-Senke gehört zu Äthiopien, Eritrea und Dschibuti – immer wieder erschüttern Grenzstreitigkeiten die Region.

Trotz ihrer Unwirtlichkeit ist die Tiefebene ein spektakuläres Naturwunder. Sie ist Teil des Großen Afrikanischen Grabenbruchs, der von Syrien südwärts bis nach Mosambik verläuft. Hier treffen drei große Grabenbrüche in der dünnen äußeren Erdkruste aufeinander. Während die Afrikanische und die Arabische Kontinentalplatte auseinanderdriften, drängt flüssiges Magma durch die Spalte nach oben. Infolge dieser geologischen Aktivitäten ist die Gegend ein Hexenkessel mit Erdbeben, Vulkanausbrüchen und Hydrothermalfeldern. Starke Erdbeben und Vulkanausbrüche erschütterten 2005 drei Tage lang die Region. Die Luft war von Asche erfüllt, Felsbrocken fielen vom Himmel und in nur zehn Tagen erweiterte sich der Graben um 8 m. Zwar wurden die Menschen evakuiert, aber viele Kamele und Ziegen starben – verschluckt von Erdspalten oder getroffen von Lava-

GEOGRAFISCHE LAGE

Die Afar-Senke liegt nordöstlich der äthiopischen Hauptstadt Addis Abeba und erstreckt sich bis in die Nachbarländer Eritrea und Dschibuti. Sie ist Teil des Großen Afrikanischen Grabenbruchs, der vom Nahen Osten bis ins südliche Afrika verläuft. Es ist eines der heißesten Gebiete der Erde - und eines der unwirtlichsten.

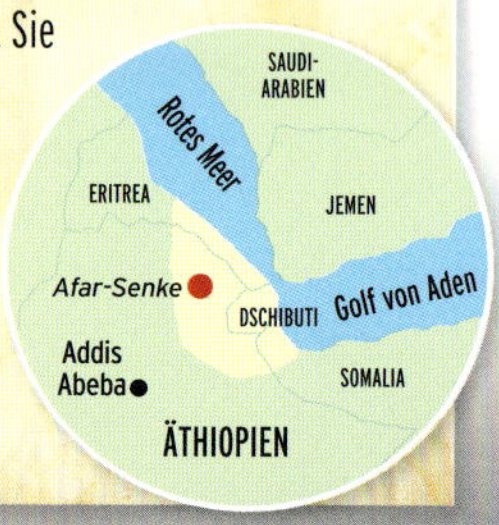

Farbige Mondlandschaft Im Dallol-Krater entstehen aus Schwefelquellen ungewöhnliche Formationen, die aussehen wie Teller, Pilze oder Kegel. Dadurch wirkt die Landschaft wie ein buntes Korallenriff.

bomben. Das geologische Chaos, das vor Millionen von Jahren begann, wird irgendwann dazu führen, dass die Senke vom Roten Meer überflutet wird und sich ein neues Meer bildet. Afrika wird also entlang des durch die Afar-Senke verlaufenden Grabenbruchs auseinanderreißen.

Lavaseen und Thermalquellen

Das beeindruckendste Naturwunder in der Region ist der Erta Ale (in der Afar-Sprache „rauchender Berg") im äußersten Nordosten Äthiopiens. Im Krater des aktiven Vulkans befindet sich der weltweit älteste flüssige Lavasee. Man nimmt an, dass er schon seit mehr als 100 Jahren vor sich hin brodelt. Der Vulkan ist besonders nachts überwältigend, wenn der Gipfel gespenstisch rot leuchtet. Die Hitze ist so stark und der Schwefelgeruch so penetrant, dass man es am Kraterrand nur ein paar Minuten aushält. Aber der Anblick der glühenden, wogenden, zischenden und prustenden flüssigen Lava ist unvergesslich.

Im Gebiet des nordöstlich des Erta Ale gelegenen Vulkankraters Dallol ist die Landschaft in ständigem Wandel. Die Schwefelquellen färben sich durch Mineralablagerungen und Bakterien, die in der extrem heißen, sauren Umgebung gedeihen, rot, gelb, orange, grün und weiß.

FOSSILIENFUNDE

Die Afar-Senke ist eine der Wiegen der Menschheit. 1974 wurden bei Hadar Teile des fossilen Skeletts eines weiblichen Hominiden entdeckt. Weil die Wissenschaftler am Tag des Fundes *Lucy in the Sky with Diamonds* von den Beatles hörten, nannten sie die Frau Lucy. Lucy war 3,2 Mio. Jahre alt. 1992 fanden Archäologen in der Gegend des Mittleren Awash die Fossilien eines weiteren etwa 4,4 Mio. Jahre alten Hominiden - Ardi. Und in Gona wurden bei Ausgrabungen die ältesten bekannten Steinwerkzeuge gefunden.

Salz als Lebensspender

Nur wenige Bäume und Gräser wachsen in dieser Gegend. An Tieren gibt es einige Pflanzenfresser wie Gazellen, Oryxantilopen, Afrikanische Esel und Hunderte von Vogelarten. Auch zähe Ziegen und Kamele überleben hier, Ackerbau ist unmöglich. Von wirtschaftlicher Bedeutung ist vor allem die Salzgewinnung.

Der tiefste Punkt der Region ist der Assalsee in Dschibuti. Er liegt 155 m unter dem Meeresspiegel und bildet somit den tiefsten Punkt Afrikas. Hier und am Aselesee gibt es Salztonebenen, die wie eine Patchworkdecke aussehen. Schon um 5 Uhr stehen die Leute auf, um das Salz in Blöcke – *amolé* genannt – zu meißeln, sie auszuhebeln, in Stücke zu brechen und mit Kamelen abzutransportieren.

Salzstraße Eine Karawane auf dem mühsamen Weg durch die Danakil-Wüste. Politische Spannungen machen diese Transporte zu gefährlichen Abenteuern.

Die Konkurrenten

EXTREME NATUR

Nur wenige Orte lassen sich mit der Afar-Senke vergleichen, aber das **Death Valley** in der kalifornischen Mojave-Wüste ist einer davon. Das „Tal des Todes" ist der heißeste, trockenste und im Badwater Basin mit 86 m unter dem Meeresspiegel der tiefste Punkt der USA. Im Tal wurde am 10. Juli 1913 in Furnace Creek die höchste Temperatur der westlichen Hemisphäre gemessen: 56,7 °C. Das Tal erhielt seinen Namen, nachdem eine Gruppe von Reisenden 1849 einen Weg aus dem Tal suchte. Dabei kam zwar nur einer aus der Gruppe ums Leben, aber alle hatten geglaubt, das Tal würde ihr Grab.

Death Valley

Der tiefste Punkt der Erdoberfläche ist mit 428 m unter dem Meeresspiegel das Ufer des **Toten Meeres** an der israelisch-jordanischen Grenze. Es gehört zur selben Grabenzone wie die Afar-Senke. Wegen des geringen Wassernachschubs vom Jordan, der starken Verdunstung und der extremen Hitze sinkt der Wasserspiegel des Toten Meeres weiter. Aufgrund der hohen Konzentration an Kalzium, Kalium und Magnesium in dem salzigen, verschlammten Wasser und wegen des hohen Luftdrucks ist das Tote Meer seit mehr als 2000 Jahren ein Kurort für Menschen mit Haut- und Atembeschwerden. Der hohe Salzgehalt erhöht die Dichte des Wassers - dadurch entsteht der Auftrieb, der dafür sorgt, dass man vom Wasser getragen wird und nicht untergeht.

DIE BERÜHMTESTE ANTIKE TEMPELANLAGE

AKROPOLIS

Mitten im modernen Athen steht auf der Akropolis, dem Burgberg mit den antiken Tempeln und Heiligtümern, die Zeit still. Hier thront seit 2500 Jahren der Parthenon, das Glanzstück der klassisch-griechischen Architektur.

Im gesamten Mittelmeerraum finden sich Ruinen klassischer Tempel und Amphitheater, die vom Glanz des antiken Griechenland zeugen, aber nirgendwo ist der Geist dieser großartigen Kultur so intensiv spürbar wie auf der Athener Akropolis. Die meisten Ruinen – darunter der Parthenon, der prächtigste aller griechischen Tempel – stammen aus der Zeit des Perikles, der Blütezeit Athens. Doch die Geschichte der Akropolis ist noch mindestens 1000 Jahre älter.

Die Mykener, von etwa 1600 bis 1100 v. Chr. die dominierende Macht vor Ort, hinterließen auf dem Gebiet der späteren Akropolis als Erste ihre Spuren. Sie erbauten etwa 1500 v. Chr. auf dem flachen Kalksteinfelsen einen Palast. Die Stadt entwickelte sich rund um die Anlage herum. Es heißt, Athene, die Göttin der Weisheit und Kriegskunst, und der Meeresgott Poseidon hätten um die Ehre gebuhlt, Namenspatron der Stadt zu werden. Zeus habe sie aufgefordert, der Stadt je ein Geschenk zu machen. Poseidon soll den Dreizack in den Felsen gestoßen und eine Quelle geschaffen haben, deren Wasser aber salzig war. Athene soll mit dem Speer den Boden berührt haben, worauf hier ein Olivenbaum wuchs. Athene wurde zur Siegerin erklärt und die Akropolis zu ihrem Heiligtum. Bereits im 6. Jh. v. Chr. gab es dort mehrere Tempel.

Nach einem Krieg mit den Persern, in dem Athen geplündert wurde, erlebte die Stadt 460 v. Chr. unter Perikles eine Blüte.

GEOGRAFISCHE LAGE

Die Akropolis bildet das Zentrum Athens und ist über die umliegenden Straßen, z. B. die Dionysiou Areopagitou, erreichbar. Eintrittskarten gibt es am Beulé-Tor am Westende der Akropolis. An heißen Tagen kann der 20-minütige Aufstieg anstrengend sein; am besten kommt man frühmorgens oder spätnachmittags.

Auf seine Initiative hin wurde sie prächtig ausgebaut. Die wichtigsten Bauwerke, die heute noch auf der Akropolis stehen – der Nike-Tempel, die Propyläen, das Erechtheion und der Parthenon – ent-

Der Hügel der Macht Die Akropolis mit dem Parthenon in seiner Mitte erfüllte schon in der Vergangenheit Athener wie Besucher gleichermaßen mit Ehrfurcht und wurde in der antiken Welt schnell berühmt.

standen in jener Zeit, geschaffen von führenden Architekten und Bildhauern. Die bedeutendsten unter ihnen waren Iktinos, der leitende Architekt des Parthenon, und der Bildhauer Phidias. Seitdem hat die Akropolis die Architektur stark beeinflusst – die Planungen der Römer für ihre Ewige Stadt am Tiber genauso wie den Entwurf für das Lincoln Memorial in Washington D.C. und den der Pfarrkirche La Madeleine in Paris.

Zu Ehren der Athene

Besucher betreten die Akropolis durch das Beulé-Tor im Westen, das in römischer Zeit gebaut wurde. Das erste Gebäude von Bedeutung ist der kleine Tempel der Athena Nike (Nike-Tempel), den der Architekt Kallikrates zwischen 432 und 421 v. Chr. schuf. Der mit jeweils vier ionischen Säulen an der Vorder- und Rückfassade ausgestattete Tempel erhebt sich aus einem fein gearbeiteten Sockel; Reliefs zeigen Kampfszenen und eine Versammlung der allmächtigen Götter.

Der Athener Architekt Mnesikles begann 437 v. Chr. mit der Errichtung der monumentalen Propyläen. Die Säulen der hohen Kolonnaden, durch welche die Menschen die Akropolis betraten, sind aus Marmor aus den Steinbrüchen des Pendeli gefertigt. Selbst heute ist der Torbau beeindruckend. Zu den Propyläen gehörten zwei Seitenflügel; der nördliche diente als Gemäldegalerie und war mit Fresken oder Tafelbildern dekoriert.

Das Erechtheion am nördlichen Rand der Akropolis ist berühmt für seine marmornen Mädchenfiguren – die Karyatiden –, die anstelle von Säulen das Dach der Vorhalle tragen. Sie sind in wallende Gewänder gekleidet und halten Gefäße für Trankopfer zu Ehren der Göttin Athene. Die heutigen Statuen sind Repliken der Originale. Wie viele griechische Tempel war das Erechtheion symmetrisch geplant, wurde aber schließlich

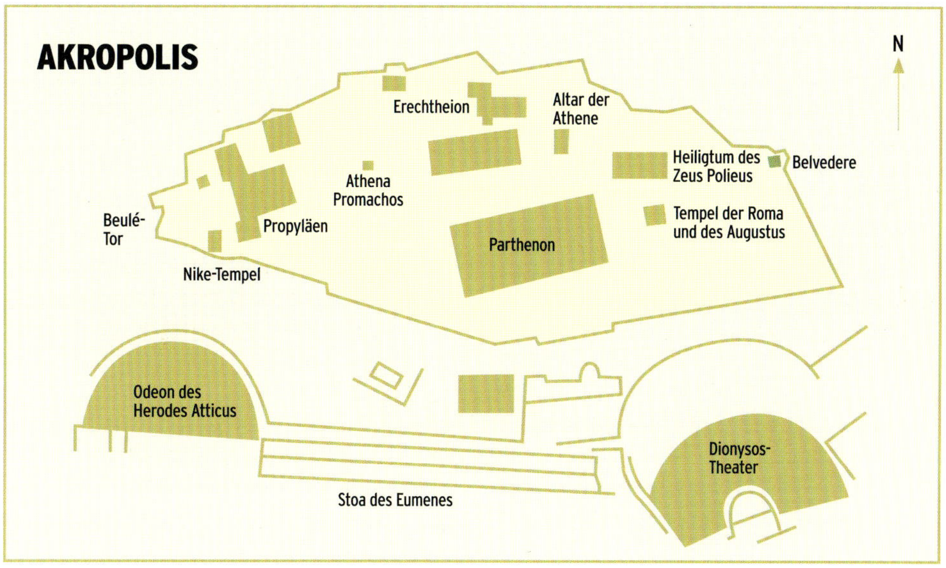

asymmetrisch gebaut. Der Tempel ist nach Erechtheus, einem mythischen König Athens, benannt und war während der jährlichen Feiern zu Ehren Athenes Schauplatz der Prozession. Im Tempel sollen Spuren von Poseidons Dreizack zu sehen sein und der Olivenbaum vor dem Tempel erinnert an Athenes Geschenk.

Zwischen dem Erechtheion und dem Parthenon stand die Bronzestatue der Athena Promachos („in vorderster Linie kämpfende Athene"), die Phidias zum Gedenken an die Perserkriege schuf. Die Kolossalstatue war 9 m hoch, und wenn die Spitze des vergoldeten Speeres in Athenes Hand in der Sonne glänzte, konnten das sogar die Seeleute am Kap Sounion in 50 km Entfernung sehen, die zum Hafen von Piräus segelten.

Ein Schild am Aussichtspunkt Belvedere in der Nordostecke der Akropolis weist auf ein Ereignis jüngeren Datums hin: In der Nacht des 30. Mai 1941, während der deutschen Besetzung Athens, rissen zwei Athener die Nazifahne herunter und beflügelten so die griechische Widerstandsbewegung. In Gedenken daran wird heute jeden Morgen an dieser Stelle die griechische Nationalfahne gehisst.

DER STURZ DES PHIDIAS

Zu seinen Lebzeiten wurde Phidias (etwa 480–430 v. Chr.) als größter griechischer Bildhauer gefeiert. Soweit bekannt, ist aber keines seiner Werke erhalten – es gibt nur Kopien. Das liegt teilweise daran, dass er vieles in Chryselephantin-Technik fertigte, also aus Elfenbein und Gold mit Holzkern. So schuf er viele Kolossalstatuen: Neben der Athena Parthenos und der Bronze Athena Promachos für die Akropolis wurde er vor allem für seine Zeus-Statue in Olympia, eines der Sieben Weltwunder der Antike, gefeiert. Nach Perikles' Sturz wurde Phidias bezichtigt, Gold gestohlen zu haben, das für die Statue der Athena Parthenos bestimmt war. Er wurde verhaftet und starb im Kerker.

Zeitloser Tempel

Der dominierende Bau der Akropolis ist der Parthenon im Zentrum. Der griechische Tempel, einer der größten, die je gebaut wurden, ist der absolute Blickfang. Er besteht aus feinem weißem Marmor, der vom 16 km entfernten Steinbruch herangeschafft wurde. Obwohl massiv, scheint der Bau zu schweben – eine brillante optische Täuschung.

Der Grundriss wirkt schlicht: Den äußeren Rand bilden 46 dorische Säulen, und die Säulengruppe innen säumte ursprünglich eine große Vorhalle und einen kleineren hinteren Raum. Diese Schlichtheit täuscht aber – aus Gründen der Optik arbeiteten die Erbauer des Parthenons mit verschiedenen Finessen. Da dem menschlichen Auge gleichmäßige Säulen in der Mitte schmaler als oben und unten erscheinen, sind die Säulen des Parthenons in der Mitte etwas dicker, sodass sie gerade wirken. Die Ecksäulen sind zudem dicker als die anderen, weil sie sonst gegen den Himmel betrachtet schmaler wirken würden. Die oberste Stufe des Tempelsockels ist nicht eben, sondern in der Mitte aufgewölbt, um die Illusion einer glatten Fläche zu erzeugen und vielleicht auch um Regenwasser abfließen zu lassen. Jeder Stein wurde einzeln behauen, was den Bau lebendig erscheinen lässt. Die Griechen haben anderswo ebenfalls optische Illusionen eingesetzt, aber unter der Aufsicht von Iktinos, Kallikrates und Phidias wurden die Mittel hier perfektioniert.

Das Gebäude diente nicht dem Gottesdienst, sondern war das Schatzhaus *(naos)* des Attischen Seebunds, des Verbands der griechischen Stadtstaaten gegen die persische Invasion. Die Schätze

Vollkommene Architektur Die Proportionen des Parthenon erreichen eine Perfektion, der selbst Krieg, Explosionen und Plünderungen nichts anhaben konnten.

des Bundes wurden in dem kleineren hinteren Raum aufbewahrt, im vorderen stand die von Phidias aus Gold und Elfenbein gefertigte Statue der Athena Parthenos („jungfräuliche Athene"). Zwar ist diese seit dem 5. Jh. n. Chr. verschwunden, aber Kopien und Beschreibungen vermitteln einen Eindruck davon, wie sie aussah: Die 10 m hohe gekrönte Athene hielt Lanze und Schild in der Linken und in der Rechten eine Figur der Siegesgöttin Nike. Nur Priester, die Elite und bedeutende Besucher durften den Parthenon betreten. Alle übrigen konnten nur durch die Tore spähen und vielleicht einen Blick auf die Statue erhaschen.

Ersatz Die Karyatiden, die man heute am Erechtheion sieht, sind Repliken. Die Originale befinden sich zum Schutz vor Umwelteinflüssen im Akropolis-Museum.

Die Zerstörung

Der Parthenon war 432 v. Chr. fertiggestellt. 146 v. Chr. eroberten dann die Römer Griechenland. Als Bewunderer der griechischen Kunst studierten sie, was sie nicht plündern konnten, und errichteten nahe der Propyläen ein Agrippa-Denkmal.

Im 6. Jh. wurde der Parthenon in eine Kirche und nach der osmanischen Eroberung 1458 in eine Moschee umgewandelt. Am schlimmsten litt er 1687: Während der Belagerung Athens durch die Venezianer nutzen die Osmanen den Parthenon als Waffenlager. Als ihn eine Kanonenkugel traf, explodierte die Munition. Säulen und Skulpturen zerbarsten.

Mehr als ein Jahrhundert später schlenderte der britische Gesandte im osmanischen Athen, Thomas Bruce, der 7. Earl of Elgin, durch die antiken Ruinen. Da die Osmanen kein Interesse an den Marmorbrocken hatten, ließ Bruce die Hälfte der Teile nach England verschiffen. Er verkaufte die sogenannten Elgin Marbles 1816 an das Britische Museum, wo sie heute noch ausgestellt sind.

Im 2009 eröffneten Akropolis-Museum werden die in Griechenland verbliebenen Schätze gezeigt. Weitere Sehenswürdigkeiten sind das griechische Dionysos-Theater und das Odeon des Herodes Atticus. Ein Weg führt zum Areopag, einem nordwestlich der Akropolis gelegenen Felsen, auf dem einst der Apostel Paulus gepredigt haben soll. Von hier aus kann man die ganze Stadt überblicken und den Sonnenuntergang über dem Schmelztiegel der westlichen Kultur beobachten.

Die Konkurrenten

ANTIKE GRIECHISCHE TEMPEL

■ Die am besten erhaltenen griechischen Tempel befinden sich nahe der Akropolis. Der **Tempel des Hephaistos**, des Gottes der Schmiedekunst und der Metallbearbeitung, steht am Rand der Agora, wo es einst viele Werkstätten gab. Er wurde von Iktinos entworfen. Der Bau zog sich ab 449 v. Chr. über 30 Jahre hin. Später diente der Tempel 1200 Jahre lang (bis 1834) als Kirche.

Apollon-Tempel in Delphi

■ Ein weiterer Tempel, den Iktinos entwarf, ist der dem **Heilgott Apollon Epikouros** geweihte Apollon-Tempel bei Bassae, der auf einem Berg auf dem westlichen Peloponnes steht. Ungewöhnlich ist seine Nord-Süd-Ausrichtung. Zudem weist er dorische, ionische und die erste korinthische Säule überhaupt auf, also Beispiele aller drei architektonischen Prinzipien. Manche der schönen Friese wurden im 18. Jh. von britischen Archäologen entfernt. Heute überspannt ein Schutzzelt den Tempel, damit der sauere Regen den Kalkstein nicht angreift.

■ Das berühmteste Orakel im antiken Griechenland befand sich im heiligen Bezirk von Delphi. Von den meisten Gebäuden hier sind nur noch die Grundmauern erhalten, auch von großen Teilen des **Apollon-Tempels**. Trotzdem: In dieser schönen Gebirgslage wird die Geschichte fast greifbar.

■ Kolonisten aus der griechischen Stadt Sybaris zogen ins südliche Italien. In **Paestum**, südlich von Neapel, zeugen drei gut erhaltene dorische Tempel aus der Zeit von etwa 550 bis 450 v. Chr. von ihnen: Zwei der Tempel waren Hera, der Göttin der Ehe und der Niederkunft, und einer Athene geweiht.

■ Auch auf Sizilien hinterließen griechische Kolonisten architektonische Schätze. Im **Tal der Tempel** bei Agrigent (eigentlich ein Hochplateau und kein Tal) befinden sich die Ruinen von sieben Tempeln und verschiedene andere Überreste. Am besten erhalten ist der Tempel für Concordia, die Göttin der Harmonie, aus dem 5. Jh. v. Chr.

DAS PRÄCHTIGSTE MAURISCHE BAUWERK

ALHAMBRA

Hinter dem wundervollen Äußeren der Alhambra verbirgt sich die faszinierende Geschichte der maurischen Herrschaft in Spanien – verkörpert durch die schönsten erhaltenen islamischen Paläste in Westeuropa.

Die letzte maurische Festung in Südspanien thront vor der Kulisse der Sierra Nevada über der modernen andalusischen Stadt Granada. Schon im 9. Jh. stand dort oben eine maurische Zitadelle. Der Bau der heute noch erhaltenen Palastanlage begann aber erst Mitte des 13. Jh. im Auftrag von Muhammad ibn Nasr ibn al-Ahmar (Muhammad I.), dem ersten Sultan der Nasridendynastie – weshalb die Geschichte der Alhambra mit der der Nasriden, der letzten muslimischen Herrscherdynastie in Spanien, eng verbunden ist.

Muhammad verlegte seine Hauptstadt 1237 nach Granada. Er suchte hier Zuflucht vor der Reconquista, den Feldzügen der spanischen Katholiken zur Rückeroberung Spaniens von den Muslimen. Granada lag perfekt: Es bot Zugang zur

Rote Festung Der Burgkomplex wurde Qal'at al-Hamra („rotes Schloss") genannt, weil seine Mauern aus rostrotem (arab. *hamra*) Lehm bestehen.

GEOGRAFISCHE LAGE

Die Alhambra blickt auf die Stadt Granada im spanischen Andalusien. Die Palastanlage ist zu Fuß (den steilen Hügel hinauf), mit dem örtlichen Bus oder mit dem Auto erreichbar. Eintrittskarten und Palast- bzw. Gartenführungen, die morgens, nachmittags und abends stattfinden, bucht man am besten im Voraus.

Küste weiter südlich und gleichzeitig Schutz durch die Berge im Norden. Dieser Schutzwall war lebenswichtig, denn jenseits der Nordgrenze lagen die christlichen Königreiche Kastilien und Aragon. 1246 schloss Muhammad I. einen Waffenstillstand mit seinen kastilischen Nachbarn. Zwar musste er sich dafür Kastilien unterwerfen, konnte so aber sein Reich behaupten und seine Religion weiterhin ausüben. Dank des Abkommens herrschten in der Region 250 Jahre lang Frieden und Stabilität, sodass die maurische Residenzstadt Granada florieren konnte.

Eine geschlossene Festungsstadt

Der Palast thront auf einem 14 ha großen Hochplateau auf einem Felsvorsprung der Sierra Nevada. Selbst heute dominieren die Mauern mit ihren 23 Türmen und vier Toren die Skyline Granadas. Im 14. Jh. vollendeten Yusuf I. (reg. 1333–54) und Muhammad V. (reg. 1354–59 und 1362–91) den Bau im Wesentlichen.

Die imposante, in sich abgeschlossene Stadtburg umfasste Paläste, Gefängnisse, Wohnungen für Handwerker, Badehäuser, Kasernen, Werkstätten und Moscheen – bis zu 40 000 Menschen lebten und arbeiteten hier. Innerhalb der Festung befanden sich auch die Münze und der Friedhof. Heute sind nur noch zwei der ursprünglich sechs großen Paläste erhalten: der Comares- und der Löwenpalast. Auf einem benachbarten Hügel befindet sich außerdem noch eine Sommerresidenz der Nasridensultane: der Generalife.

Verschiedenartige Paläste

Die zwei Paläste repräsentieren sehr verschiedene Ausrichtungen der nasridischen Architektur. In dem von Yusuf I. erbauten Comares-Palast (Palacio de Comares) hielten die Nasriden Hof und empfingen ausländische Würdenträger. Der Löwenpalast (Palacio de los Leones) hingegen, den Muhammad V. 1370 hin-

»In dem alten maurischen Palast der Alhambra lebte ich mitten in einem Märchen aus 1001 Nacht … Alles kündete und sprach von den glanzvollen Tagen Granadas, unter der Herrschaft des Halbmonds.«

WASHINGTON IRVING
DIE ALHAMBRA (1832)

zufügen ließ, wurde eher als privater Wohn- und Lehrbereich genutzt.

Der Myrtenhof im Comares-Palast besticht durch das Wasserbecken in seiner Mitte, wodurch der Hof etwas sehr Besinnliches und Ruhiges erhält. Der Hof wird überschattet vom gewaltigen Comares-Turm. Dort befindet sich auch der Botschaftersaal, der zugleich als Thronsaal diente. Der kleine, hohe Raum ist gänzlich ausgeschmückt – mit kunstvollem Stuck, bunten Wandfliesen und Holzschnitzereien. Die mit Intarsien verzierte Decke ist in sieben Teile arrangiert, die für die sieben Himmel des islamischen Paradieses stehen – ein passendes Himmelsdach für den Herrscher, der direkt darunter saß. Unterhalb der Holzkuppel befindet sich eine in Stuck gemeißelte Inschrift mit dem Koranvers *al-Mulk* (Die Herrschaft), der sich auf die Hoheit des Herrschers bezieht.

DER GENERALIFE
Die wunderschöne Garten- und Palastanlage mit Blick auf Granada wurde unter Muhammad III. (reg. 1302-09) erbaut und diente den Nasriden als Sommerresidenz. Der Name leitet sich vom arabischen *jannat al-rafia* ab („erhabener Paradiesgarten"). Hinter den Mauern liegen Terrassen, die durch Arkaden und Kanäle verbunden sind. Aussichtspunkte sorgen dafür, dass man den außergewöhnlichen Blick auf das Stadtviertel Albaicin und auf die Alhambra richtig genießen kann. Die Gartenanlagen sind ein Tribut an den *jannat al-firdaws*, den Paradiesgarten, der im Koran wortreich beschrieben wird.

Im Löwenpalast säumen anmutige Säulen einen zentralen Innenhof. Die Atmosphäre wird noch unterstrichen durch ununterbrochenes Wasserplätschern. Die Säulen stützen Emporen, die in zwei Gewölbehallen im Osten und Westen und in zwei Räume mit prächtigen Stuckdecken im Norden und Süden führen. Einer der beiden ist der Empfangsbereich des Königssaals. Seine Kuppeldecke ist verziert mit Bildern der Nasridenherrscher. Dazu wurde die Decke mit Leder bespannt und mithilfe der u. a. auf Schlämmkreide basierenden Gesso-Technik grundiert. In der Mitte des Palasthofs steht der Löwenbrunnen – eine Brunnenschale aus purem Alabaster, die von zwölf marmornen Löwen getragen wird. Ursprünglich dienten sie als Aquamanile, die das Wasser in marmorne Kanäle spuckten, um das Nass in alle Räume des Palasts zu verteilen.

Löwenhof Der Palasthof wird von 124 unregelmäßig platzierten Marmorsäulen gesäumt, und in der Mitte steht ein von zwölf Löwen getragenes Alabasterbecken.

Meisterliches Kunsthandwerk

In der Alhambra ist jede Oberfläche mit wunderschönen kunstvollen Details ausgestaltet – eine der faszinierendsten Eigenarten der Nasridenpaläste. Die Gebäude selbst bestehen aus harten, stabilen Materialien wie Marmor für die Böden und tragenden Säulen. Für die Dekoration mit Ornamenten an den Wänden und Decken wurden Holz, Stuck und Ton aus der Umgebung benutzt.

Holz kam bei der Deckendekoration zum Einsatz. Im Botschaftersaal wurde die Decke beispielsweise mit mehr als 8000 einzeln geschnitzten und bemalten Holzplättchen verkleidet. Außergewöhnliche Effekte erzielten die Baumeister auch mit Stuck, wie an der Decke des Zwei-Schwestern-Saales im Löwenpalast, die als die weltweit schönste *muqarnas*-Kuppeldecke gilt. Sie besteht aus mehr als 5000 einzelnen, an herunterhängende Stalaktiten erinnernden Stuckteilen, die gruppenweise Sterne bilden.

Auch für die Wanddekoration wurde Stuck verwendet. Das Rohmaterial dazu stammt von Gipssteinbrüchen in der Nähe von Granada. Mit dem Stuck schufen die Handwerker fließend ineinander übergehende Ornamente wie Arabesken und Inschriften, die sich über das ganze Gebäude hinziehen. Das häufigste Motiv ist das dem Koran entnommene Emblem der Nasriden. Häufig auftretende Motive sind auch oft in Zierrahmen gesetzte Koranverse und moralische Leitsprüche, die den starken Glauben und die große Macht der Herrscher vermitteln sollten. Schließlich gibt es noch poetische Inschriften, z. B. an Brunnen, Fenstern oder Nischen.

Die unteren Bereiche der Wände und die Böden zieren Mosaiken aus Fliesen, die mit einer bestimmten Technik hergestellt wurden: Sie wurden zunächst glasiert, dann gebrannt und schließlich in bestimmte Formen geschnitten, um sie zu komplexen Mustern zusammenzustellen. Dann wurden sie mit der Vorderseite nach unten im gewünschten Muster ausgebreitet und hinten mit Gips bestrichen, um größere Tafeln zu erhalten, die dann an der Wand angebracht wurden.

Mirador de Lindaraja Das Fenster im Zwei-Schwestern-Saal ist mit einer Muqarnas-Dekoration verziert, die an Honigwaben und Stalaktiten erinnert.

Die bevorzugten Materialien waren Holz, Stuck und Ton, weil sie leicht zu beschaffen und zu bemalen waren. Die Spuren von Farbe auf dem Holz und dem Stuck verraten, dass die Oberflächen ursprünglich bunt bemalt waren. Die glänzenden glasierten Fliesentafeln hingegen haben ihre Farben bis heute behalten. Sicher hingen auch feine Seidenstoffe vor den Fenstern, edle Teppiche lagen auf den Böden und es gab Seidenkissen, auf denen man es sich bequem machen konnte. Nur die reichsten Herrscher konnten sich eine derart luxuriöse Einrichtung leisten. Und auch wenn die kostbaren Stoffe heute nicht mehr vorhanden sind, ist der Gesamteindruck immer noch so prachtvoll wie zur Zeit der Sultane.

Eine neue Ära

Die Reconquista erreichte 1492 schließlich ihr Ziel: Der letzte Nasridensultan, Muhammad XII. (Boabdil), musste kapitulieren und ins Exil gehen. Mit dem Fall des muslimischen Spanien begann der Aufstieg der katholischen Monarchen. Die Alhambra ging an die neuen katholischen Herrscher über, Ferdinand II. von Aragon und Isabella von Kastilien. Im 16. Jh. ordnete Karl V. an, Teile der Alhambra niederzureißen, um dort den Palast, der seinen Namen trägt, erbauen zu lassen. Sein einzigartiger Rundhof ist die bedeutendste bauliche Leistung der Renaissance in Spanien. Seit dem 18. Jh. stand die Anlage leer; erst in der zweiten Hälfte des 19. Jh. begann man, das bemerkenswerte Bauwerk zu restaurieren.

Die Konkurrenten

MAURISCHE BAUTEN IN SPANIEN

Die **Große Moschee** von Córdoba, heute die Mezquita-Catedral de Córdoba, wurde 785 von Abd ar-Rahman I., dem ersten omaiyadischen Emir von Córdoba, geweiht. Die Hufeisenbogen der Gebetshalle formieren sich zu einen Wald aus farbigen Säulen und der Mihrab (Gebetsnische) ist mit arabesken Ornamenten und Mosaik-Kalligrafien aus der Hand byzantinischer Meister dekoriert. So wie im 8. Jh. ist der Moscheehof auch heute mit Orangenbäumen bepflanzt. Das macht ihn zum ältesten kontinuierlich bepflanzten Garten der Welt.

Große Moschee von Córdoba

Der **Alcázar** in Sevilla ist einer der schönsten Paläste im Mudéjar-Stil. Die Mudéjaren waren Muslime, die nach der Reconquista in Spanien verblieben. Viele waren Handwerker, die für die christlichen Könige Paläste und Kirchen ausgestalteten. Der kastilische König Peter I., der Grausame (reg. 1350 - 69), ließ sich von den Mudéjaren einen Palast aus der Zeit der Almohaden umbauen. Sie nutzten bewährte Techniken, mit denen sie z. B. polychrome Fliesen, geschnitzte Holztüren und Muqarnas-Decken schufen, die an die Alhambra erinnern. Tatsächlich stammen die Dekorationen im Alcázar oft von Handwerkern, die aus Granada kamen.

Außerhalb von Córdoba liegt die verborgene Stadt **Madinat al-Zahra** mit den einst prächtigsten Palästen der Welt. Teile der Anlage wurden freigelegt, aber der Großteil schlummert noch immer unter der Erde. Abd ar-Rahman III., der sich 936 selbst zum Kalifen erklärte, ließ diese extravagante Palaststadt errichten. Zeitzeugen berichten von der reichen Ausstattung: Ein Quecksilberbrunnen verblüffte die Besucher nicht weniger als die mit Edelsteinen besetzten Goldstatuen und die mit Ebenholz, Jaspis und Elfenbein verkleideten Wände.

DIE RÄTSELHAFTESTE HOCHEBENE

ALTIPLANO

Teils Wüste, teils Steppe – der Altiplano in Südamerika wirkt unwirtlich und rau. Doch auf der Hochebene leben heute noch indigene Völker, auf den weiten Flächen grasen Lamas und Flamingos waten durch die Salzseen.

Der Altiplano in Südamerika ist eines der größten geografischen Rätsel der Welt: Es ist hier immer kalt, aber die Sonne scheint beständig; es herrscht arides Klima, aber es gibt große Seen; er ist die Wiege mehrerer Kulturen, aber heute spärlich bewohnt. Die Hochebene hat eine Länge von über 1000 km und umfasst den Großteil des Gebiets zwischen Cusco in Peru und Jujuy im Norden Argentiniens. Das Kernland Boliviens befindet sich auf der Hochebene, genauso ein schmaler Streifen des nordöstlichen Chile. „Altiplano" ist Spanisch und bedeutet „hohe Ebene" – das passt, denn das Plateau liegt durchschnittlich 3650 m über dem Meeresspiegel. Noch höher sind die Berge – zwei Andenketten und einzelne schneebedeckte Vulkane, die zu den höchsten Gipfeln in Südamerika gehören – im Osten und Westen.

Kein Abfluss zum Meer

Wissenschaftler waren sich lange uneinig, wie die Hochebene entstanden ist. Zweifellos hat die tektonische Auffaltung der Anden infolge des Zusammenpralls der Nazca-Platte mit der Südamerikanischen Platte ihren Anteil daran. Die Frage bleibt aber, ob der Altiplano der Überrest eines Binnenmeers oder das Resultat von Jahrmillionen der Erosion der Anden ist.

Eines der wichtigsten Merkmale des Altiplano ist die Tatsache, dass die Hochebene keinen Abfluss zu einem Ozean

GEOGRAFISCHE LAGE

Der lang gestreckte Altiplano verläuft zwischen zwei Andenketten vom südlichen Peru bis ins nördliche Argentinien. Auf dem Luftweg ist die Region über Juliaca (Peru), La Paz (Bolivien) und Salta (Argentinien) erreichbar. Langsamer, aber auch romantischer ist die Fahrt mit dem Bus oder Zug.

Weideland Herden domestizierter Alpakas grasen auf dem Altiplano. Alpakas gehören zu den Kamelen, sind aber kleiner als ihre Verwandten, die Lamas. Aus ihrem Fell wird Wolle für Teppiche und Kleidung gewonnen.

hat, obwohl sie Einzugsgebiet für das aus den Bergen kommende Wasser ist. Alle hiesigen Flüsse führen in den Titicacasee und andere Seen auf dem Hochplateau. Ersterer allein ist schon ein geografischer Superlativ: das am höchsten gelegene schiffbare Gewässer der Erde. Hier leben indigene Völker – teilweise noch immer auf den „schwimmenden Inseln" aus Schilf. Weitere große Gewässer sind der weniger bekannte Lago Poopó in Zentralbolivien und der Salar de Uyuni, die größte Salzpfanne der Welt.

Der Großteil des Altiplano besteht aus Wüste, an feuchteren Stellen gedeihen Gräser, wenige Sträucher und Kakteen. Zu den hier wild lebenden Tieren gehören das Vikunja – ein Verwandter der Lamas und Alpakas –, leuchtend rosafarbene Flamingos, Chinchillas, Andenschakale und die hasenähnlichen Viscachas.

Uralte Zivilisation

Seit mindestens 3000 Jahren leben Menschen auf dem Altiplano. Etwa 100 n. Chr. entstand am Ufer des Titicacasees die Tiahuanaco-Kultur und entwickelte sich zur fortschrittlichsten Zivilisation der Region. Die Menschen bauten Tempel und Pyramiden, schmiedeten Werkzeug aus Kupfer, kultivierten Nutzpflanzen und lebten in Lehmziegelhäusern, zwischen denen gepflasterte Straßen verliefen. Im 12. Jh. verblasste die Kultur, möglicherweise wegen anhaltender Dürre. Ihren Platz nahmen die Inka ein, die dann bis

Titicacasee Einheimische nutzen noch immer Schilfkanus, um ihre Netze auszuwerfen; Fische sind durch die Wasserverschmutzung jedoch selten geworden.

zur Ankunft der spanischen Eroberer Anfang des 16. Jh. den Altiplano beherrschten. Das Silber aus einem einzigen Berg bei Potosí sicherte jahrhundertelang die Finanzierung des spanischen Kolonialreichs. Seit dem 20. Jh. werden hier auch Zinn, Zink und Blei abgebaut.

Die indigene Bevölkerung lebt in den ländlichen Regionen der bolivianischen und peruanischen Hochebenen. Dort sind Quechua und Aymara – zwei von über 30 indigenen Sprachen – verbreiteter als Spanisch. Die größte Stadt ist die bolivianische Hauptstadt La Paz, gefolgt von Cochabamba in Bolivien und Jujuy in Argentinien. Doch die schönste Stadt auf dem Altiplano ist Puno am Westufer des Titicacasees. Hier steht die Wiege der Aymara-Kultur – unlängst haben Kunsthandwerk und Kultur dem Ort den Titel „Folklorehauptstadt Perus" beschert.

Die Konkurrenten

HOCHEBENEN

Das größte und am höchsten gelegene Plateau ist das zentralasiatische **Hochland von Tibet**, oft auch „Dach der Welt" genannt. Es ist die Heimat der tibetischen Kultur und der vom Aussterben bedrohten Schneeleoparden, Takine und Tibetischen Braunbären. Trotz der gnadenlosen Abholzung und der landwirtschaftlichen Erschließung ist die Hochebene mit ihrer endlosen, offenen Weite noch immer wunderschön.

Beim **Colorado-Plateau** im Südwesten der USA denkt man zuerst an den Colorado River, der den Grand Canyon gegraben hat.

Tibetischer Yak

Tatsächlich ist das Plateau ein riesiges, von Hochland umgebenes Becken mit mehreren Hochebenen. Es erstreckt sich über Utah, Arizona, New Mexico und Colorado auf einer Fläche von 210 000 km². Abgesehen von Alaska, Texas, Kalifornien und Montana ist es größer als jeder einzelne US-Bundesstaat. Uralte Lavaströme, versteinerte Wälder und rostrote Tafelberge prägen die Wüstenlandschaft, in der Navajo- und Hopi-Indianer leben.

Das **Dekkan-Plateau**, das den größten Teil Zentral- und Südindiens einnimmt, entstand vor mehr als 60 Mio. Jahren durch eine Reihe vulkanischer Eruptionen. Der Name Dekkan leitet sich von dem Sanskritwort für Süden ab. Die Westghats blockieren die aus dem Südwesten kommenden Monsune, sodass der nördliche Teil des Dekkan-Plateaus nur wenig Regen erhält. Die großen Flüsse werden aus dem Norden und über atemberaubende Wasserfälle gespeist. In den Hochebenen haben viele Kulturen Wurzeln geschlagen. Eine der mächtigsten war das Königreich Vijayanagara (1336-1646).

DER GRÖSSTE TEMPELKOMPLEX

ANGKOR WAT

In perfekter Symmetrie erhebt sich Angkor Wat aus der Ebene – ein monumentaler „Tempelberg" zur Verehrung der Götter.

Dem Betrachter bleibt beim ersten Blick auf Angkor Wat fast das Herz stehen. Je nach Tageszeit wirkt der Tempel anders – mal in sanft goldenem Licht gebadet, mal gleißend in der Sonne, dann wieder schroff und unheimlich in tiefe Schatten gehüllt. Gespenstisch schön erscheint die Anlage bei Sonnenuntergang, wenn die Türme und Türmchen im Schatten des Bakheng-Hügels, wo die erste Stadt Angkor stand, kupfergolden leuchten. Ein Sandsteindamm führt über einen breiten Wassergraben zum Eingang in der Außenmauer, deren goldfarbene Türme und Kolonnaden sich im Wasser spiegeln. In den ruhigen Ecken meditieren in orangefarbene Roben gehüllte Mönche.

Der Tempelkomplex gilt als Höhepunkt der klassischen Khmer-Architektur und ist nicht nur eine der bedeutendsten religiösen Stätten Südostasiens, sondern auch die weltweit größte. Angkor Wat ist nur einer von mehreren hundert Tempeln, die zwischen dem 9. und 15. Jh. in Angkor erbaut wurden, als die Region Mittelpunkt des Khmer-Reichs war.

Im Brennpunkt Von allen Seiten der Haupteinfriedung lenken Säulengänge und Galerien den Blick zum zentralen Tempelturm.

GEOGRAFISCHE LAGE

Angkor Wat gehört zum Archäologischen Park Angkor, einem 400 km² großen Gebiet nördlich der Stadt Siem Reap im nördlichen Kambodscha, und ist mit dem Bus, Auto oder Fahrrad erreichbar. Am besten reist man in der relativ kühlen Trockenzeit zwischen Dezember und März. Der nächste Flughafen ist in Siem Reap.

Mit dem Niedergang des Khmer-Reichs ab dem 15. Jh. wurden die Tempel aufgegeben und nur noch von heiligen Männern besucht. Der Graben rund um Angkor Wat schützte die Anlage davor, vom Regenwald „verschlungen" zu werden. Viele kleinere Tempel in der Nähe wurden ganz oder teilweise überwuchert, aber er, der prächtigste von allen, blieb überraschend gut erhalten. Der Komplex war zunächst ein Hindu-Tempel, später ein buddhistisches Heiligtum und dann trotzte er dem Zahn der Zeit und den Plünderungen durch die Einheimischen.

Schon im 16. Jh. kamen portugiesische Reisende zu dieser Stätte. Aber erst nachdem der französische Forschungsreisende Henri Mouhot in den 1860er-Jahren seinen Reisebericht *Voyage à Siam et dans le Cambodge* veröffentlicht hatte, wurde Angkor Wat in aller Welt bekannt.

Heute gehört Angkor Wat zum Weltkulturerbe und ist eine große Touristenattraktion. Schätzungsweise die Hälfte der ausländischen Touristen, die Kambodscha besuchen, kommt hierher. Niemand stellt die außergewöhnlichen Eigenschaften des Tempels infrage – die Größe der Anlage, die technische Raffinesse beim Bau und die fürs Auge so angenehme klassische Form –, und doch sind es vor allem die Flachreliefs, denen Angkor Wat seinen Ruhm verdankt.

Rätselhafte Ausrichtung

Angkor Wat wurde um 1113 von dem Khmer-König Suryavarman II. in Auftrag gegeben und dem Hindu-Gott Vishnu geweiht. Anders als andere Angkor-Tempel ist Angkor Wat nach Westen ausgerichtet – diese Himmelsrichtung symbolisiert den Tod. Außerdem sind die Reliefs gegen den Uhrzeigersinn angeordnet, was alten Begräbnisritualen entspricht. Die Wissenschaftler sind über die Bedeutung dieser Symbolik geteilter Ansicht, aber möglicherweise sollte der Tempel ein Grabmal für die Asche des Königs werden.

Vogelperspektive Diese Ansicht von Angkor Wat verdeutlicht die unglaubliche Größe und Komplexität der Anlage. Die erhöhten Gebäude in der Mitte sind von Einfriedungen umgeben.

Das Bauwerk besteht teils aus Laterit, teils aus Sandsteinblöcken, die aus einem 48 km entfernten Steinbruch den Fluss

Siem Reap hinabtransportiert wurden. Es spricht vieles dafür, dass Suryavarman befahl, die Arbeiten gleichzeitig an allen vier Seiten des Tempels aufzunehmen. Mit beschränkten Mitteln, aber vielen Arbeitskräften wurde das Projekt in weniger als 40 Jahren vollendet. Im späten 13. Jh. begann man den Tempel als buddhistischen Schrein zu nutzen und im Hauptheiligtum wurde das Bild Vishnus durch das Buddhas ersetzt.

Symbolträchtige Architektur

Die fünf mitraförmigen Türme im Zentrum der Anlage stehen für die Gipfel des Berges Meru, den Sitz der Hindu-Götter und Mittelpunkt des hinduistischen und buddhistischen Universums. Die umlie-

DAS KHMER-REICH

Rund 40 km nördlich von Angkor Wat erhebt sich Phnom Kulen, der heilige Berg Kambodschas. Der Legende zufolge erklärte Jayavarman II. hier im Jahr 802 die Unabhängigkeit des Landes, schüttelte die javanesische Oberherrschaft ab und proklamierte sich zum „Weltherrscher" oder *devaraja* (Gottkönig). Mit Eroberungen und Diplomatie gelang es ihm, die streitenden Parteien im damaligen Königreich Chenla zu einen, womit er ein Reich begründete, das zu einem der bedeutendsten in Südostasien wurde.

Angezogen von dem fruchtbaren Land und dem Wasserreichtum verlegte der Khmer-Hof um 900 die Hauptstadt von Roluos nach Nordwesten. Dort wurde die erste Stadt Angkor erbaut. Später folgten große Tempelanlagen, als neue Herrscher (zunächst hinduistische, später buddhistische) ihre Macht und ihren Reichtum zur Schau stellen und die Götter gnädig stimmen wollten. Das Khmer-Reich bestand über 600 Jahre und herrschte – in wechselndem Ausmaß – über Teile des heutigen Laos, Vietnam, Myanmar, Thailand und Malaysia.

Schließlich schwächten die Erschöpfung der Finanzen und des Arbeitskräftepotenzials das Königreich. Die Steinbrüche waren ausgebeutet und die Bautätigkeit endete. Die Thai versetzten dem Reich 1431 mit der Plünderung Angkors den letzten Schlag.

Himmelstreppe Der steile Treppenaufgang von der zweiten zur dritten, höchsten Einfriedung ist bewusst so gestaltet, dass er schwer zu erklimmen ist: Er symbolisiert den Aufstieg in den Himmel.

genden Mauern symbolisieren niedrigere Gipfel, die Höfe repräsentieren die Kontinente und die Wasserbecken stehen für die Ozeane. Die siebenköpfige Schlange Naga ist allgegenwärtig: Sie erstreckt sich wie eine Regenbogenbrücke zwischen den Menschen und dem Sitz der Götter. Manche Wissenschaftler sehen einen Bezug des Grundrisses auf die hinduistische Philosophie und deuten die Straße zum Zentrum als Symbol für den Weg zurück zur Schöpfung.

Reise in den Himmel

Ein Rundgang durch das Gelände von Angkor Wat ist zwangsläufig eine Reise hinein und hinauf zum zentralen Turm. Der Weg beginnt am Graben an der Westseite und führt durch den Westeingang. In den Außenmauern gibt es mehrere solche Tortürme *(gopurams)*, die Zugang zum Tempelgelände gewähren (darunter jeweils einen in allen vier Himmelsrichtungen). Hinter dem Eingang führt eine von Nagas gesäumte Straße an Bibliotheken und Wasserbecken vorbei zu einer erhöhten Terrasse. Zu beiden Seiten der Terrasse befanden sich einst der Originalpalast und die Stadt Angkor. Sie waren aus vergänglichen Materialien erbaut und zerfielen im Lauf der Jahrhunderte.

Der Tempel selbst besteht aus drei ineinandergeschachtelten, jeweils höher liegenden rechteckigen Einfriedungen. Auf der Westseite des Tempels verbindet ein Gang die äußerste Einfriedung mit der folgenden. In dem Gang standen einst mehr als 1000 von Pilgern gestiftete Buddha-Figuren und an den Wänden berichten Inschriften von guten Taten.

In der zweiten Einfriedung führt ein steiler Treppenaufgang zu den vier Türmen an den Ecken der dritten und höchsten Ebene. Diese Türme sind kleinere Versionen des zentralen, in Form einer Lotosblüte gestalteten Turms. Der komplexe Entwurf der Anlage mit ihren vielen Terrassen, Gängen, Höfen, Ziergiebeln, Pavillons und Treppenaufgängen, die von einer Ebene zur nächsten hinaufführen, kann als Symbol für die schwierige Reise hinauf in den Himmel betrachtet werden.

Tanzende Nymphen Die Mauern von Angkor Wat zieren Apsaras, mythologische Frauenfiguren, die ihre Gestalt wandeln und Sterbliche verführen konnten. Sie sind stets tanzend dargestellt.

Der hin und wieder von starken Winden umwehte zentrale Turm markiert die letzte Etappe des Aufstiegs. Er ragt rund 60 m über die Ebene auf – hier kann man einige Zeit verweilen, den Blick auf die Ebene und den mit weiteren uralten Bauwerken übersäten Dschungel genießen und über die Gottkönige längst vergangener Zeiten und ihre unbekannten Tempelbaumeister nachsinnen.

Der Stolz von Angkor Wat

Großartige Flachreliefs zieren fast alle Oberflächen im Haupttempel – die Wände, die Säulen, die Stürze und die Decken. Am eindrucksvollsten ist die innere Wand der zweiten Einfriedung mit einem von Reliefs bedeckten Fries, der sich 800 m rund um die Umfassung zieht.

Die meisten Flachreliefs stammen aus dem 12. Jh., einige kamen später hinzu. Mit erzieherischer Absicht stellen sie heroische Szenen aus den großen Hindu-Epen Ramayana und Mahabharata dar. Hier toben gewaltige Schlachten zwischen Dämonen und Göttern: Vishnu reitet auf dem mythischen Vogel Garuda und erschlägt Dämonen, die ihn bedrängen. In einer Reihe schön gearbeiteter Reliefs wird die legendäre Schlacht von Lanka mit jeder Menge Affen, Ungeheuern und Riesen erzählt.

Anderswo in der Galerie zeigen Szenen Belohnungen und Strafen in den 37 Himmeln und 32 Höllen des indischen Glaubens. Im südwestlichen Abschnitt befinden sich Szenen aus der Zeit Suryavarmans II. Ein Bildnis zeigt ihn auf einem Elefanten, wie er seine Armee zum Sieg führt, während ihm seine Diener Luft zufächeln und mit 15 Schirmen Schatten spenden.

Am beeindruckendsten ist ein großer Fries, der die Legende vom „Quirlen des Milchozeans" erzählt, in der Götter und Dämonen um den im Milchozean verborgenen Unsterblichkeitstrank kämpfen. In der Mitte des Frieses ringelt sich eine Schlange um den Berg Mandara. Auf der einen Seite des Berges zerren 88 Dämonen am Kopf der Schlange, auf der anderen Seite ziehen 92 von Vishnu angefeuerte Götter am Schwanz. Der Legende nach rissen beide Teams abwechselnd an der Schlange. Dadurch kreiselte der Berg hin und her und quirlte den Ozean auf, der schließlich das kostbare Elixier freigab. Die Götter tranken es und gewannen ihre Unsterblichkeit.

> „Die Anlage besitzt Türme, Schmuckwerk und alle Raffinesse, die der Mensch erdenken kann."
>
> DER PORTUGIESISCHE MÖNCH ANTÓNIO DA MADALENA (1586)

Rund um die Götter singen und tanzen schöne Apsaras. Diese anmutigen himmlischen Nymphen gehören zu den bezauberndsten Figuren, welche die Wände und Pfeiler von Angkor Wat schmücken, abgesehen von den Tempelwächterinnen *(devatas)*, die stets reglos dargestellt sind. Nach zurückhaltenden Schätzungen gibt es hier 2000 dieser Figuren mit den unterschiedlichsten Frisuren, Gewändern, Schmuckstücken und Blumen. Sie alle sind reizvoll und stehen oft mit Fruchtbarkeitsritualen im Zusammenhang.

Ein spirituelles Erlebnis

Niemand kann sich dem Eindruck von Angkor Wat entziehen. Die Größe und Komplexität der Anlage, der Ehrgeiz der Erbauer und die Schönheit der Ausschmückung schlägt jeden in Bann. Doch in der Architektur und Bildwelt zeigt sich auch eine unvergleichliche religiöse Hingabe. Daher ist der Besuch von Angkor Wat für viele ein spirituelles Erlebnis, das sich nicht in Worte fassen lässt.

Die Konkurrenten

ASIENS BEDEUTENDSTE TEMPEL

Im späten 12. Jh. errichtete der Khmer-König Jayavarman VII. 1,6 km von Angkor Wat entfernt eine neue Hauptstadt: **Angkor Thom**. Der tief religiöse Buddhist ließ den Staatstempel Bayon erbauen, dessen 54 Türme mit über 200 monumentalen Porträts von Avalokiteshvara geschmückt sind. Dieser Bodhisattva ist der Inbegriff des universellen Mitgefühls aller Buddhas. Manche glauben, dass die Züge der Gesichter, die lächelnd auf die Besucher herabblicken, denen des Königs nachempfunden sind.

Gegenüber von Angkor Thom ließ Jayavarman VII. am anderen Ufer des Siem Reap zu Ehren seiner Mutter den Tempel **Ta Prohm** errichten. Der einst prächtige Tempelkomplex gilt als stimmungsvollster Angkor-Tempel. Der fast unberührte Ort wirkt mit seinen dunklen Ecken und verfallenen, von Würgefeigen und Wurzeln überwucherten Mauern wie verzaubert. Von allen Seiten drängt der Dschungel heran und nur gedämpft dringt das Licht durch die Blätter der Banyanbäume.

Die **Höhlen von Ellora** im indischen Bundesstaat Maharashtra gelten als bedeutendstes Beispiel der Höhlenarchitektur Indiens. Die 34 „Höhlen" wurden zwischen dem 5. und 10. Jh. in den Berg getrieben. Hier findet man dicht beieinander jainistische, buddhistische und hinduistische Tempel, was von einer hohen religiösen Toleranz zeugt. Am beeindruckendsten ist der Kailasa-Tempel, welcher der hinduistischen Gottheit Shiva geweiht ist.

Der Tempelbezirk von **Khajuraho** im indischen Bundesstaat Madhya Pradesh besteht aus einer imposanten Gruppe antiker Hindu-Tempel aus Sandstein. An dieser Stelle soll sich der Gott Shiva mit der Göttin Parvati vereint haben. Die Tempel sind vor allem für die erotischen Reliefs auf den Außenmauern berühmt, aber auch Szenen aus dem Alltagsleben sind dargestellt.

Mamallapuram im indischen Bundesstaat Tamil Nadu ist ein Beispiel für die frühen Epochen der dravidischen Architektur und den Übergang von Felstempeln zu frei stehenden Gebäuden. Es gibt dort Höhlentempel, Reliefs und Rathas - wie Streitwagen gestaltete Schreine, die aus einem Granitblock geschlagen sind. Der aus dem 8. Jh. stammende Küstentempel ist einer der ältesten frei stehenden Steintempel in Südindien.

Ta Prohm

DIE FASZINIERENDSTE EISLANDSCHAFT

ANTARKTISCHE HALBINSEL

Die einsame Halbinsel, einst als „märchenhaft schön" beschrieben, wird von einem majestätischen Gebirgsmassiv durchzogen.

Der erste Mensch, der diese atemberaubende Landschaft erblickte, war wohl Fabian Gottlieb Thaddeus von Bellingshausen. Der Kapitän in der Kaiserlich Russischen Marine war sich jedoch nicht bewusst, dass er Land entdeckt hatte – er glaubte, es handle sich um Eisberge. Deshalb gelten William Smith und Edward Bransfield von der britischen Königlichen Marine, die 1820 hier nur drei Tage nach Bellingshausen ankamen, als Entdecker eines neuen Kontinents: Antarktika. Sie kartografierten den äußersten Norden der größten Halbinsel Antarktikas und beschrieben „hohe, mit Schnee bedeckte Berge".

Tatsächlich sind die Berge ein Ausläufer der südamerikanischen Anden, mit denen sie über einen Gebirgskamm unter Wasser sowie den Inseln im Südantillenmeer verbunden sind. Der Kamm tritt in der schroffen Gebirgskette hervor, die das Rückgrat der Halbinsel bildet, und erreicht am Mount Jackson mit 3184 m den höchsten Punkt.

Eine überwältigende Szenerie tut sich am Lemaire-Kanal auf der Westseite der Halbinsel auf, zwischen dem Festland und der Booth-Insel. Dunkle, schneebedeckte Berge mit senkrechten Felswänden säumen die Meerenge und an der nördlichen Zufahrt erheben sich am Kap Renard zwei eisbedeckte Basaltgipfel. Der Kanal ist an seiner schmalsten Stelle gerade einmal 500 m breit. Das Wasser ist hier so ruhig wie das eines Dorfteichs – eine Seltenheit im Südantillenmeer.

Das Klima auf der Halbinsel unterscheidet sich stark von dem des restlichen Antarktika. Die Temperaturen im Binnenland liegen durchschnittlich bei –49 °C und steigen selbst an der Küste nur selten über den Gefrierpunkt. Die niedrigste auf Erden je gemessene Lufttemperatur betrug –98,6 °C (2004). Auf der Halbinsel hingegen liegen die Temperaturen im Sommer durchschnittlich bei 2 °C und haben auch schon 15 °C erreicht. Deshalb schmelzen Schnee und Eis teilweise ab, sodass Moostundra und mit Flechten überwucherter Fels sichtbar werden. Neben Schnee gibt es hier Regen, Nebel und manchmal sogar wolkenlosen blauen Himmel.

Skulpturen aus Eis und Schnee

Trotz der Schmelze im Sommer bleiben das ganze Jahr über Schnee- und Eismassen auf den Inseln rund um die Halbinsel und in den Bergen auf dem Festland erhalten. Gigantische Gletscher bewegen sich stetig Richtung Meer. Und Wind, Meer, Regen und Sonne lassen jene zauberhaften Eisskulpturen entstehen, die den norwegischen Polarforscher Roald Amundsen veranlassten, die Region als „märchenhaft schön" zu beschreiben.

Bei Jougla Point umgeben Schneefelder, steile Klippen und Wechten, die wie weiche Baisers aussehen, den natürlichen Hafen Port Lockroy im Palmer-Archipel. An der Paradise Bay münden die Gletscher in hohe Eisklippen, die ins Meer abstürzen. Die Gletscherspalten ächzen und knarzen, während sie sich weiten, bis ein weiterer Eisblock abbricht und der Gletscher einen neuen Eisberg kalbt.

GEOGRAFISCHE LAGE

Die Antarktische Halbinsel erstreckt sich nordwestwärts Richtung Südamerika ins Südantillenmeer. Mit dem Flugzeug kommt man vom chilenischen Punta Arenas bis nach King George Island, das zu den Südshetlandinseln gehört. Vom argentinischen Hafen Ushuaia aus überquert ein Schiff in zwei Tagen die Drakestraße.

Fotogene Szenerie Der Lemaire-Kanal wird, weil er so viele Fotomotive bietet, von den Reisebegleitern auf den Kreuzfahrtschiffen auch „Kodak Gap" genannt.

„Unterhalb des 40. Grades südlicher Breite gibt es kein Gesetz, unterhalb des 50. keinen Gott.“

GEFLÜGELTES WORT ZUR DRAKESTRASSE, DIE SÜDAMERIKA VON ANTARKTIKA TRENNT UND DAS STÜRMISCHSTE UND GEFÄHRLICHSTE GEWÄSSER DER ERDE IST; 19. JH.

Gletschereis ist stark komprimiert. Es absorbiert rotes und gelbes Licht, reflektiert aber blaues. Deshalb schillern Eisberge in glänzendem, fast transparentem Blau. Manche Eisberge erreichen die Größe einer Kleinstadt, andere haben riesige Kuppeln, Türme, Spitzen oder Kronen. In einige hat das Meer große Bogen hineingefressen. Rundum ist der Meeresspiegel mit vereistem Treibgut übersät. Manche Eisberge werden als *growler* (Heuler) bezeichnet, weil ein entsprechendes Geräusch ertönt, wenn beim Schmelzen die in Hohlräumen eingeschlossene Luft entweicht. Andere heißen einfach nur *bergy bit* (Bergstückchen) – das klingt niedlich, aber diese kleinen Eisberge sind für Schiffe äußerst gefährlich, weil sie schlecht auszumachen sind.

Flora und Fauna

Die vielen Inseln westlich der Antarktischen Halbinsel verfügen über eine artenreiche Fauna. Hier gibt es Kolonien von Zügel-, Esels- und Adeliepinguinen sowie Nistplätze von Dominikanermöwen, Subantarktik-Skuas, Eissturmvögeln, Blauaugenscharben und Sturmvögeln.

ÖKOSYSTEM IM WANDEL

Der Westen der Halbinsel gehört zu den am stärksten von der Erwärmung betroffenen Orten der Erde. Die Wintertemperaturen liegen hier um 6 °C höher als vor 50 Jahren! In den letzten 30 Jahren hat sich die Pinguinpopulation um mehr als 50 % verkleinert. Wissenschaftler sehen die Ursache dafür im Verschwinden der Hauptnahrungsquelle der Tiere, des Krills. Diese winzigen Krustentiere befinden sich im Frühjahr an den Algen unter dem Meereis. Weniger Eis bedeutet weniger Krill, und weniger Krill heißt weniger Pinguine. Forscher entdeckten allerdings kürzlich auf Satellitenbildern Kotstellen auf Danger Island, einer Insel auf der Ostseite der Insel. Dabei stießen sie auf eine 1,5 Mio. große Kolonie von Adéliepinguinen (siehe auch S. 33).

Schmelzendes Eis Infolge der Erderwärmung tauchen in der Weddellsee östlich der Halbinsel jeden Sommer mehr Eisberge auf, weil immer häufiger Teile von Schelfeisplatten und Gletschern abbrechen.

Weddellrobben und Krabbenfresser tummeln sich an den Stränden und auf Eisschollen, und Seeleoparden machen in Ufernähe Jagd auf Pinguine. Im Meer suchen Schwertwale nach Robben, die sie von Eisschollen stoßen können, und Buckel-, Zwerg- und Finnwale schlucken Schwärme kleinster Krebstiere, den Krill.

Die meiste Zeit des Jahres ist es hier so kalt, dass nur zwei Blütenpflanzen überleben, und auch das überwiegend auf der Westseite der Halbinsel: Die eine ist die widerstandsfähige Antarktische Schmiele, die andere die Antarktische Perlwurz, eine buschige Polsterpflanze mit sehr kleinen weißlichen Blüten. Zudem gibt es hier noch einfache pflanzenartige Organismen, die kälte- und dürreresistent sind, z. B. Moose, Flechten und Algen.

Rund um die Halbinsel tummeln sich zwar viele Tiere – auch die Pinguine brüten dort zu Tausenden –, aber keine dieser Arten lebt hier ganzjährig. Das größte dauerhaft in dieser Region lebende Landtier ist eine flügellose, etwa 12 mm große Mücke, das wichtigste Landraubtier eine winzige Milbe, nicht größer als ein Stecknadelkopf, die sich von Springschwänzen ernährt. Viele der Tierarten produzieren ihr eigenes Frostschutzmittel, um im antarktischen Winter zu überleben.

Beliebte Anlaufstation

Eine der kleinen Überraschungen auf der Halbinsel ist die südlichste Filiale der britischen Post in Port Lockroy auf der Insel Goudier. Im Sommer, wenn sie geöffnet hat, kommen mehr als 10 000 Besucher pro Jahr hierher. Das macht die Ortschaft zum beliebtesten Haltepunkt für Kreuzfahrtschiffe in der Antarktis. Am Strand kann man das Skelett eines gigantischen Finnwals betrachten – an Größe werden Finnwale nur von Blauwalen übertroffen. Im Frühjahr, also nach den Winterstürmen, wird das Skelett regelmäßig rekonstruiert. Es ist ein trauriges Zeugnis des Walfangs, durch den die Wale im 20. Jh. nahezu ausgerottet wurden.

Brutkolonie Hope Bay Kolonien von Adeliepinguinen wie diese umfassen meist mehr als 100 000 Paare. Die Männchen bauen Nester aus kleinen Steinen.

Die Konkurrenten

EISLANDSCHAFTEN

■ Der **Eisfjord Ilulissat** an der Westküste Grönlands, 300 km nördlich des Polarkreises, wurde 2004 von der UNESCO zum Weltnaturerbe erklärt. Der Name bedeutet „Stadt der Eisberge" und verweist auf die vielen hundert teilweise bis zu 100 m hohen Eisberge, die vom nahe gelegenen Gletscher Sermeq Kujalleq abbrechen, dem größten Gletscher außerhalb Antarktikas.

■ Eisbären lassen sich am besten in **Churchill** im kanadischen Manitoba beobachten. Zwischen Mitte Oktober und Mitte November wandern die Tiere an die Küste und warten auf das Zufrieren des Meeres, um in der Hudson Bay auf Robbenjagd zu gehen. Mit Tundra-Buggys können Besucher zu den Eisbären fahren, falls sich diese nicht zeigen wollen. Tiere, die den Menschen zu nahe kommen, werden betäubt und per Hubschrauber abtransportiert. Dennoch verirrt sich der eine oder andere Bär in die Stadt, vor allem bei Nacht.

Ilulissat, die Stadt der Eisberge

■ Der isländische Gletscher **Vatnajökull** spuckt Feuer und Eis: Unter dem Eis befinden sich aktive Vulkane. Am gefährlichsten ist der Grímsvötn-Vulkan auf der Nordwestseite der Eiskappe, denn der Gletscher umschließt die Abhänge des Vulkans. Bei einer Eruption kann das Eis rasant schmelzen und einen Gletscherlauf auslösen. Bei einem solchen wurde 1996 die wichtige Ringstraße Islands teilweise weggespült.

■ Eis am Boden, Feuer am Himmel: Von der **Sternwarte Aurora** auf dem Berg Nuolja im Nationalpark Abisko in Nordschweden aus kann man zwischen November und März an drei von vier Nächten Polarlichter bestaunen. Besucher können hier sogar übernachten.

DAS INNOVATIVSTE WOHNGEBÄUDE

AQUA TOWER

Inspiriert von den Wellen auf dem nahen Lake Michigan scheint sich der Aqua Tower in Chicago in den Himmel zu schrauben.

Bei moderner Architektur denkt man sofort an glänzende Oberflächen, harte Kanten und scharfe Ecken. Aber das muss nicht so sein: Moderne Architektur orientiert sich oft an organischen Formen und stellt umweltfreundliche Elemente ins Zentrum. Der spanische Architekt Antoni Gaudí war der Erste, der unregelmäßige Kurven und Motive einsetzte. Und dann zeigte Frank Lloyd Wright mit Fallingwater (1935), wie die Natur zum integralen Teil eines Hauses werden kann.

Materialien wie Glas, Beton und Stahl befreiten die Architekten von der Tyrannei der tragenden Wände. Le Corbusier, Altmeister des Modernismus, formulierte dies in seinen „Fünf Punkten für eine neue Architektur“: das Haus auf Stützen stellen, um die Grundfläche freizuhalten, durch Flachdächer Platz für Dachgärten gewinnen, durch Pfosten eine freie Gestaltung des Grundrisses ermöglichen, mit Fensterbändern eine bessere Belichtung erzielen und Fassaden frei gestalten.

Der Welleneffekt

In dieser Tradition steht auch der außergewöhnliche Aqua Tower in Chicago. Welle für Welle winden sich die Balkone um die 82 Stockwerke und erzeugen so scheinbar eine schwingende Bewegung. Zwischen den Wellen glänzen spiegelglatte Glasflächen wie Wasser in der Sonne. Von innen bietet sich ein atemberaubender Blick auf den Lake Michigan und die Stadt – und von der Straße aus gesehen wirkt die Fassade wie eine vielschichtige Felsformation. Aus jedem Blickwinkel sieht das 250 m hohe Gebäude je nach Lichtverhältnissen und Tageszeit anders aus und präsentiert sich eher als Skulptur denn als Hochhaus.

Die Balkone, die bis zu 3,70 m vorkragen, spenden Schatten und minimieren im Sommer den Einsatz von Klimaanlagen. Im Herbst und Winter, die in Chi-

GEOGRAFISCHE LAGE

Der Aqua Tower steht am North Columbus Drive in Downtown Chicago, wo der Chicago River in den Lake Michigan mündet. Direkt daneben befinden sich der Lakeshore Park und der Loop Business District. Das Theaterviertel und die meisten großen Museen der Stadt liegen in Gehweite.

Klein, aber fein

DAS GLASS HOUSE

Der US-amerikanische Architekt Philip Johnson entwarf das Glass House (1949) und lebte auch darin. Die Außenwände des Hauses bestehen ganz aus Glas und geben den Blick in alle Richtungen frei. Damit wird das Haus fast nahtlos in die Landschaft integriert. Die Frage bleibt: Heim oder Bühne? Oder beides?

Der Blick auf die Landschaft Connecticuts ändert sich permanent im Lauf des Tages und des Jahres. Im Frühjahr schimmert die Sonne durch die jungen hellgrünen Blätter, im Herbst leuchtet das Blattwerk gelb und rot. Und all das kann man gemütlich von drinnen miterleben.

Das Haus ist ein frühes Beispiel für die Nutzung industrieller Materialien wie Glas und Stahl für den privaten Wohnungsbau. Aber was das Haus besonders macht, ist, dass die Idee von Transparenz und Spiegelung architektonisch nicht besser verwirklicht werden kann.

Sonnenschutz Die gewellten Balkone spenden den Innenräumen Schatten. Eine Spezialverglasung sorgt zusätzlich für die Reduzierung der Sonnenhitze.

cago immer sehr windig sind, brechen sie die Windströme, sodass der Turm weniger Sturmresistenz aufbringen muss. Die Architektin Jeanne Gang nahm bei ihrem Entwurf sogar Rücksicht darauf, wie Vögel ihre Umgebung wahrnehmen, um Zusammenstöße mit dem Gebäude zu vermeiden. Das unregelmäßige Muster, das die Balkone und Fenster schaffen, ist für Vögel besser sichtbar als regelmäßig angeordnete Fensterscheiben.

Neue Technologien

Das umwerfende Design wird kombiniert mit neuesten nachhaltigen Technologien. Besucher mit Elektroautos finden im Gebäude eine Ladestation und die Wohnungen sind energieeffizient beleuchtet.

Der Turm zeigt seine grüne Ausrichtung auch auf dem Dach des dreistöckigen Sockels am Fuß des Hochhauses. Hier liegt der größte begrünte Dachgarten Chicagos mit Pool, Whirlpools und einer Laufbahn. Die Beete sind mit Sukkulenten, Gräsern und Sträuchern bepflanzt, die Wasser aufnehmen. Bei Sonnenschein verdunstet das Wasser, kühlt die Luft und verbessert so das Stadtklima. Vielleicht wird hier mehr als anderswo in diesem Gebäude deutlich, wie Technologie das Leben für Menschen erleichtern und gleichzeitig negative Auswirkungen auf die Umwelt reduzieren kann.

Die Konkurrenten

WOHNGEBÄUDE DER MODERNE

■ **Fallingwater** ist elegant in die Landschaft Pennsylvanias integriert. Die auskragenden Terrassen scheinen über einem Wasserfall zu schweben. Frank Lloyd Wright baute das Haus absichtlich über dem Wasserfall und nicht daneben, um die Geräuschkulisse in den Alltag der Hausbewohner zu integrieren. Große Fenster verbinden die Natur rundum mit dem Inneren des Hauses.

■ Das von Oscar Niemeyer entworfene und 1966 fertiggestellte **Edifício Copan** (Copan-Gebäude) in São Paulo ist eigentlich eine eigene Stadt mit Vierteln und eigener Postleitzahl. Das 32-stöckige Wohnhaus hat die größte Wohnfläche eines Einzelgebäudes weltweit und beherbergt 5000 Personen.

■ Das von Pierre Koenig entworfene **Stahl House** (1959) aus Glas und Stahl liegt in den Hollywood Hills von Los Angeles und wirkt hell und elegant. Der Wohnraum mit Wänden aus Glas schwebt förmlich über der Stadt.

■ Le Corbusiers **Villa Savoye** in Poissy am Stadtrand von Paris ist ein elegantes, modernistisches Manifest, das auf Pfeilern über dem Erdboden schwebt. Das Flachdach fungiert als Terrasse, und weil die Wände nicht tragend sind, wurden sie nur nach ästhetischen Gesichtspunkten platziert. Die klaren geometrischen Formen stehen im Kontrast zu den kurvigen Stahlbetonwänden, die von der maritimen Architektur inspiriert wurden.

DIE IMPOSANTESTE RETORTENSTADT

ASTANA (NURSULTAN)

Die futuristische Hauptstadt in der eintönigen Steppe Kasachstans hat seit März 2019 einen neuen Namen: Zu Ehren des zurückgetretenen (und bisher einzigen) Präsidenten wurde die Stadt nach seinem Vornamen benannt.

Kasachstan ist ein gewaltiges Land. Flächenmäßig ist es der neuntgrößte Staat der Erde und erstreckt sich vom Kaspischen Meer bis fast zur Mongolei. Die frühere Hauptstadt Almaty (bis 1993 Alma-Ata) liegt im äußersten Südosten in den Ausläufern des Tian-Shan-Gebirges. Der ehemalige kasachische Präsident und Alleinherrscher Nursultan Nasarbajew erklärte 1995, dass er eine neue, mehr im Zentrum des Landes gelegene Hauptstadt schaffen wolle. Dazu auserkoren wurde die kleine Industriestadt Akmola am Fluss Ischim, ein wichtiger Bahnknotenpunkt rund 1000 km nordwestlich von Almaty. Akmola lag nicht direkt im Zentrum des Landes, aber zumindest mitten in der weiten Steppe, die typisch ist für Kasachstan. Nach der Ernennung zur Hauptstadt wurde Akmola in Astana umbenannt, was einfach nur „Hauptstadt" bedeutet. 2019 bekam die Stadt einen neuen Namen: Nach dem Rücktritt Nasarbajews wurde Astana ihm zu Ehren in Nursultan umgetauft.

Das weite Gebiet war früher berüchtigt für die Gulags aus der Sowjetzeit. Der Winter dauert hier mindestens sechs Monate bei Temperaturen von bis zu −40 °C. Im kurzen Sommer dagegen entwickelt sich die Steppe bei teilweise über 40 °C zum Backofen. Ungeachtet des unwirtlichen Klimas plante Nasarbajew hier

GEOGRAFISCHE LAGE

Nursultan liegt im Norden Kasachstans. Es hat einen neuen Flughafen und liegt an einem Eisenbahnknoten, der es mit den größten Städten des Landes und der weiteren Umgebung wie Ürümqi in Nordwestchina verbindet. Wie es sich für eine Landeshauptstadt gehört, gibt es in Nursultan einige Spitzenklassehotels.

Baiterek-Monument Die Aussichtsplattform des 105 m hohen Turms liegt in 97 m Höhe – als Erinnerung an das Jahr 1997, als Nursultan (damals Astana) Hauptstadt wurde.

eine moderne Stadt. Dafür standen ihm genug Ressourcen zur Verfügung: Dank den Erlösen aus reichen Vorkommen von u.a. Öl und Gas konnte er weltweit führende Architekten anheuern, um seine prestigeträchtige Hauptstadt schnell zu realisieren. Der japanische Architekt Kishō Kurokawa (1934–2007) schuf den Plan, der 1997 mit der offiziellen Einweihung der Hauptstadt verwirklicht wurde.

Blütenform Manfredi Nicoletti (1930–2017) entwarf die „Blume der Steppe", Astanas Zentrale Konzerthalle.

Architektonische Höhepunkte

Nasarbajew persönlich machte die ersten Skizzen des berühmtesten Bauwerks in Nursultan: des Baiterek-Monuments. Der Name bedeutet „hohe Pappel" und die Form verweist auf eine Sage: Der goldene Ball auf der Spitze repräsentiert das Ei des mythischen Vogels des Glücks, Simurgh. Dieser legt nur einmal im Jahr sein magisches Ei in einer Pappel ab. Von der Aussichtsterrasse hat man einen umwerfenden Blick über die Stadt.

Der Präsident hat seinen Sitz in dem stattlichen Palast Ak Orda (Weiße Horde) mit Blick auf den Ischim. Das relativ konservative Gebäude mit einer Fassade aus weißem Marmor ist entfernt dem Weißen Haus in Washington nachempfunden, aber mit einer blauen Kuppel auf dem Dach und einer in den Himmel ragenden Spitze. Die Zentrale Konzerthalle (2009) in der Nähe ist das genaue Gegenteil. Ihre äußere Form entsteht durch in Kurven abfallenden Wänden, die wie Stahlplatten drei Konzertsäle umschließen. Der Hauptsaal bietet 3500 Sitzplätze und gehört somit zu den weltweit größten Bühnen für klassische Musik.

Der damalige Präsident Nasarbajew engagierte den britischen Architekten Norman Foster für den Bau des Zentrums für Frieden und Versöhnung. Die 62 m hohe Granit-Glas-Pyramide beherbergt ein Museum, eine Bibliothek, ein Opernhaus und einen Kongresssaal mit einem runden Konferenztisch, der extra für die Delegierten des alle drei Jahre stattfindenden Kongresses der Führer der Welt und der traditionellen Religionen angefertigt wurde.

Am anderen Ende der wichtigsten Ost-West-Verbindungsstraße steht das Khan Shatyr (Königliches Zelt). Auch dieses wie ein riesiges Spitzzelt aussehende Unterhaltungszentrum ist eine von Norman Foster realisierte Idee Nasarbajews. Mit seinem an Seilen aufgehängten, bis zu 150 m hohen Polymerdach ist es die weltweit größte Zeltkonstruktion.

Das 2014 eröffnete „National Museum of the Republic Kazakhstan" ist das größte Museum (mehr als 74 000 m^2) in Zentralasien: Es deckt die kasachische Geschichte und Kultur von der Antike bis zur heutigen Zeit ab.

Weiter auf Wachstumskurs

Die Regierungsgebäude und Wohnhäuser sind in ähnlicher Weise in erfrischenden Formen und Farben gestaltet – z. B. die drei gewellten, blau-grünen Wolkenkratzer namens Northern Lights.

Die Neustadt liegt vor allem südlich des Ischim. Die alte Stadt im Sowjetstil nördlich des Flusses wird nach und nach ersetzt. Hauptstädte, die am Reißbrett entstehen, brauchen Zeit, bis sie ein eigenes Profil entwickeln. Nursultan ist noch zu jung dafür, aber die rund eine Million Einwohner scheinen ihre Stadt zu mögen. Sie ist neu, groß und optisch umwerfend. Aber man muss sich meist warm anziehen, um sie genießen zu können.

Die Konkurrenten

STÄDTE VOM REISSBRETT

Brasília, die Hauptstadt Brasiliens, wurde ab 1956 in nur vier Jahren in der Savanne des zentralen Südens des Landes aus dem Boden gestampft. Der Stadtplaner Lúcio Costa entwarf den Grundriss der Stadt nach der Form eines Flugzeugs bzw. eines fliegenden Vogels. In den „Flügeln" sind die Wohnviertel untergebracht. Vor der „Nase", wo sich die Regierungsgebäude befinden, liegt ein riesiger See, der Lago do Paranoá.

Für den Entwurf der öffentlichen Gebäude holte Costa den Architekten Oscar Niemeyer mit ins Boot. Diese Gebäude bilden die Wahrzeichen der Stadt, allen voran der Congresso Nacional mit seinen zwei riesigen schalenförmigen Gebäudeteilen, der Palácio do Itamaraty mit seinen Bogen, die einen Wasserfall simulieren, der Palácio da Alvorada, der Sitz des Präsidenten, und die Catedral Metropolitana Nossa Senhora Aparecida mit ihrer gewaltigen Dornenkrone.

Masdar ist eine seit 2008 im Bau befindliche Ökostadt im Emirat Abu Dhabi: Sie soll durch erneuerbare Energien versorgt werden und eine kühlende Luftzirkulation wird u.a. durch Terrakottawände ermöglicht. Allerdings sind bis jetzt nur 5 % aller Bauten errichtet; mit einer Fertigstellung ist daher vor 2030 nicht zu rechnen.

Die Kathedrale von Brasília

DER BEEINDRUCKENDSTE SEE

BAIKALSEE

Der älteste und tiefste See der Erde ist von großer Schönheit, wenn auch oft in Nebel gehüllt und sturmgepeitscht. Er enthält ein Fünftel der flüssigen Süßwasserreserven und ist Lebensraum einer einzigartigen Tierwelt.

Mitten in den dichten Wäldern des südsibirischen Berglands, auf dem Gebiet der Russischen Föderation, liegt dieser riesige, annähernd halbmondförmige See, der sich über fast 673 km Länge erstreckt und dessen schieferblau schimmernde Oberfläche regelmäßig von kräftigem Wind aufgepeitscht wird.

Der Baikalsee ist zwar kleiner als der Obere See in Nordamerika und der Victoriasee in Afrika, dafür aber tiefer: Er erreicht an seiner tiefsten Stelle unglaubliche 1640 m. Die Lebewesen, die in den untersten Wasserschichten leben, z. B. Schwämme oder Flohkrebse, ähneln eher denen in tieferen Schichten des offenen Meeres als denen in Süßwasserseen.

Rund um den See zeigt sich die Landschaft spektakulär und atemberaubend schön. Zerklüftete Berge bilden die Kulisse: Im Westen liegt das Baikalgebirge, im Osten das weniger hohe Bargusin-

Schamanenfelsen Der Blick von der Insel Olchon nach Osten über den See schweift über einen zerklüfteten Felsvorsprung, den heiligen Schamanenfelsen.

GEOGRAFISCHE LAGE

Der Baikalsee liegt im Südosten Sibiriens auf dem Gebiet der Russischen Föderation zwischen der Oblast Irkutsk und der Republik Burjatien.
Die Transsibirische Eisenbahn zwischen Moskau und Wladiwostok führt südlich am Baikalsee vorbei. In Irkutsk, am Südende des Sees, gibt es einen internationalen Flughafen.

gebirge. Dessen Ausläufer und das Nordufer des Sees gehören zur Taiga, jenem großen borealen Nadelwald, der sich über die hohen nördlichen Breiten Amerikas, Europas und Asiens erstreckt und ein Drittel des Baumvorkommens der Erde umfasst. Uralte Lärchen und 500 Jahre alte Zedern, aber auch Birken und Kiefern wachsen am Ufer des Baikalsees. Letztere wirken, als stünden sie auf Stelzen, weil ihre Wurzeln vom Wind freigelegt wurden. Und im Herbst leuchten die Lärchen in einem warmen Orange.

Heilige Schönheit

Die Einheimischen waren sich der besonderen Schönheit des Baikalsees schon immer bewusst; er wird die „Perle Sibiriens“ genannt. Die Burjaten, die im 13. Jh. mit dem mongolischen Kriegsherrn Dschingis Khan in die Region kamen, hingen dem Schamanismus an und hielten ihre Rituale an einem Felsvorsprung an der Spitze des Kap Burchan auf der Insel Olchon ab, der heute als Schamanenfelsen bezeichnet wird. Die Schamanen lebten in einer Höhle am Fuß des Felsens. Die Burjaten nutzten diesen auch als Richtstätte: Wer einer Straftat beschuldigt wurde, musste hier im Winter eine Nacht verbringen. Überlebte der Beschuldigte die Kälte, wurde er freigelassen, wenn nicht, war er eindeutig schuldig.

Im 17. Jh. hielt von der Mongolei her der Buddhismus Einzug und löste den Schamanismus ab, integrierte aber Teile von ihm. Die Konvertiten übernahmen die Höhle als heilige Stätte. Inschriften mit buddhistischen Gebeten an den Wänden sind noch heute zu erkennen.

Einige Funde in der Gegend datieren noch weiter zurück. Am Kap Sagan-Zaba am Westufer zeigen mehr als 4000 Jahre alte Malereien an den Kalksteinfelsen Menschen, Stiere, Hunde und Schwäne. An verschiedenen Stellen rund um den See wurden auch Werkzeuge und Waffen aus der Bronze- und Eisenzeit gefunden.

Einzigartige Tierwelt

Rund um den Baikalsee existiert eine artenreiche Fauna. Fast 300 Vogelarten nisten hier, und noch viel mehr Zugvögel legen am See einen Zwischenstopp ein, vor allem im Selenga-Delta. Seeadler kreisen über den Ufern auf der Suche nach Aas und in den Wäldern leben Braunbären. Mehr als ein Drittel der heimischen Arten sind endemisch, z. B. der Baikal-Stör.

Der berühmteste Bewohner des Baikalsees ist die stahlgraue Baikalrobbe, die einzige ausschließlich im Süßwasser lebende Robbenart. Wie die Tiere hierher gelangten, bleibt ein Rätsel. Wissenschaftler vermuten, dass sie vom Nordpolarmeer über die Flüsse kamen und während der letzten Eiszeit vom Meer abgeschnitten wurden. Nach der Eisschmelze schwammen die Robben nicht zurück, sondern blieben. Heute sieht man die auch Nerpas genannten Tiere

Süßwasserrobbe Die hier endemischen Nerpas (oder Baikalrobben) sind die einzigen Säugetiere im Baikalsee. Die kleinen Einzelgänger sieht man oft im Sommer im mittleren und nördlichen Teil des Gewässers.

auf den Felsen auf den Uschkanji-Inseln und an weiteren Stellen im mittleren und nördlichen Teil des Sees liegen. Sie ernähren sich hauptsächlich von Baikal-Ölfischen (Golomjanka), der am häufigsten vorkommenden Fischart im See. Golomjankas leben in größeren Tiefen und nähern sich nachts zum Fressen der Seeoberfläche. Sie besitzen keine Schwimmblase, aber sehr fettreiches Fleisch und poröse Knochen, um trotz des Wasserdrucks unbeschadet auf- und abtauchen zu können.

Ein weiterer wichtiger Bewohner des Sees ist der Omul, ein kleiner silbriger Lachsfisch, der von Robben, aber viel häufiger von den hiesigen Fischern gefangen wird. Geräucherter Omul ist eine Delikatesse, die auf den Märkten rund um den See verkauft wird und bei Touristen sehr beliebt ist – Einheimische ziehen den Fisch eher gesalzen vor.

URALTER GRABENBRUCH

Der Baikalsee ist Teil des tiefsten kontinentalen Grabenbruchs der Erde. Hier erweitert sich der Spalt in der Erdkruste um 2 cm pro Jahr. Deshalb gibt es häufig Erdbeben und es entstehen Thermalquellen. Der See selbst ist 25-30 Mio. Jahre alt. Damit ist er nicht nur der älteste See der Welt, sondern auch einer der beständigsten in der Erdgeschichte. Er wird von 336 Flüssen gespeist, u. a. von der gewaltigen Selenga. Sein einziger Abfluss ist die Angara, ein Nebenfluss des Jenissei, der hoch im Norden ins Polarmeer mündet.

In der Ortschaft Listwjanka am Südwestufer des Baikalsees betreibt die Russische Akademie der Wissenschaften das Limnologische Institut, in dem sich in den Aquarien des kleinen Museums Robben und Fische aus dem See beobachten lassen. Aber auch in freier Natur stehen die Chancen gut, die Tiere zu Gesicht zu bekommen, weil das Wasser des Sees in der Regel sehr klar ist. Dafür sorgen winzige Flohkrebse: Der Baikal-Epischura reguliert das Planktonvorkommen und vertilgt kleinste Algen und Bakterien. An guten Tagen beträgt die Sichtweite über 40 m. Als Wladimir Putin 2009 mit dem Tauchboot *Mir* zum Grund des Sees hinabsank, erklärte er: „Wir können den Boden des Baikalsees erkennen. Er ist sehr sauber und wunderschön. Das Wasser ist in ökologischer Hinsicht klar, aber im Grunde ist es eine Art Planktonsuppe."

Wetterkapriolen

Am See sind die Sommer relativ kurz. Der wärmste Monat ist der August mit Temperaturen von bis zu 18 °C über dem See und 25 °C im Umland. Warm bleibt es auch im September. Im Frühsommer und Spätherbst bildet sich häufig Nebel.

Im Herbst toben hier jedoch heftige Stürme. Das ist im Monatsdurchschnitt 18-mal der Fall. Der Wind kommt aus verschiedenen Richtungen und weist je nach Herkunft einen bestimmten Charakter auf – und trägt daher jeweils einen eigenen Namen. Der Schelonnik kommt z. B. aus dem Südosten, der Werchowik aus dem Nordosten. Starker Werchowik-Wind peitscht das Wasser so sehr auf, dass es fast schwarz erscheint und weiß schäumende Wellen ans Südufer schlagen. Der Kultuk aus dem Südwesten geht mit einem bleigrauen Himmel mit tief hängenden Wolken einher. Der Bargusin hingegen fegt über das Tal des östlich des Baikalsees gelegenen Flusses Bargusin und der aus dem Westen vom Fluss Sarma kommende Sarma-Wind erreicht oft Orkanstärke. Der ebenso heftige Gornaja tritt urplötzlich auf und lässt 6 m hohe Wellen an die Klippen der Ostküste schlagen. Andererseits gibt es am Baikalsee jährlich 2000 bis 2300 Sonnenstunden. Deutschlands sonnigstes Bundesland Bayern hat dagegen im Durchschnitt nur 1720 Sonnenstunden. Am trockensten und sonnigsten ist die Sagli-Bucht am Südende der Insel Olchon, der größten von 27 Inseln im Baikalsee.

Im Winter verwandelt sich der See in ein weißes Märchenland. Im Dezember steigt Dunst von der Oberfläche auf und die umliegende Vegetation ist von Raureif bedeckt. Ende Januar hat sich eine etwa 1 m dicke Eisdecke auf dem See gebildet, und die Lufttemperatur sinkt auf – 27 °C, in der Umgebung bis auf – 39 °C. Das Eis ist ungewöhnlich durchsichtig, sodass man an seichteren Stellen den Seegrund erkennt. In der Abenddämmerung tönt die sinkende Sonne das Eis golden, rosa und schließlich rot.

Eisformationen Im Winter bildet sich eine Eisdecke auf dem See. Temperaturschwankungen führen dazu, dass sie sich zusammenzieht und ausdehnt. Es entstehen Risse, und ganze Eisschollen werden angehoben.

Im April wird das Eis trübe und bricht auf. Dieser Vorgang wird oft von Strömungen beschleunigt, manchmal auch von Methanblasen, die vom Grund des Sees aufsteigen und Stellen mit offenem Wasser schaffen, Quellen genannt. Noch im Juni kann es im nördlichen Teil des Sees kleinere Eisberge geben, denn zu dieser Zeit ist das Wasser hier kälter als im Dezember. In seichteren Buchten wie der 24 km breiten Bargusin-Bucht mit Sandufer wird der See mit 22–23 °C warm genug zum Baden.

Naturschutz am Baikalsee

Die außergewöhnliche Schönheit des Baikalsees beeindruckte Besucher schon immer. Deshalb erließ Dschingis Khan im 13. Jh. das Verbot, Gebäude am Ufer zu errichten. Zar Nikolaus II. erklärte 1912 das Ostufer zu Russlands erstem Naturschutzgebiet, dem Bargusin-Naturreservat. Heute steht die Hälfte der Uferzonen unter Naturschutz. Dennoch verschlechterte sich die Wasserqualität des Sees, während im Gegenzug die Anzahl der Touristen stieg. Auch die Tierwelt ist in Gefahr: So hat sich die Population des Omul in den letzten Jahren um mehr als die Hälfte verringert.

Seit 2012 investierte die russische Regierung deswegen Millionen, um die Wasserqualität wieder zu verbessern.

Klein, aber fein

FÜNF-BLUMEN-SEE

Der Fünf-Blumen-See in der Karstlandschaft des Jiuzhaigou-Tals in der chinesischen Provinz Sichuan ist sehr klar: Der Blick auf den Grund in 40 m Tiefe zeigt die Stämme uralter Bäume. Der Fünf-Blumen-See ist nur einer von mehreren blau, grün und türkis schillernden Seen, die durch Felsen aufgestaut sind, an denen sich Wasserfälle gebildet haben. Aber er unterscheidet sich von den anderen, weil sein Wasser die Farbe wechselt und auch mal gelb oder grün leuchtet. Außerdem friert er im Winter nicht zu und trocknet im Sommer nicht aus. In den Wäldern leben diverse Tierarten, darunter der seltene Große Panda und die Goldstumpfnase, eine Affenart.

Die Konkurrenten

SEEN

■ Das tiefblaue Wasser des **Crater Lake** im US-Bundesstaat Oregon füllt die Caldera eines uralten Vulkans, der vor 7700 Jahren einbrach. Der seltsamste „Bewohner" ist der Old Man of the Lake, ein 9 m hoher, durch Verwitterung gebleichter Stumpf eines Baumes, der vor mehr als 100 Jahren mitten im See abbrach. Der See besitzt keine Zuflüsse. Die Verdunstung im Sommer wird im Winter durch Schnee und Regen ausgeglichen, sodass sich die Wassermasse etwa alle 250 Jahre erneuert hat.

Crater Lake

■ Der auf drei Seiten von den Lepontinischen Alpen umgebene und im Süden an die Ebenen der Lombardei grenzende **Lago Maggiore** ist der längste See Italiens; der Nordteil liegt in der Schweiz. Er gehört wie der Comer See, der Gardasee und der Luganer See zu den Oberitalienischen Seen. Die Temperaturen hier sind das ganze Jahr über mild; das Klima ähnelt dem im Mittelmeerraum. So konnten hier ein paar der schönsten Gärten Norditaliens geschaffen werden, u. a. der Englische Garten auf der Isola Madre, die italienischen Gartenanlagen des Palazzo Borromeo auf der Isola Bella und der botanische Garten mit subtropischen Pflanzen auf der Grande Isola di Brissago – die Insel wirkt wie ein blumenübersätes Boot auf dem Wasser.

Lago Maggiore

■ Den **Ohridsee** gibt es schon seit 5 Mio. Jahren. Er liegt in der Gebirgsregion zwischen Nord-Mazedonien und Albanien. Dort leben einzigartige Pflanzen und Tiere, z. B. die Ohridforelle und eine endemische Karpfenart, aus deren Schuppen die Ohridperlen hergestellt werden.

■ Der **Phewa-See** in Nepal ist berühmt für sein ruhiges, kristallklares Wasser, in dem sich der heilige Berg Machapucharé widerspiegelt. Der Berg gehört zum Annapurna-Massiv im Himalaya und darf nicht bestiegen werden. Besucher können mit einem Boot zu einer Insel in der Mitte des Sees fahren, auf der ein aus dem 18. Jh. stammender hinduistischer Tal-Barahi-Tempel steht.

■ Die **Plitvicer Seen** in den Bergen Mittelkroatiens bestehen aus 16 blaugrünen Seen, die durch spektakuläre Wasserfälle und natürliche Travertin-Barrieren miteinander verbunden sind. Die Landschaft dieser Karstregion wird durch mehrere kleine Flüsse ständig verändert, die die Felsen abschleifen, Sedimente aufnehmen und auf dem Weg von See zu See anderswo ablagern.

■ Mitte November blühen am **Lake Tekapo** auf der neuseeländischen South Island die Vielblättrigen Lupinen. Bis in den Januar sind die Straßenränder und das naturbelassene Ufer dicht mit diesen bunten kerzenförmigen Blumen übersät. Der See liegt zu Füßen der Neuseeländischen Alpen. Seine milchblaue Farbe entsteht durch die im Wasser schwebenden, das Sonnenlicht reflektierenden Teilchen der Felsen, die von Gletschern zermahlen wurden.

Lake Tekapo

DIE KUNSTVOLLSTE AGRARLANDSCHAFT

BANAUE

Tausende sorgsam gepflegte Reisterrassen, die vor mehr als 2000 Jahren angelegt wurden, schmiegen sich an die Hänge im Zentrum Luzons – eine Kulturlandschaft von ganz eigener Schönheit inmitten dichter Wälder.

Von den Aussichtspunkten oberhalb der Ortschaften und Dörfer ist es deutlich zu erkennen: Ganze Hügel wurden terrassiert, soweit das Auge reicht. Die niedrigen Stein- oder Lehmmauern, die die Terrassen begrenzen, folgen den natürlichen Höhenlinien – wie eine in die Realität übertragene topografische Karte, in der jede Linie eingezeichnet ist. Die Terrassen wurden geflutet, sodass ihre Oberflächen ganz glatt sind. An manchen Stellen sind die Bergkämme mit Mauern eingefasst, damit die Grate oben topfeben sind.

Nirgendwo anders auf der Erde wurde die Landschaft in solchem Ausmaß derart kunstvoll in Form gebracht: Unzählige Generationen von Ifugao-Bauern haben das 10 000 km² große Gebiet bearbeitet. Die UNESCO hat fünf Reisanbaugebiete der Region zum Weltkulturerbe erklärt; Banaue ist die berühmteste.

Die indigenen Ifugao sind die Ureinwohner dieser zerklüfteten Region in der Gebirgskette Cordillera Central. Sie leben abgeschieden und unabhängig und hatten früher den Ruf, grausame Kopfjäger zu sein, weshalb sie von den spanischen Kolonialherren weitgehend unbehelligt blieben. Die Region war so unzugänglich, dass sich die japanischen Truppen am Ende des Zweiten Weltkriegs hier verschanzten.

GEOGRAFISCHE LAGE

Luzon ist die größte Insel der Philippinen und liegt im Norden des Staates. Banaue befindet sich 350 km nördlich der Hauptstadt Manila. Die besten Zeiten für einen Besuch sind die zwei Monate vor der Ernte (Ende Juni) oder der Juli, wenn die Reispflanzen ausgewachsen sind. Die Anreise erfolgt meist über Land.

Traditionelle Landwirtschaft

So isoliert die Ifugao auch lebten – sie pflegten ein ausgeklügeltes System des Reisanbaus. Das Anlegen, Fluten, Bewässern und Kultivieren der Terrassen an den steilen Hängen erfordert ein enorm hohes Maß an Zusammenarbeit und die gerechte Aufteilung des Wassers aus den Regenwäldern oberhalb der Terrassen.

Bis vor nicht allzu langer Zeit bildeten die *mumbaki* genannten Schamanen der Ifugao die spirituellen Führer der Gemeinden: Sie leiteten die Rituale, mit denen Götter und Geister um Schutz und Segen gebeten wurden. Dort, wo die Zeremonien noch vollzogen werden, gehören Beschwörungen und Gesänge, Reiswein, Tänze und das Opfern von Hühnern fest dazu. Holzfiguren, die *bulol*, repräsentieren die Geister der Reisfelder und stehen im Mittelpunkt der Verehrung. Die Figuren stellen Männer und Frauen in sitzender Haltung mit einer Schüssel auf den Knien dar. Bei den Ritualen tragen die Dorfbewohner gestreifte Röcke und Federkopfschmuck.

Ungewisse Zukunft

Der traditionell angebaute Reis der Ifugao wird wegen seiner Qualität und seines Geschmacks sehr geschätzt. Aber die

Feuchter Arbeitsplatz Nachdem die Männer die Terrassen gesäubert und geflutet haben, ist es traditionell die Arbeit der Frauen, die Reispflanzen zu setzen (oben) und die Ernte einzubringen.

Terrassenfelder Zu Beginn der Saison spiegeln sich der Himmel und die Berge in den gefluteten Terrassen. Wenn der Reis wächst, werden sie grün, zur Erntezeit leuchten sie golden – eine sich ständig wandelnde Kulisse für das Dorf Bangaan.

Arbeit ist extrem hart und der Gewinn klein. Die Terrassen müssen ununterbrochen gepflegt werden – und das von Hand, weil sie für eine maschinelle Bearbeitung zu empfindlich sind.

Mehr als ein Drittel der Reisterrassen von Banaue wurden deshalb bereits zerstört, abgetragen (vor allem durch Schnecken, Würmer und Vögel) oder einfach aufgegeben. Vor allem für die jüngeren Ifugaos ist die Landwirtschaft nicht attraktiv genug und das Leben in der Stadt erstrebenswerter.

Dass die Reisterrassen inzwischen eine Touristenattraktion geworden sind, ist für ihre Erhaltung ein Anreiz, dennoch arbeiten viele Einheimische lieber als Reiseführer oder im Gastgewerbe, als auf den Feldern zu schuften. Deshalb befindet sich die Region in einer kritischen Phase.

Die Konkurrenten

AGRARLANDSCHAFTEN

■ Gepflegte Teesträucher bedecken die ausgedehnten Hügel unterhalb der indischen Stadt **Darjeeling**. Seit ein britischer Arzt 1841 hier den ersten Teebusch pflanzte, wird auf den Plantagen vor der Kulisse des schneebedeckten Himalaya Tee angebaut.

■ Im Westen der Niederlande musste das Land erst einmal gewonnen werden, ehe irgendetwas angebaut werden konnte. Die **holländischen Polder** sind von Kanälen durchzogene Gebiete, die dem Meer abgerungen wurden und durch Deiche geschützt sind. Seit dem 16. Jh. pumpen Windmühlen das Wasser ab, um die Polder zu erhalten.

■ Der Weinbau ist eine Kunst, die nicht zuletzt von Boden, Klima und Landschaft abhängt. Am **Mittelrhein** zwischen Bingen und Bonn schmiegen sich unterhalb alter Burgen Weinterrassen an steile Hänge.

■ Rund um **Coruche**, nordöstlich von Lissabon, liegt das Herz des portugiesischen Montado, wie die prächtigen beweideten Korkeichenwälder genannt werden. Aus der nachwachsenden Rinde dieser Bäume wird Kork hergestellt.

DER ATTRAKTIVSTE BERG-NATIONALPARK

BANFF-NATIONAL-PARK

Mitten in der atemberaubenden Landschaft der Rocky Mountains liegen mächtige Gletscher und tiefblaue Seen – ein wirklich wildes Land.

Zwischen hohen schneebedeckten Bergen speisen die gewaltigen Eisfelder Waputik, Wapta und Columbia mehrere Gletscher, die sich wie riesige weiße Zungen gegen die Felsen abzeichnen. Das Schmelzwasser bildet Bäche, die durch Schluchten und Wasserfälle tosend zu Tal stürzen. Ein Teil des Wassers gelangt in Gletscherseen und führt das als Gletschertrübe bezeichnete Feinmaterial mit sich. Wenn das Sonnenlicht auf das Wasser trifft, absorbieren die Schwebstoffe alle Farben des Spektrums außer Blau, weshalb die Seen blau leuchten, und zwar in allen Schattierungen: Der Moraine Lake im Valley of the Ten Peaks wirkt stumpf blaugrün, der von Wäldern umringte Peyto Lake babyblau und der Lake Louise milchig türkis.

20-Dollar-Bild Dieser Blick über den Moraine Lake zierte früher den kanadischen 20-Dollar-Schein.

GEOGRAFISCHE LAGE

Der 1885 gegründete Banff-Nationalpark ist der älteste Kanadas. Er umfasst 6475 km² der kanadischen Rocky Mountains. Die Ortschaft Banff im südöstlichen Abschnitt des Parks befindet sich 120 km westlich von Calgary am Trans-Canada Highway 1.

Der Nationalpark ist Tummelplatz für große Tiere: Schwarzbären und Elche ernähren sich im Frühjahr von Löwenzahn und im Herbst von Beeren, Wölfe hetzen am Ufer des Mistaya River entlang, Bighorn-Schafe klettern über Klippen und Murmeltiere wärmen nahe dem Peyto Lake ihren Pelz in der Sonne. All das erklärt, warum der Park ein Musterbeispiel für die raue Schönheit der Rockies ist.

Die Konkurrenten

NATIONALPARKS IN DEN ROCKIES

In den kanadischen Rocky Mountains gibt es viele großartige Nationalparks. Der größte ist der **Jasper-Nationalpark** in Alberta, der hinsichtlich der Naturschönheiten nur noch vom Banff-Nationalpark übertroffen wird. In dieser Wildnis gibt es eine unglaubliche Artenvielfalt.

Im Südosten umfasst der **Grand-Teton-Nationalpark** in Wyoming, USA, die jüngsten Berge der Rocky Mountains, die vom Rand des Tals Jackson Hole steil emporragen.

Der **Yoho-Nationalpark** an den Westhängen der kanadischen Rocky Mountains ist rund um den Lake O'Hara von unberührter Wildnis geprägt. Hier befindet sich auch der Burgess-Schiefer mit Fossilien urtümlicher Lebewesen, die vor 500 Mio. Jahren lebten und die Vorfahren aller wichtigen heutigen Tierordnungen sind.

Grand-Teton-Nationalpark

DER KÜHNSTE LEUCHTTURM

BELL ROCK LIGHTHOUSE

Der elegante Leuchtturm wurde kilometerweit vor der Küste auf einem tückischen Riff erbaut, das nur bei Ebbe hervortritt. Er ist der älteste noch existierende Leuchtturm im offenen Meer.

Bereits seit 1811 warnen die Leuchtsignale des Bell Rock Lighthouse an der Ostküste Schottlands Seeleute vor dem heimtückischen, unter Wasser gelegenen Riff namens Inchcape Reef (auch Bell Rock genannt). Der Bau des Leuchtturms auf dem Riff in offener See war ein schwieriges und gefährliches Unterfangen. Der Felsen, 19 km vor der Küste, liegt bis auf ein paar Stunden am Tag komplett unter Wasser.

Dass der Leuchtturm von Bell Rock schon seit über 200 Jahren den konstant anrollenden Wellen ohne nennenswerte Schäden im Mauerwerk trotzt, ist der meisterhaften Leistung des schottischen Ingenieurs Robert Stevenson zu verdanken – und natürlich all den Maurern, Schreinern, Schmieden, Eisengießern und Tischlern, die mit einzigartigem Geschick und Mut bei höchster Gefahr vier Jahre lang den schwierigen Bau bewältigt haben.

Gefährliche Küste

Die schottische Küste mit ihren vielen untermeerischen Felsen ist wegen der Gefahren für die Schifffahrt berüchtigt. Das Inchcape Reef erstreckt sich 427 m weit in die Schiffsrouten zwischen den Meeresarmen Firth of Forth und Firth of Tay hinein und ist besonders tückisch, weil die Felsen außer bei Ebbe komplett von der See bedeckt sind. Schon seit Beginn der Schifffahrt kam es hier immer wieder zu Unglücken. Einer lokalen Legende nach ließ im 14. Jh. der Abt von Aberbrothock (dem heutigen Arbroath) eine Glocke an einer Holzboje am Fels anbringen, damit ihr Scheppern in den rastlosen Wellen die Seefahrer warnte. Der Glockenturm überdauerte nicht sehr lange, aber der Felsen heißt noch heute Bell Rock („Glockenfels"). Im 18. Jh. sanken vor der britischen Küste so viele Schiffe, dass die Händler das Parlament in Westminster bedrängten, Leuchttürme zu errichten. Daraufhin wurde 1786 die Behörde Northern Lighthouse Trust (später: Northern Lighthouse Board) gegründet.

GEOGRAFISCHE LAGE

Das Bell Rock Lighthouse steht auf dem Inchcape Reef in der Nordsee, rund 22 km südöstlich von Arbroath in Schottland. Es wäre zu gefährlich, an dem Felsen an Land zu gehen, aber Touristen können ein Boot mieten oder eine Angeltour ab Arbroath mitmachen, um näher an den Leuchtturm heranzukommen.

Lebensrettendes Licht Bei Flut scheint es, als schwebe der Leuchtturm im Wasser – nichts weist auf die rasiermesserscharfen Felsen hin, die direkt unterhalb der Wasseroberfläche lauern.

> „Es gibt keine gefährlichere Stelle an der gesamten Küste des Königreichs und keine, die dringender nach einem Eingreifen verlangt, als der Bell Rock."
>
> ROBERT STEVENSON IM BERICHT AN DIE BEVOLLMÄCHTIGTEN DES NORTHERN LIGHTHOUSE BOARD (1800)

Stevensons Schachzug

Schon 1799 schlug Robert Stevenson, damals ein junger aufstrebender Bauingenieur, vor, auf dem Bell Rock einen Leuchtturm zu errichten. Aber erst nachdem 1804 die HMS York der Royal Navy hier gesunken war und 491 Menschen ums Leben gekommen waren, stimmte der skeptische Lighthouse Board dem Bau des teuren (und, wie viele glaubten, tollkühnen) Turms zu. Stevenson hatte zwar einige Erfahrung – schon als 19-Jähriger war er Bauleiter für den Leuchtturm bei Little Cumbrae am Firth of Clyde gewesen –, aber er war noch immer relativ unbekannt. Deshalb ernannte der Lighthouse Board den damals für den Bau von Kanälen und Aquädukten angesehenen Ingenieur John Rennie zum Projektleiter.

Stevenson behandelte Rennie ganz bewusst mit übertriebenem Respekt: Er schrieb Rennie während des Baus unzählige Briefe (mehr als 82 sind noch erhalten), in denen er pflichtbewusst um Rat bat und über die Fortschritte beim Bau berichtete. Stevenson wollte mit diesen Briefen Rennie in London beschäftigen, um selbst ungestört arbeiten zu können. Und tatsächlich verfasste Rennie sorgsam Antworten voller kluger Tipps – die Stevenson schlicht ignorierte, wenn sie ihm nicht passten. Stevenson hatte auch Glück, dass Rennie unter Seekrankheit litt und während des Baus insgesamt nur zweimal zum Felsen hinausfuhr.

Wie eine Eiche

Bei der Planung orientierten sich Stevenson und Rennie an den Arbeiten des Ingenieur-Altmeisters John Smeaton (1724–92). Bei seinem ersten Entwurf hielt sich Stevenson an Smeatons Eddystone-Leuchtturm von 1759, der sich von einem breiten Sockel zu einem schmalen Turm verjüngte. Smeaton hatte sich dabei an der Form alter Eichen orientiert, da sie oft Stürme überstanden, die weniger stabile Bäume umbliesen. Dann kam Rennies Erfahrung ins Spiel: Er passte Stevensons Entwurf an die extremen Bedingungen am Bell Rock an und bestand auf einem breiteren Sockel und einer allmählicheren Verjüngung, um die Wucht der Wellen abzufangen.

Wegen der stürmischen See und der Gezeiten konnte nur im Sommer gebaut werden, wenn die Stürme weniger heftig waren – und auch dann nur bei Ebbe, wenn der Felsen frei lag. Fiel die Ebbe in die Nacht, musste das Team bei Fackelschein arbeiten. Stevenson bezeichnete seine Arbeiter auf dem Riff immer als „Werkmeister", worin sich sein Respekt für ihr Geschick ausdrückte.

Zu Beginn der Bauarbeiten lebten die Arbeiter auf einem Boot, das am Riff festgemacht war. Später bauten sie eine Baracke auf Stelzen, die über eine Seilbrücke mit dem Turm verbunden war. Ein junger Schmied fiel von dem Steg, wurde ins Meer hinausgetrieben und ertrank. Dies war der einzige tödliche Unfall am Riff selbst. Allerdings starben noch vier weitere Männer bei anderen Vorfällen in Verbindung mit dem Leuchtturmbau.

Unter zermürbenden Wetter- und Lebensbedingungen arbeiteten die Männer hart und erweiterten die Grenzen der Ingenieurskunst. Die Fundamente (die wegen der kraftvollen See besonders tief sein mussten), wurden mit Spitzhacken in den Felsen getrieben, die ständig nachgeschliffen werden mussten. Hierfür wurde auf dem Felsen eine Schmiede eingerichtet, in welcher der Schmied oft knietief im Wasser stehend arbeitete.

Jeder der 2835 Blöcke aus Aberdeen-Granit oder Kalkstein wurde präzise behauen. Die Blöcke mussten später perfekt zusammenpassen und peinlich genau ineinander verkeilt werden, und zwar in exakt berechneten Lagen. Die fertigen Blöcke wurden dann auf Boote geladen und zum Felsen gebracht, wo sie auf die rund um den Turm angebrachten Schienen abgelegt und dann mit Flaschenzügen hochgezogen wurden. Die 90 Mauerlagen ergaben eine Höhe von knapp über 31 m; mit dem verglasten Raum auf der Spitze für das Leuchtfeuer erreichte der fertige Turm 35,30 m.

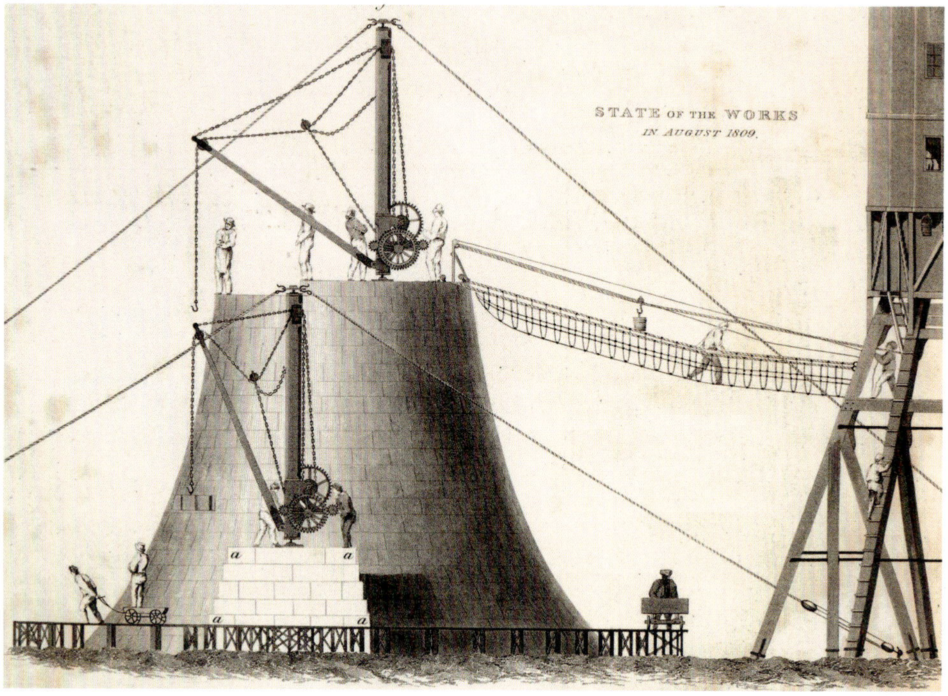

Schwieriger Bau Eine zeitgenössische Illustration zeigt, wie die Steinblöcke mit Winden und Flaschenzügen hochgezogen wurden. Zu sehen ist auch die Seilbrücke zwischen Turm und Arbeiterquartier.

Neuartiges Leuchtfeuer

Die Lichtquelle des Bell Rock war zu jener Zeit revolutionär. Smeaton hatte bei seinem Eddystone-Leuchtturm versucht, mit einem lediglich mit Kerzen bestückten Leuchter den schottischen Nebel zu durchdringen. Für Bell Rock entwickelten Stevenson und sein Stiefvater Thomas Smith, ebenfalls Leuchtturmbauer aus Edinburgh, einen Apparat mit 24 silberbeschichteten Reflektoren auf einem rotierenden Rahmen und mit roten Scheiben vor den Reflektoren auf den zwei kürzeren Seiten. Den Antrieb für den Rahmen lieferte eine Trommel, um die ein mit Gewichten beschwertes Seil gewunden war. Während sich das Seil abwickelte, drehte es die Trommel. Das in Intervallen aufleuchtende rote Licht wurde zum Kennzeichen von Bell Rock.

Im Februar 1811 leuchtete das rotierende Licht erstmals und war 56 km weit zu sehen. Das System war 30 Jahre in Betrieb, bevor es überholt wurde. Seitdem wurde die Beleuchtung mehrfach auf den neuesten Stand gebracht. Im Lauf der Jahre dienten Walöl, Paraffin, Diesel und Acetylengas zur Beleuchtung. Derzeit kommt der Strom von solarbetriebenen Akkus mit einem Generator als Sicherheit. Bis 1988 war der Turm bemannt, heute wird er automatisch betrieben.

Noch immer ein Lebensretter

Der Leuchtturm von Bell Rock wurde als eines der „sieben Weltwunder des Industriezeitalters" bezeichnet. In seiner Schönheit und Einsamkeit inspirierte er Künstler und Dichter, darunter J. M. W. Turner und Sir Walter Scott. Aber es sind die einfachen Fischer und Seeleute, die die Mühen der mutigen Erbauer am meisten schätzen, weil der Leuchtturm ihnen tagtäglich das Leben rettet.

Klein, aber fein

ENOSHIMA-LEUCHTTURM

Ein Leuchtturm als Skulptur? Der Leuchtturm auf der japanischen Insel Enoshima, auch „Seekerze" genannt, leuchtet am höchsten Punkt der zur Stadt Fujisawa gehörenden Insel mit Blick auf den Fuji und die Sagami-Bucht. Der 2003 renovierte moderne Leuchtturm präsentiert sich mit einer Wendeltreppe, die von einem offenen Stahlgerüst umgeben ist. Nachts erstrahlt er in wechselnden Farben violett, rosa, grün und bernsteingelb. Besucher kommen über die Wendeltreppe oder mit dem Aufzug nach oben zur Aussichtsplattform. Der Leuchtturm ist fast 60 m hoch und liegt 36 m über dem Meeresspiegel, sodass sich von oben eine fantastische Aussicht bietet.

Die Konkurrenten

LEUCHTTÜRME

Er sieht aus wie ein dünner weißer Pfeil mit einem hellen Leuchtfeuer in Form einer Kerzenflamme auf der Spitze: Der **Kalibobo-Leuchtturm** in Madang in Papua-Neuguinea wurde 1959 zu Ehren der Australier und Neuguineer erbaut, die im Zweiten Weltkrieg als Küstenwache den Südwestpazifik beobachteten und mittels überall auf den Inseln installierter Radiostationen kodierte Nachrichten über feindliche Aktivitäten an die Alliierten sandten.

Der **Kanchanaphisek-Leuchtturm** auf einer Landzunge am Südende der thailändischen Insel Phuket ist vom Buddhismus geprägt. Der 1996 anlässlich des 50. Thronjubiläums von König Rama IX. erbaute Leuchtturm wurde an der Spitze mit goldenen Elefantenfiguren und buddhistischen Symbolen geschmückt.

Das 1752 am südlichsten Punkt des britischen Festlands erbaute **Lizard Lighthouse** warnt die Schiffe in den gefährlichen Küstengewässern vor Lizard Point in Cornwall. Die zwei Türme sind durch ein Häuschen mit Blick auf beide Leuchtfeuer verbunden. Angeblich schlummerten faule Nachtwächter auf der Couch in dem Häuschen und schauten hin und wieder hoch, ob die Lichter noch brannten. Wenn nicht, blieben sie einfach liegen und bliesen in ein Kuhhorn, um die Assistenten daran zu erinnern, das Feuer wieder zu entfachen. Das Licht des Leuchtturms ist besonders hilfreich für die Schiffe, die vom Atlantischen Ozean kommen.

Leanderturm

Das **Cape Elizabeth Lighthouse** ist einer der schönsten gusseisernen Leuchttürme in Neuengland. Die Kleinstadt Cape Elizabeth (benannt nach der Schwester des britischen Königs Karl I.) im US-Bundesstaat Maine hat seit 1828 einen Leuchtturm; der heutige Bau stammt von 1874. Der Leuchtturm und die umliegenden Gebäude dienten dem amerikanischen Maler Edward Hopper mehrmals als Motiv, u. a. für *Lighthouse at Two Lights*, das den einsamen Leuchtturm in herrlichem Sonnenschein zeigt.

Der Leuchtturm sendet alle 15 Sekunden vier weiße Blitze aus und das Nebelhorn ertönt alle 60 Sekunden. Er leistet noch immer aktive Navigationshilfe in den Küstengewässern. Die optische Ausrüstung entspricht den modernen Anforderungen der US-Küstenwache.

Lizard Lighthouse

Auf einer winzigen Insel mitten im Bosporus im türkischen Istanbul steht ein alter, inzwischen modernisierter byzantinischer Leuchtturm. Der **Leanderturm** oder Mädchenturm diente im Lauf der Jahrhunderte als Festung, Gefängnis und Quarantänehospital. Unzählige Legenden ranken sich um das Bauwerk. Der Turm von heute wurde 1725 von den Osmanen erbaut und ist ein Wahrzeichen der Stadt. Drinnen ist inzwischen ein Restaurant untergebracht. Vom Ufer aus werden täglich Ausflüge veranstaltet.

Phare de Saint-Mathieu

Der **Phare de Saint-Mathieu** steht auf der zerklüfteten Landzunge von Finistère („Ende der Welt") in der Bretagne. Wegen der fjordartigen Meeresbuchten und der heftigen Stürme ist die Küste sehr gefährlich. Der heutige Bau stammt von 1835 und befindet sich auf dem Gelände der Ruine einer Benediktinerabtei aus dem 13. Jh. - schon die Mönche hatten vorbeifahrende Schiffe mit Lichtsignalen gewarnt.

Der Leuchtturm ist 37 m hoch. Sein weißes Licht mit einer Reichweite von 46 km blitzt alle 15 Sekunden über den Atlantischen Ozean und geleitet Schiffe sicher in den Hafen von Brest. 1996 wurde die Anlage voll automatisiert. Seit November 2010 wird der Leuchtturm als historisches Monument Frankreichs geführt.

DAS „VOGELNEST“

Das als Stätte für die Olympischen Sommerspiele 2008 erbaute Nationalstadion von Peking wirkt wie ein Kunstwerk. Wegen seiner verschlungenen Form aus scheinbar wahllos miteinander verbundenen Stahlträgern wird das Stadion auch „Vogelnest“ genannt. Der Entwurf stammt vom Schweizer Architektenbüro Herzog & de Meuron; Ai Weiwei fungierte als künstlerischer Berater. Jedes Detail im Stadion wurde zugunsten der Zuschauer entworfen: Mehr als 80 000 Menschen finden hier Platz, von jedem Sitz aus hat man direkten Blick auf die Arena und statt eines einzigen großen Tores gibt es viele Eingänge. Die sich kreuzenden Balken und Treppenaufgänge durchbrechen die ungeheure Weite des Raumes. Das Stadion ist ein hervorragendes Beispiel für einen großen öffentlichen Raum, der dennoch heimelig wirkt.

DAS ULTIMATIVE STADION?

Stadien sind die Veranstaltungsstätten schlechthin: Das ehemals größte Stadion, das Strahov-Stadion in Prag, fasste bis zu 250 000 Personen. Stadien sind die eigentlichen Theater des Volkes – zu groß, um nur der Elite vorbehalten zu sein – und tragen zum Prestige von Städten und Nationen bei. Die besten unter ihnen werden diesem Anspruch gerecht: Ihr Äußeres zieht durch eine eigenwillige Form und dekorative Details die

Blicke auf sich und natürlich ist ihre Funktionalität wichtig. Zehntausende müssen in Minuten hinein- und hinausgelangen, was eine präzise Positionierung der Eingänge und Treppen erfordert. Selbst von den obersten Plätzen müssen Zuschauer ungehinderte Sicht haben. Die Akustik ist ebenso wichtig; auch wenn das Publikum tobt, müssen die Spieler auf dem Feld die Pfiffe des Schiedsrichters hören. Das eigentliche Wunder ist aber, dass bereits die Römer die richtige Formel gefunden haben: Das Kolosseum ist noch heute die Vorlage für fast alle Stadien.

DAS KOLOSSEUM

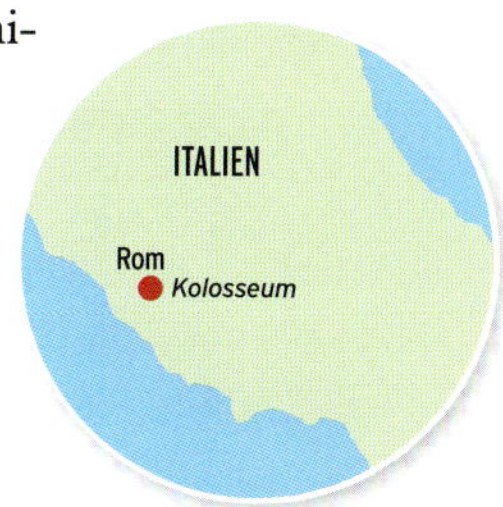

Das Kolosseum im Herzen des Römischen Reiches sollte das größte und beste Stadion werden – eine der Hauptstadt würdige Arena. In dem Amphitheater fanden 60 000 Menschen Platz, um Gladiatorenkämpfen, Kämpfen mit exotischen Tieren und sogar Seeschlachten beizuwohnen, für die die Arena geflutet wurde. Mit all den Säulen, Statuen, Seidenkissen, Springbrunnen und der Schatten spendenden Markise war das Kolosseum ein Prestigebau. Kaiser Vespasian hatte es in Auftrag gegeben, um die Gunst der Massen zu gewinnen. Sein Sohn und Nachfolger Titus weihte es 80 n. Chr. mit 100-tägigen Festivitäten ein. Das Kolosseum wurde fast 500 Jahre lang genutzt. Der erhaltene Rohbau zeigt die meisterhafte Ingenieurleistung, aber auch die kolossale Präsenz des Bauwerks, das nach 2000 Jahren noch so eindrucksvoll ist wie eh und je.

DIE ATEMBERAUBENDSTE KÜSTE

BIG SUR

Der kalifornische Küstenstreifen Big Sur mit seiner wilden Schönheit ist ein Magnet für Künstler und der Lebensraum seltener Tiere und Pflanzen. Erst seit 1937 ist die zuvor unzugängliche Region durch eine Straße erschlossen.

Der 145 km lange Abschnitt der kalifornischen Küste zwischen Carmel und Cambria trägt den magisch klingenden Namen Big Sur – eine Zusammensetzung aus dem englischen *big* für „groß“ und dem spanischen *sur* für „Süden“. Beim Blick von Carmel Richtung Süden erkennt man, warum die Siedler diesen Namen wählten: Direkt am Pazifik ragen kolossale, bis zu 400 m hohe Klippen auf, oft umtost von riesigen Wellen. Die Küste ist berüchtigt; Seefahrer meiden sie konsequent. Kein Wunder, dass es so lange gedauert hat, bis Pioniere sich in diesen Küstenstreifen wagten. Selbst heute ist die Küste weitgehend unbewohnt.

Das zeitgleich mit der im Osten gelegenen Sierra Nevada entstandene Santa-Lucia-Gebirge bildet das geologische Rückgrat und die malerische Kulisse der Küste. Das milde, fast mediterrane Klima in Verbindung mit dem Küstennebel beschert Big Sur viele Mikrohabitate von Mammutbaumwäldern bis zu aridem Chaparral. Auch in der Tierwelt herrscht eine große Vielfalt: Dort leben u. a. Grauwale, Monarchfalter, Kalifornische Kondore, Seeotter und Pumas.

GEOGRAFISCHE LAGE

Big Sur liegt rund 240 km südlich von San Francisco und 480 km nördlich von Los Angeles. Die Buslinie 22 fährt von und nach Monterey; Besucher können aber auch selbst fahren oder sich einer Reisegruppe anschließen. Unterkünfte sind nur begrenzt vorhanden, aber in einigen State Parks gibt es Campingplätze.

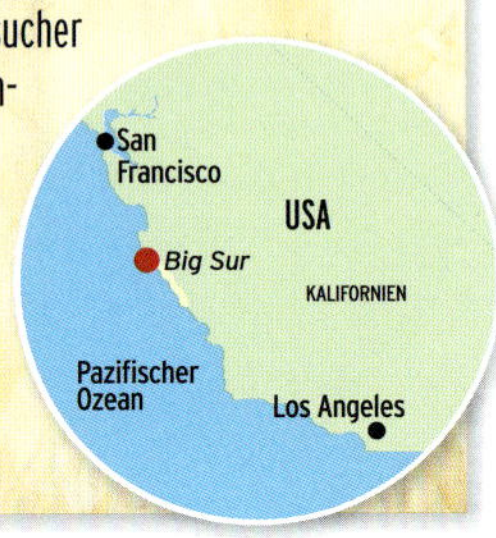

Nach ihrer Ankunft 1770 errichteten die Spanier Missionen in Carmel und Monterey, aber sie mieden die zerklüftete Küste im Süden. Ein Jahrhundert später dachten unternehmerische Pioniere, dass es im Big Sur ebenso viel Gold und Holz geben könnte wie im Rest Kaliforniens. Aber die Region erwies sich als derart unzugänglich, dass sie bereits im frühen 20. Jh. weiterzogen.

Ein Neubeginn

Lange hatten die Bewohner der Region eine Küstenstraße gefordert, damit Schiffbrüchige Hilfe fänden und isolierte Orte besser erreichbar wären. Der Bau der Straße begann 1919 und 18 Jahre später, nachdem 32 t Dynamit verbraucht und 33 Brücken gebaut worden waren, war der durch den Big Sur führende Abschnitt des California Highway One fertig.

Die kurvenreiche Straße war von Anfang an eine Traumstraße. Der Schriftsteller und Maler Henry Miller flüchtete sich 1944 nach Big Sur. Und auch der Fotograf Edward Weston und der Dichter der Beat-Generation Jack Kerouac verfielen dem Zauber der Küste. Ende der 1960er-Jahre schwappte die revolutionäre Subkultur San Franciscos nach Big Sur herüber und Künstler wie Joan Baez und Joni Mitchell traten hier auf.

Heute besteht der Großteil von Big Sur aus Naturschutzgebieten – Ventana Wilderness, Los Padres National Forest sowie viele State Parks. Und eine Fahrt über den Highway One, mitten durch die noch immer erstaunlich unberührte wilde Küstenregion, gehört unbedingt zu einem Kalifornien-Trip dazu.

Rau, aber schön An der Big-Sur-Küste reihen sich zerklüftete Buchten auf, in denen sich rauschend die Wellen des Pazifischen Ozeans brechen.

Die Konkurrenten

MALERISCHE KÜSTEN

■ Die italienische **Amalfiküste** liegt im Süden der Sorrentinischen Halbinsel südlich von Neapel. Der malerische Küstenstreifen gilt schon lange als Refugium der Reichen und Berühmten. Die Kalksteinküste ist übersät mit schönen weißen Dörfern und die Insel Capri liegt nur eine Fährfahrt entfernt.

■ Die **lykische Küste** im Südwesten der Türkei bietet antike Ruinen, mit Kiefernwäldern bedeckte Berge und türkisfarbene Buchten. Die weißen Sandstrände und Inseln vor der Küste sind erstaunlich einsam.

Amalfiküste

■ Die Westseite der französischen Insel Korsika am **Golf von Porto** ist eine größtenteils unberührte Küste mit einigen wunderschönen mittelalterlichen Dörfern. Aus dem Meer ragen schroffe rote Felsen, die einsame Buchten und Sandstrände abschirmen.

■ Mit dem Indischen Ozean im Westen und der Timorsee im Norden ist die im Nordwesten Australiens gelegene **Küste von Kimberley** nur per Boot zu erreichen und daher auch dünn besiedelt. Wunderschöne Landzungen und sandige Buchten wechseln sich ab und vor der Küste liegen mehr als 2500 Inseln. Merkmale der Region sind hohe rote Felsen, starke Gezeiten und Flussmündungen voller Krokodile.

Küste von Kimberley

„Dies ist das Kalifornien, von dem die Menschen früher träumten, … dies ist das Angesicht der Erde, wie der Schöpfer es gesehen haben wollte.“
HENRY MILLER,
BIG SUR UND DIE ORANGEN DES
HIERONYMUS BOSCH (1957)

DIE PRACHTVOLLSTE MOSCHEE

BLAUE MOSCHEE

Schon die imposante Erscheinung dieser Moschee lässt erahnen, welch reiches Erbe des Osmanischen Reiches innen zu finden ist: blaue Fliesen, venezianische Buntglasfenster, Arabesken und herrliche Kalligrafien.

Istanbul liegt zu beiden Seiten des Bosporus, der Meerenge zwischen Asien und Europa. In dieser pulsierenden, geschichtsträchtigen Metropole gibt es mehr als 3000 Moscheen; einige stehen versteckt in ruhigen Ecken, andere ragen mit ihren stufenförmigen Kuppeln und Minaretten majestätisch über der Skyline der Stadt auf. Alle wetteifern darum, Allah zu preisen, aber keine ist imposanter als die Blaue Moschee, die Sultan Ahmed I. erbauen ließ und die deshalb eigentlich Sultan-Ahmed-Moschee heißt.

Jugendlicher Ehrgeiz

Bei seiner Inthronisierung im Jahr 1603 war Ahmed gerade 13 Jahre alt, aber er war ein frommer junger Mann und sehr versiert in Glaubensfragen. Er lehnte die traditionelle Miniaturenmalerei ab, weil figurative Kunst als Frevel an der göttlichen Schöpfung galt, erneuerte das Alkoholverbot und machte das Freitagsgebet und das Geben von Almosen zur Pflicht. Bald nahm er sich vor, als Zeichen der Wohltätigkeit und der religiösen Hingabe eine Moschee zu bauen, finanziert aus seinen üppigen Einkünften. In dem Komplex sollte es auch ein Hospiz, ein Bad, eine Küche und eine Schule geben.

Der oberste Hofarchitekt Sedefkar Mehmet Ağa wurde mit dem Bau betraut – ein heikler Auftrag, zumal ein paar Jahre zuvor einer seiner Vorgänger wegen Unfähigkeit verurteilt und hingerichtet worden war. Mehmet Ağa, Schü-

GEOGRAFISCHE LAGE

Die Blaue Moschee steht in der Istanbuler Altstadt (Sultanahmet) am Südende des Hippodroms, nahe der Hagia Sophia und des Topkapı-Palasts. Die Sultan-Ahmed-Moschee ist nicht nur eine beliebte Attraktion, sondern eine aktive Moschee: Während der Gebetszeiten (5-mal am Tag) kann sie nicht besichtigt werden.

Überragende Minarette Die Blaue Moschee mit der von kleineren Kuppeln gestützten Hauptkuppel und den sechs Minaretten steht vor jener Stelle, wo Marmarameer und Bosporus zusammenkommen.

» Eine Kuppel nach der anderen zeigt sich. Sie lugen durch Torbogen, übertrumpfen einander, erheben sich, während man die Stufen hinaufsteigt, immer höher, bis über allen die Hauptkuppel sichtbar wird … «

ler des berühmten Mimar Sinan, der mehr als 300 Bauwerke geschaffen hatte, arbeitete eng mit dem Sultan zusammen.

Zuerst galt es, einen passenden Standort zu finden. Nach langen Diskussionen einigte man sich auf das alte Hippodrom, wo zu byzantinischer Zeit Wagenrennen stattgefunden hatten. Die geräumige Stätte befand sich im Zentrum, in der Nähe des Topkapı-Palasts, gleich südlich der Hagia Sophia. Die 537 erbaute Hagia Sophia war 1000 Jahre lang die größte Kathedrale der Christenheit gewesen, bis die Osmanen 1453 das damalige Konstantinopel überrannten und die Kirche in eine Moschee umwandelten. Für Ahmed I. war es eine Herausforderung, ein Bauwerk zu schaffen, das besser, größer und – weil geschichtlich nicht vorbelastet – „reiner" war als die Hagia Sophia.

Bei der Grundsteinlegung am 9. November 1609 beteiligte sich auch Sultan Ahmed an der Grabung, bis er müde war.

Innenhof Man betritt die Moschee durch einen großen Hof mit Marmorsäulen und -boden.

Er benutzte ein samtummanteltes Werkzeug, das heute im Topkapı-Palast ausgestellt ist. Die Arbeit an den Fundamenten dauerte drei Monate; am 4. Januar 1610 wurde der Hof zur Grundsteinlegungszeremonie geladen. Der fromme Sultan besuchte die Baustelle oft, beobachtete die Arbeiter und gab Befehle. Als die Moschee halb fertig war, schrieb er in seinem poetischen Stil eine „Stiftungsurkunde", in der er die Funktion jedes Gebäudes festlegte und zweckgebundene Gelder bereitstellte. Die Moschee wurde 1616 fertiggestellt. Ahmed I. starb ein Jahr darauf mit 27 Jahren an Fleckfieber. Sein Architekt verstarb ebenfalls 1617.

In seinem kurzen Leben hatte der Sultan eine Menge erreicht: Er war ein fähiger Dichter gewesen, der Gelehrte und Kalligrafen förderte, und er hatte zwei Ehefrauen und einigen Berichten zufolge fünf Söhne. Heute ist die legendäre Moschee, die seinen Namen trägt, außerhalb der Türkei aber wegen der blauen Fliesendekoration nur Blaue Moschee genannt wird, ein Wahrzeichen der Stadt und ein viel genutztes Gotteshaus.

Erste Eindrücke

Die Moschee oberhalb der Marmaraküste ist ein elegantes Gebäude mit stufig angeordneten Kuppeln. Anders als die meisten anderen Moscheen hat die Blaue Moschee sechs Minarette statt vier. Angeblich war die Ursache dafür ein Miss-

HAGIA SOPHIA

Als der byzantinische Kaiser Justinian I. im Jahr 537 seine Kirche Hagia Sophia („heilige Weisheit") betrat, rief er aus: „Solomo, ich habe dich übertroffen!" Die Pfeiler, Bogen und Halbkuppeln lenken den Blick hinauf in die Kuppel mit 31 m Durchmesser. Darunter strömt durch 40 Fenster Licht in die Galerie. Aus den fernsten Ecken des Reiches wurden kostbare Objekte und Materialien herangeschafft, u. a. Marmor und Porphyr. Am beeindruckendsten sind die Blattgoldmosaike an den Wänden und Decken, deren winzige Teile so angebracht wurden, dass sie das Licht bestmöglich reflektieren. Heute ist die Hagia Sophia ein Museum.

Offener Raum Eine komplexe Anordnung von Bogen und Kuppeln umgibt den gewaltigen Innenraum, der durch Fenster Tageslicht empfängt.

verständnis: Der Sultan wollte eine Moschee mit Minaretten aus *altın* (Gold), der Architekt verstand aber *altı* (sechs). Ob Hörfehler oder Innovation – die sechs Minarette erzeugten eine Kontroverse, weil die Moschee damit in Konkurrenz zur Al-Haram-Moschee in Mekka stand, der heiligsten Moschee der Welt. Das Problem war angeblich nur dadurch zu lösen, dass Ahmed der Moschee in Mekka ein siebtes Minarett spendete.

Über dem Haupteingang der Außenmauer hängt eine Eisenkette, sodass selbst der Sultan, der das Gelände zu Pferd besuchte, zum Zeichen des Respekts sein Haupt beugen musste. Es folgt der lange Weg durch das Tor, den Vorhof, über die Stufen und durch ein weiteres Tor bis zum Innenhof. Eine Kuppel nach der anderen zeigt sich. Sie lugen durch Torbogen, übertrumpfen einander, erheben sich, während man die Stufen hinaufsteigt, immer höher, bis über allen die 43 m hohe Hauptkuppel sichtbar wird. Die raffinierte Form der Anlage lenkt den Blick der Pilger immer weiter gen Himmel. Steht man vor dem Reinigungsbrunnen, verschlägt einem der Anblick der Minarette, Bogen und Kuppeln den Atem.

Kuppelbauten hatte es schon bei Kirchen gegeben, aber mit innovativen Techniken, z. B. der Nutzung kleinerer Kuppeln als Stütze für die Hauptkuppel, haben sich die osmanischen Architekten den Kuppelbau zu eigen gemacht. Auch die Außenbereiche waren für sie von Bedeutung: Daher fügten sie Höfe als ruhige Oasen hinzu, in denen die Gläubigen in sich gehen und sich auf das Betreten der Haupthalle vorbereiten können.

Gespür für Licht und Raum

Schon beim Hineintreten in die Moschee ist man beeindruckt vom Licht und dem Raum, in dem 10 000 Gläubige Platz finden. Die von massiven, aber elegant längs gefurchten Säulen getragene hohe Zentralkuppel lenkt den Blick aufwärts. Die Gebetshalle ist ein weiter Raum mit nur zwei wesentlichen Elementen: dem kunstvollen Marmor-Mihrab (Gebetsnische) in Richtung Mekka und dem aufwendig gestalteten Minbar (Kanzel). Der Saal ist so gestaltet, dass alle Betenden den Imam sehen können, egal wie viele es sind.

Durch die 260 Fenster dringt Sonnenlicht in den Raum. Die ursprünglichen Buntglasfenster, die von der Ratsversammlung Venedigs gespendet worden waren, wurden größtenteils durch Replikationen ersetzt. Die neuen Fenster lassen das Licht nur stellenweise herein und während die Sonne wandert, huschen drinnen goldene Strahlen über die Schatten. Die blauen, weißen, roten und goldenen Muster an den Wänden sind sehr variantenreich, was durch die großen, kreisförmigen und sehr tief hängenden Kronleuchter verstärkt wird. Angeblich sollen zum Schutz vor Spinnweben an den Leuchtern Straußeneier angebracht gewesen sein.

Erlesene Dekoration

Das viele Licht lässt die Iznik-Fliesen an den Wänden und Säulen strahlen. Die in der Provinz Bursa gelegene Stadt Iznik war ein wichtiges Zentrum der Keramikherstellung, das sich vor allem auf blauweiße Keramik im chinesischen Stil spezialisiert hatte. Und diese schätzten die osmanischen Sultane – Ahmed war da keine Ausnahme. Für seine Moschee wurden mehr als 20 000 Fliesen aus Iznik und anderen Keramikzentren bestellt – die besten von den Meistern Kasap Hacı und Barış Efendi. Unter den vielen Mustern sind Bäume, Blumen und Früchte.

Von allen islamischen Kunstformen wird die Kalligrafie – die Schriftkunst – am meisten geschätzt. Große Kalligrafen sehen ihre Arbeit als spirituellen Akt, ganzheitliche Erfahrung von Geist, Körper und Seele. Der Großteil der Kalligrafien in der Blauen Moschee stammt von Seyyid Kasım Gubari, einem der angesehensten Kalligrafen seiner Zeit. Er brachte Koranversinschriften auf Friesen, auf quadratischen oder runden Tafeln und bannerartigen Streifen an Toren, Säulen und Kuppeln an. Goldene Schrift auf blauem Hintergrund, Gold auf Schwarz oder Grün über den Toren – die feinen, fließenden Schriftzüge tauchen überall im Innenraum auf. Sie wurden von dem modernen Künstler Hasan Çelebi restauriert und gehören zu den größten Zierden der Moschee.

Fast den ganzen Boden bedecken rote Teppiche mit floralen Motiven wie Tulpen und Blättern, blauen Spiralen und Arabesken. Mithilfe von Spenden wurden die originalen handgewebten Seidenteppiche ersetzt. Die aufwendige Arabeskendekoration gipfelt in der Kuppel, den Halbkuppeln und den Bogengängen. Die Arabeske besteht aus ineinander verschränkten Abbildungen von Blattwerk, Ranken, Blumen, Schnörkeln und geraden Linien und ist ein Grundelement der islamischen Kunst; sie soll die Unendlichkeit der Schöpfung und die Einheit der Umma, der religiösen Gemeinschaft der Muslime, symbolisieren.

Vereinendes Erbe

Die Zeit hat Spuren hinterlassen: Heute kann die Moschee eigentlich nicht mehr „blau" genannt werden. Aber niemand bezweifelt, dass sie einen Höhepunkt der klassischen osmanischen Architektur darstellt und mit ihrer hohen Gebetshalle sowie dem großartigen Außenbereich eine Meisterleistung der Ingenieurskunst ist.

Kunstvolle Muster Blau war zwar die vorherrschende Farbe der Fliesen, aber auch Rot und Gold wurden verwendet. Die Motive wurden häufig der Natur entlehnt.

Das Grab des Sultans befindet sich hinter seiner Moschee. 2006 beteten Papst Benedikt XVI. und der Imam der Moschee hier gemeinsam „für alle Gläubigen, die sich zu dem einen Gott bekennen und damit Zeugnis für wahre Brüderlichkeit ablegen."

Die Konkurrenten

MOSCHEEN

■ Die in nur zwei Jahren erbaute **Badshahi-Moschee** in Lahore wurde 1671 von Großmogul Aurangzeb in Auftrag gegeben. Sie ist die zweitgrößte Moschee Pakistans; im Gebetssaal und in den Höfen finden 100 000 Menschen Platz. Die erhöht gegenüber der Festung von Lahore stehende Moschee ist mit ihren Verzierungen, den Marmorintarsien auf rotem Sandstein, den Fresken und dem Stuck ein Symbol für die Pracht des Mogulreichs.

Badshahi-Moschee

■ Die **Große Moschee von Djenné** über der Flutebene des Banifing in Mali ist das größte Lehmziegelgebäude der Welt. Sie gilt als bedeutendstes Beispiel der sudanesisch-sahelischen Architektur und thront auf einer Plattform über dem Marktplatz. Aus der Fassade ragen Palmyrapalmenstämme heraus. Alljährlich repariert die Gemeinde während eines fröhlichen Festes die Außenmauern, wobei die Palmenstämme als Gerüst dienen. Die Moschee, die in ihrer heutigen Form von 1907 stammt, gehört zu den bekanntesten Wahrzeichen Afrikas.

Große Moschee von Djenné

■ Die **Hassan-II.-Moschee** (1993) in Casablanca steht auf Land, das dem Atlantischen Ozean abgerungen wurde. Sie ist die größte Moschee Marokkos und besitzt das weltweit höchste Minarett (210 m) mit schönen, maurisch inspirierten Elementen. Die Marmor- und Stuckelemente, die Mosaiken und bemalten Decken haben 6000 Kunsthandwerker in über fünf Jahren geschaffen. Da nach dem Koran „Gott seinen Thron auf dem Wasser errichtete", können die Gläubigen durch Glasbausteine im Boden ins Meer sehen. Das Gebäude bietet 105 000 Gläubigen Platz.

DIE EXOTISCHSTE TROPENINSEL

BORA BORA

Dramatische Veränderungen des Meeresgrundes ließen vor Jahrmillionen diese Insel entstehen, die viele für die schönste der Welt halten.

Mit den von Wäldern bedeckten Hängen und den bunt blühenden Hibiskussträuchern kommt das von einem breiten Korallenriff geschützte Bora Bora für viele dem Bild vom Paradies recht nahe. Doch es hat einen feurigen Ursprung: Die Insel ist der Gipfel eines erloschenen Vulkanmassivs, dessen höchste Erhebungen der Mont Pahia und der Mont Otemanu sind. Zwischen der Insel und dem Riff liegt eine blaue kristallklare Lagune.

GEOGRAFISCHE LAGE

Bora Bora gehört zu Französisch-Polynesien im Pazifischen Ozean. Einen Flughafen gibt es auf der nördlich gelegenen Riff-Insel Motu Mute. Air Tahiti hat täglich Flüge von und nach Tahiti. Vaitape, die größte Siedlung, liegt im Westen Bora Boras gegenüber der Zufahrt der Lagune.

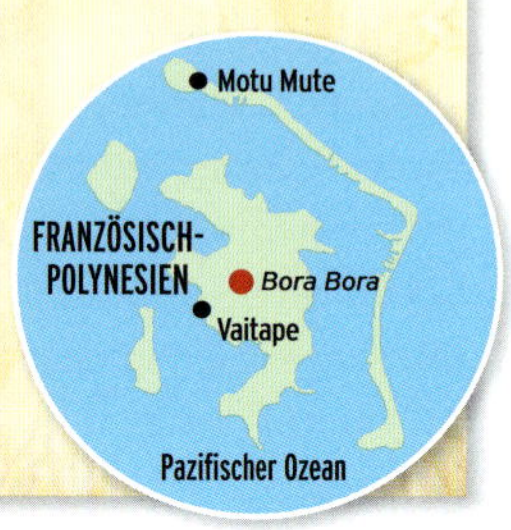

Reiches Unterwasserleben

In der Lagune und am prächtigen Korallenriff wimmelt es von Meerestieren: Clownfische verstecken sich zwischen den Tentakeln bunter Seeanemonen, Papageifische knabbern an Algen und Drückerfische an den Korallen und in den Spalten warten Muränen mit ihren spitzen Zähnen auf vorbeischwimmende Beute. Größere Raubfische wie Schwarz- und Weißspitzenriffhaie umschwimmen das Riff, die aggressiven Grauen Riffhaie hingegen patrouillieren weiter außen, da, wo das kobaltblaue Meer beginnt. In tieferen Bereichen suchen Mantarochen sowie Schwertfische, Bonitos, Große Goldmakrelen und Thunfische an den Außenriffen Fressbares. Rund um das Riff haben sich Inselchen gebildet, die von weißem Sand gesäumt sind. Dort gibt es Palmendiebe, die größten an Land lebenden Krebstiere; sie klettern die Palmen hinauf, um Kokosnüsse zu knacken.

Bora Bora hat viele Künstler inspiriert, u.a. den Romancier James Michener, der es als schönste Insel der Welt, als einen von Perlen und einem türkisblauen Ring umgebenen Smaragd bezeichnete.

Traum in Türkis Für Schnorchel- und Tauchfans bietet sich in der Lagune von Bora Bora eine prächtige Unterwasserwelt mit bunten Fischen und Korallen.

Die Konkurrenten

TROPISCHE INSELPARADIESE

Sokotra an der Spitze des Horns von Afrika im Indischen Ozean ist eine Wüsteninsel. Hier wachsen nur Pflanzen, die kaum Wasser brauchen oder Wasser speichern können. Die Wüstenrose ähnelt einer Flasche mit Ausbuchtungen, und der Drachenblutbaum sieht aus wie ein umgestülpter Schirm, der den Tau zu seinen saftigen roten Wurzeln leitet.

Sokotra – Drachenblutbäume

Die tropischen Vulkaninseln **São Tomé** und **Príncipe** liegen im Golf von Guinea vor der Westküste Afrikas nahe dem Äquator. Die palmengesäumten Strände, das klare Wasser und die Wälder sind noch fast unberührt und das Leben verläuft hier wunderbar geruhsam.

Pitcairn im Südpazifik ist noch genauso einsam, wie es 1790 war, als sich die Meuterer von der *Bounty* hier niederließen. Eine der heimischen Pflanzen ist die Gelbe Foutu *(Abutilon pitcairnense)*, eine der seltensten Blumen der Welt.

DIE BESTERHALTENE GOTISCHE KIRCHE

KATHEDRALE VON CHARTRES

Durch einzigartige mittelalterliche Glasmalereien fällt das Licht bunt ins Innere dieser vollkommen erhaltenen gotischen Kathedrale.

GEOGRAFISCHE LAGE

Chartres ist die Hauptstadt des nordfranzösischen Départements Eure-et-Loir und liegt 100 km südwestlich von Paris. Die Stadt ist leicht per Auto oder Zug erreichbar; die Anreise von Paris dauert rund eine Stunde. Das Zentrum ist klein, der Bahnhof liegt im Westen der Stadt. Die Kathedrale steht auf einem Hügel im Osten.

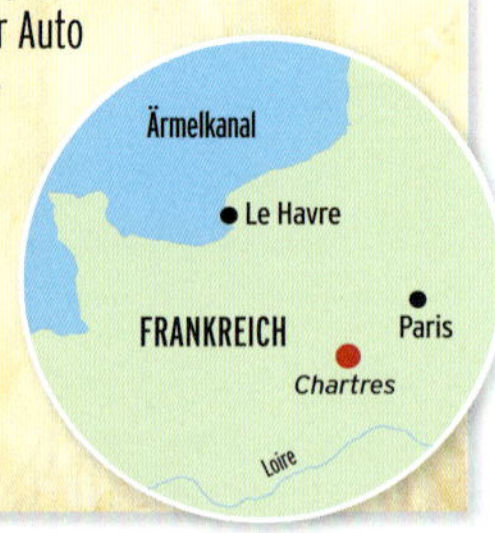

Aus der Ferne betrachtet erheben sich die Türme der Kathedrale von Chartres aus den weiten Ebenen der Beauce, einer weiten Agrarlandschaft mit Getreidespeichern und Wassertürmen. Von Nahem bietet sich seit acht Jahrhunderten das gleiche Bild: Besucher und Pilger stehen staunend vor der mit vielen Figuren geschmückten Fassade und den hohen, mit leuchtenden Glasmalereien versehenen Fenstern dieses kühnen Bauwerks. Auffallend ist auch der außerordentlich gute Erhaltungszustand des Gotteshauses: Die meisten Glasmalereien sind original erhalten und das Gebäude wurde seit dem frühen 13. Jh. kaum verändert.

Die Kathedrale wurde zwischen 1194 und 1260 errichtet und ist die letzte von sechs Kirchen, die an dieser Stelle gebaut wurden. Das *portail royal* (Königsportal) der Westfassade bildet den ältesten erhaltenen Gebäudeteil und stammt von dem romanischen Vorgängerbau, der 1194 bei einem Brand weitgehend zerstört wurde. Auch die berühmteste Reliquie der Kathedrale, 876 von Karl dem Kahlen gespendet, überstand die Feuersbrunst: die Sancta Camisia, die Tunika, die die Jungfrau Maria bei Christi Geburt getragen haben soll. Die wundersame Errettung der Reliquie löste eine Welle religiöser Begeisterung aus. So spendeten die Kleinstädte und Dörfer der Umgebung reichlich Geld – und Arbeitskraft – für den Neubau. Die Pracht der Kirche, die 25 Jahre später im Wesentlichen vollendet war, dürfte sie zufriedengestellt haben.

Gotische Pracht

Das Mittelschiff ist mit 36 m Höhe, 130 m Länge und einer Breite von 16 m das größte aller französischen Kirchen. Die massiven Mauern werden außen rundum von ebenso mächtigen Strebebogen gestützt. Diese sehr elegant ausge-

Fensterrosette im nördlichen Querschiff Die intensive Farbigkeit und die Leuchtkraft der Glasmalereien begeistern Besucher seit über 800 Jahren.

führten Tragwerkselemente nehmen den Seitenschub des sehr hohen Gewölbes auf. Da die Strebebogen die Last des Gewölbes tragen, konnten die Architekten die Fenster in der Wand vergrößern, sodass das Innere von Licht durchflutet ist.

In ihrem Entwurf ähnelt die Kathedrale grundsätzlich anderen zeitgenössischen Kathedralen wie in Laon, Amiens oder Reims. Zu den wichtigsten Besonderheiten in Chartres gehören die hohen Arkaden, das schlanke Triforium (Gang in der Hochwand) und der mächtige Obergaden (Fensterzone) über dem Mittelschiff, die alle von Strebebogen gestützt werden. Die wichtigste unter den wenigen späteren Veränderungen ist der auffällige Abschluss des Nordwestturms, der erst im frühen 16. Jh. im Flamboyant-Stil vollendet wurde.

Angestrahlt Der kleinere der beiden Türme stammt vom Vorgängerbau aus den 1140er-Jahren, der höhere, prunkvollere wurde im frühen 16. Jh. fertiggestellt.

Geschichten in Stein

Vor dem Betreten der Kathedrale lohnt sich ein Blick auf die Skulpturenvielfalt im Umfeld der Portale, die zahlreiche Geschichten aus dem Alten und dem Neuen Testament repräsentiert. Christus und die Jungfrau Maria sind die Hauptthemen des Königsportals. Auf der Schmuckfläche im Giebel des Mittelportals thront Christus, darunter stehen auf dem Türsturz die Figuren der Apostel. Am rechten Portal sind Szenen aus der Geburtsgeschichte Jesu dargestellt, das linke zeigt ungewöhnlicheren Schmuck, darunter die zwölf Tierkreiszeichen.

Die Skulpturen am Nordportal thematisieren Geschichten aus dem Alten Testament, u. a. Adam und Eva im Garten Eden. Zu den gemeißelten Figuren gehören u. a. der Prophet Jesaja und ein als Papst gekleideter Petrus. Szenen aus dem Neuen Testament stehen am Südportal im Zentrum – darunter auch eine Darstellung des Jüngsten Gerichts.

GLAS DES MITTELALTERS

Die Leuchtkraft des Glases in der Kathedrale gilt als einzigartig. Angeblich benutzte man dafür Techniken, die im frühen 11. Jh. entwickelt wurden und später in Vergessenheit gerieten. Das Chartres-Blau, ein mit Rot abgetöntes Blau, wurde erstmals für die drei romanischen Fenster der Westfassade verwendet. Man nutzte außerdem Kontrastfarben (Rot, Gelb, Grün), um die biblischen Geschichten wiederzugeben. Neuere Forschungen ergaben, dass das Glas durch Zugabe von Natriumverbindungen schmutzabweisender und langlebiger wurde. Das älteste Fenster gilt als das schönste und zeigt die Jungfrau Maria. Es befindet sich im ersten Chorjoch gleich hinter dem südlichen Querschiff. Trotz vieler Versuche von Mönchen und Alchemisten soll es nie gelungen sein, das Blau des Kleides der Maria zu kopieren.

Geschichten auf Glas

Wenn Besucher das Königsportal durchschreiten, eröffnet sich ihnen ein freier Blick bis zur halbkreisförmigen Apsis am östlichen Ende der Kirche. Das Auge wandert von den fein gearbeiteten Chorschranken über die drei Reihen gewölbter Fenster hinauf zum Kreuzrippengewölbe hoch oben. Alles ist in das bunte Licht getaucht, das von den Glasmalereien ausgeht, dem größten Schatz der Kathedrale.

Nahezu unglaublich ist, dass von den ursprünglich 176 Buntglasfenstern – mehr als in jeder anderen französischen Kirche – heute noch 152 unversehrt sind. Das Glas nimmt eine Fläche von 2600 m^2 ein. Wie die Skulpturen an den Portalen geben auch die Glasmalereien Episoden aus der Bibel wider: Diese Art der Vermittlung von Geschichten war wichtig, weil zur Entstehungszeit der Kiche die meisten Gläubigen nicht lesen und schreiben konnten. Die fünf in einem Halbkreis um den Chor verteilten Fenster stellen Szenen aus dem Leben und der Legende der Jungfrau Maria dar. Die Fensterrosette im nördlichen Querschiff zeigt Figuren aus dem Alten Testament; im südlichen Querschiff, das für das neue Testament steht, wird in der Fensterrosette die Apokalypse dargestellt.

Pilgerfahrt im Kleinen

Labyrinthe waren in gotischen Kathedralen oft zu finden, viele wurden aber entfernt oder zerstört. Das Fußbodenlabyrinth von Chartres besteht aus elf konzentrischen, in Quadranten unterteilten Kreisen, durch die ein verschlungener Weg führt. Es wurde im Jahr 1200 von einem Steinmetz namens Scharlach verlegt und hat einen Durchmesser von rund 12 m. Der Weg über das Labyrinth führt

Pure Eleganz Die Strebebogen sind in skulpturaler und konstruktiver Hinsicht vollkommen. Durchbrüche und Nischen lockern das Erscheinungsbild auf.

mehrmals durch die Quadranten, bevor die Mitte erreicht ist. Dort befindet sich ein Rosettenmuster, das für Erleuchtung steht, verbunden mit den vier Armen des Kreuzes als christlichem Symbol. Das Labyrinth wurde zu Fuß oder auf Knien von pilgernden Büßern oder von Besuchern der Kathedrale beschritten, die hofften, so Gott näher zu kommen.

SAKRALE GEOMETRIE

Keith Critchlow (geb. 1933), ein Experte für religiöse Architektur, hat sich mit dem Thema der sakralen Geometrie auseinandergesetzt. Er vermutet, dass die Architekten von Chartres die Proportionen des Gebäudes mithilfe von Kreisen bestimmten Durchmessers festgelegt haben. So entspricht z. B. der Durchmesser der westlichen Fensterrose genau dem des Labyrinths und andere konstruktive Maße in der Kirche beziehen sich direkt auf diesen Durchmesser. Die Höhe der Westfassade entspricht der Länge der Apsis. Legte man die Westfassade auf den Boden der Kirche, befände sich die Fensterrose genau auf dem Labyrinth. Eine derartige Harmonie in den Proportionen des Gebäudes kann tiefe spirituelle Erfahrungen auslösen.

Straße nach Jerusalem Das Labyrinth von Chartres diente häufig als Ersatz für eine Pilgerfahrt nach Jerusalem, deshalb wurde es oft als *Chemin de Jérusalem* bezeichnet.

Heute ist das Labyrinth meist wegen der Stühle im Kirchenschiff nicht genau zu sehen; diese werden aber traditionell jedes Jahr am Johannistag sowie von der Fastenzeit bis Allerheiligen freitags weggeräumt. So haben Besucher auch heute Gelegenheit, das Labyrinth zu beschreiten.

Standhaftes Monument

Auch 800 Jahre nach ihrer Erbauung ist die Kathedrale weitgehend unverändert. Sie überstand die politischen und religiösen Umbrüche des 16. Jh. ohne größeren Schaden an Gebäude und Fenstern, ebenso die Französische Revolution, während der im Zuge der Säkularisierung sehr viele Kirchen zerstört wurden. Nur eine Holzplastik der Jungfrau Maria wurde in der Revolutionszeit vor der Kirche verbrannt. Im 19. Jh. wurden Restaurierungen ausgeführt, nachdem ein Brand 1836 das Dach beschädigt hatte.

Während des Zweiten Weltkriegs wurden die Glasfenster zum Schutz eingelagert. Nach Ende des Krieges wurden sie gereinigt, neu in Blei gefasst und wieder montiert, sodass die Kirche erneut im Glanz des 13. Jh. erstrahlte. So gleicht das heutige Erscheinungsbild Chartres' stärker dem mittelalterlichen als das jeder anderen Kathedrale aus jener Zeit.

Überlebende aus Stein Die fast lebendig wirkenden Skulpturen an der Fassade der Kathedrale haben die Jahrhunderte weitgehend unbeschadet überstanden.

Die Konkurrenten

GOTISCHE KIRCHEN IN EUROPA

■ Die ehem. Abteikirche und heutige **Kathedrale Saint-Denis** im Norden von Paris wurde 1140 fertiggestellt und gilt als das erste und kühnste Experiment der gotischen Architektur, für die große Glasflächen und eine neue Raumaufteilung typisch sind. Ausgehend von normannischen Vorbildern wie der Abteikirche Saint-Étienne in Caen kamen in Saint-Denis ein Kreuzrippengewölbe und Spitzbogen zum Einsatz, welche die Last besser auf die Säulen ableiten, sodass größere Fenster im Obergaden möglich wurden.

■ Die Kathedrale **Notre-Dame de Paris** auf der Île de la Cité ist eine der meistbesuchten Kirchen der Welt. Die Arbeiten begannen 1163 und dauerten 150 Jahre. Die imposante Westfassade ist ein meisterhafter geometrischer Entwurf, bei dem die Vertikalität der beiden Türme mit der Horizontalität von Balustraden und Galerien verknüpft wird. Das Zentrum der Fassade bildet eine Rosette mit einem Durchmesser von 9,50 m.

■ Auf die Kathedrale von Chartres folgte die Kathedrale **Notre-Dame de Reims**, mit deren Bau im frühen 13. Jh. begonnen wurde. Auch die Kathedrale von Reims ist der Jungfrau Maria geweiht und auch sie ist berühmt für ihre Strebebögen, die Fensterrosetten und die stilistische Einheitlichkeit. Das 138 m lange Hauptschiff ist nur 30 m breit, wodurch es noch höher wirkt.

Kathedrale von Reims

■ Die 1230 begonnene **Jakobinerkirche** in Toulouse ist ein Beispiel für die Schlichtheit, die die frühgotische Architektur von der ornamentalen Komplexität späterer Stufen der Gotik unterscheidet. Eines der auffälligsten Merkmale der Kirche ist eine Reihe von sieben 22 m hohen achteckigen Säulen mit palmenartigem Fächergewölbe, die das Dach trägt. Das Licht strömt durch Buntglasfenster ins Innere; ein Spiegel im Boden bildet das Gewölbe ab, sodass sich ein wunderbarer Blick auf das 22-teilige Palmengewölbe über dem Chor ergibt.

■ Die hochgotische Stilphase des Rayonnant, die in Frankreich um die Mitte des 13. Jh. entstand, löste die Wandflächen noch weiter zugunsten eines anmutigen Maßwerks mit Glasfenstern auf. Die Wände der **Sainte-Chapelle** in Paris bestehen fast ganz aus Glas, nur ein skelettartiges Mauerwerk hält die elegante Konstruktion zusammen.

■ Die französischen Kathedralen wurden zum Vorbild der deutschen Kirchen des 13. Jh. So orientiert sich der **Kölner Dom**, das größte und eindrucksvollste Beispiel gotischer Architektur in Mitteleuropa, an der Kathedrale von Amiens. Mit dem Bau des offiziell dem heiligen Petrus und der Jungfrau Maria geweihten Doms wurde 1248 begonnen; nach einer Bauunterbrechung von mehr als 250 Jahren wurde er erst 1880 vollendet. Der Dom ist bemerkenswert wegen seiner hohen Türme und der Höhe des Chors.

■ Wie weit der Einfluss der französischen Gotik reichte, zeigt sich deutlich an der **Kathedrale von Burgos** in Spanien. Die frühe Phase der Arbeiten an der 1221 begonnenen, der Jungfrau Maria geweihten Kathedrale stand unter der Leitung eines französischen Baumeisters. Das Gebäude hat viele konstruktive Elemente mit Kathedralen wie Notre-Dame de Paris oder

Kölner Dom

Chartres gemein, nicht zuletzt die imposante Westfassade mit zentraler Fensterrosette und seitlicher Bänderung, zu beiden Seiten flankiert von einem quadratischen Turm.

■ Das Musterbeispiel früher gotischer Architektur im Mittelmeerraum ist die Kirche **Santa María del Mar** (1329–83) in Barcelona. Im Innenraum machte der Steinmetz und Baumeister Berenguer de Montagut das Licht zum Hauptakteur der strikt symmetrischen Basilika. 16 schlanke achteckige Pfeiler ragen 16 m hoch auf und tragen ein Kreuzrippengewölbe, das eine Höhe von 32 m erreicht.

Sainte-Chapelle

■ In Großbritannien ist die Kapelle des **King's College** in Cambridge (erbaut 1446–1515) eines der schönsten Beispiele spätgotischer Architektur. Die 25 m breite Decke ist das größte Fächergewölbe der Welt. Die hohen Buntglasfenster sind weitgehend das Werk flämischer Kunsthandwerker. Sie stammen aus dem frühen 16. Jh.; die meisten sind noch intakt erhalten.

DAS REPRÄSENTATIVSTE LANDGUT

CHATSWORTH HOUSE

Trotz all der Pracht, der Kunstsammlung von Weltrang, des edlen Mobiliars, des Landschaftsparks und der jahrhundertelangen Geschichte ist das Chatsworth House im Grunde noch immer der Wohnsitz einer Familie.

Das prächtige Gebäude aus gelblichem Stein, das im grünen Tal des Flusses Derwent vor einer Kulisse aus bewaldeten Hügeln steht, wirkt wie ein Überbleibsel aus längst vergangenen Zeiten – und das ist es auch. Aber das Anwesen ist noch immer bewohnt. Das stattliche Herrenhaus, das prachtvollste in England, ist der Familiensitz des 12. Herzogs von Devonshire und zweifellos das eindrucksvollste aller Häuser des englischen Adels.

Die Geschichte des Chatsworth House begann im 16. Jh., als Sir William Cavendish die Gräfin von Shrewsbury („Bess of Hardwick“) ehelichte. Sie kauften 1549 das Landgut Chatsworth in Derbyshire und begannen 1552 mit dem Umbau. Nach ihrem Tod ging das Anwesen an die Cavendish-Nachkommen über. 1684

GEOGRAFISCHE LAGE

Chatsworth House liegt 5,6 km nordöstlich von Bakewell im Peak-District-Nationalpark in Derbyshire. Der nächste Bahnhof ist in Chesterfield, von wo aus man mit dem Bus weiterfahren kann. Hauptattraktionen sind Haus, Garten, Farm und Spielplatz (im Winter geschlossen) sowie der ganzjährig zugängliche Landschaftspark.

Goldene Fassade Beispielhaft für das englische Barock ist die Westfassade mit neun Jochen; das Zentrum wird durch ein Giebelfeld mit vorgelagerten Säulen betont.

wurde ein weiterer William Cavendish zum 1. Herzog von Devonshire. Von dem Originalgebäude ist nur wenig erhalten, da das Haus mehrmals ausgebaut und renoviert wurde, besonders stark im 17. und 18. Jh.

Prominenter Gast

Im Chatsworth House ist alles sehr groß angelegt: Es hat 300 Zimmer, 17 Treppenaufgänge, 1044 m Korridor, 359 Türen und 30 Badezimmer. Das große Treppenhaus zieren Malereien von Antonio Verrio. In den Staatsräumen, die mit viel Samt, Seide und Marmor prunken, hängen Werke von alten Meistern wie Tintoretto, Rembrandt und Salvator Rosa. Die Wände des Musikzimmers sind mit vergoldeten Ledertapeten verkleidet und an der Tür ist eine faszinierende *trompe l'oeil*-Violine zu sehen. Die Maria-Stuart-Gemächer erinnern daran, dass die schottische Königin hier zwischen 1569 und 1584 mehrfach interniert war. Ihr Ankleidezimmer und das Wellingtons sind mit handbemalten chinesischen Tapeten dekoriert.

Vornehm speisen Der Große Speisesaal ist mit Silber aus dem 18. Jh. und von William Kent entworfenen Möbeln für ein Bankett hergerichtet. Porträts von Familienmitgliedern (Anthonis van Dyck) zieren die Wände.

Eine Familie von Sammlern

Von elisabethanischen Handarbeiten bis hin zu zeitgenössischer Kunst – die ausgestellten Sammlungen spiegeln die verschiedenen Geschmäcker der verschiedenen Generationen wider: Die Tapisserien nach Zeichnungen von Raffael im Salon sind eine Anschaffung des 1. Herzogs; den Grundstein für die große Sammlung von Zeichnungen und Gemälden der alten Meister legten der 2. und der 3. Herzog. Die wissenschaftlichen Instrumente aus dem 18. Jh. gehörten dem Wissenschaftler Henry Cavendish, dem Enkel des 2. Herzogs. Die Sammlung des William-Kent-Mobiliars erbte der 5. Herzog von seinem Großvater, dem 3. Graf von Burlington, der seinem Enkel auch seine Kunstsammlung vermachte. Die Ehefrau des 5. Herzogs, Georgiana, wurde sowohl von Thomas Gainsborough als auch von Sir Joshua Reynolds porträtiert. Beide Porträts, der Schmuck Georgianas und eine Mineraliensammlung sind ausgestellt. Vom 6. Herzog stammen die Skulpturen. In neuerer Zeit kamen u. a. Familienporträts von Lucian Freud und ein digitales Porträt von Michael Craig-Martin hinzu.

Grüne Umgebung

Das Haus steht in einem 42 ha großen prächtigen Park, der in den Peak-District-Nationalpark übergeht. Zur Anlage gehören u. a. ein elisabethanischer Garten, den schon William Cavendish und Bess of Hardwick anlegen ließen, ein 300 Jahre altes Wasserspiel und ein Irrgarten aus 1209 Eiben.

Der Park ist der perfekte Rahmen für ein perfektes Herrenhaus – doch in einer Hinsicht ist Chatsworth House untypisch: Anders als vergleichbare Anwesen ist es nicht nur ein Museum oder ein historisches Denkmal, sondern auch ein Familiensitz, in dem die Hausherren ihre Lieblingsdinge anhäufen. Da liegt ein Fußball neben dem alten Rosenkranz von Heinrich VIII., und manchmal mischt sich der derzeitige Herzog oder die Herzogin unter die jährlich 650 000 Besucher.

Die Konkurrenten

HERRENHÄUSER UND RESIDENZEN

Das romantische Herrenhaus **Chenonceau** steht an der Loire. Es wurde im 16. Jh. neben und über dem Fluss Cher errichtet. Hier lebte Diana von Poitiers, die Mätresse Heinrichs II., und später dessen Frau Katharina von Medici. Im Schloss befinden sich Sammlungen von Gemälden alter Meister und von flämischen Gobelins. In den Gärten gedeihen seltene Pflanzen, vor allem Rosen.

Schloss Bran bzw. die Törzburg liegt im heute rumänischen Siebenbürgen und wird häufig als „Draculas Schloss" bezeichnet, obwohl es keine Verbindung zu Bram Stokers Roman gibt. Die Burg wurde im 13. Jh. zum Schutz des Königreichs Ungarn vor den Osmanen errichtet und gehörte danach verschiedenen Adelsgeschlechtern. Als Siebenbürgen nach dem Ersten Weltkrieg an Rumänien fiel, wurde das Schloss Wohnsitz von Königin Maria. Heute ist hier ein Museum mit mittelalterlicher Kunst und Möbeln untergebracht.

Das auf einem 3238 ha großen Anwesen stehende **Biltmore House** ist der größte private Landsitz in den USA. Das 1895 für den Millionär George Washington Vanderbilt errichtete Gebäude ist einem französischen Château nachempfunden. Darin gibt es 250 Räume, darunter ein Bankettsaal mit einer 21 m hohen Decke. Unter den vielen gezeigten Schätzen sind 40 Bronzeskulpturen und das Schachspiel Napoleons. Zum Anwesen gehört auch ein preisgekröntes Weingut.

Die **Würzburger Residenz** gehört zu den bedeutendsten Barockpalästen Europas. Sehenswert in der 1780 fertiggestellten Anlage sind Treppenhaus, Hofkirche, Weißer Saal und Kaisersaal sowie die Deckenfresken von Gian Battista Tiepolo. Im Zweiten Weltkrieg wurde die Residenz schwer beschädigt, inzwischen hat man sie aber restauriert.

Würzburger Residenz

DAS GEWALTIGSTE BAUWERK

CHINESISCHE MAUER

Die Große Mauer zieht sich wie ein Band aus Stein durch das Bergland Chinas. Erbaut, um Barbaren fernzuhalten, lockt sie heute viele Touristen an.

GEOGRAFISCHE LAGE

Die meistbesuchten Abschnitte der Mauer liegen in bergigem Gelände 60 - 130 km (1 - 3 Stunden Fahrt) nördlich von Beijing. Das östliche Ende liegt bei Shanhaiguan (Provinz Hebei). Weitere Abschnitte sind z. B. in den Provinzen Shanxi, Ningxia und Gansu zu besichtigen.

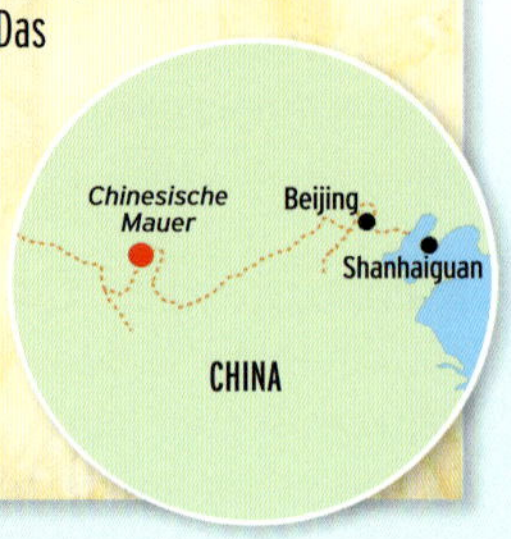

Die Große Chinesische Mauer ist der längste, eindrucksvollste – und teilweise abgelegenste – Verteidigungswall, den Menschen je erbaut haben. Sie zieht sich durch ganz Nordchina und umfasst mehrere Mauern, die in mehr als 2000 Jahren aufgebaut, verbunden, erneuert und erweitert wurden.

Die genaue Länge des Mauersystems lässt sich kaum errechnen. Es gibt Schätzwerte zwischen 2400 und 5000 km Länge für die zur Zeit der Ming-Dynastie (1368–1644) erbaute Mauer, die von Shanhaiguan an der Küste des Gelben Meeres bis Jiayuguan nahe der Taklamakan-Wüste reicht. Mancherorts stehen zwei oder drei Mauern nebeneinander, anderswo gibt es Lücken. Von der Hauptstrecke zweigen lange Wälle ab und es gibt viele isolierte Teilstücke.

Die Ming-Mauer

Während der mittleren bis späten Ming-Dynastie waren die Mauern meist aus Stampflehm und die meisten sind auch so erhalten. Die Ming-Herrscher ließen diese Wälle zu Respekt einflößenden Festungen ausbauen.

Das, was die meisten Menschen für die Chinesische Mauer halten, entstand größtenteils zwischen 1522 und 1620. Die im Schnitt 8 m hohe und 6 m dicke Mauer hat einen Kern aus Bruchstein und Lehm, der mit Steinen verkleidet und mit Ziegeln gekrönt ist. Immer wieder ragen Wachttürme in die Höhe. Der Mauerstil variiert je nach Gelände, Bauleiter, verfügbarem Material und Gefahrenlage. Vielerorts ist die Mauer so breit, dass drei oder vier Pferde nebeneinander passten, anderswo ist sie nur ziegelsteinbreit.

Obwohl Respekt einflößend, konnte das Bauwerk kühne Nomaden nicht davon abhalten, sich am Ende einzelner Mauerabschnitte oder an schlecht instand gehaltenen Stellen auf die andere Seite zu pirschen, die Garnisonen zu umgehen oder sich den Weg freizukaufen.

1550 gelang es 700 mongolischen Reitern unter Altan Khan, bis zu einem der Stadttore Beijings vorzurücken. Daraufhin setzte man alles daran, die Mauer auszubauen. Das verschlang bis zu drei Viertel der jährlichen Staatseinkünfte, was wiederum zum endgültigen Zusammenbruch der Ming-Dynastie im Jahr 1644 beitrug. Heute ist die Mauer zwar vielerorts verfallen, aber sie steht noch – eine gewaltige Ruine aus geneigten Wehrgängen und bröckelnden Wachttürmen oberhalb überwachsener Hänge.

Unvergleichlich, weil ...

- Sie ist uralt - die ältesten Abschnitte stammen aus dem 5.-3. Jh. v. Chr.
- Sie ist die längste jemals gebaute Verteidigungsanlage der Welt.
- Die Mauer verläuft über die am höchsten gelegenen und unzugänglichsten Punkte des gebirgigen chinesischen Nordens - eine bauliche Meisterleistung.
- An manchen Stellen kann man sich um 180 Grad drehen und die Mauer trotzdem immer im Blick behalten.

Über Berg und Tal Der restaurierte Mauerabschnitt bei Jinshanling, eine Stunde Fahrt von Beijing entfernt, umfasst 60 Wachttürme und viele Originaldetails.

DER SCHÖNSTE WOLKENKRATZER

CHRYSLER BUILDING

Die schillernde siebenstöckige Art-déco-Krone macht das exzentrische und äußerst stilvolle New Yorker Chrysler Building zu einem der spektakulärsten Wolkenkratzer der Welt.

Das Chrysler Building ist heute ein Wahrzeichen, aber Ruhm und Anerkennung wurden ihm nicht von Anfang an zuteil. Erst als der Automobilmagnat Walter P. Chrysler zur Zeit der New Yorker Wolkenkratzermanie von 1928/29 die Pläne des Architekten William Van Alen zum Bau des weltweit höchsten Wolkenkratzers kennenlernte, wurde entschieden, dass das repräsentative Gebäude an der Ecke Lexington Avenue und 42nd Street tatsächlich finanziert werden würde.

Größe ist alles

Ohne auf die Kosten zu achten, sollte Van Alen ein Gebäude bauen, das den Optimismus der Moderne widerspiegelte. Außerdem sollte es höher werden als alle anderen geplanten Wolkenkratzer.

Das war eine große Herausforderung, zumal es in der Stadt mehrere andere Hochhausprojekte gab. Van Alens ehemaliger Geschäftspartner H. Craig Severance arbeitete damals am Manhattan Company Building (heute: The Trump Building) und plante ebenfalls, alle bisherigen Hochhausrekorde einzustellen. Ein weiterer Konkurrent war das Lincoln Building von J. E. R. Carpenter, dessen Ehrgeiz Van Alen dazu brachte, seine eigenen Entwürfe noch weiter zu treiben. Dank bautechnischer Fortschritte konnten Wolkenkratzer neue Höhen erreichen. Diese Symbole der Moderne waren der schnellste Weg zu architektonischem und kommerziellem Ruhm.

GEOGRAFISCHE LAGE

Das Chrysler Building ist nicht zu verfehlen; es befindet sich mitten in Midtown Manhattan an der Lexington Avenue 405, an der Ecke zur 42nd Street. Nur einen Block entfernt liegt die berühmte Grand Central Station, die von der U-Bahn und den Bahnlinien Metro-North und Long Island angefahren wird.

DAS FLATIRON BUILDING

Ein Vorgänger des Chrysler Buildings ist das keilförmige Flatiron Building an der Kreuzung 5th Avenue und Broadway an der 23rd Street. Das Bauwerk von 1902 wurde von dem Chicagoer Architekten Daniel H. Burnham entworfen und ist ein Beispiel für die Beaux-Arts-Architektur, die dem Art déco vorausging. Der 22-stöckige Wolkenkratzer misst an seinem bugförmigen Ende gerade mal 1,80 m und erntete prompt die Kritik, dass das Gebäude nie den Winden in der Stadt standhalten könne. Am Ende läutete die Konstruktion aus 3680 t Stahl mit einer Verkleidung aus Terrakotta und Sandstein jedoch für ihre Umgebung die Ära als Geschäftszentrum ein. Heute ist das „Bügeleisen" eines der meistfotografierten Gebäude New Yorks. Das Restaurant und die Aussichtsterrasse des Flatiron sind schon lange geschlossen, aber noch immer bestaunen Besucher das Gebäude von der Straße aus oder besichtigen die Lobby.

Überraschung an der Spitze

Der Bau des Chrysler Buildings begann 1929 zeitgleich mit dem des Manhattan Company Buildings. Die beiden Teams beobachteten mit Argusaugen die Fortschritte am Konkurrenzbau. Bald war ganz New York dem Wolkenkratzer-Wettlauf verfallen. Am Chrysler Building arbeiteten die Männer rund um die Uhr und errichteten aus fast 30 000 t Stahl einen stabilen Rahmen für das Gebäude. Trotz des Tempos kam beim Bau niemand ums Leben – eine unglaubliche Leistung zu einer Zeit, als sich beim Bau von Gebäuden mit mehr als 15 Stockwerken regelmäßig Todesfälle ereigneten.

Als die Zeitungen kurz vor Bauende meldeten, dass das Chrysler Building 282 m hoch werden würde, ergriff Severance die Chance und erhöhte sein Gebäude noch etwas, bevor er dessen Fertigstellung erklärte. Dann holte Van Alen seine Geheimwaffe hervor – eine glänzende, 57 m hohe Metallspitze, deren einzelne Segmente insgeheim im Heizungsschacht des Gebäudes zusammengesetzt worden waren. Am 28. September 1929 wurden die Segmente nach oben auf den Turm gebracht, zusammengesetzt und an Ort und Stelle montiert – und all das in nur 90 Minuten. Damit wurde das Chrysler Building mit einer Gesamthöhe von 319 m zum damals höchsten Gebäude der Welt – und zum Symbol des amerikanischen Fortschrittsglaubens. Den Titel konnte es aber nicht lange halten, denn schon 1931 überragte das Empire State Building das Chrysler Building.

Ausgefeilte Details

Nach diesem Sieg widmete sich Van Alen den Details. Zur Verkleidung des Rahmens kamen fast 4 Mio. Ziegelsteine in Weiß- und Grautönen zum Einsatz. Ganz im Zeichen beliebter Motive des Art déco nutzte der Architekt freigiebig Kurven- und Zackenmuster sowie Formen zur Glorifizierung der Automobilbranche

Glühende Spitze Bei Sonnenauf- und -untergang leuchtet die Spitze des Chrysler Buildings golden.

und seines Auftraggebers – so ragen aus den Ecken des 31. Stockwerks ornamentale Nachbildungen der Kühlerfigur des Chryslers von 1929 heraus.
30 Stockwerke höher weisen acht Wasserspeier mit Adlerköpfen in alle Himmelsrichtungen. Diese Verzierungen und die für das Gebäude charakteristische, mit dreieckigen Fenstern versehene Stahlkrone geben dem Gebäude das Aussehen einer futuristischen Flugmaschine. New York hatte bis dahin nichts Vergleichbares gesehen. Dennoch scheuten sich die Kritiker bei der offiziellen Eröffnung am 27. Mai 1930 nicht, das Gebäude lächerlich zu machen. Besonders bösartige Bemerkungen erntete die Spitze, die viele nur als Spielerei abtaten.

Angesichts der verheerenden Auswirkungen des Börsenkrachs Ende Oktober 1929 und der folgenden Wirtschaftskrise ist es durchaus bemerkenswert, dass man beim Chrysler Building nicht von der ursprünglichen opulenten Planung abwich. Besonders extravagant ist selbst nach heutigen Maßstäben die y-förmige Lobby, die als einziges der Öffentlichkeit noch zugänglich ist. Drei Eingänge führen in einen weiten Raum, der früher als Autosalon für Chrysler diente. Große Tafeln roten marokkanischen Marmors verkleiden die Wände und der Boden ist mit sienafarbenem Travertin aus Deutschland ausgelegt. Selbst die Beleuchtung ist so schön wie funktional: Auf einem Untergrund aus belgischem blauem Marmor und mexikanischem bernsteinfarbenem Onyx sind in Gruppen senkrechte Leuchtstäbe angeordnet, die den Raum in angenehmes warmes Licht tauchen.

Erstaunlich schön sind auch die 32 Aufzugtüren in der Lobby. Sie wurden in fünf Einheiten gegliedert und sind eine Komposition aus exotischen Holzarten, deren Namen allein schon anregend klingen: japanische Esche, englischer grauer Bergahorn, orientalische Walnuss, kubanische Goldpflaume und philippinisches

Aufwärts Die Art-déco-Türen der Aufzüge gehören zu den markantesten Details im Chrysler Building. Die Muster unterscheiden sich alle leicht voneinander.

Die Konkurrenten

SPEKTAKULÄRE WOLKENKRATZER

Empire State Building

■ Das großartige, inklusive Antenne 443 m hohe **Empire State Building** im Art-déco-Stil macht dem Chrysler Building als beliebtestem New Yorker Wolkenkratzer Konkurrenz. Touristen strömen zur Aussichtsterrasse im 86. Stock, aber die New Yorker lieben seinen Anblick vor allem von fern, wenn es in wechselnden Farben beleuchtet wird. Für Feiertage und Events gibt es mehr als 400 Farbkombinationen.

■ Das futuristische Londoner Gebäude 30 St. Mary Axe ist für seine plumpe Form bekannt und wird deshalb auch **The Gherkin** (Essiggurke) genannt. Seit seiner Eröffnung 2004 belebt das Gherkin mit seinen dreieckigen Glaselementen und dem Helixstrangmuster die Skyline der Stadt.

■ Europas erster „grüner" Wolkenkratzer ist der Frankfurter **Commerzbank Tower**, dessen Atrium für viel Tageslicht und Belüftung sorgt. Auf neun Etagen gibt es große „Turmgärten", welche die Flora unterschiedlicher Teile der Welt repräsentieren und als Pausenzonen genutzt werden.

The Gherkin

Mahagoni. Die farbenprächtigen Holzfurniere bilden stilisierte Blumenmuster. Die reiche Holzverzierung ist eine weitere Anspielung auf die Automobile jener Zeit, die mit edlen Holzarmaturen prunkteten.

Hommage an die Moderne

Ein weiterer Rekordbrecher in der Lobby ist das 30 auf 23 m große Deckengemälde *Transport and Human Endeavor*, das wie das ganze Gebäude eine Hommage an den technischen Fortschritt darstellt. Der Künstler Edward Trumbull malte es auf Leinwand, die dann an der Decke angebracht wurde. Passend zu den Ausmaßen des Gebäudes war auch das Gemälde das größte seiner Zeit.

Trumbull und Chrysler waren sich einig, dass das Bild die Kraft des Menschen, die den Bau des Chrysler Buildings möglich gemacht hatte, widerspiegeln solle. Entsprechend steht im Zentrum der von hinten abgebildete nackte Oberkörper eines Mannes mit ausgeprägter Rückenmuskulatur. Das 1999 restaurierte Deckengemälde zeigt, in Richtung des Eingangs an der Lexington Avenue weisend, auch das Chrysler Building selbst in den Farben Orange, Braun, Gelb, Rot und Blau.

Andere Elemente des Gebäudes sind inzwischen verschwunden. So wurde die Aussichtsplattform im 71. Stock 1945 geschlossen. Die Maisonettewohnung, in der Walter Chrysler jahrelang gelebt hat, wurde in Büros umgebaut. Und auch der Cloud Club, zu dessen Mitgliedern die prominentesten Führungskräfte der Werbe-, Stahl-, Öl- und Automobilbranche zählten, wurde 1979 geschlossen. Hier gab es alles von einer Lounge im Tudor-Stil bis hin zu Schließfächern, in denen in der Prohibitionszeit Alkohol versteckt wurde. Heute beherbergen alle 77 nutzbaren Etagen Büroräume.

Denkmal seiner Ära

Van Alen hätte wohl kaum damit gerechnet, dass der umstrittene Wolkenkratzer eines Tages eine feste Größe in der New Yorker Skyline und eines der beliebtesten Gebäude der Welt werden würde. Die Kritik an der Form des Gebäudes, mit der er sich konfrontiert sah, war nur der Anfang seines Untergangs: Ein Streit mit Walter Chrysler über die Bezahlung führte zu einem Rechtsstreit. Letztlich wurde Van Alen zwar sein Honorar zugesprochen, aber er erntete öffentlich Kritik und bekam keine größeren Aufträge mehr. Sein Tod im Jahr 1954 blieb weitgehend unbeachtet.

Nichtsdestotrotz errichteten Chrysler und Van Alen ein architektonisches Wunderwerk, das ein Denkmal seiner Ära ist. Mit seinem großen Ego und dem Ehrgeiz, seine Marke auszubauen, machte sich Chrysler die kühne Vision von Van Alen zunutze, einen bis dahin nie da gewesenen Wolkenkratzer zu erschaffen.

Die hochfliegenden Visionen, welche die späten 1920er-Jahre prägten und die Architektur stark beeinflussten, wurden von der Weltwirtschaftskrise zerstört. Und so entstand auch nie wieder ein Wolkenkratzer, der derart elegant und zeitlos schön ist wie das Chrysler Building.

Turning Torso

Der spanische Architekt Santiago Calatrava legte dem Entwurf des **Turning Torso** im schwedischen Malmö seine Skulptur *Twisting-Torso* zugrunde, die einen in sich gedrehten menschlichen Torso darstellt. Der Wolkenkratzer besteht aus neun gegeneinander verdrehten Kuben rund um einen Betonkern. Von fern scheint er ständig die Form zu wechseln, wenn man den Standpunkt verändert - mal wirkt er gebogen, mal schräg und mal erschreckend kopflastig.

Dubais hypermoderner **Burj Khalifa** ist seit seiner Eröffnung 2010 mit 829 m das höchste Gebäude der Welt. Drinnen befinden sich Privatwohnungen, Büros, ein Luxushotel und ein Restaurant. Im grünen Park zu seinen Füßen plätschern Springbrunnen. Der Wolkenkratzer orientiert sich in seiner Form an der traditionellen islamischen Architektur.

Der **Taipei 101** ist ein 508 m hoher Büroturm mit 101 Stockwerken. Mit einer Geschwindigkeit von 1 km pro Minute brechen seine Aufzüge alle Rekorde. Aussichtspunkte gibt es im 89. und 91. Stock. Die Form des Gebäudes ist dem in Taiwan heimischen Bambus nachempfunden, die Innengestaltung orientiert sich an chinesischen Motiven. Die wichtigste Sicherheitsmaßnahme gegen Erdbeben und Taifune ist ein 800 t schweres Stahlpendel, das Schwingungen dämpft.

Taipei 101

DIE AUSSICHTSLOSESTE SCHLACHT

CULLODEN

Die Geister der Vergangenheit schweben über dem Culloden Moor, wo viel Blut floss und das Ende der schottischen Hochlandkultur eingeläutet wurde.

Ein frischer Wind bläst die letzten grauen Wolken fort: Der Himmel ist blau und im Osten zeigt sich ein Regenbogen. Ein letzter Schauer, dann scheint der Sommernachmittag perfekt. Das feuchte Gras funkelt im Sonnenschein, die blühende Heide leuchtet und die Wärme lässt die eintönige Landschaft freundlich erscheinen. Aber so sehr die Sonne auch strahlt und so schön die Landschaft auch ist – die Stimmung ist gedrückt. Denn die Geschichte hängt wie eine drohende Wolke über dem Landstrich: Vor fast 300 Jahren wurden hier an einem Aprilnachmittag die Männer des Thronprätendenten Charles Edward Stuart, im Volksmund Bonnie Prince Charlie genannt, vernichtend geschlagen, womit sich dessen Traum von einer jakobitischen Restauration in England zerschlug.

GEOGRAFISCHE LAGE

Das Culloden Moor liegt gleich außerhalb des Dorfs Culloden nordöstlich des schottischen Ortes Inverness. Dieser ist mit dem Auto (über die A9, A82 und A96), per Bahn und mit dem Flugzeug zu erreichen. Vom Dorf aus kann man für die Weiterfahrt das Auto oder einen der Busse nehmen, die stündlich im Zentrum abfahren.

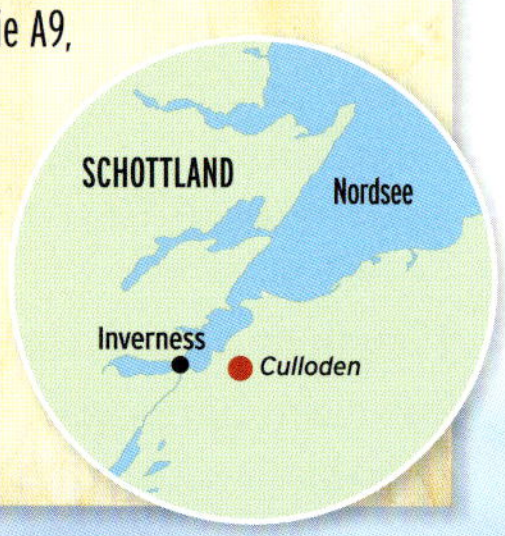

Trügerische Hoffnungen

Es hat wichtigere Kämpfe gegeben als die Schlacht von Culloden, Schlachten, in denen mehr Kombattanten fielen und die schwerwiegendere Folgen hatten – Culloden war nicht Waterloo. Ludwig XV. von Frankreich hatte die Chance gesehen, den britischen Herrschern aus dem Haus Hannover Schwierigkeiten zu bereiten, indem er die Ansprüche des Jakobiten Charles, des Enkels Jakobs II., auf die bri-

Das Ende der Clans Gedenksteine am Weg über das Schlachtfeld tragen die Namen der Clans, die in der Schlacht untergingen.

tische Krone stärkte. Charles landete, aus Frankreich kommend, im Juli 1745 in Schottland und fand schnell Unterstützung bei den Hochlandclans.

Im September des gleichen Jahres sicherten sich Charles und seine Hochlandkrieger bei Prestonpans nahe Edinburgh den Sieg über die Briten unter Sir John Cope. Kurz sah es aus, als ob der anschließende Angriff auf England glücken könnte, doch bei Derby mussten sich die Jakobiten angesichts des Vordringens der britischen Armee unter dem Befehl des Herzogs von Cumberland zurückziehen. Als im Frühjahr 1746 die Versorgung schwierig wurde und das Geld ausging, war der Aufstand praktisch gescheitert.

Als die Truppen des Herzogs von Cumberland nach Norden vordrangen, fasste Bonnie Prince Charlie den verhängnisvollen Entschluss, sie bei Culloden zu stellen. Die Männer des Prinzen waren ausgehungert, in der Unterzahl und weit besser für einen Guerillakrieg als für eine konventionelle Schlacht geeignet. Als der Morgen anbrach, versuchte der französische Gesandte, Charles zum Rückzug zu überreden, aber Cumberlands Armee stand bereits in Sichtweite.

> „Die Schlacht von Culloden wurde in diesem Moor am 16. April 1746 ausgefochten. Die Gräber der tapferen Highlander, die für Schottland und Prince Charlie fochten, sind mit den Namen ihrer Clans bezeichnet."
>
> INSCHRIFT AUF DEM GEDENK-CAIRN BEI CULLODEN, AUFGESTELLT VON DUNCAN FORBES 1881

Untergang im Sumpf

Trotzdem hätte es keine solche Katastrophe geben müssen. Doch Charles verspielte auch noch seinen größten Trumpf: den Einsatz der Highlander mit ihren Breitschwertern. Diese Furcht einflößenden Waffen wurden wirkungslos, weil der Prinz seine Infanterie eine Stunde lang in Schussweite des Feindes verharren ließ. Als er schließlich den Befehl zum Angriff gab, waren Hunderte bereits gefallen. Die Überlebenden mussten nun unter Beschuss über unebenes, sumpfiges Terrain vordringen. Die versprengten Gruppen, die trotzdem die Briten erreichten, wurden von diesen mit aufgesteckten Bajonetten empfangen, bereit zu parieren.

Binnen einer Stunde – so lange braucht man heute für eine Besichtigungstour über das Schlachtfeld – waren Charles' Männer in die Flucht geschlagen. Zwischen 1500 und 2000 Jakobiten waren getötet oder verwundet, unter den Engländern gab es 50 Tote und 259 Verwundete. Cumberlands Soldaten töteten anschließend noch weitere Verwundete und Fliehende. Die toten Clanmitglieder wurden anhand ihrer Abzeichen (Zweigen an der Mütze) identifiziert.

In den folgenden Monaten verheerten die Truppen Cumberlands das Hochland. Sie brandschatzten, plünderten und richteten Unbeteiligte hin, was Cumberland den Spitznamen *butcher* (Schlächter) eintrug. Die Gemeinden lösten sich auf, das Clansystem wurde abgeschafft und die Kultur des Hochlands unterdrückt. Später entschlossen sich Tausende Schotten zur Auswanderung.

Die Geister des Hochlands

Die Geister der Highlander kehren angeblich jedes Jahr am 16. April zurück, um die Schlacht erneut auszufechten; mancher will Kriegsgeschrei und das Klirren der Breitschwerter gehört haben.

Kein Historiker hat je behauptet, dass die Jakobiten die Schlacht hätten gewinnen können. Und nur wenige glauben, dass es den Briten unter einer erneuten Herrschaft der Stuarts besser ergangen wäre. Warum also ist dieser öde Streifen Moor für Briten ein so bewegender Ort? Vielleicht weil jeder nachvollziehen kann, wie es sich anfühlt, wenn ein großes Vorhaben wirklich endgültig gescheitert ist.

Die Konkurrenten

HOFFNUNGSLOSE SCHLACHTEN

- Auf dem Pyrenäenpass **Col de Roncevaux** besiegte 778 eine baskische Streitmacht die Nachhut des fränkischen Heeres, das nach dem Spanienfeldzug Karls des Großen heimkehrte. Dabei soll Roland gefallen sein, ein legendärer französischer Feldherr. Die Schlacht inspirierte das Rolandslied, das älteste erhaltene Epos auf Französisch.
- Das **Little Bighorn Battlefield National Monument** und das **Indian Memorial** erinnern an die Schlacht am Little Bighorn in Montana, wo die Truppen von General Custer 1876 von Indianern vernichtend geschlagen wurden. Später wurde das Land der Indianer jedoch von Weißen überrannt.
- In der Schlacht um **Rorke's Drift** in Südafrika standen sich 1879 im Zulu-Krieg 150 Briten und 3000 Zulu gegenüber.
- Auf dem Höhepunkt des Albigenserkreuzzugs 1244 wurden 200 Katharer vom französischen Heer getötet, nachdem sie neun Monate lang der Belagerung ihrer Feste im aquitanischen **Montségur** getrotzt hatten.

DIE GESCHICHTSTRÄCHTIGSTE ALTSTADT

DELHI ALTSTADT

Das vor 400 Jahren unter dem Mogulherrscher Shah Jahan erbaute Alt-Delhi pulsiert noch immer: Es ist chaotisch, bunt und vital.

Alt-Delhi, heute ein Gewirr aus Gebäuden in Mogularchitektur, verfallenden Villen und Gassen, in denen es vor Menschen wimmelt, wurde 1638 unter Shah Jahan erbaut. Während seiner Herrschaft sollen die Einnahmen im Mogulreich am höchsten gewesen sein und Reisende bewunderten den prächtigen Hof, den florierenden Handel, die Kunst und die fantastische Architektur. Mit so viel Reichtum und so vielen Talenten zu seiner Verfügung konnte sich Shah Jahan die Stadtgründung leisten: Am Ufer des Yamuna, umgeben von Wäldern und Feldern, entstanden Alleen, Kanäle, Moscheen, Märkte, Villen und ein Palast – die rote Burg – in nur zehn Jahren.

Das Alt-Delhi von heute ist die jüngste von sieben Städten, die an dieser Stelle von verschiedenen Herrschern errichtet wurden. Die zunächst Shahjahanabad (Shah Jahans Stadt) genannte Stadt heißt heute Alt-Delhi, um sie von Neu-Delhi zu unterscheiden, das in den 1920er-Jahren unter der Britischen Kolonialverwaltung entstand.

DAS MOGULREICH

Im Jahr 1526 besiegte der Feldherr Babur, ein Nachfahre des mongolischen Kriegsherrn Timur, den Sultan von Delhi und ernannte sich zum Kaiser. Damit begründete er die mächtige Moguldynastie aus Eroberern, Kunstmäzenen und Bauherren, die den Großteil des heutigen Indien und Pakistan unter ihre Kontrolle brachten. Die Herrschaft der Moguln endete 1857, als der letzte Mogulherrscher nach dem Aufstand der Inder gegen die britische Kolonialherrschaft nach Birma verbannt wurde. Seine Glanzzeit erlebte das Mogulreich unter dem fünften Kaiser Shah Jahan, der ab 1627 regierte und vor allem als Erbauer des Taj Mahal bekannt ist.

GEOGRAFISCHE LAGE

Delhi ist die größte Stadt Nordindiens. Alt-Delhi liegt am Westufer des Yamuna, gleich nördlich von Neu-Delhi, der heutigen Hauptstadt Indiens. Die meisten Besucher landen am Indira Gandhi International Airport und fahren mit dem Zug, Bus oder Taxi zum Stadtzentrum. Rikschas sind ideal zur Erkundung der Altstadt.

Impressionen aus dem Alltag

Im Zentrum von Alt-Delhi liegt der Chandni Chowk (Mondlichtplatz), die Hauptstraße, die bis zum Roten Fort führt. Die Straße wurde rund um ein Kanalnetz angelegt, in dem sich das Mondlicht spiegelte. Tagsüber diente die breite Straße als Markt und sie war auch perfekt für die Prozessionen der Mogulherrscher, die zu besonderen Anlässen durch die Stadt zogen. Die Tradition wurde 1903 wieder aufgenommen, als am Hof von Delhi die Krönung von König Eduard VII. und seiner Frau Alexandra zum Kaiserpaar von Indien gefeiert wurde.

Heute sind die Kanäle verschwunden, aber der Chandni Chowk und die Straßen daneben sind noch ebenso bunt und überfüllt wie eh und je. Mit Lametta behängte Rikschas bahnen sich ihren Weg durch das Gedränge und das Hupkonzert von Dreiradtaxis, Bussen und Autos mischt sich mit dem Geklingel der Fahrräder. Bäcker, Köche, Schlangenbeschwörer und Perlenverkäufer bieten auf den Gehwegen ihre Waren feil, während durch ihren heiligen Status geschützte Kühe seelenruhig durch den Staub trotten. Die Läden sind vollgestopft mit bestickten Stoffen, Silberarmreifen, Antiquitäten, Büchern, Sandalen, Tüchern sowie Heilkräutern und Gewürzen, die in der Hitze aromatisch duften. Kinder erbetteln sich frittierte *vada* in Joghurt, Nudeln und Käsebällchen, während Frauen in Saris an Sorbets mit Safran oder Rosenwasser nippen. Gute Geschäfte machen auch die Süßwarenläden.

In den Gassen gehen Handwerker ihrer Arbeit nach: Sie formen aus Ton Figuren und anderes, bearbeiten Silber, reparieren Schuhe, weben Teppiche, polieren Lackwaren oder verleihen Intarsien in Marmor und Holz den letzten Schliff.

Alt-Delhi ist ein Stück modernes Indien, aber die Vergangenheit ist allgegenwärtig: in den *kucha*, den alten Vierteln, wo die

Chandni Chowk Die von Tempeln, Moscheen und Geschäftshäusern gesäumte Hauptstraße von Alt-Delhi ist einer der turbulentesten Straßenmärkte der Welt.

Männer wie früher alle dem gleichen Beruf nachgehen, und in den Wohngegenden, wo man an den Fassaden mit Schnitzwerk oder den inzwischen klapprigen Balkonen der *havelis* (Stadthäuser) hier und da Satellitenschüsseln entdeckt.

Stadt der Havelis

Die *havelis* waren oft rund um einen Hof mit Springbrunnen gebaut und üppig eingerichtet. Heute erinnern die meisten nur noch vage an die einstige Pracht, aber sie zeugen von einer bewegten Geschichte. Bekannte Beispiele sind das Ghalib Ki Haveli, das Haus des Mogulpoeten Mirza Ghalib aus dem 19. Jh., und das von einer Textilhändlerfamilie erbaute, gut erhaltene Chunnamal Haveli. Das Khazanchi Haveli, in dem die Buchführer Shah Jahans lebten, war durch einen Tunnel mit dem Roten Fort verbunden, über den gefahrlos Geld transportiert werden konnte.

Der Bhagirath-Palast, heute ein Gewerbekomplex, blickt auf eine lange Geschichte zurück: Er wurde Anfang des 18. Jh. für Begum Samru errichtet. Die ehemalige Tänzerin stammte aus armen Verhältnissen und hatte einen europäischen Söldner geheiratet, der dann eine Armee zur Rettung des Mogulkaisers Shah Alam anführte. Samru wurde reich, mächtig und 89 Jahre alt.

Imposante Gotteshäuser

Eine Mogulhauptstadt ohne zentrale Moschee ist undenkbar. Shah Jahan wählte einen kleinen Hügel südwestlich des Roten Forts, wo 5000 Arbeiter für 1 Mio.

Zentrum der Macht Das wegen der Farbe seiner Sandsteinmauern so genannte Rote Fort ist eines der bedeutendsten Beispiele der Mogularchitektur.

Rupien die Jama Masjid erbauten. Jeden Freitag verließ der Mogulkaiser in einer goldenen Sänfte auf dem Rücken eines Elefanten seinen Palast, um in der zentralen Gebetsnische der Moschee zu beten. Auf dem Weg aus dem Palast ritt er durch das Delhi-Tor, zurück nahm er einen anderen Weg, weil das als Glück verheißend galt. Am Ende einer steilen Treppe steht auf der anderen Seite des gepflasterten Hofes ein Reinigungsbrunnen, in dem sich die Minarette und Kuppeln spiegeln. Sandstein und Marmor, Säulen und Bogen, Kalligrafien und Intarsien schaffen eine würdevolle Atmosphäre.

Alt-Delhi ist voller Gotteshäuser – und alle haben sie ihre eigenen Traditionen. Der Sikh-Gurudwara Sis Ganj ist ein schlichter, aber reizender Tempel an der Stelle, wo der neunte Sikh-Guru Tegh Bahadur auf Befehl von Kaiser Aurangzeb (Shah Jahans Sohn) geköpft wurde. Vor dem Betreten des Tempels ziehen die Gläubigen ihre Schuhe aus und waschen sich Hände und Füße. Manchmal wird Gästen auch Essen angeboten.

Die 1836 erbaute anglikanische St. James' Church ist die älteste Kirche in Delhi. Sie entstand im Auftrag von Colonel James Skinner, dem Sohn eines Schotten, und seiner rajputischen Frau.

Der jainistische Digambara-Tempel ist ein eindrucksvoller Gebäudekomplex aus rotem Sandstein, der die Macht und den Einfluss der Jaina in der Geschichte der Stadt und den sozialen Status, den sie noch immer innehaben, verdeutlicht.

Der hinduistische Gauri-Shankar-Tempel wurde angeblich von einem verwundeten Soldaten erbaut und ist Shiva geweiht. Darin befinden sich eine 800 Jahre alte edelsteinbesetzte Lingam-Statue und der Marmorstuhl eines hinduistischen Heiligen, der mehr als 50 Jahre in dem Tempel lebte. Geschmückt ist er mit gespendeten Baumwollfäden, rotem Pulver, Sandelholz und den Ringelblumengirlanden, die an Besucher verkauft werden.

Das Rote Fort

„Wenn es ein Paradies auf Erden gibt, dann ist es hier", lautet eine Inschrift am Roten Fort (Lalkila). Die Festung repräsentiert den Gipfel der künstlerischen und architektonischen Errungenschaften der Moguln. Der imposante Bau, einst wie ein Palast eingerichtet, erhebt sich mit seinen Türmen, Zinnen und Bastio-

Klein, aber fein

CARCASSONNE

Das Zentrum der Festungsstadt Carcassonne entstand in gallisch-römischer Zeit und wurde im 19. Jh. restauriert. Wie eine Märchenburg thront die von einem doppelten Mauerring mit 52 Türmen umgebene Altstadt oberhalb der Brücke über den Fluss Aude im Südwesten Frankreichs. Hinter den Mauern liegen Kopfsteinpflastergassen, eine Burg mit Kerker und Zugbrücke sowie eine Kirche. Von den Wällen aus blickt man von der Neustadt über das Languedoc bis zu den schneebedeckten Gipfeln der Pyrenäen.

nen über einem ausgetrockneten Burggraben. Die zwei Haupttore führen zu einem überdachten Basar, auf dem einst Kaufleute mit dem Mogulhof handelten.

Der Komplex besteht aus zwei Bereichen, dem administrativen und dem privaten. Die Pavillons mit den Privatgemächern befanden sich der frischen Brise wegen nahe dem Fluss und waren in kunstvolle Gärten im Mogulstil eingebettet. Es gab z. B. den Mondgarten mit nachts blühenden Blumen, den Leben spendenden Garten und die Bäche des Paradieses. Jedes einzelne Gebäude war ein Juwel der Mogulkunst, die sich durch die Mischung aus islamischen, persischen und indischen Einflüssen auszeichnet.

Nach dem Tod von Shah Jahan ging die goldene Ära des Roten Forts zu Ende. Kaiser Aurangzeb ließ noch die Perlenmoschee errichten, aber die späteren Neuerungen waren weniger elegant. Auch die Plünderungen und Zerstörungen während der britischen Herrschaft forderten ihren Tribut. Dennoch sind die in dem weitläufigen Komplex verbliebenen, vom Stadtlärm geschützten Gebäude Zeugen jener glorreichen Vergangenheit – von den Kaisergemächern, dem den Hofdamen vorbehaltenen Palast der Farben, dem Badehaus und den Audienzsälen bis hin zu dem kühlen weißen Marmor, den in Einlegetechnik angefertigten Vogel- und Blumendarstellungen, den Bogengewölben, Springbrunnen, Gitterfenstern und den verzierten Decken und Wänden. Am besten erhalten ist der private Audienzsaal, ein offener, mit Halbedelsteinen geschmückter Marmorpavillon, in dem früher der Pfauenthron stand, den Perser 1739 raubten.

Jedes Jahr am 15. August hält der indische Premierminister zum Jahrestag der Unabhängigkeit Indiens aus der Stille des Roten Forts eine Ansprache. Aber die von Fahrzeugen, Farben und Gerüchen geprägte Altstadt auf der anderen Seite der Festungsmauern kommt nie zur Ruhe.

Die Konkurrenten

HISTORISCHE ALTSTÄDTE

■ Rund um das **historische Kyōto** liegen 17 Stätten, die wegen ihrer geschichtlichen Bedeutung oder ihrer Schönheit zum Welterbe erklärt wurden. Darunter sind 300 im Lauf der Zeit immer wieder erneuerte Shintō-Schreine, 1700 buddhistische Tempel (viele mit Meditationsgarten), Pavillons und eine Burg. Sie sind Glanzpunkte der hiesigen Kultur.

Kyōto

■ Die **Altstadt von Damaskus** in Syrien ist angeblich die älteste ununterbrochen bewohnte Stadt der Welt. Die in Teilen von einer Mauer umgebene Altstadt prunkt mit Kirchen, Schreinen, Medresen und Moscheen, z. B. der großen Omajjaden-Moschee. Bemerkenswert sind auch traditionelle Bauten wie der Azim-Palast und die Karawanserei.

■ Die **Jerusalemer Altstadt** im Zentrum der modernen Stadt ist eine Pilgerstätte für Juden, Christen und Muslime. Bedeutende Pilgerorte sind der Felsendom und die Al-Aksa-Moschee auf dem Tempelberg, die Klagemauer und die Grabeskirche. Innerhalb der Altstadtmauern gibt es mehr als 200 historische Monumente und einen turbulenten Markt.

■ Die Geschichte der Altstadt der estländischen Hauptstadt **Tallinn** mit ihren bunten Giebelhäusern, Türmen und kopfsteingepflasterten Straßen reicht zurück bis ins 13. Jh. Es gibt hier prächtige Kirchen, mittelalterliche Märkte, Innenhöfe, Passagen und Kunstgewerbeläden.

DIE GESCHLOSSENSTE BEFESTIGTE HAFENSTADT

DUBROVNIK

Die roten Dächer, die Renaissancepaläste und die Lage an der Küste lassen kaum erahnen, wie lange diese alte, von einer nie bezwungenen Mauer geschützte Hafenstadt für ihre Freiheit kämpfte.

Piraten und möglichen Invasoren muss die befestigte Hafenstadt, die auf der einen Seite von Bergen, auf der anderen von Klippen und zur Bucht hin von der vorgelagerten Insel Lokrum geschützt wird, unbezwingbar erschienen sein. Auch heute noch sehen Besucher, die sich per Boot der Stadt nähern, zunächst nur die kolossale Stadtmauer, die die Altstadt und den Hafen umschließt und mit Türmen, Bastionen und Forts bewehrt ist. Die Mauer gilt als die größte und besterhaltene Europas – ein bemerkenswertes Zeugnis für das Können der Erbauer: Sie errichteten eine Mauer, die sogar Erdbeben trotzte. Sie ist zudem ein Zeichen für den Bürgersinn der Einwohner und das diplomatische Geschick der Stadt, die friedliche Beziehungen mit zwei rivalisierenden Mächten – dem Osmanischen Reich im Osten und der Republik Venedig im Nordwesten – unterhielt. Für die Bürger Dubrovniks ist die Mauer weiterhin ein Symbol für Unabhängigkeit und Wohlstand.

Gewaltige Schutzmauer

Die Mauer, die die „Perle der Adria" schützt, hat eine Länge von 2 km. Sie führt hinauf zum höchsten Punkt im

GEOGRAFISCHE LAGE

Dubrovnik liegt an der dalmatinischen Adriaküste im Süden Kroatiens. Die Stadt hat einen internationalen Flughafen, aber keinen Bahnhof. Im Sommer besteht eine regelmäßige Fährverbindung zwischen Dubrovnik und Rijeka im Norden Kroatiens mit Halten in Zadar, Split und an mehreren Inseln.

Schönheit und Stärke Der Blick auf Dubrovnik von den Hügeln oberhalb der Stadt zeigt das Ausmaß der mittelalterlichen Stadtmauern. Früher wurde der Hafeneingang zusätzlich noch mit Ketten verschlossen.

Nordwesten, schlängelt sich über die Klippenspitze und fällt dann zum Hafen hin wieder ab. Stellenweise erreicht die oft restaurierte und veränderte Mauer eine Höhe von 25 m und eine Dicke von 6 m, allerdings nicht an der Meerseite, wo natürliche Kalksteinklippen die erste Verteidigungslinie bilden.

Ein Spaziergang entlang dieser alten Wälle ist atemberaubend in jeder Hinsicht. Der Blick reicht von den Felskämmen auf dem Hügel über der Stadt hinunter bis zur Adria, von der Küste und dem Hafen bis zur Altstadt mit ihren roten Dächern, Türmen und Kuppeln. Die klare Luft ist von Glockengeläut erfüllt und die Steinplatten schimmern, von den Schritten der Menschen vieler Jahrhunderte glatt poliert, wie Silber.

Die Errichtung der heutigen Stadtmauer begann im 12. Jh. und setzte sich die nächsten 500 Jahre fort. Warum aber brauchte diese relativ kleine Hafenstadt eine derart mächtige Befestigungsanlage? Schon im 12. Jh. lag die autonome Republik Ragusa, wie Dubrovnik damals hieß, eingekeilt zwischen Großmächten – den Venezianern im Westen und dem Byzantinischen, später dem Osmanischen Reich im Norden und Osten –, welche die Handelsrouten über die Adria zu kontrollieren versuchten. Mit diplomatischem Geschick bewahrte Ragusa seine Autonomie unter dem Schutz zunächst von Byzanz und später von Venedig.

Im 15. Jh. wurde die Republik Ragusa dem Osmanischen Reich tributpflichtig, blieb aber autonom und fungierte als Handelsposten zwischen den Venezianern und den Osmanen. In dieser Zeit erfreute sich die Stadt eines großen Wohlstands. Ihre Flotte lieferte Salz, Wein, Olivenöl, Trockenfrüchte, Leder und Wolle in den ganzen Mittelmeerraum und darüber hinaus. Aristokraten, Schiffseigner, Kaufleute, Bankiers und eine gebildete Elite lebten in der Hafenstadt.

Forts und Tore

Als Konstantinopel 1453 und Bosnien in den 1460er-Jahren an die Osmanen fielen, ließ Ragusa seine Verteidigungsanlagen verstärken. Auf dem höchsten Punkt der Wälle wurde der runde Minceta-Turm um ein älteres Fort gebaut und mit Mauern und Zinnen umgeben. Fort Bokar sollte das Pile-Tor schützen, den Hauptzugang zur Stadt von der Landseite. Dieses Fort gilt als die älteste erhaltene Befestigungsanlage mit Kasematten in Europa. Seine zylindrische Form ragt aus der Stadtmauer hervor.

Mächtiges Bollwerk Die Festungswälle führen steil hinauf und steil wieder hinunter. Stellenweise wird die Hauptmauer von einer vorgelagerten Mauer geschützt.

Im Südosten der Stadt wurde die aus dem 14. Jh. stammende Festung St. Johann (Sveti Ivan), die den Hafeneingang bewachte, umgestaltet. Nachts sperrte man den Hafeneingang mit Ketten ab, die von der Festung bis zur Anlegestelle reichten – eine weitere Schutzbarriere. Im Osten konnte die im 15. Jh. errichtete und im 16. Jh. verstärkte Festung Revelin Annäherungen von Land her abwehren.

Am abschreckendsten wirkte die Festung St. Lorenz (Lovrijenac), ein dreieckiges Fort auf einem steilen Felsen gleich außerhalb der westlichen Stadtmauer, die 37 m über das Wasser aufragt. Über dem Tor der Festung steht das Motto, das den Einwohnern der Stadt lieb und teuer ist: „Für alles Gold der Welt werden wir unsere Freiheit nicht verkaufen."

Vier Tore gewähren Zugang zur Altstadt: vom Hafen aus das Ponte- und das Fischmarkt-Tor, von der Landseite aus das Ploče- und das Pile-Tor. Das Pile-Tor ist mit mehreren Eingängen, einem Wassergraben, einer Steinbrücke und einer hölzernen Zugbrücke ausgestattet. Ein Relief auf dem Torbogen stellt den heiligen Blasius dar, den Schutzpatron Dubrovniks.

Paläste künden von Reichtum

Die mittelalterliche Hauptstraße Stradun führt vom Hafen quer durch die Stadt, beiderseits gesäumt von einer Reihe ebenfalls gerader Nebenstraßen, die es Boten ermöglichten, auf direktem Weg in alle Richtungen zu gelangen, von Fort zu Fort, quer durch die Stadt und hinunter zum Hafen. Der nach dem Erdbeben von 1667 erneuerte Stradun ist eine elegante, mit Kalksteinplatten gepflasterte Flaniermeile. Beide Enden sind durch einen hohen Glockenturm und einen Brunnen aus dem 15. Jh. markiert. Der größere Brunnen am Westende weist eine Kuppel und rund ein Dutzend Steinköpfe auf, aus deren Mündern Wasser spritzt.

> „Für die Bürger Dubrovniks ist die Hafenmauer ein Symbol für Unabhängigkeit und Wohlstand."

Mehrere historische Gebäude zieren den Stradun und den angrenzenden Luza-Platz, darunter zwei Paläste in einem Mischstil aus Gotik und Renaissance. Der Sponza-Palast beherbergt die 17 000 gedruckten Bände und Handschriften des Historischen Stadtarchivs. Innerhalb der Stadtmauern stehen barocke Kirchen und Klöster und in den Seitenstraßen entdeckt man hier einen alten Kornspeicher, dort ein Patrizierhaus, dann wieder Treppenanlagen oder einen Garten mit Granatapfelbäumen.

Jüngere Geschichte

Im 19. Jh. verlor Ragusa seine so hoch geschätzte Freiheit – zuerst an Napoleon und dann an das Kaiserreich Österreich. Die turbulente Geschichte des 20. Jh. gipfelte für die Stadt im Kroatienkrieg der frühen 1990er-Jahre, als die Jugoslawische Volksarmee die Stadt einkreiste und drei Monate lang bombardierte, bis ein kroatischer Gegenangriff die Belagerung aufhob. Nach dem Friedensschluss wurden die entstandenen Schäden beseitigt.

Jeweils zur vollen Stunde schlagen zwei Bronzefiguren, die „grünen Männer", die alte Glocke im Uhrenturm auf dem Luza-Platz. Und in den Renaissancepalästen und in den Festungsanlagen ist der freie Geist Dubrovniks wiedererstanden.

Heutzutage besteht eine neue Gefahr – der Massentourismus, denn die Infrastruktur der Stadt ist nicht auf so viele Menschen ausgerichtet. Weil die Touristen vor allem von den Kreuzfahrtschiffen kommen, sollen nur noch zwei Schiffe pro Tag statt der bisherigen sieben anlegen dürfen. Zudem wurde eine App entwickelt, die alternative Attraktionen in der Umgebung vorschlägt, wenn bereits zu viele Menschen in der Altstadt sind.

Die Konkurrenten

BEFESTIGTE HAFENSTÄDTE

■ Das von den Phöniziern Gadir (ummauerte Festung) genannte **Cádiz** liegt auf einer Halbinsel im Südwesten Spaniens und bewacht eine strategisch wichtige Bucht. Die Stadt ist die älteste Spaniens und war einst eine mächtige Festung. Reste der Mauern - mit Toren, Bastionen und Wachtürmen des 18. Jh. -, gibt es noch heute in der Altstadt.

■ Die mittelalterliche Altstadt von **Concarneau** in der Bretagne, die Ville Close, liegt auf einer Insel im Hafen und ist über eine Brücke mit dem Festland verbunden. Im 14. Jh. wurde die Stadt zu einer mächtigen Festung. Die Mauern wurden ab 1451 von Peter II., Herzog der Bretagne, und seinen Nachfolgern ausgebaut.

Essaouira

■ Im 18. Jh. ließ Sultan Mulai Muhammad III. von Marokko die Stadt **Essaouira** in der Nähe von Marrakesch zu einem befestigten Hafen ausbauen, um den Seehandel am Atlantik zu beleben. Mit der Planung wurden ausländische Experten betraut, vor allem der Franzose Cornut, ein Schüler Vaubans. Zwei Befestigungsringe wurden gebaut, um die neue Kasbah - die heutige Altstadt - und den Hafen zu schützen. Die Mauern, Bastionen und Tore sind gut erhalten.

■ **Kotor** in Montenegro liegt tief in einer fjordartigen, von Bergen umsäumten Bucht. Die Verteidigungsmauer wurde unter venezianischer Herrschaft erbaut, die 1420 begann. Die Mauer ist mehr als 4 km lang und bis zu 15 m dick, umschließt die Altstadt und verläuft dann die Hänge hinauf zum Fort, ehe sie zum Hafen hinunterführt.

■ **Valletta** auf Malta verdankt seine Befestigungsanlagen den Johannitern, einem Kreuzritterorden, dem der König von Spanien 1530 die Insel überließ. Nach der Belagerung Maltas durch die Osmanen 1565 beschlossen die Ritter, auf der Landzunge des Monte Sciberras eine befestigte Stadt zu errichten, die künftige Invasionen verhindern sollte. Die Stadt wurde durch eine doppelte Befestigungslinie geschützt. Vom Fort St. Elmo an der Spitze der Landzunge hat man einen einmaligen Blick auf zwei natürliche Häfen.

DAS BEKANNTESTE STÄDTISCHE WAHRZEICHEN

EIFFELTURM

Bei Paris denkt man sofort an den Eiffelturm. Ein Klischee? Nur bis man seine Größe und Schönheit mit eigenen Augen gesehen hat.

GEOGRAFISCHE LAGE

Der Eiffelturm steht im großen Champ de Mars südlich der Seine im Pariser Zentrum. Er ist täglich geöffnet. Bei starkem Andrang können sich vor allem am Aufzug, der bis hinauf zur Spitze fährt, Schlangen bilden. Einen guten Blick auf den Turm hat man vom Palais de Chaillot auf der anderen Seine-Seite.

Große Städte schmücken sich gern mit einem Wahrzeichen – einem kühnen außergewöhnlichen Bauwerk oder Denkmal, das den Geist der Stadt versinnbildlicht und in aller Welt mit ihr verbunden wird. Der Eiffelturm ist ein solcher Bau, ein Wahrzeichen mit Wiedererkennungswert auch für jene, die noch nie in Paris waren.

Der Plan war von Anfang an kühn: Anlässlich der Weltausstellung von 1889 zur Feier des 100. Jahrestages der Französischen Revolution wollten die Stadtväter das höchste Gebäude der Welt errichten. Mindestens 300 m und damit fast doppelt so hoch wie das seinerzeit höchste Bauwerk auf Erden, das Washington Monument, sollte der Turm werden. Aus 107 Entwürfen wurde der von Gustave Eiffel (1832–1923) zum Sieger des Planungswettbewerbs erkoren. Der französische Ingenieur hatte sich bereits mit dem Bau von Brücken, Kuppeln und Viadukten einen Namen gemacht.

Kolossaler Triumph

Niemand hatte zuvor etwas Vergleichbares gebaut, schon gar nicht in dieser Größe. In wenig mehr als zwei Jahren setzten die rund 100 Arbeiter die 18 038 Eisenteile des Turmes, die insgesamt 7300 t wogen, mithilfe von 2,5 Mio. Bolzen zusammen – eine große Ingenieurleistung zu keinem anderen Zweck, als eine Stadt zu repräsentieren und Staunen hervorzurufen.

Die Wirkung ist mit der Zeit nicht schwächer geworden. Mit seiner sich verjüngenden Form und dem filigranen Gitterwerk wirkt der Eiffelturm von fern bemerkenswert leicht und elegant. Erst wenn man an seinem Fuß oder direkt unter dem Turm steht, wird die kolossale Größe der Konstruktion deutlich.

Aufzüge oder Treppen – bis zur zweiten Etage sind es 704 Stufen – bringen Besucher hinauf zu drei Aussichtsplattformen mit jeweils einer Reihe von Attraktionen. Schon die zweite Etage, 115 m über dem Boden, wirkt beängstigend hoch und die den Elementen preisgegebene Gitterkonstruktion kann ein mulmiges Gefühl hervorrufen. Aber der Ausblick auf Paris ist sagenhaft – insbesondere vom eleganten Restaurant *Jules Verne* aus. Die dritte

Überragendes Wahrzeichen Rund 75 % der Besucher des Eiffelturms kommen aus dem Ausland. Der Turm ist das weltweit meistbesuchte Bauwerk, für das Eintritt gezahlt werden muss.

Etage liegt noch um fast das Zweieinhalbfache höher. An klaren Tagen reicht der Blick 80 km weit über Paris hinaus bis ins Umland.

Für die Nation gerettet

Der Eiffelturm wurde nicht von Anfang an von allen Parisern geliebt. Bei seiner Errichtung, die mit erstaunlicher Geschwindigkeit erfolgte, wurde er kontrovers diskutiert. Seine Kritiker taten ihn als „schwarzen Fabrikschornstein" ab und nannten ihn „eine barbarische Masse, die unsere Bauwerke und Denkmäler erniedrigt und verzwergt." Die Proteste legten sich aber, als immer mehr Besucher den Turm besichtigten und ihn als Wunderwerk des Industriezeitalters begriffen.

Ursprünglich sollte der Eiffelturm nach 20 Jahren abgebrochen werden, aber in den 1890er-Jahren wurde ihm eine weitere Frist gewährt, weil er eine neue Funktion erhielt: In der Frühzeit des Rundfunks wurde auf ihm eine Sendestation eingerichtet, zudem fungierte der Turm als Wetterwarte. Bis 1930 das New Yorker Chrysler Building errichtet wurde, blieb er das höchste Gebäude der Welt.

Da Gustave Eiffel erfahren im Bau hoher Stahlrahmenkonstruktionen war, wählte er für die Krümmung der Hauptpfeiler am Sockel die Form, die der Belastung durch den Wind am besten standhalten konnte. Darüber hinaus wurde das eiserne Gitterwerk so schmal gehalten, dass der Wind keine große Angriffsfläche hatte. Eiffel plante so geschickt, dass der Turm selbst bei Sturm an der Spitze höchstens um 11 cm schwankt.

Heute ist der Eiffelturm eine der größten Touristenattraktionen der Welt mit jährlich fast 7 Mio. Besuchern. Im Winter wird auf der ersten Etage eine Eisbahn eingerichtet und im Sockel können sich Besucher im Rahmen vorher vereinbarter Führungen die originale Aufzugsmaschinerie von 1899 anschauen.

Durch die abendlichen Lichtspiele – bis um 1 Uhr zur vollen Stunde jeweils fünf Minuten – ist der Turm ständig präsent. Und innovative Beleuchtungen anlässlich besonderer Ereignisse sorgen dafür, dass der Status des Eiffelturms als Wahrzeichen der Stadt erhalten bleibt.

Die Konkurrenten

STÄDTISCHE WAHRZEICHEN

■ Die **Freiheitsstatue** war ein Geschenk Frankreichs zum 100. Jubiläum der Amerikanischen Unabhängigkeitserklärung. Die Statue mit der Innenkonstruktion von G. Eiffel wurde auf einer Insel im New Yorker Hafen aufgestellt und 1886 eingeweiht. Sie war das erste US-amerikanische Wahrzeichen, das Einwanderer bei ihrer Ankunft sahen und wurde zu einem Symbol für die USA.

■ Der Londoner **Big Ben** ist vor allem wegen seines Geläuts bekannt. Seit 2012 heißt er offiziell Elizabeth Tower. Der 1859 fertiggestellte Uhrturm ist Teil des wieder aufgebauten Palace of Westminster, des Parlamentssitzes, den ein Brand 1834 zerstört hatte. Der Name Big Ben bezieht sich eigentlich auf die Glocke, die zur vollen Stunde läutet.

■ Der schiefe Turm von **Pisa** war als Campanile (frei stehender Glockenturm) für den Dom der Stadt geplant. Der schöne Rundturm nach dem Vorbild der antiken römischen Architektur wurde innerhalb zweier Jahrhunderte errichtet und 1372 vollendet. Wegen einer Bodensenkung hat er eine Neigung von rund vier Grad. Heute ist der Turm stabilisiert - aber immer noch schief.

Eiserner Gigant Der massive Sockel des Eiffelturms lässt den Straßenverkehr winzig erscheinen. Nach Südosten rahmt der Bogen den Blick auf die Rasenflächen des Champ de Mars und die École Militaire ein.

DIE UMFANGREICHSTEN FELSMALEREIEN

FELSMALEREIEN IM KAKADU-PARK

GEOGRAFISCHE LAGE

Der Kakadu-Nationalpark liegt 250 km östlich von Darwin im australischen Northern Territory. In der Trockenzeit ist die Straße zum Nordeingang (Arnhem Highway) mit dem Pkw befahrbar, in der Regenzeit nur mit Geländewagen. Von den Flugplätzen in Jabiru und Cooinda im Park starten Rundflüge.

Die von Felsüberhängen geschützten Galerien mit Felszeichnungen im Kakadu-Nationalpark sind ein bedeutendes Zeugnis einer 20 000 Jahre alten Kultur und ihres Alltagslebens.

Australische Ureinwohner leben seit mehr als 65 000 Jahren auf dem riesigen Gelände, das heute den Kakadu-Nationalpark bildet. Davon zeugen Lagerplätze, Werkzeuge und Mahlsteine. Das bedeutendste Erbe dieser Menschen sind jedoch die über 5000 Stätten mit Felskunst im trockeneren südlichen Teil des Parks. Die Felsen bergen eine der umfangreichsten Ansammlungen von Felszeichnungen weltweit.

Die Bilder stammen aus dem Zeitraum von vor mehr als 20 000 Jahren bis fast in die Gegenwart und bilden so die am längsten durchgehend von einer Volksgruppe praktizierte Kunsttradition überhaupt. Die Bilder stellen die Aktivitäten der Wesen dar, die der Legende nach das Land formten. Und sie zeugen von der Beziehung der Menschen zum Land, zu den gesammelten Pflanzen und zu den gejagten Tieren. Die ältesten Bilder, entstanden während der letzten Eiszeit, als der Meeresspiegel niedriger lag und es trockener war, zeigen inzwischen ausgestorbene Tiere. Die jüngsten thematisieren die ersten Kontakte mit Europäern.

Schichten über Schichten

Die wichtigste Aufgabe der Künstler bestand darin, Geschichten zu erzählen. Deshalb wurden die Bilder immer wieder übermalt. Die verschiedenen Stile lassen sich mit historischen Veränderungen der Umwelt assoziieren: *pre-estuarine-* (Vor-Meeresarm-), *estuarine-* (Meeresarm-) und *freshwater-* (Süßwasser-) Epoche. Die ältesten Bilder aus der ersten Periode sind Abdrücke von Händen und Gegenständen sowie Zeichnungen von Landtieren und Menschen mit Bumerangs.

Vor rund 8000 Jahren verwandelte der ansteigende Meeresspiegel Flusstäler in Meeresarme. Neue Beutetiere wie Barramundis (eine Fischart) und Krokodile erschienen in der Kunst der *estuarine*-Periode, ebenso Werkzeuge wie Speerschleudern. Damals kam auch der Röntgenstil auf, bei dem im Umriss der Tiere das Skelett und die Organe dargestellt sind.

Vor rund 1500 Jahren blockierte Schlick weitere Salzwasserzuströme, sodass sich die Salzmarschen in Süßwassersümpfe verwandelten. Wieder spiegelte sich die Veränderung in der Kunst: Tiere wie Wasserschildkröten und Pflanzen wie die Seerose tauchten auf. Der Röntgenstil blieb erhalten, doch wurde nun mehr Wert auf die dekorative Wirkung als auf anatomische Korrektheit gelegt.

Bekannte Felskunststätten finden sich am Burrunggui (Nourlangie Rock) und bei Ubirr, einer Felsformation nahe den Gewässern und dem Schwemmland des East Alligator River. Zu den Tieren, die bei Ubirr erscheinen, zählen Possums, Wallabys, Schildkröten und ein Beutelwolf. Am 230 m hohen Nourlangie Rock befindet sich der große Anbangbang-Überhang, der mindestens 20 000 Jahre lang genutzt wurde. Seine Wände bilden eine Galerie mit diversen Schichten.

Wie durchleuchtet Die Szene in Ubirr zeigt einen Barramundi, einen Mann und eine Frau. Die Bilder sind ein typisches Beispiel für den Röntgenstil.

Die Konkurrenten

FELSZEICHNUNGEN

■ Der **Tassili-n-Ajjer-Nationalpark** im südöstlichen Algerien umfasst eine weite, eintönige Hochebene, die von der Erosion „zerrissen" wurde. Die unheimlichen, von Wind und Sand geformten Formationen sind 70 Mio. Jahre alt. Das von der Sahara umgebene Gebiet ist eine der weltweit wichtigsten Fundstätten prähistorischer Kunst. Es gibt hier mehr als 15 000 Felszeichnungen und -ritzungen, die Einzelheiten über die Entwicklung der dort lebenden Menschen, die Wanderungen der Tiere und die Klimaveränderungen verraten. Auf den Bildern sind viele Tierarten zu sehen, z. B. Giraffen, Nashörner und Pferde, die längst aus dieser einst fruchtbaren Region verschwunden sind.

Tassili-n-Ajjer-Nationalpark

■ Das manchmal als der „geheime Garten der Sahara" bezeichnete, raue und erhabene **Ennedi-Plateau** im nordöstlichen Tschad bildet mit seinen tiefen, von versiegten Flüssen gegrabenen Schluchten ein Bollwerk gegen die sich ausbreitende Wüste. Im Lauf der Jahrtausende haben Erosion, Verwitterung und die zunehmende Trockenheit eine kahle Felslandschaft geschaffen. An den Sandsteinwänden der Schluchten findet sich eine Reihe von Felszeichnungen. Sie zeigen u. a. Rinderherden, Giraffen, Alltagsszenen, Musikanten und Jagdszenen.

DER SCHÖNSTE HEILIGE BERG

FUJI

Mit seinem symmetrischen schneebedeckten Kegel lockt der Vulkan Fuji viele Pilger an, die sich dem anstrengenden Aufstieg zum Gipfel stellen.

Der Fuji, dessen konische Silhouette sich übermächtig vor dem blauen Himmel abzeichnet, wird seit Urzeiten verehrt. Mit 3776 m ist er der höchste und heiligste Berg Japans und nach Ansicht der Buddhisten und Schintoisten der Sitz von Göttern. Seine Form erhielt er durch Vulkanausbrüche, die vor mehreren hunderttausend Jahren stattfanden (die letzte größere Eruption ereignete sich 1709). Seine symmetrischen Proportionen inspirierten Dichter und Künstler, darunter Katsushika Hokusai, von dem die Farbholzschnitte der Serie *36 Ansichten des Berges Fuji* stammen.

Ganz Japan verfolgt die jahreszeitlichen Veränderungen rund um den Fuji. Der schneebedeckte Gipfel zeigt den Beginn des Winters an, im Frühjahr ist der Fuß des Berges in Kirschblüten gehüllt und im Sommer in bunte Azaleen. Die Saison für die Kletterer beginnt am 1. Juli nach der Schneeschmelze; nur stellenweise bleibt das Eis ganzjährig erhalten. Oberhalb der Baumgrenze begrüßen Hochgebirgsblumen die ersten Kletterer. Während des kurzen Sommers besteigen rund 300 000 Menschen den Berg, der 2013 zur Welterbestätte ernannt wurde.

Ende August läutet das Feuerfest in Fujiyoshida das Ende der Klettersaison ein. Mit dem Fest soll eine Göttin des Fuji besänftigt werden, damit sie einen Vulkanausbruch verhindert. Wie schon seit 500 Jahren tragen die Menschen dafür bei einem Fackelzug Schreine durch die Straßen, in denen die Seele der Göttin aufbewahrt sein soll.

Eine heilige Wallfahrt

Manche Pilger besteigen den Berg nachts mit Fackeln ausgerüstet, um über dem Wolkenmeer, das meist die unteren

GEOGRAFISCHE LAGE

Der Fuji liegt 100 km südwestlich von Tokio auf der japanischen Hauptinsel Honshū im Nationalpark Fuji-Hakone-Izu. Regelmäßig fahren Züge und Busse vom Tokioter Bahnhof Shinjuku zum Kawaguchiko-Yoshidaguchi-Trail, einer von vier Wegen hinauf zum Gipfel. Der Berg ist nur im Juli und August zugänglich.

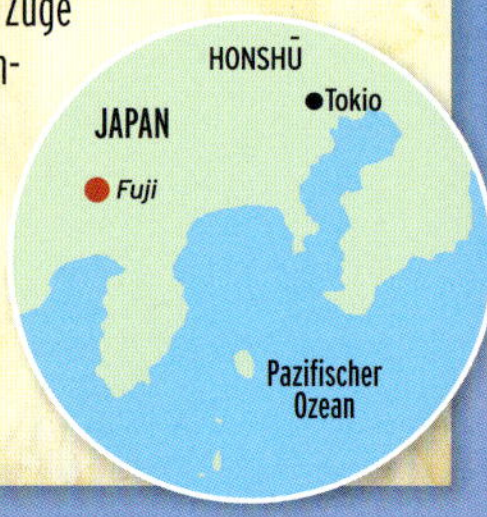

Zauberhafter Anblick Von der Chureito-Pagode oberhalb von Fujiyoshida hat man einen spektakulären Blick auf den Fuji, vor allem im Frühjahr, wenn die in voller Blüte stehenden Kirschbäume die Kulisse bilden.

Die Konkurrenten

HEILIGE BERGE

■ Der **Mount Shasta** ist der höchste Berg der Kaskadenkette in Kalifornien. Er ist den amerikanischen Ureinwohnern heilig und ein Ziel von Anhängern der New-Age-Bewegung.

■ Auf dem **Berg Sinai** im heutigen Ägypten empfing Moses laut biblischer Überlieferung von Gott die Zehn Gebote. Zwei Wege führen zum Gipfel, die beide am griechisch-orthodoxen Katharinenkloster beginnen.

■ 1 Mio. Menschen besteigen jedes Jahr den **Croagh Patrick** in der irischen Grafschaft Mayo, um zu beten, Buße zu tun oder nur den Blick zu genießen. Der Berg war schon vor der Entstehung der irischen Kirche ein heidnischer Wallfahrtsort. Angeblich fastete der heilige Patrick auf diesem Berg 40 Tage und warf dann eine Silberglocke hinab, mit der er die Dämonin Corra aus dem Himmel vertrieb.

Hänge einhüllt, den Sonnenaufgang zu beobachten. Der Sonnenaufgang, *goraiko* (heiliges Licht) genannt, wird wie eine Gottheit verehrt. Berichte über Aufstiege auf den Fuji gibt es schon seit Jahrhunderten. In einem Haiku beschreibt der Dichter Issa bereits im 18. Jh., wie eine Schnecke den Fuji hinaufkriecht, obwohl der Weg schwierig und das Ziel unerreichbar zu sein scheint. Heute keuchen Gläubige und Touristen wie Schnecken die vier Hauptwege zum Gipfel hinauf – in Erwartung des den Geist und die Seele erfrischenden Moments, wenn sie auf dem Gipfel die erhabene Schönheit des Ausblicks genießen können.

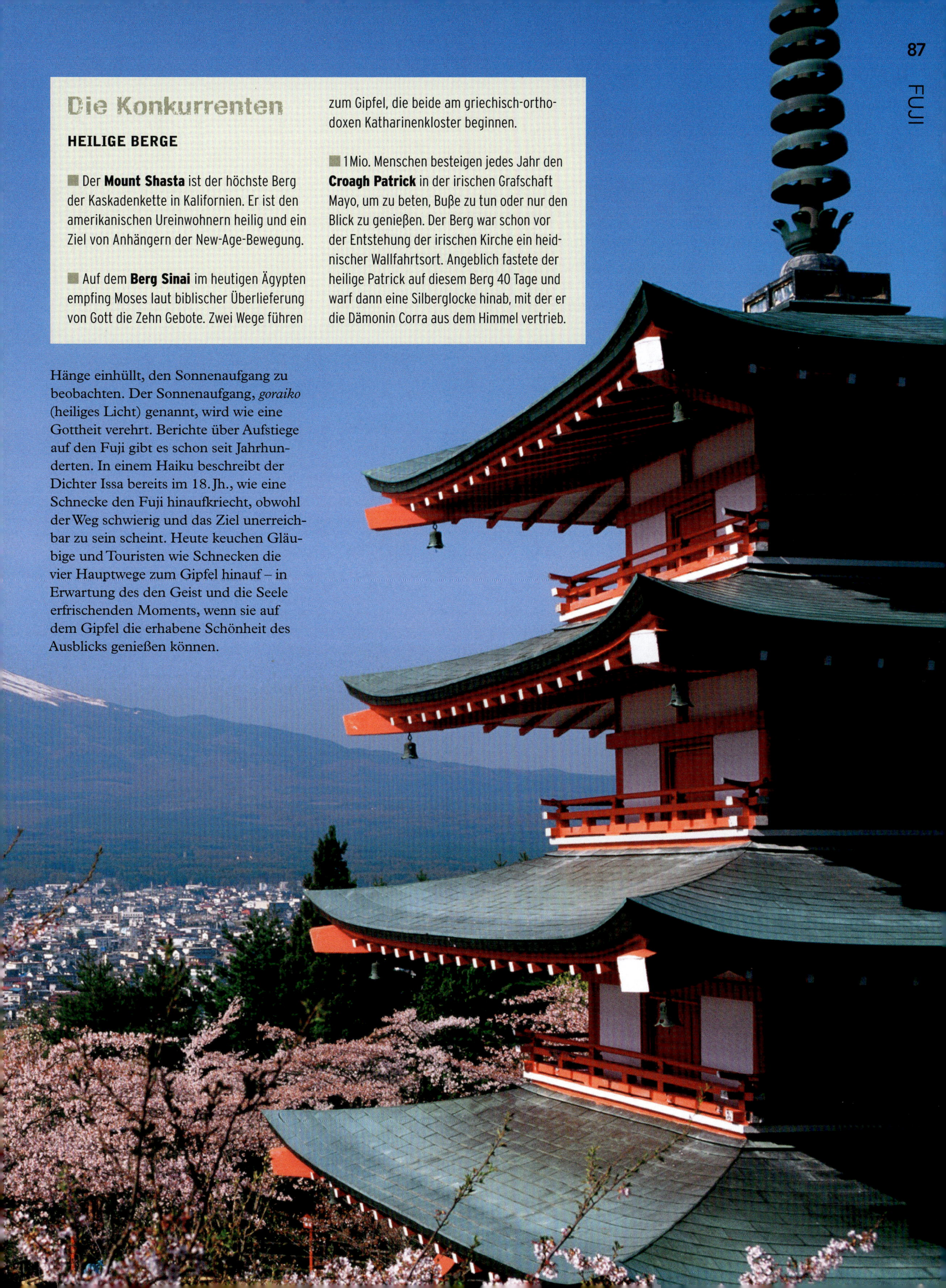

DAS LETZTE ECHTE PARADIES

GALAPAGOSINSELN

Dies ist der einzige Ort auf der Erde, wo Echsen Nahrung im Meer suchen und Pinguine am Äquator leben. Die Tiere haben keine Scheu vor Menschen.

Die einzigartigen Spezies, die auf dem Archipel der Islas de Galápagos leben, regten den Naturforscher Charles Darwin zu seinen Theorien über die Entstehung der Arten an. Durch ihre Lage wurden die Vulkaninseln zu einem natürlichen Genlabor, weil sich die Arten, vom Rest der Welt durch den Ozean getrennt, hier isoliert entwickelten: 80 % der Landvögel-, 32 % der Pflanzen-, 46 % der Insekten- und 97 % der Reptilien- und Landsäugerarten leben nur dort.

Die Inseln liegen am Äquator, aber auch am kalten, nährstoffreichen Humboldtstrom, der von der Antarktis nach Norden strömt. Der Humboldtstrom sorgt für gute Voraussetzungen für die Entstehung vielfältiger Lebensformen auf den Inseln. Pinguine, Mähnenrobben und Seelöwen – Tiere, die vor allem in polaren Gewässern vorkommen – leben hier neben Arten wie Leguanen, Fregattvögeln und Riesenschildkröten, die in den Tropen beheimatet sind. All diese Spezies haben bis heute keine Scheu vor Menschen und lassen sich daher gut aus der Nähe beobachten.

Meerechsen nicken sich herausfordernd zu, scheiden über spezielle Drüsen Salz aus und lassen sich von Felsen ins Meer gleiten, um unter Wasser Algen abzuweiden – diese Leguane sind die einzige heute lebende Echsenart, die im Ozean ihre Nahrung sucht. Der größte Kormoran der Welt, die flugunfähige Galapagosscharbe, breitet ihre Stummelschwingen aus, um sich in der Sonne zu trocknen. Blaufußtölpel zeigen ihre leuchtend blauen Füße und Bindenfregattvögel blasen ihre roten Kehlsäcke wie Luftballons auf, um Weibchen zu beeindrucken. Rosaflamingos und Bahamaenten gründeln in einer Lagune hinter der Strandlinie. Im Binnenland thront ein Galapagosbussard auf einer Riesenschildkröte und späht nach Lavaechsen und Leguanen.

In einer flachen Bucht schweben Goldrochen über den sandigen Meeresboden. Vor der Küste schwimmen Schulen von

GEOGRAFISCHE LAGE

Die Inseln erheben sich vom Boden des Pazifischen Ozeans bis zu einer Höhe von 1707 m am höchsten Punkt, dem Volcán Wolf auf der Insel Isabela (Albemarle). Sie gehören zu Ecuador und liegen rund 1000 km westlich des Festlands. Die Einreisevorschriften wurden verschärft, um die Inseln besser zu schützen.

Wunder der Evolution Die Meerechse ist ein Leguan, der sich von Algen aus dem Meer ernährt. Rote Klippenkrabben übernehmen die Körperpflege.

Blaufußtölpel Auf den Galapagosinseln lebt etwa die Hälfte aller Brutpaare dieses gewandten Tauchers weltweit.

Bogenstirn-Hammerhaien rastlos hin und her; sie ruhen sich tagsüber aus, um nachts in kleinen Gruppen auf Jagd zu gehen. Am Strand wälzen sich in der Abenddämmerung Suppenschildkröten an Land, um ihre Eier im Sand abzulegen, während sich eine Kolonie von Gabelschwanzmöwen unter ohrenbetäubendem Geschrei in die Luft erhebt, um Tintenfische und kleine Fische zu jagen.

Entdecker und Piraten

Auf den ersten Blick ist die Vielzahl der Lebensformen auf den Inseln nicht zu erkennen. Die ersten europäischen Besucher waren kaum beeindruckt: Sie sahen nur kahle Vulkanfelsen und Wüstenpflanzen. Tomás de Berlanga, ein spanischer Dominikanermönch und Bischof von Panama, entdeckte die Inseln 1535 zufällig, als sein Schiff während einer Flaute vom ecuadorianischen Festland abgetrieben wurde. Er beschrieb sie als wertlos.

Auf der Weltkarte des flämischen Kartografen Abraham Ortelius von 1570 wurden sie als „Insulae de los Galopegos" eingezeichnet. Der Name bezog sich auf die Riesenschildkröten, die de Berlanga gesehen hatte und die auf Santa Cruz (Indefatigable) auch heute noch bewundert werden können.

Seit dem späten 16. Jh. nutzten Piraten die Inseln als Stützpunkte. Sie fanden heraus, dass Schildkröten ein Jahr ohne Nahrung überleben konnten. Also verfrachteten sie die Tiere lebend und auf den Rücken gedreht in die Laderäume, um immer Frischfleisch zu haben. Bis ins 20. Jh. verfuhren Schiffsbesatzungen auf diese Weise und dezimierten so die Bestände der Riesenschildkröten.

Auf einer Karte gab der englische Freibeuter Ambrose Cowley den Inseln 1684 englische Namen. Ecuador verwendet mittlerweile spanische Namen – so heißt die Inselgruppe heute offiziell Archipiélago de Colón (Kolumbusarchipel). Naturforscher verwenden aber meist die englischen Bezeichnungen, die 1835 üblich waren, als Darwin die Inseln besuchte.

Darwins Labor

Darwin fiel mit als Erstes auf, dass sich die Panzerform der Riesenschildkröten auf den einzelnen Inseln unterschied. Einige hatten sattelförmige Panzer, so-

JUNGE INSELN

Mit einem Alter von 3 Mio. Jahren sind die Galapagosinseln vergleichsweise jung. Sie liegen über einem sogenannten Hotspot, an dem die Erdkruste aufgeschmolzen wird, wodurch Vulkane und neue Inseln entstehen. Jedes Jahr bewegen sich die Inseln um 5 cm nach Südosten. Ältere Inseln wie Española (Hood) haben sich vom Hotspot entfernt und werden langsam vom Meer abgetragen. Die jüngeren Inseln in der Mitte und im Westen wie Isabela (Albemarle) und Fernandina (Narborough) liegen über dem Hotspot und wachsen weiter. Isabela ist die größte Insel und besitzt sechs miteinander verschmolzene Vulkane. Die letzten Eruptionen fanden 2018 statt, als nicht nur La Cumbre auf Fernandina Lava auswarf, sondern auch Sierra Negra auf Isabela.

Reiches Nahrungsangebot Der Bogenstirn-Hammerhai hat ein eher kleines Maul und ernährt sich vor allem von Fischen, Tintenfischen und Krebstieren.

> „[Die Schildkröten] … wirkten wie vorsintflutliche Tiere oder die Bewohner eines anderen Planeten.“
>
> CHARLES DARWIN

dass die Tiere ihren Hals nach oben strecken und Büsche und Kakteen erreichen konnten. Andere trugen einen runden, kuppelförmigen Panzer und weideten am Boden. Er entdeckte auch, dass die Spottdrosseln ihren Verwandten vom Festland ähnelten, sich aber von Insel zu Insel leicht unterschieden. Darwin brachte viele Exemplare – meist präparierte Bälge – zur weiteren Untersuchung nach England mit.

Aufschlussreiche Finken

Darwin war kein Vogelkundler, deshalb übergab er die Sammlung bald nach seiner Rückkehr nach London dem britischen Ornithologen James Gould. Gould erkannte, dass alle „Galapagosfinken“ die Nachkommen einer einzigen, auf dem Festland lebenden Art waren. Vor rund 2,3 Mio. Jahren muss es Vögel dieser Art auf den Archipel verschlagen haben, wo sie auf verschiedenen Inseln landeten. Isoliert von ihren Artgenossen, fanden sie auf jeder andere Bedingungen vor, da die älteren östlichen Inseln dichter bewachsen sind als die jüngeren im Westen.

Darwin vermutete, dass die Vögel, die am besten mit den jeweiligen Bedingungen zurechtkamen, sich jeweils am stärksten vermehren würden. Er bezeichnete diesen Vorgang als „natürliche Zuchtwahl“. Er glaubte, dass sich die Vögel auf jeder Insel zu eigenen Arten mit unterschiedlichen Schnäbeln für die unterschiedliche Nahrung entwickelt hatten. Einige bildeten dicke Schnäbel zum Knacken von Samen aus, andere schmale zum Fangen von Insekten. Eine Art lernte, mit einem „Werkzeug“ – einem Kaktusdorn – Raupen aus Holz herauszupulen. Auf diese Verschiedenheiten wie auch auf jene bei Spottdrosseln und Riesenschildkröten bezog Darwin sich, als er seine Evolutionstheorie aufstellte.

Günstiges Klima

Die Galapagosinseln wären eine trostlose Wüste, gäbe es nicht den Nebel und die regelmäßig vom Ozean herangeführten

Niederschläge. Obwohl die Inseln am Äquator liegen, bleiben die Temperaturen ganzjährig bei angenehmen 21–29 °C, weil der Humboldtstrom für Abkühlung sorgt. Es gibt zwei ausgeprägte Jahreszeiten: die Trockenzeit zwischen Juli und Dezember, wenn Nebel das Hochland verhüllt, und die wärmere Regenzeit zwischen Januar und Juni. Die feuchtesten Monate sind März und April, wenn es täglich einen Regenguss gibt. Das Klima unterscheidet sich auch nach der Höhenlage: In höheren Lagen im Zentrum jeder Insel ist es kühler und feuchter. Hier ist die Vegetation üppiger und es wachsen Palo-Alto-Bäume und endemische Scalesia-Bäume, die in Bezug auf ihre Artenvielfalt das pflanzliche Äquivalent zu den Galapagosfinken darstellen.

Heute sind die Galapagosinseln ein natürliches Labor, in dem Wissenschaftler die Evolution in Aktion beobachten. Sie sind aber auch ein fragiles Ökosystem, wofür die Riesenschildkröte Lonesome George, die 2012 im Alter von etwa 100 Jahren starb, ein Symbol ist. Sie war die letzte Pinta-Riesenschildkröte von der Insel Pinta (Abingdon), auf der Ziegen, Schweine und Ratten einen starken Einbruch des Schildkrötenbestands verursacht hatten. Heute wird die verbliebene Fauna, die zu einem Schlüssel für das Verständnis des Ursprungs der Arten wurde, engagiert geschützt.

Überlebenskampf Die Alcedo-Riesenschildkröten – hier Schildkröten auf Isabela – wurden dezimiert, weil ihnen verwilderte Ziegen das Futter wegfraßen. Heute stehen die Schildkröten unter strengem Schutz.

Unvergleichlich, weil …

- Dort kommen viele Pflanzen und Tiere vor, die es nirgendwo sonst gibt.
- Hier leben Tierarten aus der gemäßigten, der polaren und der tropischen Klimazone nebeneinander.
- Die Tiere sind leicht zu entdecken und scheuen die Menschen nicht.
- Die Vulkaninseln sind jung und in ständigem Wandel begriffen.
- Die hiesigen Tiere gaben den Anstoß für die Evolutionstheorie Darwins.

CARNAC

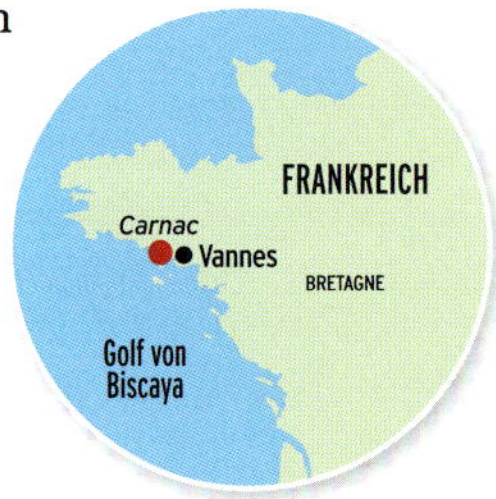

In Carnac, bekannt als eine Art Zentrum der Megalith-Kultur, sind über 3000 Menhire (aufgerichtete Steine) aufgereiht. Die grob behauenen Steine unterschiedlicher Größe bilden parallele Alleen (Steinreihen) und Kreise, die sich über mehr als 3 km erstrecken – eine weltweit einzigartige Anlage. Die in vorkeltischer Zeit etwa zwischen 4500 und 2000 v. Chr. angelegte Stätte liegt in der Südbretagne in einem Gebiet mit vielen Menhiren, Dolmen und Hügelgräbern. Der Zweck der Anlage ist umstritten: Vielleicht waren die Steinreihen Prozessionswege, die mit Begräbnisstätten in der Gegend zusammenhingen, vielleicht dienten sie auch astronomischen Beobachtungen. Besucher können das Gebiet im Rahmen einer Führung betreten und dabei eine der ältesten Steinsetzungen der Menschheit erkunden.

DER ULTIMATIVE MEGALITH-BAU?

Jahrtausende nach ihrer Errichtung werfen die riesigen Megalithe (griechisch für „großer Stein") noch immer Fragen auf. Wie und warum wurden sie aufgestellt? Von wem? Und aus welchen Gründen stellten sich die Menschen der Frühzeit Aufgaben, die ihre technischen und physischen Möglichkeiten bis aufs Äußerste forderten? Man kann nur vermuten, dass diese Monumente eine

religiöse oder spirituelle Bedeutung hatten. Bei vielen zeigt sich ein Zusammenhang mit Begräbnissen; andere sind so angeordnet, dass Himmelsbeobachtungen zur Bestimmung der Jahreszeiten möglich waren, die den Bauern halfen. Hinterlassenschaften der Megalith-Kultur finden sich in ganz Europa, vom Steinoval des Cromlechs von Almendres in Portugal über Dolmen in Südrussland und dem Kaukasus bis hin zu den Ringen von Brodgar und Callanish auf Inseln vor der Küste Schottlands.

STONEHENGE

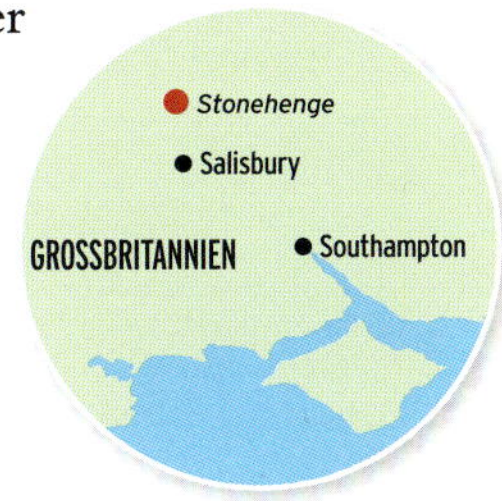

Durch die bloße Monumentalität der aufgerichteten Steinkolosse hat Stonehenge eine Wirkung, die die Anlage von anderen Megalith-Stätten unterscheidet. Die Steine auf der Ebene von Salisbury sind die Zeugnisse einer rund 1500 Jahre langen Bautätigkeit – von etwa 3000 bis 1500 v. Chr. Zu den Steinen gehören 4 t schwere Megalithe, die über Hunderte Kilometer aus dem entfernten Wales herangeschafft wurden. Die Anordnung der Steine lässt vermuten, dass es sich bei der Anlage um einen auf die Sommersonnenwende ausgerichteten kosmischen Kalender gehandelt haben könnte. Gleichwohl bleibt Stonehenge ein zeitloses Mysterium: 2014 fanden Forscher Hunderte von Gräber und Tempel rund um Stonehenge, die bis zu 6000 Jahre alt sind. Und 2015 wurde, nur 3 km entfernt, ein weiteres Steinmonument entdeckt.

DIE IMPOSANTESTEN BASALTFORMATIONEN

GIANT'S CAUSEWAY UND STAFFA

Natur, Mythos und Geschichte treffen in zwei ähnlichen Felsformationen aufeinander, die sich an den Ufern der Irischen See gegenüberliegen.

Wenn die Touristenboote bei der Annäherung an Staffa, eine kleine unbewohnte Insel der Inneren Hebriden, die letzte Landspitze umfahren haben, werden die Maschinen gestoppt. In aller Stille können die Besucher nun einen ersten Blick auf die Fingalshöhle werfen. Steinkolonnaden drängen sich zu beiden Seiten eines imposanten Portals, als wäre ein Dom aus den Klippen geschlagen worden. Reihenweise erheben sich sechseckige Basaltsäulen in einer Regelmäßigkeit, die angesichts der bizarr geformten Felseninsel umso fremdartiger wirkt. Besucher, die zu Fuß über die in die Höhle führende Felskante kommen, betrachten staunend die Pfeilerwände und das gewölbte Dach über ihren Köpfen.

Einheimische hatten zwar schon lange von dem Felsvorsprung aus Basalt gewusst, doch größere Bekanntheit erlangte die Fingalshöhle erst 1772, als sie der englische Botaniker Joseph Banks „entdeckte". Banks war gerade von der ersten Pazifikreise Captain Cooks zurückgekehrt, auf der er hunderte bisher unbekannte Pflanzen gesammelt hatte.

GEOGRAFISCHE LAGE

Staffa liegt 10 km westlich der Isle of Mull und gehört zu den Inneren Hebriden vor der Küste Schottlands. Die Fingalshöhle ist an der Südspitze der Insel. Staffa ist per Boot von der Isle of Mull oder von der Stadt Oban auf dem Festland erreichbar. Der Giant's Causeway liegt an der Küste der Grafschaft Antrim in Nordirland.

Der „Damm des Riesen"

Fingal war ein Spitzname des mythischen irischen Kriegerhelden Fionn mac Cumhaill (anglisiert Finn McCool), der 15 m groß gewesen sein soll. Eine Legende erzählt, dass Fionn in Schottland einen Gegner stellen wollte. Deshalb baute er von der Küste in der heutigen nordirischen Grafschaft Antrim aus einen Steindamm. Dort gibt es eine ähnliche Basaltformation wie auf Staffa – den Giant's Causeway (Damm des Riesen). Er besteht aus rund 40 000 Basaltsäulen, die, vom Fuß der Klippen ausgehend, im Meer verschwinden. Das über 130 km entfernte Staffa bildete den letzten Trittstein des von Fionn errichteten Dammes.

Dieser Mythos hat durchaus einen wahren Kern – insofern, als die beiden

Natürliche Orgelpfeifen Sechseckige Felssäulen bilden die Außenseite und Wände der Höhlen auf Staffa. Ganz rechts ist der Eingang zur Fingalshöhle zu sehen.

Basaltformationen tatsächlich eine identische Ursache haben: Sie sind aus dem gleichen Lavastrom hervorgegangen. Als sich die Lava langsam abkühlte und zusammenzog, öffneten sich in dem entstehenden Fels vertikale Klüfte, zwischen denen sich sechseckige Säulen absonderten. Der Vulkan, der die Lava vor rund 60 Mio. Jahren auswarf, lag wahrscheinlich mehr als 150 km entfernt in Richtung der schottischen Gemeinde East Lothian und ist längst verschwunden. Die Basaltsäulen wurden durch eine Abfolge von Vergletscherungen und das Wirken der See größtenteils weggescheuert, sodass die beiden Felsformationen heute voneinander getrennt sind.

Romantischer Reiz

Nach Banks zog es einen Strom prominenter Besucher nach Staffa. Der Maler J. M. W. Turner, die Dichter John Keats und William Wordsworth und selbst Königin Victoria kamen, um die Schönheit dieser geologischen Formation zu bestaunen. Felix Mendelssohn Bartholdy ließ sich bei seiner Konzertouvertüre *Die Hebriden oder Die Fingalshöhle* vom Geräusch der Wellen inspirieren, das aus dem weiten Innenraum der Höhle widerhallt – dies hatte ihn bei seinem Besuch der Höhle im Jahr 1829 tief beeindruckt.

Banks selbst, obwohl ein Naturforscher der Aufklärung, äußerte sich über die Fingalshöhle mit fast religiöser Ehrfurcht: „Der menschliche Geist vermag kaum eine erhabenere Idee zu erdenken als diesen Raum … Was sind, damit verglichen, die von Menschen errichteten Kathedralen und Paläste!"

Bizarrer Weg Die Basaltsäulen des Giant's Causeway bilden Trittstufen, die ins Meer führen.

Die Konkurrenten

BASALTFORMATIONEN

■ Wenn Größe entscheidend wäre, müsste man den **Devils Tower** in Wyoming zum Sieger erklären. Dieser Monolith ragt fast 400 m aus der Ebene empor. Hier trieb vulkanische Aktivität basaltische Lava durch weichere Sedimentschichten nach oben. Darüber, wie die seltsamen Rillen an den Flanken des Felsturms entstanden, sind sich die Geologen aber noch nicht einig.

■ Graue polygonale Basaltsäulen thronen über dem **Hexagon Pool** (Breichat HaMeshushim), der sich auf den Golanhöhen an der Grenze zwischen Israel und Syrien befindet. Die schräge Form der Säulen ist auf geologische Verwerfungen zurückzuführen.

■ Die vor der Ostküste Siziliens gelegenen **Zyklopeninseln** sind winzige Vulkaninseln, die mit dem nahen Ätna zusammenhängen. Die Basaltformationen werden von Wind und Wasser erodiert und präsentieren sich als vertikale Säulen und flache Polygone.

DER UNGEWÖHNLICHSTE INDUSTRIEBAU

GLÄSERNE MANUFAKTUR

Den Lärm, Schmutz und Gestank einer typischen Fabrik gibt es hier nicht. Auf schönem Parkettboden werden in einem ruhigen, lichtdurchfluteten Ambiente e-Golf-Fahrzeuge montiert.

GEOGRAFISCHE LAGE

Die Gläserne Manufaktur hat ihren Sitz in der sächsischen Landeshauptstadt Dresden, die wegen ihres milden Klimas, ihres reichen Erbes an barocker Architektur und ihrer schönen Museen und Kunstsammlungen auch Elbflorenz genannt wird. Die Gläserne Manufaktur liegt zentrumsnah am Großen Garten.

An dieser ultramodernen Fabrik mit ihren Glasfassaden ist alles anders. Sie wurde nicht in einem Gewerbegebiet am Stadtrand, sondern in der Nähe des Zentrums von Dresden neben dem Botanischen Garten und der Parkanlage Großer Garten errichtet. Das Gebäude dient nicht nur als Fabrik, sondern wird auch für Kulturveranstaltungen genutzt. Sogar eine Aufführung von *Carmen* fand hier statt, als 2002 die Semperoper wegen Hochwasserschäden saniert werden musste.

Industrietempel Die blitzsaubere, fast geräuschlose Fertigung hat nichts mit dem Lärm, dem Dreck und der Hektik gemein, die in einer normalen Fabrik entstehen.

Die vom Architekturbüro Gunter Henn entworfene Fabrik wurde eigens für die Montage des VW-Oberklassemodells Phaeton erbaut. Nachdem die Produktion des Phaetons 2016 eingestellt wurde, baute VW das Werk für 20 Millionen Euro um und eröffnete es zunächst als Erlebniswelt für Elektromobilität und Digitalisierung wieder. Seit April 2017 wird hier der e-Golf gefertigt. Damit ist die Gläserne Manufaktur der zweite Standort nach Wolfsburg, in dem VW e-Golfs bauen lässt.

Mehrstöckiger Autosalon Der Fahrzeugturm (rechts) ragt 40 m in die Höhe. Bis zu 280 Neuwagen können hier auf 16 Etagen untergebracht werden.

Fabrik der Zukunft

Das Zentrum bildet die Fertigungshalle mit der im Oval angeordneten Montagestraße. Gerade einmal 72 Autos laufen hier täglich vom Band. Die Arbeiter tragen weiße Kleidung und Handschuhe. Roboter fahren durch die Halle und schaffen Teile herbei, die halbfertigen Autos gleiten fast geräuschlos auf einem Schuppenband oder in der Hängebahn von einem Montageplatz zum nächsten. An einigen Montageplätzen sind Arbeiter im Einsatz, an anderen verrichten Roboter schwere Hebearbeiten oder setzen Windschutzscheiben und Rückfenster ein.

Der Bau einer Fabrik so nahe am Stadtzentrum sorgte im Vorfeld für Widerspruch: Umweltschützer befürchteten, dass Vögel gegen die verglasten Fassaden prallen würden; Anwohner waren in Sorge, dass die Anlieferung der Teile per Lkw zu mehr Verkehr und Straßenlärm führen würde. Zum Schutz der Vögel sendet nun eine außen angebrachte Lautsprecheranlage Vogelrufe, die signalisieren, das Territorium sei bereits von Vögeln besetzt. Zur Anlieferung der großen Menge an Einzelteilen und dutzenden vorgefertigten Elementen, die für jedes neue Auto benötigt werden, wurde eigens eine Güterstraßenbahn entwickelt: die CarGo Tram, die nachts die Gleise der bestehenden Passagierstraßenbahn nutzt, wodurch der Lieferverkehr auf der Straße reduziert werden konnte. Die Bahnen halten im Untergeschoss des Gebäudes.

Die Glaswände der sehr eleganten Konstruktion stehen für die Transparenz, die Volkswagen gegenüber seinen Kunden demonstrieren will. Die Besucher kommen, um die Anlage zu besichtigen, aber sie können sich hier natürlich auch ein Auto aussuchen und kaufen.

Die Konkurrenten

NEUARTIGE ZWECKBAUTEN

Für das Weingut **Bodegas Portia** von Bodegas Faustino SL nutzte das Architekturbüro Foster + Partners Eichenholz, Stahl und Glas. In der 150 km nördlich von Madrid gelegenen Anlage beherbergt jeder der drei Flügel eine andere Stufe des Erzeugungsprozesses: die Gärung in Stahlfässern, das Reifen in Eichenfässern und die Lagerung in Flaschen. Lastwagen fahren auf das schräg ansteigende Dach, wo die Trauben direkt in Schütttrichter entladen werden. Um die Fabrik im Sommer kühl zu halten, wurden die Trakte, in denen der Wein reift, teilweise in die Schräge der Anlage gebaut.

Das **RAPT Formation Centre** ist ein Wartungsgebäude der Unabhängigen Pariser Transportverwaltung. Der nach den mit Solarpaneelen bestückten Rotorblättern auf dem Dach auch „Helikoptergebäude" genannte Betonbau wird durch Bullaugen und orangefarbene, an eine Warnmarkierung erinnernde Streifen belebt. Auch innen sorgen Farbtupfer für spielerische Akzente.

Die Mineralwasserfabrik **Aonni** in Patagonien (Chile) steht auf halber Höhe zwischen dem Meeresufer und einem baumbewachsenen Hügelkamm. Das Dach der Fabrik ist fragmentiert und das Gebäude erinnert an einen Gletscher oder an Eiskristalle. Tageslicht flutet ins Innere. Beim Bau wurden nur umweltverträgliche Materialien verwendet.

DIE SPEKTAKULÄRSTE SCHLUCHT

GRAND CANYON

Beim Abstieg in die bis zu 1600 m tiefe, vom Colorado River gegrabene Schlucht fühlt man sich wie in einer geologischen Zeitmaschine. 40 verschiedene Gesteinsschichten geben Einblick in 1,8 Mrd. Jahre Erdgeschichte.

Egal wie viele Fotos oder Bilder des Grand Canyon man gesehen hat, nichts kann einen auf den Moment vorbereiten, in dem man erstmals am Rand der Schlucht steht. Selbst Schriftsteller mussten nach Worten suchen, um diese Erfahrung zu beschreiben. Der britische Autor E. M. Forster sprach von „dem erstaunlichsten natürlichen Objekt, das ich je sah“. Der hartgesottene Romancier Henry Miller brach am Rand der riesigen Schlucht buchstäblich in Tränen aus. „Es ist verrückt, vollkommen verrückt“, schrieb er, „und gleichzeitig so grandios, so außergewöhnlich, so unwirklich, dass man beim ersten Besuch niederkniet und Tränen der Freude vergießt.“

Arizonas „großer Graben“ ist wahrhaftig groß: Er zieht sich 446 km weit durch das Colorado Plateau, ist stellenweise

GEOGRAFISCHE LAGE

Der Grand Canyon erstreckt sich im nördlichen Arizona vom Lake Mead bis zum Lake Powell. Die nächstgelegenen internationalen Flughäfen sind in Phoenix und Las Vegas. Die meisten Einrichtungen gibt es im Grand Canyon Village am Südrand, das über den Highway und die Grand Canyon Railway erreichbar ist.

Steile Wände Der einsame Aussichtspunkt Toroweap Overlook liegt am Nordrand des Grand Canyon, an einer seiner schmalsten und tiefsten Stellen.

über 29 km breit und bis zu 1,6 km tief. Ein Graben von ähnlicher Größe in Europa würde sich von Paris bis nach Amsterdam erstrecken.

Tagebuch der Erdgeschichte

Der Grand Canyon ist ein schlagender Beweis dafür, wie Wasser, Wind und Schwerkraft im Verlauf von Jahrmillionen die Erdoberfläche vollkommen verändern und eine neue Landschaft erschaffen können. Vor fast 2 Mrd. Jahren war die Region um den Grand Canyon noch ein flaches Binnenmeer, das sich nach und nach mit Schlick, Sand, Schlamm und Vulkanasche füllte. Durch Bewegungen in der Erdkruste wurden diese Schichten verfestigt und zusammengepresst. Gleichzeitig wurde das Plateau angehoben, währenddessen sich der Colorado River immer tiefer eingrub. 300 Mio. Jahre Erosion taten das Übrige. Den Großteil des erodierten Materials trug der von der Schneeschmelze gespeiste Colorado auf seiner turbulenten Reise von den Westhängen der Rocky Mountains bis in den Golf von Kalifornien davon.

Das durch die Erosion freigelegte geologische „Tagebuch" in der Schlucht ist einzigartig. Fast 40 verschiedene Sedimentschichten sind erkennbar, die aus fast allen geologischen Zeitaltern stammen – vom späten Präkambrium (Erdaltertum) bis zum „Zeitalter der Dinosaurier" im Mesozoikum (Erdmittelalter) und dem „Zeitalter der Säugetiere" im Känozoikum (Erdneuzeit). Die älteste Gesteinsschicht bildet das dunkelgraue Schiefergestein des Vishnu Schist am Ufer des Colorado, die vor 1,75–1,73 Mrd. Jahren entstand. Aber es sind die orange-, ockerfarbenen und roten Gesteinsschichten weiter oben, die den größten Eindruck hinterlassen, insbesondere beim Sonnenaufgang und -untergang, wenn die Wände der Schlucht wie Feuer glühen.

Die Monolithe, Felspyramiden und -türme, die sich über die Schlucht verteilen, geben ihr einen unverwechselbaren Charakter, mehr noch als die Steilwände. Während der Kartierung der Wahrzeichen des Canyons in den 1880er-Jahren gab ihnen Clarence Dutton vom US Geological Survey Namen wie Shiva Temple, Vulcan's Throne oder Tower of Ra, die aus der antiken Mythologie oder fremden Religionen entlehnt waren.

Vielfältige Lebensräume

Aufgrund seiner gewaltigen Ausdehnung und Tiefe beherbergt der Grand Canyon mehrere Ökosysteme, darunter fünf der sieben Vegetationszonen Nordamerikas. Ein Abstieg vom Rand des Canyons hinunter zum Fluss entspricht ökologisch gesehen einer Reise von Kanada nach Mexiko, von den borealen Wäldern und dem subalpinen Grasland bis in die kahle, ausgedörrte südliche Sonora-Wüste. Die Höhenlage ist der ausschlaggebende Faktor für die Ausbildung dieser unterschiedlichen

Vorratskammern In den Seitencanyons finden sich Spuren menschlicher Besiedlung wie diese Vorratsräume im Nankoweap Canyon, die von Pueblo-Indianern um 1050–1100 n. Chr. geschaffen wurden.

Ökosysteme, aber auch das Feuchtigkeitsniveau trägt seinen Teil bei: In manchen Gebieten am Nordrand der Schlucht fallen jeden Winter 3–3,50 m Schnee, während sich die Wüstengebiete unten im Canyon mit höchstens 18 cm Niederschlag im Jahr begnügen müssen.

Und dennoch blüht im Canyon das Leben. Mehr als 1700 Pflanzenarten sind im Grand-Canyon-Nationalpark vertreten, von hohen Gelbkiefern und zerzausten Wacholderbäumen am Rand der Schlucht bis zu Kakteen, Mesquite-Bäumen und Beifußarten in den Wüstengebieten. Wegen des ständigen Wasserzustroms gibt es am Fluss unten im Canyon üppige oasenartige Flecken und „hängende Gärten", wo Weiden, Wasserpflanzen und sogar Orchideen rund um Teiche, Quellen und Bäche wachsen.

Die Fauna ist sehr artenreich und darauf spezialisiert, mit den kontrastreichen Lebensverhältnissen zurechtzukommen. An der Spitze der Nahrungskette stehen Raubtiere wie Puma und Rotluchs. Die größten Tiere im Park sind Wapitis, Maultierhirsche und Schwarzbären. Ferner leben im Canyon auch Halsbandpekaris (eine Wildschweinart), Skunke, Stachelschweine, Kojoten und viele andere Säugetiere. An wechselwarmen Tieren sind u. a. sechs Arten von Klapperschlangen, Laubfrösche und die giftigen Gila-Krustenechsen vertreten. Am Himmel wurden mehr als 400 Vogelarten gezählt, und im Fluss leben 18 verschiedene Fischarten.

Menschen im Grand Canyon

Die Einflüsse des Menschen auf den Canyon sind zwar verglichen mit dem von Mutter Natur winzig, aber schon seit dem Ende der letzten Eiszeit vor mehr als 11 000 Jahren besuchten Menschen die Schlucht. Diese nomadischen Jäger und Sammler hinterließen Spuren in Form von Camps, Höhlen und Felsmalereien. Vor rund 3500 Jahren wurde der Ackerbau eingeführt und an Stellen mit ständig oder saisonal vorhandenem Wasser wurden Mais, Bohnen und Kürbisse gepflanzt. Während der sogenannten Formativen Periode (500–1540 n. Chr.) wurden kleine Dörfer im und um den Canyon gegründet. In dieser Zeit entstanden auch die Felsbehausungen im Canyon.

Der spanische Hauptmann García López de Cárdenas und sein kleiner Trupp Soldaten stießen als erste Europäer auf den Grand Canyon, als sie im September 1540 den Südrand erreichten. Sie gehörten der Expeditionsarmee Francisco Vásquez de Coronados an, die nach den sagenhaften Sieben Städten aus Gold suchte. Erst 200 Jahre später kamen wieder Europäer in die Gegend. In der Mitte des 19. Jh. erkundeten US-Amerikaner das Gebiet. Besonders berühmt wurde die Bootsexpedition, die Major John Wesley Powell im Sommer 1869 auf dem

JOHN WESLEY POWELL

Nachdem John Wesley Powell als Major im Amerikanischen Bürgerkrieg in der Schlacht von Shiloh einen Arm verloren hatte, begab er sich in den Westen, um sich einen Namen als Naturforscher zu machen. Er erkundete die Rocky Mountains und wollte dann als erster Mensch auf dem Colorado durch den Grand Canyon fahren. Als sich Powell und sein zehnköpfiges Team im Frühjahr 1869 am Oberlauf des Flusses trafen, wussten sie nicht, was sie im Hinblick auf Terrain, Wasserläufe und Tierwelt erwartete. Dennoch stürzten sie sich mit vier kleinen Holzbooten ins Abenteuer. Drei Monate und viele Stromschnellen später erreichte die Expedition das Westende des Canyons und vollendete damit erfolgreich eine der bemerkenswertesten Erkundungsreisen im amerikanischen Südwesten.

Colorado unternahm. Als sich die Nachrichten von der gewaltigen Schlucht um den Globus verbreiteten, strömten Besucher herbei, unter ihnen auch Präsident Theodore Roosevelt. Als leidenschaftlicher Naturschützer erklärte er den Grand Canyon nach seinem Besuch (1903) zu einem Schutzgebiet, aus dem 1919 der Nationalpark gebildet wurde.

Der Grand-Canyon-Nationalpark wurde im Lauf der Jahre erweitert und gehört heute mit 4932 km^2 zu den größten der USA. Der Park ist eine der weltweit beliebtesten Naturattraktionen: Mehr als 180 Mio. Menschen haben ihn im letzten Jahrhundert besucht.

Die Natur hat Vorfahrt

In den letzten Jahren unternahm die Parkverwaltung kühne Schritte, um den Canyon in seinen Naturzustand zurückzuversetzen. Neue Bestimmungen begrenzen den Helikopter- und Flugzeugverkehr über dem Canyon und sorgen so für natürliche Ruhe. Einige Straßen am Rand der Schlucht sind nun für Privatautos gesperrt und nur noch frei für Fußgänger und Shuttle-Busse. Um die Abhängigkeit von fossilen Energiequellen zu reduzieren, wurden auf dem neuen South Rim Visitor Center und anderswo im Park Fotovoltaikpaneele installiert.

Auch zum Schutz der historischen Gebäude wurden Maßnahmen ergriffen, vor allem für jene im Grand Canyon Village Historic District am Südrand, von denen viele Wahrzeichen der US-amerikanischen Nationalparkarchitektur sind. So steht das 1905 eröffnete *El Tovar Hotel* nun unter Denkmalschutz. Die Architekturpionierin Mary Colter entwarf mehrere bedeutende Gebäude im Park, darunter das von der Pueblo-Architektur inspirierte Hopi House (1905), den Desert View Watchtower (1932) und die Phantom Ranch (1922) unten in der Schlucht.

Indigene Verwalter

Zwei Indianerstämme – die Walapai und die Havasupai – verwalten ebenfalls Teile des Grand Canyon. Die Reservate dieser Völker liegen am Westrand und umfassen viele Aussichtspunkte und Seitenschluchten. Am bekanntesten unter ihnen ist der Havasu Canyon, in dem sich das kleine Dorf Supai und eine Reihe spektakulärer Wasserfälle befinden, die in türkisblaue Teiche hinunterstürzen. Weiter westlich haben die Walapai den spektakulären, aber umstrittenen Skywalk errichtet, eine U-förmige Aussichtsplattform mit Glasboden rund 1200 m über dem Colorado. Besucher können hier einen Blick aus der Vogelperspektive in die gewaltige Schlucht werfen, deren nackte Felswände von fast 2 Mrd. Jahren Erdgeschichte künden.

Über dem Abgrund Auf dem über den Schluchtrand hinausragenden Skywalk „schweben" schwindelfreie Besucher in atemberaubender Höhe über dem Canyon.

Die Konkurrenten

CANYONS UND SCHLUCHTEN

■ Die **Barranca del Cobre** (Kupferschlucht) im Norden Mexikos umfasst sechs ineinander übergehende Canyons. Eine Bahnstrecke, die Ferrocarril Chihuahua al Pacífico, führt durch den Canyon, der die Heimat des indigenen Volkes der Tarahumara ist.

■ Südamerikas bedeutendster Canyon ist das **Colca-Tal** im südlichen Peru. Die Schlucht ist fast doppelt so tief wie der Grand Canyon, aber weit weniger steil. Sie ist bekannt für die hier lebenden Kondore. Die indigene Bevölkerung bewirtschaftet immer noch die Steinterrassen, die schon vor der Zeit der Inka angelegt wurden.

Colca-Tal

■ Am **Eisernen Tor** in den Südkarpaten hat die Donau ein Durchbruchstal geschaffen, das eine natürliche Grenze zwischen Serbien und Rumänien bildet. Diese Schlucht ist die spektakulärste Europas. Mehrere Staudämme, die seit den 1970er-Jahren gebaut wurden, haben sie teilweise geflutet.

■ Mit einer Länge von mehr als 160 km und einer Tiefe von bis zu 550 m ist der **Fischfluss-Canyon** im Süden Namibias die größte Schlucht Afrikas. Die kahle Wüstenlandschaft erinnert stark an den Grand Canyon und ist ein beliebtes Wandergebiet.

■ Der **Yarlung-Zangbo-Canyon**, auch Dihangschluchten genannt, liegt in Tibet und gilt als längster Canyon der Welt, was aber umstritten ist. Die weitgehend unerforschte, unzugängliche Schlucht erreicht aufgrund der Höhe der umgebenden Gipfel eine Tiefe von über 6000 m und zieht sich rund 500 km durch das Hochland von Tibet im Autonomen Gebiet Tibet in China. Die Schlucht wurde vom Yarlung Zangbo gegraben, dem von ergiebigen Schneefällen gespeisten Oberlauf des Brahmaputra.

DIE URTÜMLICHSTE KÜSTENLANDSCHAFT

GROS MORNE

Die unbewohnten rauen Tablelands sowie von Gletschern überformte Fjorde prägen diese spektakuläre Region im Westen Neufundlands.

Vor mehr als 600 Mio. Jahren kollidierten zwei Kontinentalplatten tief unter der heutigen kanadischen Provinz Neufundland und Labrador. Dadurch gelangten 1,3 Mrd. Jahre alte Bruchstücke ozeanischer Kruste an die Oberfläche. So entstanden die gewaltigen Felsen, die heute als Tablelands (Tafelland) bekannt sind und einen Teil des Gros-Morne-Nationalparks bilden. Gletscher sorgten in der Folgezeit dafür, dass sich eine Landschaft aus Fjorden, Klippen, Seen, Wasserfällen, Plateaus und Küstentiefland entwickelte, die zu den spektakulärsten Wildnisgebieten Kanadas gehört.

GEOGRAFISCHE LAGE

Der Gros-Morne-Nationalpark befindet sich an der Küste des Sankt-Lorenz-Golfs im Nordwesten der Insel Neufundland, die zur kanadischen Provinz Neufundland und Labrador gehört. Die wichtigste Straße durch den Park ist der Highway 430, der von der Ortschaft Deer Lake ausgehend der Küste folgt.

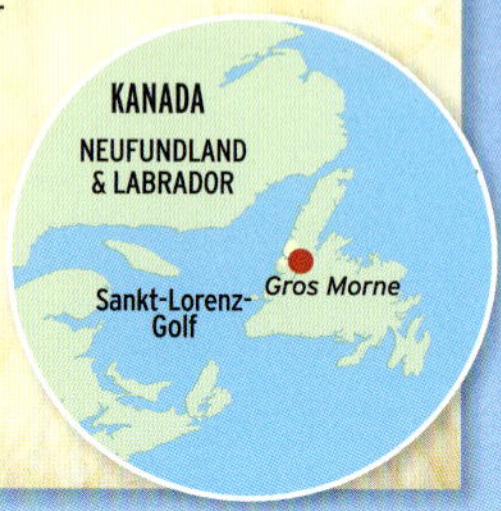

Von Gletschern geformt Der Western Brook Pond im nördlichen Parkabschnitt ist ein Süßwasserfjord, weil er inzwischen vom Meer abgeschnitten wurde.

Der Park ist nach dem Berg Gros Morne benannt, der mit 806 m der höchste Gipfel der vier Bergketten vor Ort und der zweithöchste in der Provinz ist. Die ersten Menschen in dieser Region waren wohl das Volk der Maritime Archaic Indians, die vor über 5000 Jahren von Labrador aus die Strait of Belle Isle überquerten. Doch erst der britische Entdecker James Cook kartografierte die meisten Landmarken in der Region, darunter die Tablelands.

Freigelegter Erdmantel

Die Tablelands mit ihren abgeflachten Oberflächen aus braun-orange gefärbtem Gestein sind der am besten zugängliche Ort der Welt, wo man Teile des oberen Erdmantels – jener Schicht, die normalerweise tief unter der Erdkruste liegt – zu Gesicht bekommt. Da den Böden die Nährstoffe für Pflanzen fehlen und sie zudem mit Schwermetallen durchsetzt sind, präsentieren sich die Felsplatten und -tafeln kahl und unbewachsen.

Ein Wanderweg ermöglicht Besuchern den Zugang zu dieser Felslandschaft; man kann sie aber auch im Rahmen einer

Bootstour auf dem 15 km langen, als Trout River Pond bezeichneten Fjord kennenlernen. Boote erschließen außerdem den Western Brook Pond, den spektakulärsten Fjord im Nationalpark. Die Pissing Mare Falls stürzen von steilen Klippen 350 m tief in das klare tintenblaue Wasser dieses Fjords.

Reiche Tierwelt

Im Park leben diverse Tiere, darunter einige endemische Arten. Von den Straßen und Wanderwegen aus lassen sich Elche, Waldkaribus, Rotfüchse und Schneeschuhhasen sichten, mitunter auch der Kanadische Luchs. Kragenenten, Kappen-Waldsänger und zwei Seeschwalbenarten brüten im Park. Alpenschneehühner und Polarhasen sind auf den oberen Hängen des Gros Morne zu sichten.

Mit seiner außerordentlichen Landschaft und seinem Reichtum an geologischen Formationen und Lebensformen gehört der Gros-Morne-Nationalpark zu den interessantesten Nationalparks in Kanada und zu den bedeutendsten Naturwundern der Welt.

Die Konkurrenten

ZERKLÜFTETES KÜSTENLAND

■ Herb-schöne Landschaft, Wind und wunderbare Ausblicke an jeder Ecke prägen die **Halbinsel Applecross** an der schottischen Westküste. Idyllische Dörfchen liegen an den Buchten in dieser Region, die zu den abgelegensten Großbritanniens zählt. Die Halbinsel ist nur über eine einspurige Küstenstraße oder über den Bealach-na-Bà-Pass erreichbar, den mit 626 m höchsten Gebirgspass Schottlands.

■ Der nur wenig berührte **Glenveagh-Nationalpark** in der irischen Grafschaft Donegal wurde auf früherem Privatland eingerichtet. Der Park schützt Waldseen, Hügel, tiefe Torfmoore und von Gletschern geformte Klippen. Rotwildherden leben in den Birken- und Eichenwäldern. Über dem Lough Veagh, dem größten See, ziehen Steinadler ihre Kreise. Ein Besuch des aus dem späten 19. Jh. stammenden Glenveagh Castle vermittelt Einblick in die Geschichte des ehemaligen Landguts.

■ Mehrere Meeresarme lassen die felsige Küste der Autonomen Region Galicien im Nordwesten Spaniens wie ausgefranst wirken. Diese als **Rías Baixas** bezeichneten fjordartigen Finger führen vom Atlantischen Ozean aus tief ins Binnenland. Neben zerklüfteten Küstenlandschaften gibt es jahrhundertealte Dörfer und Weinberge, auf denen Albariño angebaut wird. Die Landschaft ist oft nebelverhangen, was zu ihrer geheimnisvollen Schönheit beiträgt.

DAS FUTURISTISCHSTE GEBÄUDE

GUGGENHEIM-MUSEUM BILBAO

Dieses Museum ist berühmter als die in ihm gezeigte Kunst: Das Gebäude setzte neue Design-Maßstäbe und stoppte den Niedergang Bilbaos.

GEOGRAFISCHE LAGE

Bilbao liegt in der Autonomen Gemeinschaft Baskenland in Nordspanien. Das Guggenheim-Museum nimmt einen Teil eines früheren Industriegebiets am Fluss Nervión im Viertel Abandoibarra ein, das nahe am Zentrum liegt. Das Gebiet wird heute von einem Spazierweg am Ufer erschlossen.

Mit seinen verdrehten und ineinander verschränkten, glänzend metallisch verkleideten Formen scheint sich das Guggenheim-Museum zu verbiegen und zu räkeln. Die Form des mit Titan verkleideten Gebäudes wurde als „eingefrorene Bewegung" beschrieben. Oder erinnert sie mehr an eine Blüte aus Metall? Oder an ein Schiff? Aus jedem Blickwinkel legt die Architektur eine andere Deutung nahe. Angesichts der Lage am Fluss nutzte der kalifornische Architekt Frank O. Gehry die Spiegelwirkung des Titans und dessen Fähigkeit, die Farbe des sich ändernden Lichts anzunehmen, voll aus. An einem trüben Tag scheint das Gebäude über dem Fluss Nervión zu schweben. Ein anderes Mal scheint es von silbrigen Schuppen bedeckt zu sein.

Futuristische Konstruktion

Beim Entwurf verzichtete Gehry auf Anleihen bei älteren Architekturstilen. Kurvige und kantige Formen scheinen in unsicherem Gleichgewicht übereinander gestapelt zu sein. Die Innovationen in diesem Gebäude gehen aber noch über seine radikale Form hinaus. Zur Berechnung der unregelmäßigen Kurven und der genauen Spezifikationen der Titan-, Kalkstein- und Glaselemente verwendeten Gehry und sein Team die Computersoftware CATIA, die speziell für den Flugzeugbau entwickelt worden war.

Ein Museum rettet die Stadt

Das Museum ist Inbegriff und Symbol für die Wiederbelebung einer Industriestadt: In den 1980er-Jahren ging es mit Bilbaos Industrie bergab. Mitte der 1990er-Jahre gelang Bilbao der Übergang zur Dienstleistungswirtschaft. Dazu trug wesentlich der „Guggenheim-Effekt" bei, der darin besteht, dass ein einziges neues Gebäude dafür sorgt, dass eine Stadt wieder wahrgenommen wird.

Das Museum wurde 1997 mit einer Sammlung eröffnet, die sich auf Künstler aus der Zeit nach dem Zweiten Weltkrieg konzentrierte. Sonnenlicht flutet durch das Glasdach ins Atrium, von dem die Säle ausgehen. In diesen sind u. a. Werke von Mark Rothko, Andy Warhol, Gerhard Richter und Richard Serra ausgestellt. Inzwischen hat das Museum etwa 1 Mio. Besucher pro Jahr. Die Hauptattraktion aber ist das Gebäude selbst, das an sich ebenfalls ein Kunstwerk ist.

Kühne Architektur Vom Nervión aus gesehen, erinnert das Museum an einen Ozeandampfer. Bewacht von Jeff Koons' bunter Skulptur *Puppy* (Welpe; rechts), ist das Museum ein überraschender Anblick in Bilbao.

Die Konkurrenten

FUTURISTISCHE ARCHITEKTUR

■ Eine Gebäudefassade verbirgt in der Regel das technische Innenleben eines Bauwerks, aber beim **Centre Georges Pompidou** in Paris ist alles anders: Gigantische Belüftungs- und Wasserrohre, Elektroleitungen und Aufzüge in großen Glasröhren zieren die Außenseite des von Sir Richard Rogers und Renzo Piano in den 1970er-Jahren errichteten Gebäudes und geben ihm ein futuristisches Äußeres.

■ Das Dach der von dem Schweizer Architekten Le Corbusier entworfenen Pilgerkapelle **Notre-Dame-du-Haut** im französischen Ronchamp ruht auf sanft geschwungenen Wänden und erinnert an ein Segel im Wind. Von innen betrachtet scheint das Dach über den Wänden zu schweben. Dieser Effekt wurde dadurch erreicht, dass das Dach nur von kurzen Stützen auf den Wänden getragen wird.

■ Das 2001 bezogene **Bundeskanzleramt** in Berlin wurde nach Plänen des Architekten Axel Schultes erbaut. Die Hauptfassade erlaubt einen Blick ins Gebäude und soll die Verpflichtung zum transparenten Regieren symbolisieren. Der Bau ist ein Beispiel dafür, dass Amtsgebäude zugleich spielerisch, repräsentativ und monumental sein können.

STOP
KONTUZ
ATENCIÓN
ATENCIÓN

DIE ISOLIERTESTE KULTUR

HAIDA GWAII

Urzeitliche Regenwälder, einmalige Natur und traditionelle Lebensart bilden in diesem entlegenen Winkel der Erde eine Einheit.

Die jahrhundertealten, wunderschönen gemäßigten Regenwälder aus Riesenlebensbäumen und Sitka-Fichten reichen bis hinunter zur kanadischen Pazifikküste. Über ihnen kreisen Weißkopfseeadler, während unten am Strand Schwarzbären nach Nahrung suchen. Vor der felsigen Küste lauern Schwertwale Robben auf und im flachen Wasser liegen bunte Seesterne dicht an dicht. Das ist Haida Gwaii, die „Inseln des Volkes“, der einzige Ort auf Erden, an dem ein Nationalpark von der höchsten Bergspitze bis zur Tiefsee des angrenzenden Ozeans einfach alles schützt. 2005 wurde diese Region zum bedeutendsten Nationalpark von Nordamerika gekürt.

Die Inselgruppe liegt nicht weit vor der kanadischen Nordwestküste. Sie besteht aus den Hauptinseln Graham Island im Norden und Moresby Island im Süden sowie 150 vorgelagerten Inselchen. Die wichtigsten Schutzgebiete sind der Gwaii-

GEOGRAFISCHE LAGE

Die Inselgruppe Haida Gwaii liegt 100 km vor der Küste der kanadischen Provinz British Columbia. Der früher Queen Charlotte Islands genannte Archipel wurde am 11. Dezember 2009 offiziell in Haida Gwaii umbenannt. Zwischen dem Festland und den Inseln gibt es täglich Flüge und eine regelmäßige Fährverbindung.

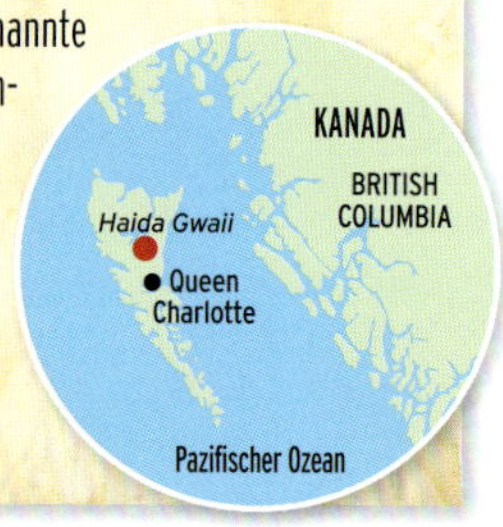

Turmhohe Totems Im Wald verstreut stehen mehrere Meter hohe Totempfähle der Haida. Sie werden aus Baumstämmen geschnitzt und dann aufgestellt.

Haanas-Nationalpark (Gwaii Haanas bedeutet „Inseln der Wunder“) und die Haida Heritage Site, die einen Teil von Moresby Island und viele kleine Inseln einnehmen. Die Einwohner, heute wohl um die 5000 Menschen, sind zumeist Angehörige des Volkes der indigenen Haida.

Raben und Adler

Seit über 13 000 Jahren leben die Haida in Harmonie mit dem Land und dem Meer. Sie sind geschickte Seefahrer und Händler, die sich in hochseetüchtigen, mit 60 Ruderern bemannten Kanus aufs Meer wagen. Sie verehren die Pflanzen und Tiere, zwischen denen sie leben – und das zeigt sich in ihren stilisierten, als Wappen oder zur Erinnerung an Verstorbene errichteten Totempfählen, von denen viele mehr als 100 Jahre alt sind.

Die kunstvoll aus dem Holz von Lebensbäumen geschnitzten Pfähle sind ein einzigartiges Merkmal der indigenen Völker im pazifischen Nordwesten. Die Wappen, die meist einheimische Tiere darstellen, verdeutlichen die Abstammung des Besitzers und zeigen, ob dieser ein Mitglied des Raben- oder des Adler-Klans ist. Einer dieser beiden Gruppen gehören alle Mitglieder des Volkes an. Viele Pfähle zeigen oben drei Wächterfiguren: Sie sollten Ausschau halten und Alarm schlagen, wenn Feinde nahten.

Im Sommer bewachen lebendige Wächter die erhaltenen Pfähle und Langhäuser der ältesten Siedlungen, die als First Nation Villages bekannt sind. Am besten erhalten ist das Dorf auf Anthony Island, das der Südspitze von Moresby Island vorgelagert ist. Die heutigen Wächter sind natürlich keine Krieger, sondern Fremdenführer, die Besuchern Spannendes über das kulturelle Erbe der Haida und die Natur erzählen können.

Pfähle mit Gesichtern Die Schnitzereien werden von geübten Handwerkern ausgeführt. Danach wird das Holz mit Pflanzenfarben bunt bemalt. Jede Schnitzerei repräsentiert eine Episode im Leben ihres Besitzers.

Galapagos des Nordens

Die Inseln sind direkt dem Ozean ausgesetzt und oft weht ein starker Wind. Gegen das Westufer donnern bis zu 35 m hohe Wellen. Im Westen der Inseln fällt mehr Regen als im abgeschirmten Osten, wo ein milderes Klima herrscht. Die Feuchtigkeit lässt die uralten, moosbewachsenen gemäßigten Regenwälder gedeihen, in denen Tiere leben, deren Vorfahren sich während der letzten Eiszeit auf die unvergletscherten Inseln retteten.

Als das Eis auf dem Festland schmolz und der Wasserspiegel stieg, waren die Tiere von ihren Artgenossen abgeschnitten und entwickelten sich zu eigenen Unterarten. Dies hat Haida Gwaii mit den viel weiter südlich gelegenen Galapagosinseln gemein – daher der Spitzname „Galapagos des Nordens“. Die auf Haida Gwaii heimische Schwarzbärenunterart ist die weltweit größte und hat einen massigen Schädel mit kräftigen Mahlzähnen. Wenn die Lachse steigen, fangen die Bären so viele sie können, lassen einige aber einfach liegen. Dann treten Hermeline, Adler und Raben auf den Plan und nagen die Fische bis auf die Gräten ab.

Leben an der Küste

In Kolonien an den Küsten von Haida Gwaii nisten 1,5 Mio. Seevögel. Im Delkatla Wildlife Sanctuary im Norden legen Zugvögel, u. a. Kanadakraniche, bei ihrem Zug auf der Pazifikroute Rast ein.

In Ufernähe finden sich Kelpwälder und Seegraswiesen; in den Gezeitenzonen verbirgt sich das seltene Nördliche Seeohr, eine Schneckenart. Vor der Küste fressen Buckelwale Heringe und Krill. Grauwale halten sich während ihres Zuges Richtung Norden in der Region auf und auch Blauwale, die größten lebenden Tiere der Welt, haben sich hier das erste Mal seit Jahrzehnten wieder blicken lassen.

Die Konkurrenten

TRADITIONELLE KULTUREN

Die **Dogon** leben im zentralen Mali in Lehmdörfern an Steilhängen wie dem Sandsteinmassiv von Bandiagara. Das Volk ist bekannt für seine überlebensgroßen Masken und seine fein gearbeiteten Skulpturen. Die Masken werden bei Begräbnistänzen (Damas) und anderen Zeremonien getragen.

Maskenträger der Dogon

Die **Kelabit** im Nordosten des auf Borneo gelegenen malaysischen Bundesstaats Sarawak leben in einer abgeschiedenen Bergregion, die von tropischem Regenwald und Tälern mit Reisfeldern eingenommen wird. Ihre Dörfer bestehen aus Langhäusern und Gehöften. Ältere Personen tragen teilweise noch schwere, die Ohrläppchen verlängernde Messingohrringe.

Die **Sentinelesen** leben auf einer abgeschiedenen Insel im Indischen Ozean. Über das Volk ist kaum etwas bekannt, weil sie Außenstehenden das Betreten der Insel verweigern. Die indische Regierung stellte deshalb 1996 die jahrzehntelangen erfolglosen Annäherungsversuche ein.

Für weltweites Aufsehen sorgte 2018 der Fall eines amerikanischen Missionars, der beim Versuch, Kontakt mit den Sentinelesen aufzunehmen, von ihnen getötet wurde.

DIE BEZAUBERNDSTE KARSTLANDSCHAFT

HALONG-BUCHT

Die Bucht voller wild zerklüfteter Felsinseln ist derart betörend schön, dass sie schon seit Langem ein Ziel von Künstlern und Fotografen ist.

Unter all den außergewöhnlichen Karstlandschaften der Erde ist keine so unvergesslich wie die Wasserwelt der Halong-Bucht in Vietnam. Restaurierte Dschunken treiben durch die Bucht; ihre auffälligen, wie die Flügel einer Motte geformten Segel zeichnen sich vor der surrealen Silhouette bizarrer zerklüfteter Felsen ab. Im Morgengrauen tauchen die kegelförmigen Felsen aus den Nebelschwaden über dem Wasser auf, als würden sie in der Luft schweben. Mit Ausflüglern bemannte Kajaks legen von den Dschunken ab, um verborgene Lagunen, abgeschiedene Strände, Höhlen voller Stalagmiten und Stalaktiten sowie schwimmende Fischerdörfer zu erkunden. Die Antennen auf den Dorfhäusern sind das einzige Zeichen der Moderne in dieser Wasserwelt.

GEOGRAFISCHE LAGE

Halong-Stadt, 170 km östlich der vietnamesischen Hauptstadt Hanoi, bildet das Tor zur Halong-Bucht im Golf von Tonkin. Die Bucht umfasst ein Gebiet von 1500 km²; die beste Reisezeit sind die Monate zwischen November und März, allerdings können das ganze Jahr über Regenfälle auftreten.

Geformt von Regen und Meer

Halong-Bucht bedeutet „Bucht des untertauchenden Drachen". Eine Legende erzählt, dass die Götter zu Beginn der vietnamesischen Geschichte eine Familie von Drachen auf die Erde schickten. Aus ihren feurigen Mäulern spien sie einen Strom von Jade und Edelsteinen, der sich zu den fast 2000 jäh aufragenden Felspfeilern und spektakulär geformten

Wasserlabyrinth Tausende von Kalksteinfelsen und -inseln ragen aus dem Wasser der Halong-Bucht auf. Umseitig: Neben einem der massiven Kalktürme in der Bucht wirkt die Dschunke winzig.

Inseln verfestigte und eine mehr als 160 km lange Barriere gegen Invasoren aus China bildete.

Tatsächlich war der Fels, der diese Inseln bildet, einst Meeresboden – Kalkgestein, das sich aus zusammengepressten versteinerten Muschelschalen und den Skeletten zahlloser winziger Meeresorganismen gebildet hatte. In Jahrmillionen hoben Kräfte aus dem Erdinneren dieses Plateau hoch über den Meeresspiegel und gaben es den Elementen preis. Sintflutartiger Regen, der hier im Sommer häufig ist, sickerte in den Kalkstein und das saure Wasser ätzte allmählich tiefe Rinnen und Kessel hinein. Dadurch fanden die erodierenden Kräfte des Meeres Angriffspunkte, sodass schließlich nur kegelförmige Einzelfelsen vom gewaltigen Kalksteinplateau übrig blieben. Das tropische Klima und der Monsun sorgten für eine üppige Vegetation auf den Inseln, die zum Lebensraum einer artenreichen Tier- und Pflanzenwelt wurden.

Die Konkurrenten

KARSTLANDSCHAFTEN

Wie die Halong-Bucht gehört auch das **Huanglong-Tal** in der chinesischen Provinz Sichuan zum UNESCO-Weltnaturerbe. Und auch dieses Gebiet ist nach einem Drachen benannt - *huanglong* bedeutet „Gelber Drache". Auf einer Länge von 3,6 km stürzt der gleichnamige Fluss über mehrere Wasserfälle hinab, zwischen denen sich Sinterstufen mit Wasserbecken gebildet haben. Zusammen mit den golden schimmernden Kalksteinumrandungen erinnert das opalgrüne Wasser in den Becken an die schuppige Haut eines Drachen.

Karstlandschaften sind beliebte Schauplätze in James-Bond-Filmen. Die Halong-Bucht war in *Der Morgen stirbt nie* zu sehen, die Bucht von **Phang Nga** in *Der Mann mit dem goldenen Colt.* Die Szenen wurden auf Khao Phing Kan vor der Südküste Thailands gedreht. Die Felskegel recken sich 300 m aus dem türkisfarbenen Wasser der Andamanensee in den Himmel. Die strahlend weißen Strände der Bucht gehören zu den schönsten der Welt.

Huanglong-Tal

DIE DRAMATISCHSTE VULKANGRUPPE

HAWAII-VULKANE

Die von einem Hotspot im Pazifischen Ozean gespeisten Vulkane zeigen eindrucksvoll die dynamischen Vorgänge im Erdmantel und die damit verbundenen Veränderungen an der Erdoberfläche.

In dem U-förmigen, im Südosten der Hauptinsel des Archipels (Hawaii oder Big Island) gelegenen Hawaii-Volcanoes-Nationalpark liegen zwei der aktivsten Vulkane der Erde: der Mauna Loa und der Kilauea. Da diese und viele weitere Vulkane für Besucher des Parks leicht zugänglich sind, bietet sich hier die Chance, das Wachsen der Inselkette in Echtzeit zu erleben.

Der Park umfasst 1308 km² – eines der größten Wildnisgebiete im Pazifischen Raum, bestehend aus Lavafeldern, vulkanischer Wüste, Aschekegeln und Lavaströmen, eingerahmt von Regenwald, einer wilden Küste und Gebieten mit einem Ökosystem, das mehr an die arktische Tundra als eine tropische Insel erinnert.

Der lange Berg

Wie ein Wesen der Urzeit türmt sich der Mauna Loa über der Insel auf, doch ist der Schildvulkan von der Küste aus häufig gar nicht zu sehen, weil Dunstschwaden seine gewaltige Masse verdecken. Mauna Loa heißt auf Hawaiianisch „Langer Berg“ und dieser Name beschreibt gut die lange, an einen flachen Brotlaib erinnernde Form. Mit einer Höhe von 4169 m ist der Gipfel einer der höchsten im polynesischen Raum. In den Wintermonaten kommt es oft zu Schneefällen und die Temperaturen auf dem Gipfel fallen häufig unter den Gefrierpunkt. Doch das ist noch nicht alles: Der Mauna Loa ist Teil eines Tiefseebergs und reicht bis zu seinem submarinen Fuß weitere 5486 m hinunter.

MAUNA KEA

Der dritte große Vulkan auf Big Island ist der Mauna Kea. Der „Weiße Berg“ ist älter und weniger aktiv als seine Nachbarn. Mit 4205 m Höhe überragt er den Mauna Loa und ist - vom Meeresboden bis zum Gipfel - um 255 m höher als der Mount Everest und damit der höchste Berg der Erde. Auf seinem Gipfel befindet sich der weltweit größte Komplex von Observatorien, die im optischen, im Infrarot- und im Submillimeterbereich arbeiten. Weiter unten am Berg liegt das Onizuka Center for International Astronomy. „Weißer Berg“ bezieht sich auf den Schnee, der den Mauna Kea im Winter bedeckt und die Menschen hier veranlasst, Skier und Snowboards hervorzuholen.

GEOGRAFISCHE LAGE

Der Hawaii-Volcanoes-Nationalpark ist auf Hawaii (Big Island), der südlichsten Insel des Archipels. Das Besucherzentrum liegt 48 km südlich von Hilo an der State Route 11 und (über Naalehu) 145 km von der Küste bei Kailua-Kona entfernt. An mehreren Stellen ist Campen erlaubt; Hotels gibt es in dem Dorf Volcano.

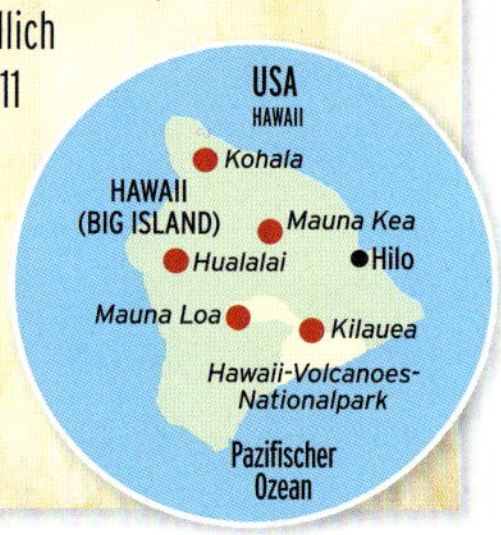

Ein ständiger Lavastrom

Wie für einen klassischen Schildvulkan typisch, verlaufen die Ausbrüche des Mauna Loa verglichen mit denen der kegelförmigen Schichtvulkane langsam. Der Mauna Loa bricht jedoch sehr häufig aus – allein seit Mitte des 19. Jh. 33-mal. Die Hälfte der Eruptionen ereignete sich am Gipfel, die übrigen waren in den Bruchzonen und den Schloten an den Flanken des Berges zu verzeichnen.

Ausbruch bei Sonnenaufgang Glutflüssige Schmelze ergießt sich während einer morgendlichen Eruption des Kilauea über die Flanken des sehr aktiven Vulkans.

Die Ausbrüche sind meist nicht sonderlich spektakulär, fördern aber oft große Mengen Lava, die langsam, aber stetig in Richtung Ozean fließen. Zudem sorgt der unruhige Berg für starke Erdbeben – bis Stärke 8 auf der Richterskala.

Der Kilauea ist deutlich anders als der Mauna Loa. Zwar ist auch er ein Schildvulkan, aber ein sehr flacher: Er sieht aus wie ein riesiges in den Boden gestanztes Loch. Form und Größe täuschen jedoch, denn der Kilauea gilt als der aktivste Vulkan der Erde. In den letzten 150 Jahren ist er nicht weniger als 61-mal ausgebrochen. Die derzeitige Aktivität dauert schon seit 1983 an und ist damit die längste und beständigste Eruption, die je auf der Erde beobachtet wurde. In der Regel verlaufen die Eruptionen ruhig, gelegentlich aber auch mit solcher Wucht, dass es zu Todesopfern kommt. Der hawaiianische Name bedeutet „spucken“ oder „viel verbreiten“, und das trifft die Hyperaktivität dieses Vulkans genau.

Die Vulkane entstanden durch vulkanische Aktivität unter dem Meeresboden, die wohl vor rund 1 Mio. Jahren einsetzte. Forscher nehmen an, dass der Mauna Loa vor etwa 400 000 Jahren den Meeresspiegel durchbrach und damit die Geschichte der Insel begründete. Der Gipfel brach vor 660 000–700 000 Jahren ein und hinterließ eine tiefe Caldera. Der Kilauea ist jünger; seine ersten Eruptionen ereigneten sich vor 300 000–600 000 Jahren. Beide Vulkane sitzen auf der Pazifischen Platte über einem riesigen Magmareservoir. Dieser „Hotspot“ ist stationär, während sich die Pazifische Platte pro Jahr um 13 cm nach Westen verschiebt. In etwa 500 000 Jahren werden sich die zwei Vulkane nicht mehr über dem Hotspot befinden und erlöschen, während auf dem Meeresboden längst neue Vulkane entstanden sind.

Ehrfürchtige Siedler

Die ersten Menschen auf der Insel waren polynesische Siedler aus dem südpazifischen Raum, die Hawaii vor rund 1600 Jahren erreichten. Als sich die Siedlung vor rund 800 Jahren gefestigt hatte, entstand eine eigenständige Kultur, die von großem Respekt vor den Vulkanen geprägt war. Diese Kultur hinterließ ein reiches archäologisches Erbe: Tempel, Grabstätten, Anlegestellen für Kanus, Felskunst und Ritzungen in der erkalteten Lava. Außerdem gibt es Fußspuren in der hart gewordenen Asche, Reste von Häuserfundamenten und Höhlen.

Die Ankunft des britischen Entdeckers Captain James Cook auf Big Island (1778) läutete das Zeitalter der Erkundung durch die Europäer ein. 1794 unternahm der britische Naturforscher Archibald Menzies die erste belegte Besteigung des Mauna Loa.

PELES FLUCH

Im Krater Halema'uma'u in der Caldera des Kilauea soll Pele leben, die hawaiianische Göttin des Feuers und Gewitters. Der Legende nach sind alle vulkanischen Aktivitäten auf Big Island Ausdruck ihrer verzweifelten Sehnsucht nach einem lange verlorenen Geliebten. Es heißt, dass jeder, der vulkanisches Gestein aus dem Gebiet entfernt, verflucht ist, solange er die Steine nicht zurückbringt. Selbst heute noch erhält das Postamt am Vulkan gelegentlich Pakete mit Vulkangestein, abgesendet von Besuchern, die erklären, es hätten sich Unglücksfälle ereignet, nachdem sie die Steine mit nach Hause genommen hatten.

Küste im Wandel Die ständig aus dem Kilauea ausfließende Lava erstarrt schließlich im Meer. Ebbe und Flut formen die abkühlende Lava, sodass sich an der Küste kissenförmige Lavadecken bilden.

Die Missionare William Ellis und Asa Thurston nahmen 1823 erstmals Aufzeichnungen über einen Ausbruch des Kilauea vor. Thurstons Enkel, ein Politiker und Zeitungsherausgeber in Honolulu, führte zu Beginn des 20. Jh. eine Kampagne an, die sich für die Schaffung eines Nationalparks rund um die Vulkane auf Big Island und Maui einsetzte. Dieser Park wurde 1916 eingerichtet und 1960 wurde der Hawaii-Volcanoes-Nationalpark eine eigenständige Institution.

Seltene Schönheit Um das endemische Silberschwert zu retten, haben Freiwillige seit dem Jahr 2000 mehr als 10 000 Setzlinge am Mauna Loa gepflanzt.

Seltene Pflanzen und Tiere

Zwar sind die Vulkanlandschaften die eigentlichen Attraktionen des Parks, aber in den Ökosystemen, die sich 70 Mio. Jahre lang in fast völliger Isolation entwickelten, gedeihen auch seltene Pflanzen und Tiere. Der Park umfasst diverse Lebensräume, darunter Küsten- und Meeresgebiete, Waldland, tropischen Regenwald sowie subalpine und alpine Regionen.

Zu den endemischen Pflanzen und Tieren gehören Koa-Akazien, die nur in großer Höhe wachsenden gefährdeten Silberschwerter, die ebenfalls gefährdete Hawaiigans (Nene), der Hawaiisturmvogel, die Sumpfohreule und die vom Aussterben bedrohte Echte Karettschildkröte. Ferner finden sich hier fleischfressende Raupen, die größte Libelle der Vereinigten Staaten, Grillen, die sich um frische Lava versammeln, und als einziges endemisches Säugetier Hawaiis die Weißgraue Fledermaus.

Aufstieg mit Risiken

Seit den 1840er-Jahren reisen Besucher zum Park. Damals wurden die Volcano-House-Hotels am Rand der Caldera des Kilauea gebaut. Im ältesten dieser Hotels (1877) residiert heute das Volcano Arts Center. Die meisten der jährlich mehr als 2 Mio. Parkbesucher halten sich an den Crater Rim Drive, der um den Kilauea führt, die Chain of Craters Road unten an der Küste und den Holei Sea Arch. Der größte Teil des Parks bleibt also denjenigen überlassen, die sich gern abseits der Hauptstraßen bewegen. Ein Netz von Wegen führt durch die Wildnis der Ka'u-Wüste, zum Napau-Krater, zu abgelegenen Küstenstrichen wie dem Apua Point und auf den Mauna Loa.

Weil es nicht ungefährlich ist, sich hier zu bewegen, sind die Parkbehörden beim Auftreten vulkanischer Aktivitäten sehr wachsam. Straßen, Wege, Campingplätze und andere Einrichtungen werden im Zweifelsfall wie im Mai 2018 geschlossen. Wanderer werden dazu angehalten, sich von allen Eruptionen, auf die sie stoßen, bergauf und gegen die Windrichtung zu entfernen.

Auf eigenes Risiko – und gegen den Rat der Parkverwaltung – dringen Wanderer auch in die aktive Lavastromzone zwischen dem Schlackenkegel des Pu'u 'O'o und der Küste im östlichen Teil des Parks vor. Solche Wanderungen werden meist am frühen Abend unternommen, wenn die Lava, aus der kontinuierlich neues Land entsteht, rotorange in der Dunkelheit leuchtet.

Die Konkurrenten

VULKANE

■ Die Kanarischen Inseln liegen in einer Zone vulkanischer Aktivität vor der Nordwestküste Afrikas. Der **Pico del Teide** auf Teneriffa ist mit 3718 m der dritthöchste Inselvulkan der Welt. Die Vulkane des **Nationalparks Timanfaya** auf Lanzarote ragen aus einer Landschaft hervor, die in mancherlei Hinsicht an die des Mars erinnert.

■ Die Halbinsel Kamtschatka im Osten Sibiriens ist eine der vulkanisch aktivsten Regionen der Erde. Von den 160 Vulkanen in dem Gebiet sind 29 immer noch aktiv, darunter die **Kljutschewskaja Sopka**, der größte aktive Vulkan Eurasiens. Der derzeit aktivste Vulkan ist der **Karymski** im Osten Kamtschatkas, am bekanntesten aber ist die kegelförmige, ständig mit Schnee bedeckte **Kronotskaja Sopka**.

Vulkan Karymski

■ Italiens schwelende Giganten sind der **Ätna** auf Sizilien, der **Vesuv** bei Neapel sowie der **Stromboli**. Der Ätna verzeichnet nahezu ständig Eruptionen und produziert gewaltige Mengen Lava. Er ist in den letzten 400 Jahren mehr als 60-mal ausgebrochen und seit Beginn des 21. Jh. bereits mehr als 8-mal. Der Vesuv erlangte durch die Vernichtung der antiken Städte Pompeji und Herkulaneum 79 n. Chr. schreckliche Berühmtheit.

■ Der **Piton de la Fournaise** („Gipfel des lodernden Feuers") befindet sich auf der zu Frankreich gehörenden Insel Réunion im Indischen Ozean. Seine an einen Kessel erinnernde Caldera ist 8 km breit und an den Rändern von hohen Klippen umgeben. Im Südosten weist die Caldera eine Bresche auf und fällt in den Ozean ab. Forschungen lassen befürchten, dass weitere Einstürze einen Mega-Tsunami auslösen könnten.

DIE ROMANTISCHSTE UNIVERSITÄTSSTADT

HEIDELBERG

Das im bewaldeten Neckartal gelegene Heidelberg ist seit 600 Jahren ein Zentrum universitärer Gelehrsamkeit. Trotz der langen Universitätsgeschichte geht es hier aber alles andere als steif und altmodisch zu.

Die wichtigsten Universitätsstädte sind mehr als die Summe ihrer Teile: Die Universität bildet dort einen nicht abzutrennenden Bestandteil des städtischen Lebens. Heidelberg ist eine solche Stadt. Mitten zwischen modernen Geschäften, Büros, Kinos und Hotels liegen die alten Gebäude der Universität, ihre Institute und Fakultäten, Bibliotheken und Hörsäle, die Studentenheime und großen Festsäle, in denen alljährlich die Promotionsfeiern der zu diesem Anlass feierlich ausstaffierten Absolventen stattfinden.

Alte Universitätsstädte unterscheiden sich deutlich von anderen Städten, und

GEOGRAFISCHE LAGE

Heidelberg liegt am unteren Neckar in Baden-Württemberg. Die Stadt befindet sich 18 km südöstlich von Mannheim und ist gut mit dem Zug oder dem Auto zu erreichen. Wer die Stadt während eines laufenden Semesters besucht, bekommt den besten Eindruck vom studentischen Leben.

Stadt im Grünen Vom Philosophenweg blickt man auf die vom berühmten Schloss gekrönte Altstadt, die gleichermaßen Studenten und Touristen anzieht.

das vor allem wegen der Studenten. Die Universitäten sind stolz auf ihren hart erarbeiteten akademischen Ruf, ihre Traditionen und die historischen Gebäude.

Deutschlands älteste Universität

Die 1386 gegründete Universität besitzt eine Würde und ein Selbstverständnis, das sie ihrer herausragenden Stellung verdankt – was dem Besucher aber zuerst ins Auge fällt, ist das romantische Stadtbild. Selbst der Spötter Mark Twain ließ sich begeistern; er verbrachte hier 1878 drei Monate und beschrieb seine Erlebnisse in *Bummel durch Europa* (1880). Er wohnte in einem Hotel über dem Schloss und notierte: „Nirgendwo habe ich eine Aussicht von einem so heiter-beschaulichen Zauber genossen … Man möchte glauben, Heidelberg bei Tag sei die höchstmögliche Schönheit, doch wenn man Heidelberg bei Nacht erblickt, eine auf die Erde gefallene Milchstraße, … dann braucht man Zeit, um sein Urteil zu überdenken."

Weiße Türme Wer die Altstadt über die 1788 errichtete Steinbrücke betritt, passiert das mittelalterliche Brückentor mit seinen barocken Türmen.

Die Aussicht, die Twain bewunderte, gibt es bis heute. Die Altstadt liegt am linken Neckarufer rund um die beiden zentralen Plätze. Der Universitätsplatz ist der ursprüngliche Sitz der Universität und immer noch ihr Bezugspunkt. Am Marktplatz steht die gegen 1400 fertiggestellte gotische Heiliggeistkirche, das abgesehen vom Schloss bedeutendste Wahrzeichen der Stadt. Über 200 Jahre lang, bis 1936, war die Kirche zweigeteilt: Der Chor gehörte den Katholiken, das Schiff den Protestanten. Heute ist die Kirche mit ihrem strengen, aber eleganten Innenraum allein der evangelischen Gemeinde gewidmet. Die alten Universitätsgebäude, darunter die Fakultätsgebäude und die Bibliothek, liegen verstreut über die ganze Stadt.

Die meisten historischen Gebäude Heidelbergs stammen aus dem Barock; von der mittelalterlichen Stadt ist kaum etwas erhalten. Eines der wenigen Überbleibsel ist das alte Brückentor am Südende der Karl-Theodor-Brücke, dessen Türme aber mit barocken Hauben bekrönt wurden. Ein weiteres ist der Marstall, der 1510 am Fluss als Zeughaus mit Stallungen errichtet wurde und der heute als Mensa dient. Das sind aber Ausnahmen, weil Ludwig XIV. der Altstadt schweren Schaden zugefügt hat: Beim Versuch, sich der Region während des Pfälzischen Erbfolgekriegs zu bemächtigen, belagerten die französischen Truppen 1688/89 Heidelberg, besetzten es und brannten es 1693 nieder. Heidelberg wurde schnell wieder aufgebaut, und zwar im damals herrschenden Barockstil, aber unter Beibehaltung des mittelalterlichen Grundrisses.

Eine faszinierende Ruine

Nicht wieder aufgebaut wurde jedoch das Schloss, ein Bauwerk aus rotem Sandstein oberhalb des Zentrums, das damals wie heute aus Heidelberg nicht wegzudenken ist. Es war die Residenz des Pfalzgrafen bei Rhein, eines der sieben Kurfürsten des Heiligen Römischen Reiches, welche die künftigen römisch-deutschen Könige wählten. Der Pfalzgraf war zudem in der Zeit vor der Königswahl als Reichsvikar die höchste weltliche Autori-

HORTUS PALATINUS

Als Kurfürst Friedrich V. und Elisabeth Stuart, die Tochter König Jakobs I. von England, 1613 in London heirateten, waren sie erst 16 Jahre alt. Anders als die meisten dynastischen Verbindungen war ihre Ehe aber von Liebe getragen. In Heidelberg ließ Elisabeth neben dem Schloss einen Renaissancegarten anlegen, den Hortus Palatinus. Der von dem Franzosen Salomon de Caus gestaltete Garten enthielt Terrassen mit Blumenbeeten und zurechtgestutzten Hecken, Statuen, Grotten, Irrgärten, Springbrunnen, eine Wasserorgel und mechanische Singvögel. Der Garten wurde sogar als das achte Weltwunder bezeichnet, aber als Friedrich zum König von Böhmen gewählt wurde und nach Prag ging, stellte man die Arbeiten an ihm ein. Die Reste der Anlage, die im Dreißigjährigen Krieg sogar als Geschützstellung gedient hatte, kann man heute noch bestaunen.

tät in den Gebieten fränkischen Rechts. Heidelberg war also nicht nur Sitz einer der angesehensten Universitäten Europas, sondern lange auch ein Machtzentrum.

Im 18. Jh. machte sich Karl Theodor, Pfalzgraf und Kurfürst von Bayern, an den Wiederaufbau des Schlosses. Aber 1764 fing es durch Blitzschlag Feuer und die Arbeiten wurden eingestellt. So präsentiert es sich heute als Sammelsurium von Ruinen aus dem Mittelalter und der Renaissance mit ein paar restaurierten Innenräumen des 18., 19. und 20. Jh. Die Ruine übte aber großen Reiz auf die Dichter der Romantik aus, die im 19. Jh. in großer Zahl nach Heidelberg strömten.

> „Nirgendwo habe ich eine Aussicht von einem so heiter-beschaulichen Zauber genossen."
>
> MARK TWAIN
> *BUMMEL DURCH EUROPA* (1880)

Lange Siedlungsgeschichte

Das Neckartal ist seit vorgeschichtlicher Zeit bewohnt: Im Kurpfälzischen Museum ist eine Kopie des Unterkiefers von Mauer ausgestellt, ein 600 000 Jahre altes Relikt des *Homo heidelbergensis*, eines Vorfahren des modernen Menschen. Sehr viel später wurde in der Region ein römisches Fort gebaut, und im 9. Jh. entstand eine Abtei auf dem Heiligenberg, dem die Stadt vielleicht ihren Namen verdankt.

Heidelberg wurde erstmals 1196 als *Heidelberch* in einer Urkunde eines Klosters im Odenwald erwähnt. 1996 feierte die Stadt deshalb ihr 800-jähriges Bestehen. Eine Burg wurde zwar bereits 1225 urkundlich erwähnt, allerdings ist unbekannt, ob sie ein Vorläufer des Schlosses war. Unzweifelhaft ist aber, dass Kurfürst Ruprecht I. 1386 die Universität gründete, die schnell zum Anziehungspunkt für Gelehrte aus ganz Europa wurde und früh ihre erste Blüte erlebte. Die Reformation und die religiösen Dispute und Religionskriege des 16. und 17. Jh. stürzten Heidelberg und seine Universität jedoch in ein politisches und ökonomisches Chaos.

Studentische Traditionen

Unter dem badischen Großherzog Karl Friedrich wurde die Universität Anfang des 19. Jh. neu organisiert. In Anerkennung seiner Verdienste trägt die Universität heute den Namen Ruprecht-Karls-Universität. Als Mark Twain in den 1870er-Jahren Heidelberg besuchte, war der Ruf der Universität schon wiederhergestellt. Studenten aus aller Welt zog es her, vor allem aus den USA.

Die Universität hatte ihre eigenen Traditionen, von denen nicht alle ihrem Ruf zugutekamen. Die ausschließlich männliche Studentenschaft spaltete sich in Verbindungen auf, die jeweils eigene Regeln und Uniformen – die Couleurs – besaßen. Bei den Treffen wurde unmäßig getrunken. Studenten, welche die öffentliche Ruhe und Ordnung störten, wurden von der Universitätswache verhaftet und in den Studentenkarzer geworfen. An den Holzverschalungen des Karzers kann man heute noch die Initialen und Graffiti einstiger Insassen sehen. Anklänge an diese Traditionen findet man zudem in Studentenkneipen wie dem aus dem 17. Jh. stammenden *Zum Seppl* und dem

Heidelberger Schloss In den Ruinen finden alljährlich Kulturfestivals statt, zudem dient das Schloss als spektakuläre Kulisse für Freiluftkonzerte.

Zum Roten Ochsen aus dem 18. Jh. Auch die Mensur ist eine in Heidelberg intensiv betriebene Tradition der Studentenverbindungen. Die Teilnehmer solcher Fechtrituale tragen zwar Schutzwesten und -brillen, aber die Gesichter bleiben ungeschützt. Die Verletzungen durch die Säbel hinterlassen oft Narben (Schmisse), welche die Angehörigen dieser Verbindungen stolz als Zeichen ihrer Tapferkeit tragen.

Das wohl kolossalste Denkmal der Heidelberger Trinkfreudigkeit ist das berühmte Heidelberger Fass, heute – neben dem Apothekenmuseum – eine der Hauptattraktionen des Schlosses. Das Fass wurde 1751 gebaut und fasst etwa 219 000 l. Es ist das jüngste von vier Riesenfässern, aus denen die Schlossküche versorgt wurde. Legenden erzählen von den Trinkgelagen eines Hofzwergs, der im 18. Jh. zum Wächter des Fasses eingesetzt wurde. Er führte den Spitznamen Perkeo, der vom Italienischen *perchè no?* („Warum nicht?") abgeleitet sein soll, der Antwort, die er angeblich stets gab, wenn man ihm etwas zu trinken anbot. Als Perkeo mit über 70 Jahren erkrankte, wies ihn sein Arzt an, Wasser statt Wein zu trinken. Diese Umstellung setzte ihm so sehr zu, dass er am nächsten Tag starb.

Den Bomben entronnen

Die Begeisterung der US-Amerikaner für Heidelberg wuchs in den 1920er-Jahren, nicht zuletzt durch das Broadway-Musical *The Student Prince* (1924), das auf dem Schauspiel *Alt-Heidelberg* basierte. Mit Spenden aus den USA wurde die Neue Universität im Herzen Heidelbergs erbaut, nur wenige Jahre bevor die Nationalsozialisten ein Drittel der Professorenschaft verjagten, vor allem wegen ihrer jüdischen Abstammung, und den Ruf der Universität nachhaltig schädigten.

Altehrwürdige Aula Seit 300 Jahren wird die Respekt einflößende Alte Aula der Universität für akademische Feiern genutzt.

In den 1930er-Jahren erwies sich Heidelberg für die Nationalsozialisten als fruchtbarer Boden; deren führender Architekt Albert Speer war in der Stadt aufgewachsen. Ein Relikt aus der Nazizeit ist die Thingstätte, eine als griechisches Amphitheater ausgeführte Freilichtbühne auf dem Heiligenberg über der Stadt. Die Bühne wird heute für Konzerte und andere Kulturveranstaltungen genutzt.

Im Zweiten Weltkrieg blieb Heidelberg von alliierten Bombenangriffen verschont, vor allem weil es hier keine kriegswichtigen Industriebetriebe gab, aber auch wegen des Ansehens der altehrwürdigen Universitätsstadt. Nach dem Krieg wurde Heidelberg Hauptquartier der US-Armee in Europa und später der alliierten Landstreitkräfte der NATO in Mitteleuropa.

Die Ruprecht-Karls-Universität ist noch immer eine führende Forschungsstätte und Sitz von Instituten der Max-Planck-Gesellschaft. Wie einst Goethe, die Romantiker und Mark Twain können auch die Studenten von heute vom Philosophenweg aus Heidelberg betrachten, das damals wie heute eine großartige Universitätsstadt ist.

Die Konkurrenten

UNIVERSITÄTSSTÄDTE

■ Die 1218 von König Alfonso IX. gegründete Universität von **Salamanca** wurde zu der bedeutendsten Bildungsstätte im mittelalterlichen Spanien. Zwei prächtige Kathedralen beherrschen die Silhouette der Stadt, in der es zahlreiche historische Universitätsgebäude und eine blühende moderne Universität gibt.

■ In der Hügelstadt **Perugia** in Umbrien künden Kirchen, öffentliche Gebäude und Kunst von der glanzvollen Vergangenheit während des Mittelalters und der Renaissance. Ihre 1308 gegründete Universität residiert heute in einem ehem. Kloster.

■ Die Universität **Oxford** ist die älteste in der englischsprachigen Welt: Ihre Anfänge gehen bis aufs 11. Jh. zurück. Ihre Studenten gehören Colleges an, die über die Stadt verteilt sind; viele besitzen noch ihre alten Höfe und holzgetäfelten Speisesäle. Ein Juwel der Universität ist die Radcliffe Science Library, die im Rundbau Radcliffe Camera untergebracht ist.

Radcliffe Camera, Oxford

■ Eine Gruppe von Akademikern trennte sich 1209 von Oxford, um in **Cambridge** eine weitere Universität zu gründen. Die Stadt hat ein wundervoll malerisches Erscheinungsbild. Der Old Court des Corpus Christi Colleges ist der älteste umschlossene Hof auf dem Universitätsgelände und einer ihrer vielen Glanzpunkte.

■ Die University of **Michigan** wurde 1817 in Detroit gegründet, zog aber 1837 nach Ann Arbor um. Die Stadt, die sich immer noch ihres kleinstädtischen Charmes rühmt, wuchs danach rund um die vier Hauptstandorte der Universität. Zu deren Wahrzeichen zählen die neoklassizistische Angell Hall, der Burton Memorial Tower aus den 1930er-Jahren und das Earl V. Moore Building, das Eero Saarinen in den 1960er-Jahren entwarf.

DIE AUSSERGEWÖHNLICHSTE HÖHLE

HÖHLE DER KRISTALLE

Die spektakulärste geologische Entdeckung der Neuzeit ist diese schöne, aber gefährliche Höhle tief unter der Erde im Norden Mexikos.

Im Jahr 2000 arbeiteten zwei Brüder gerade in der Blei- und Silbermine von Naica, als sie durch Zufall auf eine Höhle stießen. Sie war voller natürlicher Kristalle, die zu den größten weltweit zählen. Man fand riesige lichtdurchlässige Balken und Obelisken aus Marienglas (Selenit), einer Gipsart, die größten 11 m lang und über 0,5 Mio. Jahre alt – eine spektakuläre Entdeckung!

Gewaltige Hitze

Die schöne Höhle ist aber auch äußerst gefährlich. Flüssiges Magma tief unter der Höhle hält die Temperatur konstant bei rund 50 °C. Da die relative Luftfeuchtigkeit gleichzeitig 90–100 % beträgt, ist der Aufenthalt ohne Schutzausrüstung hier lebensgefährlich. Um einem Hitzschlag vorzubeugen, müssen Besucher eisgekühlte Anzüge und Masken tragen, in die kalte Luft eingespeist wird.

Die Hitze ist der Schlüssel zur Entstehung der Kristalle. Jahrtausendelang war die Höhle von mineralreichem Wasser überflutet. Die stetige Hitze bot ideale Bedingungen für die Bildung der Kristalle. Als 1985 das Wasser abgepumpt wurde, endete die Kristallbildung. Nun könnten die der Luft ausgesetzten Kristalle zerfallen – Forderungen nach Schutzmaßnahmen werden laut.

GEOGRAFISCHE LAGE

Die Höhle der Kristalle liegt 300 m unter der Erde in der Mine von Naica nahe Delicias im mexikanischen Bundesstaat Chihuahua. In der Mine wird Bergbau betrieben, daher ist der Zutritt zur Höhle unmöglich. Besichtigt werden kann die Höhle der Schwerter, in der wie Schwerter geformte Kristalle zu sehen sind.

Kristalline Wunderwelt Menschen erscheinen winzig neben den riesigen Kristallen, die wie eine Filmkulisse wirken. Die meisten Forscher bleiben nur kurz, denn sonst droht ein tödlicher Hitzschlag.

Die Konkurrenten

BESONDERE HÖHLEN

Die Wände der **Höhlen von Lascaux** in Südwestfrankreich sind mit altsteinzeitlichen Felsmalereien bedeckt, die vor mehr als 17 000 Jahren geschaffen wurden. Die Bilder zeigen Tiere, u. a. einen Auerochsen (den Vorfahren des Hausrinds) von 5,20 m Länge, sowie Pferde und Hirsche. Heute haben nur noch Wissenschaftler Zugang zu den Höhlen, für die Öffentlichkeit zugänglich ist eine Replik der beiden Hauptsäle, die als Lascaux II bezeichnet wird.

Höhlenmalerei in Lascaux

Tief unter dem Regenwald im westafrikanischen Gabun leben in den **Höhlen von Abanda** bis zu 100 000 Fledermäuse verschiedener Arten. Besucher sollten aber nicht nur nach oben blicken, sondern auch aufpassen, wohin sie treten: Am Boden der Höhle lebt eine kleine Krokodilpopulation, darunter ein seltsam orange gefärbtes Männchen. Erst im Jahr 2010 wurden die Höhlen gründlich erforscht.

DER BREITESTE WASSERFALL

IGUAZÚ-FÄLLE

Donnerndes Nass und kolossale Kraft prägen das größte Wasserfallsystem der Erde. Das Wasser stürzt vom Rand des Paraná-Plateaus hinab wie ein Ozean in einen Tiefseegraben.

GEOGRAFISCHE LAGE

Die Iguazú- (Iguaçu-) Fälle liegen an der Grenze zwischen Brasilien und Argentinien am Rand des Paraná-Plateaus. Sie sind jeweils ca. 3000 km von Buenos Aires und Rio de Janeiro entfernt. Man erreicht sie über die Flughäfen Cataratas del Iguazú bei Puerto Iguazú (Argentinien) oder Foz do Iguaçu (Brasilien).

Mit mehr als 2,4 km haben die Iguazú-Fälle dort, wo der Iguazú das Paraná-Plateau hinunterstürzt, die größte Ausdehnung aller Wasserfälle. Sie sind breiter als die Victoriafälle und stehen den Niagarafällen nur in Sachen Jahresdurchschnitt des Wasserdurchflusses nach (bei Hochwasser ist der Durchfluss der Iguazú-Fälle größer).

In der Sprache der Guaraní bedeutet Iguazú (bzw. Iguaçu) „großes Wasser“. Das passt, denn die Fälle sind wahrlich gewaltig: Sie bestehen aus fast 300 silbrigen Katarakten und Wasserfällen, durchsetzt von felsigen, palmenbewachsenen Inseln.

Wenn der Fluss Hochwasser führt, ist er von eisenreichem Schlick rot gefärbt. Dann rauschen jede Sekunde 12 800 m^3 Wasser die 80 m hohe Stufe hinunter. Die Hälfte davon gelangt in den Teufelsschlund, eine lange, U-förmige Schlucht, in die sich der Fluss über 14 Fälle von drei Seiten ergießt. An klaren Tagen erzeugt die funkelnde Gischt Regenbogen. Der Fluss bildet die Grenze zwischen Brasilien und Argentinien; diese verläuft mitten durch den Teufelsschlund.

Europäische Entdecker erblickten die Iguazú-Fälle erstmals im Jahr 1541: Der Erkundungstrupp unter der Leitung des spanischen Entdeckers Álvar Núñez Ca-

Farbenpracht Zum blauen Himmel, dem grünen Wald und der weißen Gischt gesellen sich die Regenbogen im Teufelsschlund.

beza de Vaca, eines der vier Überlebenden der gescheiterten Forschungsmission von Pánfilo de Narváez, ließ sich vom Donnern des Wassers führen, das kilometerweit zu hören ist. Einer der Fälle trägt heute den Namen des Entdeckers: Alvar-Nuñez-Wasserfall.

Die Öffnung zur Welt

Nach der Entdeckung der Fälle ließen sich mehr als 300 Jahre lang kaum fremde Besucher blicken. Nur Tupi-Guaraní-Verbände durchstreiften die Gegend; gelegentlich wurde versucht, Jesuitenmissionen zu gründen. Doch als Carlos Bosetti (dessen Namen der Bosetti-Fall

EINE GEWALTIGE ERUPTION

Die Iguazú-Fälle entstanden, weil harter Basalt der Erosion widerstand und sich so die Fallkante ausbildete. Weicheres Gestein wurde ausgewaschen, sodass sich eine Schlucht öffnete. Der harte Basalt war einst aus erstarrter Lava entstanden, die während eines Vulkanausbruchs vor rund 132 Mio. Jahren ausgeworfen wurde. Diese Eruption soll der größte einzelne Vulkanausbruch gewesen sein, den es je gab. Den gleichen Basalt gibt es auch in Namibia, weil Afrika und Südamerika zu jener Zeit einen gemeinsamen Kontinent bildeten. Trotz seiner Härte erodiert der Basalt langsam, sodass sich die Wasserfälle pro 1000 Jahre etwa 1 m stromaufwärts verschieben.

Abenteuer Bei Bootstouren im Teufelsschlund können Besucher die Gewalt der Gischt erleben und die Vögel beobachten, die an den Felsen nisten.

trägt) und Jordan Hummel 1902 die erste Touristenreise zu den Fällen organisierten, wurden Schleusen anderer Art geöffnet: Nun kamen Besucher aus aller Welt, um das Naturschauspiel zu erleben.

Das rechte Ufer der umgangssprachlich „Teufelsschlund" genannten Fälle – rund 20 % der gesamten Fälle – liegt auf brasilianischem Territorium. Der Rest gehört zu Argentinien. Laufstege auf argentinischer Seite ermöglichen es Besuchern, die Fälle von Nahem zu betrachten: Vom oberen Rundweg überblickt man die Fallhöhe, der untere verläuft am Wasser entlang. Busse, Hubschrauber, ein Zug und Boote wagen sich in den Teufelsschlund.

Die Wasserfälle sind Lebensraum vieler Tierarten, vor allem vieler Vögel. Rußsegler beispielsweise nisten in den Basaltwänden hinter dem Wasservorhang, der sie vor Beutegreifern schützt. Sie gehören zu den wenigen Seglerarten, die hinter Wasserfällen in den nackten Felswänden leben, an denen sie sich mit ihren scharfen, gekrümmten Krallen festklammern, während der kräftige Schwanz für Balance sorgt. Sie bauen becherförmige Nester aus Moos und Steinen, die sie mit einer Mischung aus Schlamm und Speichel „verputzen" und sicher an die Felswand kleben.

Die Rußsegler fliegen nicht um die Wasserwand herum, sondern direkt hindurch. Dabei laufen sie Gefahr, fortgespült zu werden und zu ertrinken. Des-

Spektakulärer Steg Gesicherte Plattformen führen auf argentinischer Seite bis an die Kante der Hochebene, von der die Wasserfälle stürzen.

halb haben sie besondere Techniken entwickelt: Beim Einflug in die Wasserwand drehen sie sich auf die Seite, um den Widerstand zu reduzieren; beim Ausfliegen lassen sie sich senkrecht in die Tiefe fallen, um genügend Schwung für das Durchfliegen der Wasserwand zu haben. Draußen fangen sie die Fliegen, von denen sie sich ernähren. Anschließend kehren sie zum Wasserfall zurück, um ihre Jungen zu füttern und sich auszuruhen.

Ein größerer Vogel ist der gefährdete Schwarzmaskenguan, der auf Felsen in der Nähe der Wasserfälle lebt. Er hat schwarze, stellenweise weiß durchsetzte Federn, einen roten Kehllappen mit einem dunkelblauen Fleck darunter, weiß umringte Augen und eine weiße Federkrone – unverkennbar und unvergesslich.

Juwelen des Regenwalds

Die Wasserfälle sind von üppigen atlantischen Regenwäldern umgeben, die als Nationalparks geschützt werden. Hier wachsen Orchideen, Bromelien, Begonien, Palmen und Farne, und überall im Wald leuchten die roten Blüten des Ceibo – des Hahnenkamm- oder Korallenbaums –, der Nationalpflanze Argentiniens, und die kräftig rosa oder gelb gefärbten Blüten des Trompetenbaums. Der seltene, 40 m hohe Palo-Rosa-Baum ist bei Bienen (und Imkern) wegen seines feinen Nektars beliebt. Mehrere Tukanarten sind in den Wäldern verbreitet, u. a. der Braunohr-Arassari mit gelbem Bauch und roter Brust. Seltener ist die Taubenhalsamazone, ein Papagei mit grünem Gefieder und einigen roten Tupfen auf der Brust. Noch extravaganter ist das metallische Blaugrün des Veilchenohrkolibris, der seine Schwingen so schnell bewegt, dass er vor den Blüten, aus denen er den Nektar saugt, förmlich in der Luft steht.

Wasserliebhaber Der Braunohr-Arassari, eine prächtige Tukanart, lebt in den Wäldern der umgebenden Tiefebene bevorzugt in Wassernähe.

Stromaufwärts leben Brillenkaimane im Fluss. Sperber machen tagsüber Jagd auf Libellen und nachts auf Fledermäuse. Schneckenweihen fressen Apfelschnecken und überall sieht man Schmetterlinge, u. a. den türkisfarbenen Falter *Doxocopa laurentia*. In der Höhe kreisen Harpyien.

Tief versteckt in den Wäldern leben die bekanntesten Säugetierarten Südamerikas – Tapire, Ameisenbären, Ozelots, Capybaras, Pekaris und Hirsche, – die sich allerdings kaum je blicken lassen. Auch der scheue Jaguar lebt hier; die Fährte dieses ausgezeichneten Schwimmers und Kletterers ist gelegentlich an Flussufern zu entdecken. Er stellt anderen Säugetieren nach, aber auch Schildkröten, Echsen, Vögeln und Fischen. Nasenbären sind an den Wasserfällen häufig anzutreffen und lassen sich sogar aus der Hand füttern.

Die Konkurrenten

WASSERFÄLLE

Das Wasser des **Salto Ángel** stürzt von einem Tafelberg hoch über dem venezolanischen Regenwald herab. Mit 979 m hat dieser die weltweit größte Fallhöhe. Das Wasser fällt auf einmal 807 m in die Tiefe und dann auf Stromschnellen und Kaskaden verteilt weiter bis zum Fuß des Falls. Der Salto Ángel ist nach Jimmie Angel benannt, der den Wasserfall 1933 von seinem Flugzeug aus erblickte und 1937 auf dem Hochplateau landete. Bei den indigenen Pemón heißt er Kerepakupai Merú, „Wasserfall der größten Tiefe".

Die drei Stufen der **Niagarafälle**, die Horseshoe Falls, die American Falls und die Bridal Veil Falls, liegen an der Grenze zwischen Kanada und den USA am Niagara River, der vom Erie- in den Ontariosee fließt. Sie zeichnen sich durch die große Fallhöhe und die Menge des herabstürzenden Wassers aus. Pro Jahr weichen die Niagarafälle um bis zu 60 cm zurück und werden sich irgendwann zu einer Reihe Stromschnellen auflösen.

Der **Bridalveil Fall** im kalifornischen Yosemite-Nationalpark ist zwar nur 190 m hoch, bezaubert aber mit der vom Wind bewegten Wasserflut. Nach der Schneeschmelze im Mai oder Juni donnert viel Wasser in die Tiefe, sonst ist der Wasserdurchfluss geringer.

Salto Ángel am Auyan-Tepui

In Island liegt mit dem Dettifoss der mächtigste Wasserfall Europas; der Publikumsmagnet ist jedoch der **Gullfoss**. Hier rauscht das Wasser des Hvítá über zwei rechtwinklig positionierte Kaskaden in eine Schlucht. Die eine Kaskade hat eine Fallhöhe von 11 m, die zweite von 21 m. Die Schlucht verläuft von der unteren Kaskade aus ebenfalls rechtwinklig, sodass es wirkt, als werde der Fluss, der unten seitlich weiterfließt, plötzlich vom Erdboden verschluckt.

An der Grenze zwischen Sambia und Simbabwe liegen die **Victoriafälle**, die David Livingstone nach der englischen Königin benannte und die von den indigenen Kololo Mosi-oa-Tunya, „Donnernder Rauch", genannt werden. Während des Hochwassers kann man hier die mit 1600 m Breite und 108 m Höhe größte Wasserwand der Welt bewundern. Das Wasser stürzt in eine quer verlaufende Schlucht, aus der es in steile Schlünde abfließt.

DER VIELSEITIGSTE NATIONALPARK ASIENS

KANHA-NATIONALPARK

Indiens größter Nationalpark wird als „Land des Tigers" angepriesen und bietet die beste Chance, verschiedenste Tiere in freier Wildbahn zu sehen.

Es war an einem heißen Sommerabend um sieben Uhr in den Seeonee-Bergen, …" – so beginnt Rudyard Kiplings Geschichtensammlung *Das Dschungelbuch*. Jene Hügel, tief im heutigen Kanha-Nationalpark und vom Licht der Abendsonne rosa und golden gefärbt, waren seine Inspiration: Shere Khan, der Tiger, lebt hier, ganz am Ende der Nahrungskette, ebenso Bagheera, der Leopard (auch wenn die Leoparden im Park gefleckt und nicht schwarz sind). Auch Baloo, der Lippenbär, und Tabaqui, der Schakal, sind vertreten. Leider macht sich Akela, der Wolf, inzwischen rar in der Gegend; an seine Stelle ist der Rothund getreten.

All diese Säugetiere leben im Kanha-Nationalpark, der auch das Tigerreservat umfasst. Das Schutzgebiet im Hochland ist wohl das schönste in ganz Indien. Sein Zentrum bilden die Täler der Flüsse Banjar und Halon und rundherum finden sich üppig bewaldete Berge, tiefe Schluchten, Wiesen und Plateaus, die als *dadar* bezeichnet werden. Vom Bamni Dadar, dem höchsten Punkt in dem Reservat, bietet sich ein atemberaubender Blick auf den Sonnenuntergang, was der Stelle passenderweise den Namen Sunset Point eingetragen hat. Als das Reservat eingerichtet wurde, siedelte man die Bevölkerung aus Dörfern wie Ourai und Sondar, die sich innerhalb seiner Grenzen befanden, um. Heute kommen die Tiere zu den Wasserstellen, die früher der Versorgung der Dörfler gedient hatten, um ihren Durst zu löschen.

GEOGRAFISCHE LAGE

Der Kanha-Nationalpark liegt in den Distrikten Mandla und Balaghat des indischen Bundesstaats Madhya Pradesh, 175 km südöstlich von Jabalpur. Es gibt drei Flughäfen: Jabalpur, Raipur und Nagpur; von allen führen Straßen zum Park. Tourveranstalter und Busse fahren in die Ortschaften am Rand des Parks.

Futtersuche Der Kanha-Nationalpark ist der letzte Rückzugsraum, den der auf lichte Wälder angewiesene Hochland-Barasingha in Indien hat.

Einmalige Tierart

Die Vielfalt der Tier- und Vogelwelt im Reservat begeistert Naturfreunde. In den Trockenwäldern singen die Tropfenfrankoline und Pirole, denen in der Luft Wanderfalken nachstellen. Im Tiefland gibt es Salbaum- und Bambuswälder, aufgelockert durch Wiesen, die hier *maidans* genannt werden.

Hier streifen Tiger umher, stets begleitet von den Warnrufen anderer Tiere, besonders von den Schreien der Pfaue. Die Weiden sind für Pflanzenfresser lebenswichtig. Zu jenen gehört beispielsweise der Hochland-Barasingha, ein Hirsch, der fast schon ausgerottet war. Die im Park lebende Unterart unterscheidet sich von der Unterart im Norden, dem Tiefland-Barasingha, vor allem durch ihre Lebensweise: Anders als jene lebt die Hochlandart nicht in Sumpfgebieten. Die Barasinghas teilen sich das Revier mit Hirschziegenantilopen, Axishirschen und Languren.

Warnsignale

Languren und andere Affen erspähen sich nähernde Tiger oder Leoparden von ihren Aussichtsposten in den Bäumen, während Axishirsche mit ihren empfindlichen Nasen die Großkatzen schon von Weitem wittern. Affen und Hirsche bleiben dicht beieinander und betreiben so

Auf der Pirsch Trotz ihrer Größe sind Tiger geschickte Kletterer, die Bäume erklimmen, ob während der Jagd oder für ein Nickerchen.

eine Art Arbeitsteilung: Sie warnen sich gegenseitig vor der nahenden Gefahr. Safarijeeps fahren langsam durch die Wälder, sodass Besucher die Dramen in der Tierwelt aus der Nähe beobachten können, ohne sich in Gefahr zu begeben.

In dem Wald um Bamni Dadar leben neben Sambarhirschen, Muntjaks, Gauren und Wildschweinen sogar Vierhornantilopen. Diese urtümliche Antilopenart wird nur 60 cm hoch. Die Männchen bilden oft vier statt zwei Hörner aus – eine Seltenheit unter Säugetieren.

Kürzlich wurden auch nachtaktive Fleckenkantschile, eine nur hasengroße Paarhuferart aus der Familie der Hirschferkel, im Park entdeckt. Die Nahrungskette ist also vielgliedrig und der Tisch für hungrige Fleischfresser reich gedeckt – ein Paradies für Shere Khan.

Die Konkurrenten

NATURRESERVATE IN ASIEN

■ Nachdem das Wolong-Naturreservat im Westen Sichuans, das berühmteste Panda-Schutzgebiet Chinas, 2008 von einem Erdbeben erschüttert worden war, traten andere Schutzgebiete in den Vordergrund, z. B. das **Naturreservat Foping** im Qin-Lin-Gebirge in Shaanxi. Dort lebt heute die größte Panda-Population Chinas.

■ Der südliche Teil des Mount Everest gehört zum **Sagarmatha-Nationalpark** im östlichen Nepal. Die höheren Hänge dieses von Bergen und Tälern geprägten Gebiets sind das Terrain der Schneeleoparden, Kragenbären, der Tahre, Seraue und Gorale, der Yaks, Blutfasane und Alpendohlen.

■ Im japanischen Affenpark **Jigokudani** baden Japanmakaken in Thermalquellen. Jigokudani bedeutet „Höllental" – der Name ist auf den Dampf und das heiße Wasser zurückzuführen. Im Sommer streifen die Affen auf Nahrungssuche durch den Wald und im Winter baden sie täglich heiß, bevor sie sich in den Wald und auf die Klippen zurückziehen, um zu schlafen.

Affenpark Jigokudani

DAS ERSTAUNLICHSTE REGENWALD-RESERVAT

KHAO-SOK-NATIONALPARK

Weit im Süden Thailands existiert ein uralter Garten Eden: Der Khao-Sok-Nationalpark ist eine unberührte Schatzkammer in Sachen tropischer Flora und Fauna.

Verstreute Inseln Kalksteinfelsen ragen wie Türme aus dem Chiao-Lan-See heraus, der entstand, als ein Tal im Park nach einem Staudammbau überflutet wurde.

Der Khao-Sok-Nationalpark ist zwar erst seit Kurzem ein Reiseziel für Globetrotter, aber die Landschaft ist uralt. Nirgendwo sonst werden Besucher Schilder mit der Aufschrift „Vorsicht, wilde Elefanten" neben einer nackten Felswand erblicken, von Blutegeln förmlich aufgefressen werden, beim Duschen von handtellergroßen Spinnen oder beim Schlafen von grasgrünen Schlangen überrascht werden …

Der Khao-Sok-Nationalpark ist ein Naturparadies der Superlative. Er umfasst den größten unberührten Regenwald Thailands, Überbleibsel einer der ältesten immergrünen Regenwälder. Der Wald existiert schon 160 Mio. Jahre! Durch die Nähe zu zwei Ozeanen – den Golf von Thailand im Osten und die Andamanensee im Westen – war das Klima hier auch in den Eiszeiten so feucht, dass der Wald gedeihen und die Tiere überleben konnten. Dank dieser langen Stabilität gibt es hier eine so erstaunlich vielfältige Flora und Fauna wie sonst vielleicht nur noch im südamerikanischen Amazonastiefland.

GEOGRAFISCHE LAGE

Der Khao-Sok-Nationalpark befindet sich 90 Flugminuten von Bangkok in der thailändischen Provinz Surat Thani. Der Park liegt an der Straße 401, 120 km von Surat Thani am Golf von Thailand und rund 60 km von Takua Pa an der Westküste entfernt. Die beliebten Urlaubsorte von Phuket liegen 230 km weiter südlich.

Rekordblüte Der einzige sichtbare Teil der parasitären Pflanze *Rafflesia kerrii* ist die Blüte. Sie erreicht einen Durchmesser von bis zu 80 cm und riecht nach Aas.

Giganten der Pflanzenwelt

An den meisten Tagen hebt sich der Nebel, der den Park am frühen Morgen verhüllt, unter den Strahlen der Sonne und gibt den Blick frei über eine bezaubernde Landschaft mit steilen Türmen, Pfeilern und Klippen aus Kalkstein. Wasserfälle stürzen glitzernde Felsen hinab, in Höhlen voller pfeifenähnlicher Tropfsteine hausen nicht nur Kolonien kreischender Fledermäuse, sondern auch Salanganen, die ihre Nester aus Speichel bauen – die Nester sind die Hauptzutat der Schwalbennestersuppe. Die Vögel nutzen Echoortung, um ihre Nester in den dunklen Höhlen zu finden.

Das botanische Kronjuwel des Nationalparks ist die *Rafflesia kerrii*, die Blume, die für die thailändische Provinz Surat Thani steht. Die Pflanze, die von den Thai *bua phút* („wilder Lotus") genannt wird, bildet Blüten aus, die zu den größten überhaupt zählen. Die riesigen roten Blüten sehen zwar schön aus, verströmen aber Aasgeruch – ein raffinierter Trick, um kleine Fliegen statt der zu großen Bienen zur Bestäubung anzulocken. Die Pflanzen leben parasitär auf wilden Lianen und ihre Blüten blühen nur eine Woche lang. Rafflesien wachsen auf dem beständig dunklen Waldboden, was erklären mag, warum die Blüten so groß und bunt sind.

Die vorherrschenden Bäume auf der Malaiischen Halbinsel sind Zweiflügelfruchtbäume. Sie werden bis zu 70 m hoch und blühen erstmals nach 50 bis 60 Jahren. Die Bäume gehören zu den Arten, die durch das Blätterdach des Waldes hindurchbrechen. Im Wald gedeihen sie zusammen mit Kokospalmen, Bambuspflanzen, Lianen und verschiedenen

Feigenarten. Zu Letzteren zählen die Pappelfeige, die auch Bodhibaum genannt wird, die Birkenfeige und die berüchtigte Würgefeige, die ein Geflecht von Luftwurzeln um einen Wirtsbaum legt und diesen schließlich erstickt.

Die Stimmen des Waldes

Etwa gegen 5.30 Uhr erhebt sich im Blätterdach ein vielstimmiger Chor: Bartvögel, Stachelbürzler, Frankoline und Haarvögel (Bülbüls) begrüßen den Morgen. Aber nicht nur Vögel betätigen sich als Sänger. Gegen 6 Uhr tönt der unheimliche und traurige Gesang der Weißhandgibbons durch den Wald, mit dem die Paare ihr Revier markieren. Wenn die Sonne aufgegangen ist, mischt sich in diesen Chor auch noch das Geschnatter der Affen, zu denen Haubenlanguren wie der Südliche Brillenlangur gehören.

Languren sind leicht zu entdecken: Sie haben einen langen Schwanz, ein dunkles Fell mit hellen Flecken auf der Brust und oben auf dem Kopf sowie weiße Ringe um die Augen. Am Morgen und am späten Nachmittag sind sie auf der Suche nach Nahrung – Blätter und Früchte – in den Baumwipfeln unterwegs. Verwunderlich ist, dass das Fell ihrer Jungen leuchtend orangefarben ist.

Auf dem Teppich aus Moosen und Farnen am Waldboden leben Hundertfüßer von der Länge eines Unterarms, deren Biss sehr schmerzhaft ist, und Skorpione, die zu den größten weltweit zählen. Auch rekordverdächtige Schlangen gehören zu den Waldbewohnern, z. B. mehrere Kobraarten, darunter die Königskobra, die mit einer Länge von bis zu 5,60 m die größte Giftschlange der Welt ist. Ein weiterer Riese ist der Netzpython, der bis zu 10 m lang und so als längste Würgeschlange der Welt geführt wird.

Nachts stellen goldene Baumfrösche und Tausende brummender Insekten den Dschungelchor, während Glühwürmchen in den Bäumen funkeln, glotzäugige Plumploris hinter Ästen hervorlugen und große bunte Atlasspinner, Schmetterlinge mit einer Flügelspannweite von bis zu 30 cm, sich von der Suche nach einem Partner auf Baumstämmen ausruhen.

Wasser im Überfluss

Ungewöhnlich starke Regenfälle erhalten den Regenwald und seine Flüsse. Dank dem Nordostmonsun vom Pazifik und dem Südwestmonsun vom Indischen Ozean ist der Khao-Sok-Nationalpark der feuchteste Ort in Thailand mit einer jährlichen Niederschlagsmenge von

Geschickte Primaten Weißhandgibbons sind schwarz bis hellbraun und haben weiße Hände. Auffällig ist die ringförmige weiße Zeichnung des Gesichts.

3500 mm. Die stärksten Regenfälle gibt es zwischen Mai und November.

Wanderwege folgen den Flüssen bis ins Zentrum des Nationalparks und zum gewaltigen Staubecken des Chiao-Lan-Sees. Hier können Besucher in Hütten auf Flößen wohnen. Einige Dörfer hat der Stausee verschlungen. Der Blick vom Chiao-Lan-See auf die Karstlandschaft ist unvergleichlich: Wie geballte Fäuste recken sich isoliert stehende Kalkfelsen in den Himmel. Einige dieser bizarren Zinnen sind bis zum Uferrand von Bäumen bewachsen, andere sind nackte Pfeiler mit senkrecht ins smaragdgrüne Wasser abfallenden Flanken. Selbst in der Mittagszeit wabern Nebelschwaden um die Spitzen dieser wie Skulpturen wirkenden Felsen. Wo das Gestein vom Wasser erodiert wird, gleicht sein Aussehen einer Kerze mit auslaufendem Wachs.

Säugetiere und Vögel

Die Wälder um den Chiao-Lan-See sind ein wichtiger Lebensraum für Asiatische Elefanten, Gaure, Malaienbären, Schabrackentapire, Bambusratten, Großkantschile (eine Hirschferkelart) und die seltenen Nebelparder, die besten Kletterer unter den Großkatzen. In den Bäumen leben Flugdrachen und unzählige Vogelarten. Zu ihnen zählen allein 18 Spechtarten, darunter der Puderspecht, die weltweit größte Art. Bemerkenswert sind auch der Feuerliest mit seinem rostroten Gefieder, hellroten Schnabel und der gelben Brust, der Bengalensegler, der sein Nest unten an Palmblätter klebt, sowie der Doppelhornvogel und der Schildschnabel – zwei Arten von Nashornvögeln, die stark von Wilderei bedroht sind, weil sich der Hornaufsatz auf dem Schnabel wie Elfenbein verwerten lässt.

Der Einfluss des Menschen

Der Nationalpark hat eine wechselvolle Geschichte. Man glaubt, dass seit mindestens 50 000 Jahren Menschen in dem Gebiet leben, aber Aufzeichnungen darüber gibt es erst aus dem 19. Jh., als Menschen, die vor einem Krieg aus dem damaligen Burma flüchteten, sich in dem Wald versteckten. Die Siedler fällten viele Bäume, aber 1944 starben die meisten von ihnen infolge einer Epidemie. Die Überlebenden zogen fort, ihr verlassenes Dorf wurde Ban Sop („Dorf der Toten") genannt.

Der Wald erholte sich, aber die Geschichte der sporadischen Besiedlung setzte sich fort. In den 1960er-Jahren wurde eine Fernstraße gebaut, die die Ost- mit der Westküste verband und Goldsuchern und Holzfällern den Zugang erleichterte. In den 1970er-Jahren erkannte man den ökologischen Wert von Khao Sok und der Bergbau und die Holzfällerei gingen zurück. In den späten 1970er-Jahren campierten aufständische Studenten im Wald, um sich dem Zugriff der Armee zu entziehen. Glücklicherweise richteten weder sie noch die Soldaten größere Verwüstungen an.

Todbringende Fluten

Im Jahr 1980 wurde der Khao-Sok-Nationalpark gegründet, zugleich aber zur Stromerzeugung der Bau des Ratchaprapha-Staudamms beschlossen. Durch Letzteren wurde ein großer Teil des Parks überflutet – der Chiao-Lan-See entstand. Vor der Flutung gab es halbherzige Versuche, Tiere umzusiedeln, aber die meisten starben, als ihr Lebensraum zerstört wurde. Auch die Bewohner von fünf Dörfern mussten gehen. Dieser Verlust von Lebensraum und Artenvielfalt war ein herber Rückschlag, aber wieder bewies der Wald seine Widerstandsfähigkeit – die Bestände der Tier- und Pflanzenarten erholten sich. Heute patrouillieren Wildhüter in dem Gebiet und die staatliche Überwachung der Tourveranstalter sorgt dafür, dass ein Gleichgewicht zwischen Natur und menschlicher Nutzung gewahrt bleibt.

Nasse Abkühlung Elefanten lieben es, in Flüssen zu baden. Nach der Abkühlung suhlen sie sich im Schlamm, um ihre Haut vor der Hitze zu schützen.

RESTE EINES RIFFS

Vor rund 225 Mio. Jahren waren die Kalksteinfelsen des Khao-Sok-Nationalparks noch ein Korallenriff auf dem Grund eines flachen Meeres. Man nimmt an, dass es zu einem Riff gehörte, das die fünffache Länge des australischen Großen Barriereriffs hatte. Vor rund 66 Mio. Jahren wurden die Kalksteinsedimente nach oben gedrückt. Heute sind einige Berge fast 1000 m hoch und damit dreimal höher als die Kalksteinhügel in der nahe gelegenen Phang-Nga-Bucht.

Die Konkurrenten

REGENWALD-RESERVATE

■ Im **Dzanga-Ndoki-Nationalpark** in der Zentralafrikanischen Republik befindet sich die spektakulärste Lichtung in einem Regenwald: Dzanga Bai, das „Dorf der Elefanten". Hunderte von Waldelefanten sammeln sich hier, um nährstoffreiche Mineralien aus dem Sandboden zu graben. Im Park leben auch Bongos und Sitatungas (zwei Antilopenarten), Riesenwald- und Pinselohrschweine sowie Gorillas.

■ Der brasilianische **Jaú-Nationalpark** ist das größte Waldreservat im Amazonasbecken. Er umfasst den Rio Jaú und dessen Nebenflüsse. Dabei handelt es sich um Schwarzwasserflüsse, deren teebraune Farbe durch die Zersetzung mitgeführter Blätter entsteht. In den Flüssen leben Amazonas-Manatis, Riesenotter und Schildkröten, im umliegenden Wald Harpyien, Jaguare, Waldhunde und die bedrohten Klammeraffen.

■ Der **Loango-Nationalpark** in Gabun gilt als „Afrikas letzter Garten Eden". In diesem paradiesischen Habitat reicht der Regenwald bis an den Strand des Ozeans. Elefanten, Waldbüffel, Flusspferde, Gorillas und Leoparden wagen sich aus dem Wald an die weißen Sandstrände. Einige Tiere baden sogar im Meer - es ist das Land der „surfenden" Flusspferde und das schönste Beispiel für eine geschützte Regenwaldlagune in Afrika.

ERG CHEBBI

Ein großes welliges Meer aus Sand – der Erg Chebbi ist *die* Sandwüste schlechthin. Er umfasst 110 km^2 im Osten Marokkos, an der Grenze zu Algerien und zur Sahara. Die Dünen türmen sich wie ein Tsunami aus Sand rund um entlegene Dörfer wie Merzouga auf – bis zu 150 m hoch. Der Sand bildet auf 23 km lange Wellen in Nord-Süd-Richtung, also quer zu den vorherrschenden Winden, die beständig gegen die weichen Hügel blasen und so lockere Sandkörner über die gebogenen Kämme wehen. Die Dünen sind wie seit mindestens 1 Mio. Jahren auch heute unaufhörlich in Bewegung. Wenig kann in dieser heißen, trockenen Landschaft überleben; durchziehende Kamele und Menschen sinken tief in den Sand ein. Und doch besitzt dieses Gebiet eine eigenartige Anziehungskraft, die zum Erkunden einlädt.

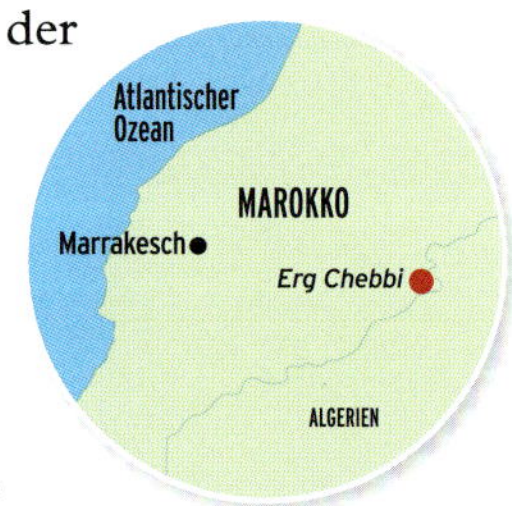

DIE PERFEKTE WÜSTE?

Unser blauer Planet ist zu einem großen Teil mit Wasser bedeckt – und Wasser heißt Leben. In den Wüsten jedoch mangelt es an Wasser. Definiert sind sie als Gebiete mit weniger als 250 mm Niederschlag pro Jahr; vielerorts liegen sie unter sengender Sonne. Obwohl die Lebensbedingungen also ungünstig sind, können Wüsten wunderschön sein: Die nackte Geologie der Erde zeigt sich

im freien Farb- und Schattenspiel, vor allem morgens und abends. Nachts weicht der blaue Himmel dem Sternenzelt. Pflanzen und Tiere haben sich an die Bedingungen angepasst und nutzen den Tau der Nacht und den seltenen Niederschlag. Nach Regen kann sich die Wüste in ein Blütenmeer verwandeln. Krebstiere, die im Trockenschlaf lagen, erwachen und vollenden ihren Lebenszyklus in wenigen Tagen. Kakteenwurzeln saugen das Nass in den Stamm. Die großen Wüsten bergen viele Lebensformen, die unter extremen Bedingungen existieren.

DIE WEISSE WÜSTE

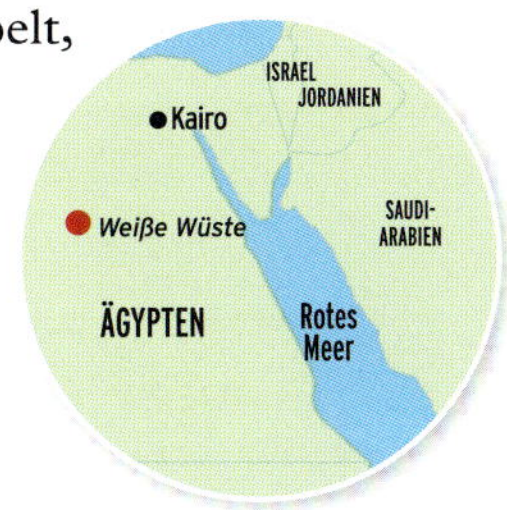

Sand hat Kraft: Vom Wind aufgewirbelt, bildet er eine Wolke aus scharfkantigen Partikeln, die Farbe von Autos schmirgeln und ganze Felsen zersetzen können. Genau das geschieht in der extrem heißen Weißen Wüste im Westen Ägyptens. Auf dem flachen Boden der Wüste, die heute ein Nationalpark ist, erheben sich seltsame, von der Natur geschaffene Felsskulpturen, die die Fantasie des Betrachters anregen: Sind es Köpfe auf dünnen Hälsen, Vögel im Flug, Segel, Pilze, Brustwarzen, Jurten oder eher Türme? Die Skulpturen wurden aus einer Kalkschicht herausgemeißelt, die sich in einem längst verschwundenen Meer vor Jahrmillionen ablagerte. Bei Tageslicht erscheinen sie blendend weiß, in der Morgen- und Abenddämmerung hellrosa bis orange. Und im stillen Mondlicht schimmern sie gespenstisch silbrig.

DIE WEHRHAFTESTE BURG

KRAK DES CHEVALIERS

Wie viele imposante Burgen hat der Krak des Chevaliers eine von Gewalt geprägte Vergangenheit – und die Kämpfe gehen weiter.

GEOGRAFISCHE LAGE

Der Krak des Chevaliers liegt ca. 65 km westlich von Homs im Westen Syriens. Vor dem Beginn des Bürgerkriegs 2011 war die Burg von Homs, Aleppo und Damaskus aus leicht mit dem Taxi zu erreichen. Aufgrund der kriegerischen Auseinandersetzungen wird von Reisen nach Syrien unbedingt abgeraten.

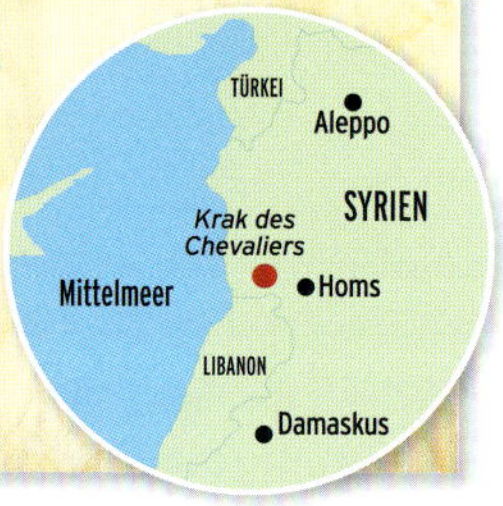

Jahrhunderte lasten auf den sonnendurchfluteten Höfen und den Türmen des mächtigen Krak des Chevaliers. Nirgendwo lässt sich der Geist der mittelalterlichen Kreuzfahrer besser begreifen als im Rittersaal der Burg oder in den dunklen Verbindungsgängen, die rund um die Mauern führen. Der 650 m hohe Hügel war die ideale Stelle für den Bau einer Burg. T. E. Lawrence, der berühmte Lawrence von Arabien, nannte sie einst „die am besten erhaltene und bewunderungswürdigste Burg der Welt". Die zur Überwachung der Hauptroute ins südliche Syrien errichtete Burg ist weltweit das spektakulärste Beispiel mittelalterlicher Festungsarchitektur und ein Zeugnis der Kreuzzüge.

Die Erbauer waren Kreuzfahrer und Teil der Armeen des römisch-katholisch geprägten Europa, die versuchten, das Heilige Land der islamischen Herrschaft zu entreißen. Man kennt sie als Hospitaliter oder Johanniter, Ritter eines Ordens von Mönchskriegern, die sich der Krankenpflege und dem Schutz christlicher Jerusalempilger verschrieben hatten. Obwohl sie ursprünglich also gute Taten im Sinn hatten, griffen sie bald zum Schwert, um den Vorposten inmitten feindlichen Territoriums zu sichern. Wegen ihrer Genügsamkeit und Disziplin wurden sie schnell zu den meistgefürchteten Kriegern der Christenheit.

Eine modellhafte Wehrburg

Als die Johanniter den Hügel übernahmen, stand dort eine muslimische Festung, die schon 1110 in die Hände der Kreuzfahrer gefallen war. Die Ritter nutzten das Wissen über Wehranlagen, das ihnen zu jener Zeit zur Verfügung stand, um das bestehende Gebäude in eine moderne Burg mit Ringmauern und viereckigen Türmen rund um einen Innenhof zu verwandeln. Nach mehreren Erdbeben gestaltete man die Festung im 13. Jh. dann vollständig um: Eine zweite Mauer wurde gebaut und es entstand die konzentrische Burg mit zwei schweren Mauerringen zur Verteidigung. Der äußere Mauerring war zwar 9 m hoch, lag aber tiefer als die innere Verteidigungsmauer. Soldaten, die auf der inneren Mauer postiert waren, hatten so einen freien Blick auf den Hang unterhalb der Burg und das umliegende Terrain. Angreifer, denen es gelang, die äußere Mauer zu erklimmen, hätten

Mächtige Festung Die geneigte innere Ringmauer wurde direkt auf den Felsen gesetzt. Ihre Form sollte Angreifern das Erklettern unmöglich machen.

nirgendwo Deckung gefunden. Im Osten, wo die Wehranlagen am schwächsten waren, lagen ein über einen Aquädukt aus einer Quelle gespeistes Wasserbecken und ein Wassergraben zwischen den Mauern.

Jede Befestigungslinie besaß Bastionen, von denen aus Angreifer mit Pfeilen, Steinen und kochendem Öl abgewehrt werden konnten. Ein einziges Tor führte in einen mit Schießscharten versehenen Durchgang, in dem die Verteidiger jeden Angreifer unter Feuer nehmen konnten. In der Burg war Platz für bis zu 2000 Personen, ihre Pferde und die Ausrüstung. Durch Zisternen und unterirdische Lager gab es in der Burg genügend Wasser und Vorräte, um einer mehrmonatigen Belagerung standzuhalten.

Die Konkurrenten

BURGEN UND FESTUNGEN

■ Die japanische **Burg Himeji** liegt auf dem Hügel Himayama und ist etwa 50 km von der Großstadt Kobe entfernt. Sie wurde ab 1601 errichtet und erstrahlt, nach einer Renovierung 2015, wieder im alten Glanz.

■ Das **Eilean Donan Castle** steht nahe Dornie in den westlichen schottischen Highlands auf einer Insel im Loch Duich. Die Gebirgskulisse verstärkt den Eindruck der Einsamkeit.

■ **Harlech Castle** thront über der Tremadoc Bay im westlichen Wales. Die Burg wurde im 13. Jh. von König Eduard I. von England errichtet. Am auffälligsten ist das Torhaus mit den Doppeltürmen.

Alcázar von Segovia

■ Der aus dem 12. Jh. stammende malerische **Alcázar von Segovia** im spanischen Kastilien thront auf seinem Felsvorsprung majestätisch über der Stadt.

■ Das von spanischen Siedlern erbaute dreieckige **Castillo San Felipe de Barajas** in Cartagena (Kolumbien) spielte in den Kolonialkriegen mit Frankreich und England eine wichtige Rolle.

Wechselhafte Geschichte

Die Baumeister haben gute Arbeit geleistet: Während der 150 Jahre in der Hand der Kreuzfahrer wurde die Burg zwölfmal erfolglos belagert, einmal sogar von dem großen Heerführer Saladin persönlich. Sie überstand selbst das große Erdbeben von 1170, auch wenn danach größere Reparaturen nötig waren.

Die Festung fiel erst 100 Jahre später in die Hände des Mameluckensultans Baibars, der mit Belagerungsmaschinen, Katapulten und Rammböcken den Zugang zum Torturm der äußeren Mauer erzwang. Den Belagerten gelang es, den inneren Verteidigungsring noch zwei Wochen zu behaupten. Als dann dieser fiel, verschanzten sie sich im mächtigen Südturm und handelten den freien Abzug in die noch von Christen gehaltene Stadt Tripoli im heutigen Libanon aus. Während der folgenden 20 Jahre löschte Baibars den letzten christlichen Widerstand aus; die Länder der Levante waren damit wieder unter islamischer Herrschaft. 1933 kaufte Frankreich die Burg, überschrieb sie aber 1949 wieder an Syrien.

Der Krak des Chevaliers kündet von einer Zeit, die von religiösem Fanatismus und religiös motivierter Gewalt geprägt war – und heute wieder ist, denn im Laufe des syrischen Bürgerkriegs wurde die Burg von Aufständischen besetzt und 2014 erst mithilfe von Luftangriffen von der Regierung zurückerobert. Dabei wurden allerdings Beschädigungen der Burg billigend in Kauf genommen.

Beherrschend Die Burg thront hoch über der weiten fruchtbaren Ebene, um eine Annäherung oder den Einsatz von Belagerungsmaschinen zu erschweren. Gleichwohl wurde die Anlage gewaltsam erobert.

DER PRÄCHTIGSTE MARKTPLATZ

KRAKAU

Einkaufende suchen hastig nach dem besten Angebot, Menschen plaudern in den Straßencafés, alte Denkmäler künden von der jahrhundertelangen Geschichte – in Krakau befindet sich der Inbegriff eines historischen Marktplatzes.

GEOGRAFISCHE LAGE

Krakau liegt rund 250 km südlich von Warschau im südlichen Polen nahe der slowakischen Grenze. Der internationale Flughafen befindet sich 11 km westlich der Stadt, die auch gut mit dem Zug besucht werden kann. Große Teile der Altstadt sind Fußgängerzone und leicht mit öffentlichen Verkehrsmitteln erreichbar.

Mit ihrer stolzen Vergangenheit als Zentrum des Handels, der Kunst und der Wissenschaften ist Krakau eine der ältesten Städte Polens. Da Krakau bis 1596, als der Hof nach Warschau umzog, die Landeshauptstadt war, findet sich hier eine ganze Reihe majestätischer Baudenkmäler. Das Wawelschloss, früher der Herrschersitz der polnischen Könige, thront auf einem Vorsprung über einem Bogen der Weichsel. Gleich daneben erhebt sich die prächtige gotische Wawelkathedrale, in der der spätere Papst Johannes Paul II. 1946 zum Priester geweiht wurde. Kirche, Staat und Wissenschaften sind allesamt reich in dem einmaligen architektonischen Erbe der Stadt präsent. Absolut herausragend dabei ist der Rynek Glówny, der riesige Marktplatz – der größte derartige Platz Europas – im Zentrum der Stadt.

Dem Handel geweiht

Der Hauptplatz bildet seit mehr als 700 Jahren den Mittelpunkt des städtischen Lebens. Er wurde speziell für den Handel geschaffen, sodass es hier schon immer einen Markt gab, auf dem heute aber Blumen, Schmuck, Geschenkartikel, Postkarten und Reiseführer angeboten werden, während früher Kolonialwaren und Waren des täglichen Bedarfs im Mittelpunkt standen.

Aber die Menschen gehen hier nicht nur ihren Geschäften nach, sondern genießen auch die reizvolle historische Kulisse. Bereits seit vielen Generationen kommen sie hierher, um zu bummeln, zu essen, zu trinken, zu reden, zu flirten und zu feiern. Der Platz ist an allen vier Seiten von Cafés, Restaurants und Bars umgeben. Im Sommer sitzen die Gäste an den Tischen in der Sonne oder tauchen auf der Suche nach Schatten in die Bierkeller ab. Im Winter ist es zwar kälter, das tut aber der Stimmung keinen Abbruch – die Neujahrsfeier scheint wochenlang zu dauern. Und noch heute regiert wie im Mittelalter in der Woche vor Aschermittwoch der Karneval. Unvermeidlich steht dann der Platz im Zentrum der Feiern: Die Massen sammeln sich zu Füßen des Adam-Mickiewicz-Denkmals, lassen sich aber vom strengen Blick des Dichters nicht einschüchtern.

Doch nicht immer ging es hier um sehen und gesehen werden. In der langen

„Bereits seit vielen Generationen kommen sie hierher, um zu bummeln, zu essen, zu trinken, zu reden, zu flirten und zu feiern."

Geschichte Krakaus war der Rynek Glówny auch die Bühne wichtiger Ereignisse. Er entstand – wie ein großer Teil der Altstadt – während des Wiederaufbaus Krakaus nach den Plünderungen durch die Mongolen in den Jahren 1241 und 1259. Im Mittelalter und der frühen Neuzeit versammelten sich auf dem Platz regelmäßig die Massen, um über die jüdischen Einwohner herzufallen. Jahrhunderte später wurden hier 1923 viele Zivilisten getötet, als Soldaten gewaltsam gegen eine Demonstration streikender Arbeiter vorgingen. Polnische Patrioten

Groß und lebendig Mit seiner Ausdehnung von annähernd 200 m auf 200 m ist der von den Tuchhallen dominierte Rynek Glówny der größte städtische Platz aus dem Mittelalter in ganz Europa.

Tuchhallen Krakaus Markthalle hat noch fast die gleiche Funktion wie vor 400 Jahren. In den Obergeschossen ist heute ein Museum untergebracht.

erinnern sich gern daran, dass Tadeusz Kościuszko im Jahr 1794 hier schwor, das polnische Volk in den Kampf um die Unabhängigkeit vom Kaiserreich Russland und vom Königreich Preußen zu führen, die sich große Teile Polen-Litauens einverleibt hatten. Der Aufstand scheiterte und besiegelte das Ende der alten Republik, inspirierte die Polen aber zu ihrem Kampf für die Freiheit.

Gebäude des Wohlstands

Der Rynek Glówny ist zu Recht wegen seiner Bauten berühmt. Er wird umrahmt von prächtigen Bürgerhäusern *(kamienica)*, die meist bis ins 15. Jh. oder noch weiter zurückdatieren. Vier mittelalterliche Stadthäuser wurden im 17. Jh. von einem Adligen zusammengelegt und mit einer barocken Fassade versehen. In dem so entstandenen Krzysztofory-Palast wurde in der kommunistischen Ära das Stadtgeschichtliche Museum untergebracht, das dort auch heute noch seinen Sitz hat.

Wenn man ein Gebäude nennen will, das in besonderer Weise mit der Geschichte der Stadt verbunden ist, dann sind dies die langen, mit Arkaden versehenen Krakauer Tuchhallen *(Sukiennice)*, die den Platz beherrschen. Schon seit Anfang des 14. Jh. hatte an gleicher Stelle eine Tuchhalle gestanden, die aber nur aus einem Behelfsdach zwischen zwei Budenreihen bestand. Ein erstes festes Gebäude brannte im Jahr 1555 nieder. Es wurde durch ein Gebäude im Renaissancestil ersetzt, das aber mit gotischen Anklängen an die Vergangenheit anknüpft.

Die prächtigen Tuchhallen waren nicht nur das Handelszentrum Krakaus, sondern zugleich ein Symbol für den Stolz und das Ansehen der Stadt, ihren Unternehmungsgeist und ihre Dynamik. Vor allem aber bedeutete das Gebäude in einer Stadt, deren Wohlstand auf ihrem wirtschaftlichen Erfolg beruhte, eine Anerkennung für die Handeltreibenden und ihren Fleiß. Wenn Könige und Herzöge Paläste besaßen, warum sollten dann nicht auch Handwerker und Kaufleute einen Palast haben, nicht zum Wohnen, sondern zum Handeln, einen Ort, wo man Waren präsentieren und Geschäfte abschließen konnte, die der gesamten Stadt den Wohlstand sicherten?

Die großen Gewölbe der Tuchhallen boten Händlern aus der Stadt und aus der Ferne eine ideale Umgebung, um sich zu treffen, Gespräche zu führen und Waren auszulegen – gut geschützt vor Wind und Regen. Draußen öffnen sich lange Arkaden (die in ihrer heutigen Gestalt während der umfassenden Renovierung im 19. Jh. hinzugefügt wurden) direkt zum Platz und gewähren den Marktständen Schutz.

In der Mitte des 16. Jh. hatten sich die Krakauer Kaufleute wahrlich das Recht auf ein schönes Haus verdient. Sie hatten

Die Konkurrenten

STADTPLÄTZE

Der **Naqsch-e Dschahān** (heute Meidān-e Emām) in Isfahan (Iran) wurde zu Beginn des 17. Jh. angelegt. Der wunderschöne Platz ist rundum von Moscheen und Palästen umgeben. Am nördlichen Ende befindet sich der Eingang zum Basar von Isfahan, einem der ältesten Märkte im Vorderen Orient.

Der belebte **Djemaa el-Fna** im marokkanischen Marrakesch ist schon bei Tag eine Augenweide, erwacht aber erst abends zu vollem Leben, wenn die Imbissstände öffnen und Straßenkünstler - von Tänzern und Musikanten bis zu Feuerschluckern und Geschichtenerzählern - für Unterhaltung sorgen.

Djemaa el-Fna, Marrakesch

Im Zentrum fast jeder gewachsenen Stadt Europas liegt ein malerischer Platz. Ein ernsthafter Konkurrent für Krakau ist der **Altstädter Ring** (Staroměstské Náměsti) in Prag. Sein größter Blickfang ist die Astronomische Uhr am Altstädter Rathaus, die 1410 als erste ihrer Art in Europa gebaut wurde.

Trotz ihres imposanten Namens wirkt die **Plaza de la Independencia** in Quito (Ecuador) verglichen mit anderen Stadtplätzen recht intim und erinnert eher an einen Stadtpark. An der Westseite steht eine Kathedrale, an der Nordseite der Präsidentenpalast. Weitere Kolonialbauten säumen die Plaza, in deren Mitte die Gedenksäule für die Märtyrer des Unabhängigkeitskampfes thront. Der Platz lädt zum Spazierengehen ein; Bäume setzen Farbtupfer und spenden Schatten.

das ihre dazu beigetragen, die damalige polnische Hauptstadt in ein wichtiges Handelszentrum zu verwandeln, vor allem im Bereich des Fernhandels mit Stoffen. Wollstoffe, die in und um Krakau gewebt wurden, stapelte man hier, ehe sie mit Maultierkarawanen westwärts nach Schlesien und Deutschland gebracht wurden oder ostwärts zur Donau und in die Schwarzmeerregion, wo die europäischen Kaufleute mit sarazenischen zusammentrafen, die über die Seidenstraße Kontakte bis in den Fernen Osten unterhielten.

Die Ost-West-Achse des Handels kreuzte sich in Krakau mit einer anderen Handelsstraße, die nach Norden das Weichseltal hinauf zu den Hansestädten an der Ostsee und nach Süden durch die Slowakei und Österreich bis zur Adria und nach Italien führte. Neben Stoffen wurden auch Vieh, Bauholz, Salz, Getreide, Pelze und Metalle über diese Routen exportiert. Auf dem Rückweg brachten die Kaufleute Luxusartikel mit: Öl und Wein aus Südeuropa, Produkte wie Rüstungen und Schmuck aus dem Norden, Seidenstoffe und Gewürze aus dem Osten. Während die Handwerker, Kaufleute und Bauern in der Region gute Geschäfte machten, profitierten auch die polnische Krone und die Krakauer Stadtregierung, weil auf alle Waren Steuern und Abgaben geleistet werden mussten.

Signal der Erinnerung

Neben den Tuchhallen stand einst ein prächtiges Rathaus, das, aus Natur- und Backstein errichtet, den Wohlstand der Bürgerschaft symbolisierte. Von diesem Gebäude aus dem 13. Jh. ist nur noch der gotische Turm erhalten, der aber auch alleine schon einen Eindruck vom Selbstbewusstsein der mittelalterlichen Stadt vermittelt. Ein Blickfang an der Südostecke des Platzes ist die St.-Adalbert-Kirche. Sie wurde im 17. Jh. barock umgebaut und erhielt eine Stuckfassade, sodass sie weit jünger wirkt, als sie ist – ihre Ursprünge liegen im 10. Jh.

In der Nordwestecke des Platzes steht die Marienkirche, ein Meisterwerk gotischer Architektur. Wenn man an die Steinsinfonien französischer oder englischer Kathedralen denkt, mag die Kirche befremdlich wirken, aber Backstein war in Nord- und Ostmitteleuropa der übliche Baustoff. Dass die Backsteingotik auch in Krakau vertreten ist, verweist auf die weit zurückreichenden engen Handelsbeziehungen der Stadt zu Norddeutschland und den Städten der Hanse. Die seltsam asymmetrische Gestalt mit den beiden unterschiedlich hohen Türmen hat dazu beigetragen, dass die Kirche von einem lokalen Wahrzeichen zu einem Symbol für die weltweite polnische Diaspora wurde. Alle Polen kennen das Hornsignal, das zur vollen Stunde viermal (in alle Himmelsrichtungen) aus den Fenstern einer Kammer oben im höheren Turm geblasen wird. Das Signal wird um 12 Uhr mittags landesweit im Radio übertragen. Der Brauch erinnert an den Wagemut eines Trompeters, der 1241 versuchte, die Bürger vor dem Angriff der Mongolen zu warnen, ehe ein Pfeil seine Kehle traf und ihn verstummen ließ.

Eine heldenhafte Tat – aber Geschichte behandelt nicht nur die Taten der großen Herrscher, sondern auch das Alltagsleben der einfachen Leute. Der Rynek Glówny steht exemplarisch für die Bedeutung dieser beiden Grundaspekte von Geschichte. Auch heute kann man sich vorstellen, wie die polnischen Könige in aller Pracht über den Platz zogen, aber genauso bewegend ist es, an die vielen Untertanen zu denken, die sich über die Jahrhunderte hier versammelten. Wer umherschlendert und die Atmosphäre auf sich wirken lässt oder entspannt in einem der Straßencafés sitzt, kann über eine Szenerie sinnieren, die sich seit langer Zeit nicht wesentlich verändert hat.

Marienkirche Die Kirche am Rynek Glówny birgt einen kostbaren Hochaltar, ein Meisterwerk des deutschen Bildhauers Veit Stoß aus dem späten 15. Jh.

DIE GEWALTIGSTEN FELSBAUTEN

LALIBELA

Felskirchen, die vor rund 800 Jahren aus hartem Basalt herausgehauen wurden, locken Pilger ins abgelegene Hochland von Äthiopien.

Die wenigen Sträucher und Bäume mildern die Kargheit der zerklüfteten Felsen in den Bergen Amharas nur wenig und die Kirchen bei Lalibela lassen die Landschaft nur noch schroffer wirken: Gebäude, die aus der Landschaft herausgemeißelt wurden, sind stets von unvergleichlicher Erhabenheit.

Manche der Kirchen liegen versteckt in tiefen Gruben, andere stehen in künstlich ausgeschachteten Höhlen. Durch fein gearbeitete Fenster in der Form von Malteserkreuzen, lateinischen Kreuzen (mit längerem Längs- als Querbalken), Quadraten und Halbkreisen dringt Licht in die dunklen Räume und fällt auf die Zierleisten, Pfeiler, Heiligenreliefs und Wandmalereien, die diese schmücken. Ein Netz aus Tunneln und Gängen mit Galerien und Krypten verbindet die Kirchen und erschafft eine kühle, schattige Welt. Lalibela ist eine wichtige Pilgerstätte der äthiopisch-orthodoxen Tewahedo-Kirche. In jeder der Kirchen lebt ein Mönch.

Festliche Prozession Äthiopisch-orthodoxe Christen feiern vor der Georgskirche das Timkat-Fest, mit dem an die Taufe Christi erinnert wird.

GEOGRAFISCHE LAGE

Lalibela ist eine Kleinstadt in der Verwaltungsregion Amhara in Äthiopien, ca. 800 km nördlich von Addis Abeba und in 2500 m Höhe gelegen. Aufgrund der militärischen Intervention Äthiopiens in Somalia kann nicht ausgeschlossen werden, dass touristische Attraktionen in Äthiopien zum Ziel von Terroristen werden können.

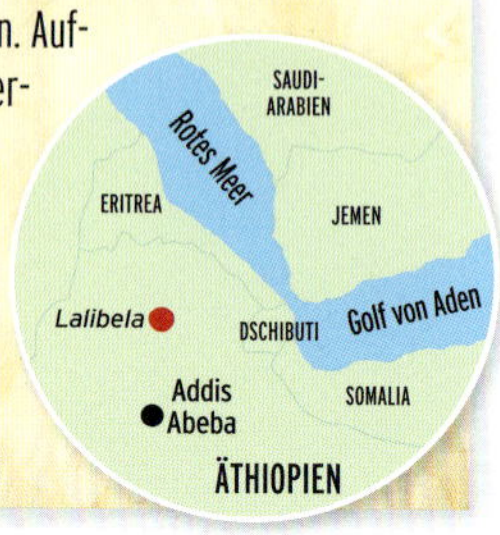

Eine heilige Stadt

Die Kirchen von Lalibela sollen am Ende des 12. Jh. von dem als heilig verehrten Kaiser gleichen Namens angelegt worden sein. Er wollte ein spirituelles Abbild Jerusalems schaffen, der Heiligen Stadt, die er kurz zuvor als Pilger besucht hatte. Man vermutet, dass die Anstrengungen des Kaisers, seine Vision zu verwirklichen, durch den Verlust Jerusalems an die islamischen Truppen Saladins im Jahr 1187 besonders befeuert wurden.

Diese Vermutung hat einiges für sich – zumindest muss eine so extravagante Idee die Reaktion auf ein Ereignis gewesen sein, das den Glaubenseifer gewaltig in Wallung versetzte. Archäologen wenden jedoch ein, dass die Errichtung einer so gewaltigen Anlage viele Jahrzehnte, wenn nicht Jahrhunderte in Anspruch genommen haben müsse. Die Bauten können nicht alle während Lalibelas Herrschaft vollendet worden sein, sondern müssen nach und nach unter den Nachfolgern Gestalt angenommen haben.

Seltsame Monolithen

Das schlichte Kreuz der Georgskirche (Bet Giyorgis) reicht rund 30 m in die Tiefe; das Dach schließt auf einer Höhe mit dem umliegenden Terrain ab. Die Kirche wurde nicht im eigentlichen Sinn erbaut: Man schachtete zuerst einen Graben um einen Felskern aus und meißelte die Kirche dann aus diesem heraus. Ein solcher Bau ist solide, aber auch fast unheimlich. Wer sich ihm zu Fuß nähert, sieht ihn nicht, bis er fast auf ihm steht.

Kirche in Kreuzform Die Besonderheit der Georgskirche ist aus der Luft am besten sichtbar: Das Kreuz wirkt wie ausgestanzt aus dem Felsmassiv.

Während die Formen der Türen und Fenster der Bet Giyorgis fast islamisch anmuten, erinnert die große Kirche des Welterlösers (Bet Medhane Alem) mit ihrem rechteckigen Grundriss und den Säulen an klassisch griechische Tempel. Die Bet Medhane Alem gilt als die größte monolithische Kirche der Welt. Die Marienkirche (Bet Maryam) mit ihren fein ausgemeißelten Fenstern ist vielleicht die älteste Kirche des Ensembles. Der Pfeiler in der Mitte des Schiffes soll in Gegenwart Kaiser Lalibelas von Gott selbst berührt worden sein und gilt heute als Symbol für das ganze Christentum. Insgesamt besitzt Lalibela elf große und kleine monolithische Kirchen – jede ein einzigartiges Beispiel sakraler Felsarchitektur.

Die Konkurrenten

FELSARCHITEKTUR

■ Das **Tal von Göreme** im türkischen Kappadokien wirkt wie aus einer anderen Welt: In Jahrmillionen entstanden durch Erosion des weichen vulkanischen Tuffgesteins seltsame „Feenkamine", Felsnadeln, die sich zu einer märchenhaften Landschaft gruppieren. Viele von ihnen wurden ausgehöhlt und dienten als Wohnräume oder Kirchen.

■ Rund um die italienische Stadt **Matera** wurden mehrere Kirchen in den weichen Fels geschlagen. Einige sind nur wenig mehr als künstliche Höhlen, andere sind aufwendig angelegt und reich verziert.

Tal von Göreme

■ Mehr als 2000 Menschen leben im tunesischen **Matmata** in Behausungen, die in die Seiten tiefer Gruben gegraben wurden – erst in den 1960er-Jahren wurde das Dorf von Nichteingeweihten entdeckt. Die Grube selbst dient jeweils als offener sonniger Hof. Türen führen von dort in die künstlichen Kavernen, in denen die Familien unter der Erde wohnen. An manchen Stellen sind die Höhlen durch Tunnel miteinander verbunden.

■ Das Kloster **Geghard** in Armenien war ursprünglich als Ayrivank – Höhlenkloster – bekannt. Und mehr war es auch nicht, als es der heilige Gregor der Erleuchter im 4. Jh. gründete. Später wurde es dann am Hang entlang immer weiter ausgebaut. Viele der Felsfassaden sind kunstvoll behauen.

■ In der Nähe der bulgarischen Hafenstadt Varna gab es ab dem 5. Jh. ein Höhlenkloster, das Stück für Stück ausgebaut wurde. Im 13. Jh. beeindruckte das Kloster **Aladscha** dann durch Größe und Ausschmückung.

DIE BEDEUTENDSTE RÖMISCHE RUINENSTADT

LEPTIS MAGNA

Zwischen dem Mittelmeer und dem weiten blauen Himmel Nordafrikas liegt die Ruinenstätte Leptis Magna, jenes bleibende Denkmal für die Macht und den Ehrgeiz der Herrscher des Römischen Reiches.

Das Römische Reich war groß. Es erstreckte sich vom heutigen Schottland bis nach Syrien, vom antiken Mauretanien bis nach Moldawien. Kein Wunder also, dass die Römer viele Ruinen hinterließen: Befestigungsanlagen, Tempel, Aquädukte, Brücken, Straßen, Bewässerungssysteme, Häfen und Villen. Überall, wohin die Römer kamen, erbauten sie Städte, denn ihre Kultur war vorwiegend städtisch geprägt.

Es mag viele bedeutende römische Ruinenstädte geben – einige bergen große Kunstschätze, andere liegen eindrucksvoll –, aber Leptis Magna an der libyschen Küste hat all das und noch mehr! Schlendert man abends zwischen den Ruinen umher, im Hintergrund nur die stille Oberfläche des Mittelmeers, betrachtet die Bogen und Säulen im Licht der untergehenden Sonne und spürt die Marmorplatten unter den Füßen, so ist dies eine Ehrfurcht gebietende Offenbarung, die weit über die eigentliche historische Bedeutung der antiken Stadt hinausgeht. Man begreift plötzlich, was mit der Größe Roms gemeint ist.

GEOGRAFISCHE LAGE

Leptis Magna liegt an der Küste östlich der Hafenstadt Al-Khums und 100 km östlich der Hauptstadt Tripolis, die einen internationalen Flughafen besitzt. Früher steuerten auch Kreuzfahrtschiffe die Stätte an. Wegen der immer wieder instabilen politischen Situation seit 2011 wird von Reisen nach Libyen aber abgeraten.

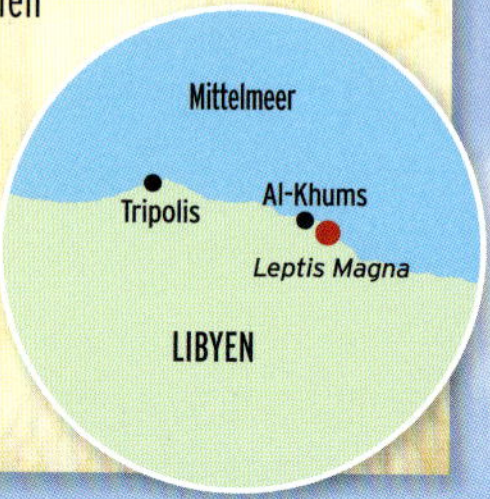

Geplanter Grundriss

Die Römer waren eine Militärmacht, die Wert auf Disziplin und Regeln legte. Und das galt nicht nur für die Legionen, sondern für das Leben generell. Jede römische Siedlung wurde in Grundzügen nach demselben Plan rasterförmig angelegt und besaß Thermen, Gerichtsgebäude und ein Forum als zentralen Platz.

Trotzdem waren die römischen Städte keineswegs gleich. Die natürliche Lage und das Klima bildeten das Gegengewicht zu der römischen Reglementierungswut und so hatte jede Stadt ihren besonderen Charakter. Das wird in Leptis Magna besonders deutlich.

Die Römer erkannten, dass sich die Stelle, an der das Wadi Lebdah das Mittelmeer erreicht, wunderbar für eine Stadt eignete. Den schon vorhandenen

natürlichen Hafen in der Bucht mussten sie nur noch ausbauen. Sogar eine Siedlung fanden sie praktischerweise schon vor, als sie Nordafrika zu Beginn des 2. Jh. v. Chr. besetzten. Diese war mehr als 800 Jahre zuvor von den Phöniziern, einem Händler- und Seefahrervolk aus dem Gebiet des heutigen Libanon, gegründet worden.

Als sie in Leptis landeten, haben die Römer vermutlich die natürliche Gunstlage dieses Ortes sofort erkannt. Ob sie dabei schon an den Eindruck gedacht haben, den die Stadt auf die Nachwelt machen würde, weiß aber niemand. Falls die Römer je ein Denkmal errichten wollten, das die Größe und die Leistungen ihres Imperiums verdeutlichte, konnten sie das nirgendwo besser tun als hier.

Bürger sponsern Gebäude

Die Funktion von Leptis Magna als Seehafen ist bis heute aus der Anlage der Stadt klar erkennbar: Das Forum, die offene Fläche, die in allen römischen Städten den Mittelpunkt des städtischen Lebens bildete, ist nur einen Steinwurf vom Hafen entfernt. Neben dem Forum befand sich die Curia, der Sitz der Verwaltung von Leptis Magna und dessen Umland; auch ein Tempel für Herkules wurde hier errichtet. Einen weiteren Herkules-Tempel hat man auf einer ebenen Anhöhe über dem Hafen erbaut. Schiffe,

Besonderheit Der Markt zeigt eine Ausstattung, die man in anderen antiken Stätten nicht findet: Neben den Säulengängen für die Stände gibt es zwei Kioske und Einrichtungen zum Messen und Wiegen der Waren.

die sich dem Hafen näherten, sahen ihn als ersten Blickfang der Stadt.

Das ursprüngliche Forum und die umliegenden Gebäude waren zunächst sicher schmucklos, wurden aber bald durch prachtvollere, von örtlichen Investoren finanzierte Gebäude ersetzt. Bürgerstolz war ein wichtiger Bestandteil des römischen Wesens: Ein Römer definierte sich darüber, wie er wahrgenommen wurde – angesehene Männer stellten ihren Reichtum und ihr Engagement zur Schau und spendeten um die Wette.

Die Römer drangen zwar nicht über die Küstenebene hinaus vor, aber auch so war Afrika die schönste und reichste Provinz des Römischen Reiches. Dank des günstigen Klimas und der fruchtbaren Böden wurde sie zum Brotkorb und zur Wein- und Olivenpresse des Imperiums. Die Sahara war zwar eine unüberwindliche Grenze für die Ausbreitung des Reiches, nicht aber für Fernhändler, die Waren aus dem Süden brachten.

Leptis Magna blühte. Zur Zeit von Kaiser Augustus (63 v.Chr.–14 n.Chr.) war die Stadt für ihren Prunk berühmt. Sie besaß ein Freilufttheater, dessen Ränge in die Konturen eines Hügels hineingebaut waren und dessen Bühne mit Marmorsäulen eingefasst war. Der Marktplatz bot eine herrliche Kulisse für die Abwicklung der Geschäfte. Säulengänge umgaben ihn und unterteilten ihn in Bereiche, in denen bestimmte Güter verkauft wurden: Von Olivenöl über exotische Tiere und Salz bis zu Sklaven wurden hier alle erdenklichen Waren angeboten. Am Ostrand der Stadt standen das Amphitheater für die Gladiatorenspiele und der Zirkus für die Wagenrennen. Jenes bot 16 000, Letzteres 25 000 Besuchern Platz – damit gehörten sie zu den größten Stadien des Imperiums.

Gladiatorenkämpfe Die Szene bildet den Rand eines größeren Mosaiks in der Villa Dar Buc Ammera. Bei den morgendlichen Gladiatorenspielen wurden auch Tierkämpfe veranstaltet. Hier ist der Kampf zwischen einem Stier und einem Bären zu sehen (oben links).

Nicht nur örtliche Würdenträger spendeten reichlich zur Verschönerung der Stadt, auch die Kaiser waren nicht ausgenommen – sie mussten ebenfalls Freunde gewinnen und beeindrucken. Aus dieser Haltung heraus ließ Kaiser Hadrian im Jahr 126 öffentliche Thermen und die Palaestra (Sporthalle) errichten.

Die Stadt des Severus

Im Jahr 193 bestieg Septimius Severus den Kaiserthron. Er war in Leptis Magna als Sohn einer aus Italien stammenden Mutter und eines nordafrikanischen Vaters geboren und hatte als Soldat alle Ränge durchlaufen. Besiegte Völker hatten sich an die römische Lebensweise anzupassen, ethnischen Unterschieden gegenüber waren die herrschenden Klassen aber meist gleichgültig: Wer Talent hatte, wurde respektvoll behandelt. Der im Jahr 146 geborene Septimius war bis 191 ein erfolgreicher General geworden. Nach einer Zeit der Wirren forderten seine Soldaten ihn dazu auf, die Macht zu ergreifen.

Da der neue Kaiser zeigen wollte, dass er seine afrikanischen Wurzeln nicht vergessen hatte, und der Spendenfreudigkeit der Römer in nichts nachstehen wollte, überschüttete Septimius seine Heimatstadt mit Geschenken. So ließ er das Forum mit den prachtvollen Säulen errichten und weihte im Jahr 203 die Basilica am nördlichen Ende des Forums ein. Zur Erinnerung an den offiziellen Besuch des Kaisers wurden ein Triumphbogen errichtet und ein eindrucksvolles Nymphäum gestiftet, das einen halbkreisförmig eingefassten Brunnen umschloss.

Im Rahmen dieses Wirtschaftsbooms wuchs die Einwohnerschaft der Stadt. Zuwanderer strömten nach Leptis und neue Patriziergeschlechter erwarben sich ein Vermögen. Die Stadt erweiterte sich nach Westen und an der Küste schossen Villen aus dem Boden. Im Zentrum wurden die Tempel, öffentlichen Gebäude und das erste Forum erneuert. Ein prächtiger Prozessionsweg verband das Zentrum mit dem Hafen.

Die Konkurrenten

ANTIKE RÖMISCHE STÄTTEN

■ **Baalbek** in der libanesischen Bekaa-Ebene hieß in römischer Zeit Heliopolis. Der Jupiter-Tempel ist berühmt für seine Größe und die filigrane Ausschmückung.

■ In **Ephesos** an der türkischen Ägäisküste befinden sich wichtige Monumente aus der Römerzeit, u.a. das Odeon (überdachtes Theater), das Augustus-Tor und die Celsus-Bibliothek. In der Nähe, bei Sagalassos, gibt es weitere eindrucksvolle römische Ruinen.

Pompeji

■ In Syrien befinden sich die Ruinen von **Palmyra**, einem römischen Handelszentrum rund um eine Oase. Sehenswert sind das Theater und die von Kolonnaden gesäumte Hauptstraße. Palmyra wurde bis 2017 durch Terroristen stark in Mitleidenschaft gezogen. Derzeit wird es mit internationaler Hilfe rekonstruiert und anschließend für Touristen wieder eröffnet.

■ Das nach dem Vesuvausbruch 79 n.Chr. unter Asche begrabene **Pompeji** ist so gut erhalten, dass man kaum von Ruinen sprechen kann: Alles wurde förmlich in einer Momentaufnahme festgehalten.

■ Wer römische Größe kennenlernen will, darf auch **Rom** selbst nicht außer Acht lassen, vor allem nicht das Forum, das Kolosseum und das Pantheon.

Niedergang und Ende

Auf Geheiß von Septimius Severus wurde der Hafen ausgebaut, doch die Ironie der Geschichte wollte es, dass dies den Niedergang der Stadt verursachte. Schlick im Hafen war schon immer ein Problem gewesen und mit der Umgestaltung wollte man dies lösen. Stromaufwärts wurde ein Damm errichtet, um den Wasserlauf umzuleiten. Zudem wurden die Hafenmauern verlängert. Jetzt ragten sie aber so weit vor, dass sie auf eine schlammführende Strömung trafen, die dadurch den Hafen verschlammte. Und es kam noch schlimmer: Ein Erdbeben zerstörte den Damm, sodass der Fluss in sein altes Bett zurückkehrte.

Danach ging es mit der Stadt weiter abwärts: Die Bedeutung als Seehafen war verloren. 455 kamen die Vandalen. Der Germanenstamm war über Gallien ins römische Spanien und weiter nach Nordafrika gezogen. Die Vandalen eroberten Leptis, das zu dieser Zeit schon keine besondere Beute mehr war.

643 wurde die Stadt erneut geplündert, diesmal von Arabern. Sie hinterließen Leptis Magna im heutigen Zustand. Die heiße, trockene Luft und die Treibsanddecke trugen zur Konservierung bei. Das Gebiet war zu Hinterland geworden, niemand hatte Interesse, die Stadt wieder aufzubauen.

Während anderswo römische Ruinen überbaut oder geplündert wurden, blieb Leptis Magna als Erinnerung an vergangene Größe verlassen stehen. Allerdings wurde das Weltkulturerbe 2016 als bedroht eingestuft, weil es aufgrund der Unruhen im Land durch Plünderungen oder Zerstörungen gefährdet ist.

Kulturzentrum Das Amphitheater öffnet sich zum Meer hin. Die besten Plätze lagen an der Südostseite, wo die kühle Seebrise zu spüren war.

LOS-GLACIARES-NATIONALPARK

In Patagonien gibt es mehr als 200 spektakuläre große und kleine Gletscher, die sich von den südlichen Anden aus ins Tal schieben.

Der Nationalpark Los Glaciares umfasst Teile des größten Eispanzers außerhalb der Antarktis und Grönlands. Ein Drittel des Parks ist vom Campo de Hielo Patagónico Sur (Südpatagonischer Eisschild) bedeckt, dem drittgrößten Süßwasserreservoir der Welt. Zudem ist der Park einer der wenigen Orte weltweit, wo zerklüftete Berge mit kahlen Felshängen direkt neben Gletschern zu finden sind, die nicht zurückgehen, sondern sich ausdehnen.

Der Eisschild speist 47 große Gletscher, von denen 13 zum Atlantik und die übrigen zum Pazifik fließen, sowie mehr als 200 kleinere Gletscher, viele davon in ungewöhnlich tiefen Lagen. In anderen nichtpolaren Regionen halten sich Gletscher erst oberhalb von 2500 m, doch hier beginnen sie schon bei 1500 m. Von dort bahnen sie sich ihren Weg durch die Berge bis hinab auf nur 200 m über dem Meeresspiegel, wo sich dann Eisberge ablösen, die in das milchige Wasser langgestreckter Gletscherseen eintauchen.

Gefährliche Eisabbrüche

Der Viedma-Gletscher im Norden ist von schluchtenartigen Spalten durchzogen; außerdem finden sich dort Moränen. Der Gletscher mündet in den 80 km langen Lago Viedma. Die umliegenden Täler werden vom Eis glatt geschliffen, sodass die Landschaft aus eintönig braunen polierten Felsen besteht. Im Süden speisen drei größere Gletscher den 160 km langen Lago Argentino: Der Perito-Moreno-Gletscher ist auf dem Landweg erreichbar; man kann ihn von einer Plattform

GEOGRAFISCHE LAGE

Der Nationalpark Los Glaciares liegt in den südlichen Anden im Südwesten Argentiniens an der Grenze zu Chile, 2727 km von Buenos Aires entfernt. Ausgangspunkt für Touren in die Berge und zu den Gletschern ist das Dorf El Chaltén; der nächste Flugplatz liegt bei El Calafate am Südufer des Lago Argentino.

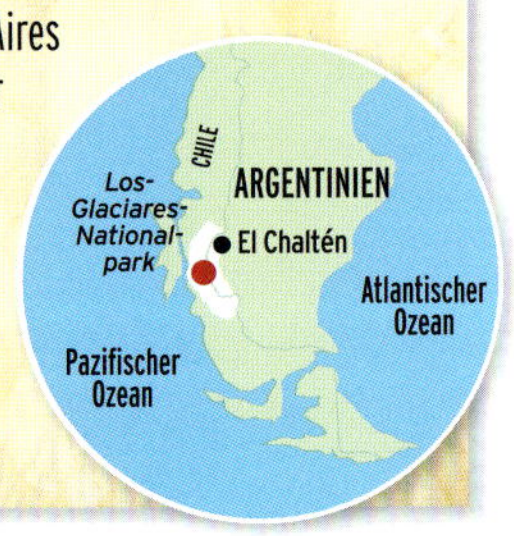

Eisige Umarmung Der gewaltige Perito-Moreno-Gletscher ist im Lago Argentino zum Stillstand gekommen.

aus auch von oben überblicken. Der schnell fließende Upsala-Gletscher – der drittgrößte Südamerikas – sowie der Spegazzini-Gletscher mit seiner 135 m hohen Eiswand sind nur per Boot erreichbar.

Boote, die sich dem „Ende" eines Gletschers zu weit nähern, begeben sich in Gefahr, weil von der Eiskante ständig Eisplatten der Größe eines Hauses abbrechen und hinunterstürzen. Die einzigen Warnungen sind ein kleiner Eisfall und vielleicht ein Schmelzwasserguss, begleitet von einem Geräusch, das wie Artilleriefeuer klingt. Nur Augenblicke später stürzen Eisblöcke donnernd ins Wasser. Dabei entstehen gewaltige Wellen. Die Eisblöcke tauchen kurz unter, kommen dann wieder an die Oberfläche und treiben als neue Eisberge weg.

Der Vormarsch der Gletscher

Der Perito-Moreno ist weltweit einer der wenigen Gletscher, die trotz der globalen Erwärmung immer noch wachsen, wenn auch nicht stetig, sondern zyklisch. Zuweilen dringt die 5 km breite Gletscherzunge so weit vor, dass sie einen Teil des Lago Argentino wie ein Damm absperrt. Dort staut sich das Wasser dann bis zu 30 m höher auf als im anderen Teil des Sees. Mit gewaltigem Druck bricht es schließlich durch die Eiswand, wobei manchmal ganze Wälder fortgespült werden. Ein beängstigendes Ereignis! Anschließend beginnt der Vorgang von vorn.

Extreme Gipfel

Im äußersten Norden des Parks, unweit des Viedma-Gletschers, liegen die für Bergsteiger schwierigsten Berge der Welt. Der mit 3405 m höchste ist der Cerro Fitz Roy, der nach dem Kapitän der *HMS Beagle* benannt ist, jenes Schiffes, mit dem Charles Darwin unterwegs war. Die Silhouette des Berges, die sich im Wasser der Laguna de los Tres spiegelt, lässt kaum ermessen, wie gefährlich und schwierig seine Besteigung ist. Der erste erfolgreiche Aufstieg gelang erst 1952.

Weiter westlich erhebt sich der windumtoste Cerro Torre. Mit 3102 m ist er der höchste in einer Reihe von vier Gipfeln. Auf den fast vertikal aufragenden Granitflanken thront eine pilzförmige Kappe aus Raueis, sodass es praktisch unmöglich ist, den Gipfel zu erreichen. Die erste unzweifelhafte Besteigung des Cerro Torre gelang erst 1974 einer italienischen Expedition. Wegen der glatten Felsen sind Besteigungen beider Berge sehr selten. Während 100 Menschen pro Jahr den Gipfel des Mount Everest erklimmen, der mehr als doppelt so hoch ist, gibt es hier pro Jahr kaum eine einzige erfolgreiche Gipfelbesteigung.

Ein majestätischer Vogel, der in diesem rauen Terrain zu Hause ist, ist der Andenkondor. Er nistet auf unzugänglichen Felsvorsprüngen hoch in den Bergen, von

PUNTA-WALICHU-HÖHLEN

Am Südufer des Lago Argentino liegen nahe bei El Calafate die Höhlen und Felsnischen von Punta Walichu. Die Wände sind mit verblassten, aber noch erkennbaren Malereien bedeckt, die von Menschen der Jungsteinzeit vor rund 4000 Jahren angefertigt wurden. Die mit Eisenoxid, Harz, Guanakofett, Eiweiß, Gips und Speichel geschaffenen Malereien verraten, wie und welche Tiere diese Völker jagten. Neben Tier- und Menschenfiguren lassen sich Symbole und Handabdrucke ähnlich den 9000 Jahre alten Handabbildungen in der Cueva de las Manos erkennen. Die Höhlen von Punta Walichu wurden 1877 vom argentinischen Entdecker Francisco Pascasio „Perito" Moreno gefunden, nach dem viele Orte benannt sind, so auch der Perito-Moreno-Gletscher.

Schroffe Gipfel Der Cerro Torre ist bekannt für anhaltend heftige Stürme, seine fast senkrecht aufragende Spitze und seine Krone aus Raueis.

wo er sich mühelos in die Luft schwingt. Mit 3,20 m hat der Andenkondor die größte Spannweite aller Landvögel. Mit seinen langen Schwingen, deren Schwungfedern an den Spitzen aufwärts gebogen sind, nutzt der Vogel gezielt die Thermik, um über Bergen und Wäldern zu schweben. Auf der Suche nach Aas, z. B. von Guanakos, Hirschen und Füchsen, kann er bis zu 200 km pro Tag zurücklegen.

Kälteresistente Bäume

Die Flora im Nationalpark verteilt sich auf drei Zonen: die Halbwüste des Hochlands, die Waldzone und die Steppe. Unterhalb der Halbwüste und der Berge des Eisschilds gibt es subpolare Wälder mit winterharten Bäumen wie der Lenga-Südbuche, der Magellan-Südbuche und der Antarktischen Scheinbuche. Die Lenga-Südbuche ist ein Laubbaum, der bis zu 30 m hoch wird und Temperaturen von bis zu −30 °C erträgt. In exponierten Lagen werden die Buchen vom Wind gepeitscht und zerzaust. Manche haben auf der windzugewandten Seite keine Äste – sie werden „Flaggenbäume“ genannt.

Die gedrungene strauchähnliche Antarktische Scheinbuche hat wachsartige, süß duftende Blätter und erträgt noch kältere Bedingungen: Sie wächst sogar auf der Insel Hoste am Südufer des Beagle-Kanals und ist damit der am weitesten südlich vorkommende Baum der Erde. In den Steppen mit dem trockenen Klima wachsen harte struppige Gräser, die dichte Matten und Grasinseln bilden.

Angepasste Tierwelt

Trotz der harschen klimatischen Bedingungen gibt es mehr als 100 endemische Vogelarten im Los-Glaciares-Nationalpark. Sturzbachenten schwimmen in den Gebirgsbächen und fressen Kleinstlebewesen von den Felsen im Wasser. Die aggressiven Karakaras oder Geierfalken sind stets auf der Suche nach Fressbarem, das sich stibitzen lässt. Der einzige echte gefiederte Räuber in der Region ist der Blaubussard mit einer Flügelspannweite zwischen 1,49 und 2 m. Er jagt Kaninchen und Skunks, manchmal konkurriert er auch mit Kondoren um Aas.

Kaninchenähnliche Hasenmäuse (Bergviscachas) mit langen buschigen Schwänzen springen geschickt zwischen den Felsen umher. Das bedeutendste Säugetier im Park ist aber der gefährdete Südandenhirsch. Diese gedrungenen Tiere verbringen den Sommer in großer Höhe und ziehen im Herbst bergab, um den Winter in den bewaldeten Tälern abzuwarten. Geschickt klettern sie über felsiges Terrain bis zu Wiesen in der Nähe der Gletscher und sind dabei stets auf der Hut vor Pumas, ihren einzigen natürlichen Feinden. Die Hirsche sind zwar schnell und können auf der Suche nach Futter weite Distanzen zurücklegen, dennoch sind ihre Bestände durch den Verlust ihres Lebensraums zugunsten der Landwirtschaft stark zurückgegangen.

Auf der Suche nach Nahrung Der Argentinische Kampfuchs bewohnt die trockenen Steppen Patagoniens östlich des Eisschilds. Er ernährt sich von kleinen Säugern wie Nagetieren, von Vögeln, Früchten und Aas, das die Pumas übrig lassen.

Raues Klima

Das Wetter im Nationalpark ist launisch. Die Berge fangen das meiste Nass ab, das vom Pazifik herangeweht wird, deshalb schneit es vor allem in den Hochlagen. Der Wind erreicht Geschwindigkeiten von bis zu 120 km/h. Trotzdem gibt es in der Ortschaft El Calafate Sommertage mit einer Durchschnittstemperatur von 20 °C. Zudem sind die Tage dann hier sehr lang, im Hochsommer bis zu 17 Stunden.

Der Landstrich weiter östlich liegt überwiegend im Regenschatten und wird vom Wind ausgedörrt. Die Wälder weichen der trockenen Steppe, dem Reich der Argentinischen Kampfüchse, Pampashasen und Nandus. Letztere erinnern an Emus oder Strauße und sind die größten Vögel Südamerikas.

Die Konkurrenten

GLETSCHER

■ Der **Biafo-Gletscher** befindet sich im Karakorum in Pakistan. Zusammen mit dem **Hispar-Gletscher** bildet er eine 100 km lange Eisstraße, das längste Gletschersystem außerhalb der Polarregionen. Heute erklimmen Bergsteiger den Biafo-Gletscher bis zum Lukpe Lawo (Snow Lake), einem der größten Gletscherbecken weltweit. Dies ist der Lebensraum des Schneeleoparden, den man aber nur selten sichtet.

Fox-Gletscher

■ Der **Fox-Gletscher** und der **Franz-Josef-Gletscher** im Westland-Tai-Poutini-Nationalpark an der Westküste der Südinsel Neuseelands wachsen noch. Sie gehen von den Neuseeländischen Alpen aus und fließen zur Westküste; die Gletscherzungen enden weniger als 300 m über dem Meeresspiegel in der gemäßigten Klimazone im üppigen Regenwald. Die Gletscher sind 20 km voneinander entfernt und gut zugänglich.

■ Alaska besitzt mehr als 100 000 Gletscher; die schönsten befinden sich im **Glacier Bay National Park and Preserve**. Sieben Gezeitengletscher kalben ins Meer. Während sich der Grand-Pacific-Gletscher, der die Bucht formte, zurückzieht, ist der Margerie-Gletscher stabil und von nahe vorbeifahrenden Schiffen aus ab seinem Ursprung am Mount Root zu sehen. Der Johns-Hopkins-Gletscher dringt weiter vor; von seiner 76 m hohen Front kalben so gewaltige Eisberge, dass selbst große Schiffe 3 km Abstand halten. Das schmelzende Eis in der Bucht zischt und blubbert zuweilen, wenn Luft entweicht. Einheimische bezeichnen dies als *bergie seltzer*.

■ Der **Furtwängler-Gletscher** liegt nahe dem Gipfel des Kilimandscharo in Tansania. Er ist ein Teil des Restes der Eiskappe, die den schlafenden Vulkan einst bedeckte, aber schnell dahinschwindet. Er und die anderen verbliebenen Gletscher am Kilimandscharo inspirierten Ernest Hemingway zu seiner Erzählung *Schnee auf dem Kilimandscharo*.

■ Auf der chilenischen Seite der südlichen Anden liegt der Nationalpark **Torres del Paine**. *Torres* ist Spanisch für „Türme", *paine* bedeutet „himmelblau" in der Sprache der Tehuelche-Indianer. Die drei Granittürme wurden vom Eis geformt und ragen 2500 m in die Höhe. In dem Gebiet befinden sich auch die Cuernos del Paine (Hörner des Paine), die weißen Zungen des Grey-Gletschers, ferner das hinreißende Valle del Francés mit dem Blick auf den Paine Grande und türkisfarbene Gletscherseen wie der Lago Nordenskjöld und der Lago Pehoé.

■ Die Gletscher des heiligen **Yulong Xueshan** („Jadedrachen-Schneeberg") in der chinesischen Provinz Yunnan bilden die eine Seite der Tigersprungschlucht, eines der tiefsten Flusstäler der Welt. Die weichenden Gletscher sind die südlichsten in der nördlichen Hemisphäre und die am leichtesten zugänglichen Gletscher Chinas. Man erreicht sie über eine Seilbahn und Treppen; wegen der dünnen Luft in 4680 m Höhe mieten einige Trekker Sauerstoffflaschen. In der Sprache der Naxi heißt der Berg Wuluyoucuige, „der Ort, wo Liebende aus Liebe sterben".

Jotunheimen-Nationalpark

■ Mit den beiden höchsten Gipfeln Norwegens – dem Galdhøpiggen und dem Glittertind – sowie vielen zugänglichen Gletschern ist der **Jotunheimen-Nationalpark** zu Recht das „Heim der Riesen". Im nahen **Jostedalsbreen-Nationalpark** liegt der Jostedalsbreen, ein Plateaugletscher und der größte Gletscher auf europäischem Festland. Auf beiden Seiten unternehmen Besucher Gletscherwanderungen, u. a. Eiswanderungen auf dem Nigardsbreen, einer Gletscherzunge des Jostedalsbreen. Die Begleitung durch einen Bergführer ist Pflicht.

Torres del Paine

DAS BEKANNTESTE MUSEUM

LOUVRE

Der Louvre, der frühere Königspalast, beherbergt erlesene Kunstschätze von höchstem Rang – das Ergebnis jahrhundertelangen Sammeleifers. 2018 war der 225. Geburtstag des Louvre als Museum.

Mindestens 250 Jahre lang – von Nicolas Poussin und seinen Zeitgenossen am Hof Ludwigs XIII. bis zu den Kubisten zu Beginn des 20. Jh. – war die französische Malerei führend in Europa und Paris bildete ihren Mittelpunkt. Die größte Rolle spielte der Louvre – zunächst als Palast der Könige und später als Künstlerresidenz und Galerie. In all dieser Zeit kam eine reiche und vielseitige Kunstsammlung zusammen, anhand derer sich die Geschichte der westeuropäischen Kunst nachvollziehen lässt. Heute beherbergt der Louvre viele der berühmtesten und am häufigsten reproduzierten Gemälde.

Die Sammlungen des Louvre gehen aber weit über die letzten Jahrhunderte hinaus. Das Museum zeigt auch herausragende Stücke aus dem Altertum, darunter archäologische Schätze aus Ägypten und Mesopotamien sowie Skulpturen der griechischen und römischen Antike wie die *Venus von Milo* und die *Nike von Samothrake*. Diese große Schatzkammer der Kultur, die nicht weniger als 35 000 Kunstwerke und andere Artefakte präsentiert, inspiriert auch heute Künstler aus aller Welt und ist ein Symbol des französischen Nationalstolzes.

Wächtergeist Die Skulptur eines geflügelten menschenköpfigen Stiers bewachte den Palast der assyrischen Stadt Dur Šarrukin, der Residenz von Sargon II. (721–705 v. Chr.). Die Figur wurde 1843 geborgen.

GEOGRAFISCHE LAGE

Der Louvre liegt im Zentrum von Paris am rechten Seineufer und ist an zwei Stationen der Métro (Palais-Royal-Musée du Louvre, Louvre-Rivoli) angebunden. Eintrittskarten sind an den Eingängen in der Pyramide, an der Porte des Lions sowie bei der Galerie du Carrousel erhältlich. Das Museum ist dienstags geschlossen.

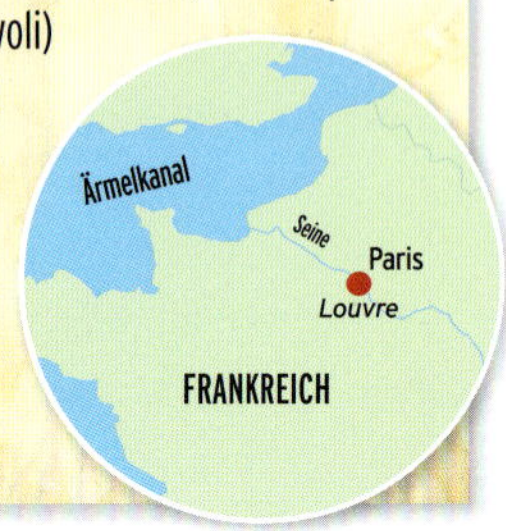

„Scandale!“

Das um einen langen u-förmigen Hof, den Cour Napoléon, angeordnete Museum des Louvre wirkte mit seinen neobarocken Gebäuden in den 1970er-Jahren verstaubt, zu weitläufig und unübersichtlich. Im Eingangsbereich stauten sich die Besucher – sie wussten nicht, wo die Werke zu finden waren, die sie interessierten. Der letzte größere Umbau hatte in den 1880er-Jahren stattgefunden. Große Teile der Sammlungen waren eingelagert und die Verwaltungseinrichtungen waren so dürftig, dass man von einem „Theater ohne Backstage-Bereich“ sprach. Viele Räume des Nordflügels an der Rue de Rivoli waren zudem von staatlichen Ministerien belegt. Als der sozialistische Politiker François Mitterrand 1981 Präsident wurde, stand die Renovierung des Louvre ganz oben auf der Liste seiner *grands projets*.

Es folgte ein Jahrzehnt voller hitziger Kontroversen und Debatten. Gegen heftige Widerstände erhielt der chinesisch-amerikanische Architekt Ieoh Ming Pei die Möglichkeit, als Eingang eine Glaspyramide, die jede Anknüpfung an das vorhandene Gebäudeensemble vermied, im Hof des Komplexes zu errichten. Kritiker sprachen von einem weite-

Alt und Neu In der relativ kurzen Zeit, die die Glaspyramide als Haupteingang zum Louvre fungiert, ist sie fast schon so sehr zu einem Pariser Wahrzeichen geworden wie der Eiffelturm. Die klare Geometrie hat der altehrwürdigen Institution neues Leben eingehaucht.

ren traurigen Beispiel dafür, wie der Modernismus die bauliche Tradition zersetzt. Für viele Pariser war der Entwurf von I. M. Pei einfach nur ein *scandale*.

Andere dagegen sahen darin einen Geniestreich – eine Einschätzung, die nach der Eröffnung des neuen Eingangs am 14. Oktober 1989 immer mehr Menschen teilten. Indem sich die Pyramide mit ihren drei Satellitenpyramiden so deutlich von ihrem neoklassizistischen Umfeld abhob, gab sie dem riesigen kahlen Cour Napoléon neue Leichtigkeit und betonte den Raum. Die technische Qualität des Neubaus war bemerkenswert: das von einem Aluminiumrahmen eingefasste dreieckige und rautenförmige, extra starke Glas wurde eigens von der Firma Saint-Gobain entwickelt, um sowohl den strengen Sicherheitsanforderungen wie auch dem von I. M. Pei vorgegebenen Ziel farbloser Transparenz zu genügen.

Vor allem aber bot die Pyramide eine ideale Lösung für das Zugangsproblem, das den alten Louvre geplagt hatte. Der neue zentrale Eingang führt in eine große unterirdische Verteilerhalle, aus der die Besucher in die drei Hauptflügel mit den Ausstellungen gelangen – den Richelieu-Flügel im Norden, den Denon-Flügel im Süden und den Sully-Flügel im Osten. Damit besitzt der Louvre eine erstklassige Logistik, die der Weltbedeutung der Sammlungen angemessen ist.

Ein königlicher Palast

Die Geschichte des Louvre ist eng mit der Geschichte von Paris und des französischen Königtums verknüpft. Das erste Gebäude an der Stätte war eine Festung, die König Philipp II. August (reg. 1180 bis 1223) 1190 errichten ließ. Überreste dieser frühen Anlage sind heute noch unter der Cour Carrée zu sehen.

Unter Karl V. (reg. 1364–80) wurde der Louvre zur Königsresidenz, einem Palais, und das blieb er bis ins 19. Jh. Dabei

wurde der Palast immer weiter im jeweils herrschenden Stil um- und ausgebaut. Der älteste erhaltene Raum ist der Karyatiden-Saal, der 1550 für Heinrich II. (reg. 1547–59) geschaffen wurde und nach den griechisch anmutenden Frauenfiguren benannt ist, die die obere Galerie tragen; der Raum befindet sich im Lescot-Flügel an der Cour Carrée. Nach Heinrichs Tod ließ seine Witwe Katharina von Medici den Palast der Tuilerien errichten, der den Westflügel des Louvre-Komplexes bildete. Während des Aufstands der Pariser Kommune brannte dieser Palast 1871 ab; die Ruine wurde 1883 abgetragen. Erhalten blieb nur der zugehörige Park, der Jardin des Tuileries.

Könige als Sammler

Die Könige förderten die Künste. Franz I. (reg. 1515–47), der den Louvre in einen Renaissancepalast verwandelte, tat sich als Sammler zeitgenössischer italienischer Kunst hervor und engagierte den berühmten Leonardo da Vinci, der als alter Mann aus Italien anreiste und sich in Amboise, einer weiteren Königsresidenz an der Loire, niederließ und starb. Da Vinci brachte ein unvollendetes Porträt mit: Die *Mona Lisa* ist heute das berühmteste Gemälde nicht nur des Louvre, sondern der ganzen Welt.

Star der Sammlung Leonardo da Vincis *Mona Lisa* ist das berühmteste Bild im Louvre und lockt Tag für Tag rund um die Uhr Besuchermassen an.

Die französischen Herrscher errichteten weitere repräsentative Paläste und engagierten Künstler zur Gestaltung der Decken und Wände sowie für Porträts. Auch waren sie eifrige Kunstsammler – die Sammlung des Louvre ging also aus der Kunstkammer der Könige hervor. Unter Heinrich IV. (reg. 1589–1610) wurde der Louvre zum Wohnsitz der Künstler am Hof. Zusammen mit Musikern und Dichtern lebten sie mit ihren Familien im Palast und erhielten dort Ateliers.

Im Jahr 1682 verlegte Ludwig XIV., der „Sonnenkönig“, seinen Hof in das neue Schloss Versailles westlich von Paris. Der Louvre wurde damit immer mehr zu einem Palast für die Künste. Jean-Honoré Fragonard, François Boucher und Jacques-Louis David gehörten zu den berühmtesten Malern, die hier zeitweise lebten und arbeiteten. Da die Könige aber ihre Aufmerksamkeit nicht mehr dem Louvre widmeten, wurde seine bauliche Instandhaltung vernachlässigt.

Während der Französischen Revolution wurde die Lage für die Hofkünstler schwierig. Als Ludwig XVI. und seine Frau Marie-Antoinette von Versailles

Rubenssaal 1621 beauftragte Maria von Medici, die Witwe Heinrichs IV., den flämischen Maler Peter Paul Rubens mit der Anfertigung von 24 Gemälden über ihr Leben. Sie sind heute in einem eigenen Saal ausgestellt.

nach Paris gebracht und im Palais des Tuileries unter Hausarrest gestellt wurden, stellten die Revolutionäre direkt davor auf der Place du Carrousel eine Guillotine auf. Als erster Franzose wurde hier im April 1792 der Dieb Nicolas Jacques Pelletier mit dieser Maschine enthauptet. Im August 1792 war Arnaud de Laporte, ein Minister Ludwigs XVI., an der Reihe. Im folgenden Jahr wurde die Guillotine auf die Place de la Concorde umgesetzt. Unterdessen wurde die königliche Kunstsammlung von der neuen Republik beschlagnahmt und bekam Zuwachs, weil ihr Kunstwerke aus dem beschlagnahmten Besitz des Adels zuflossen. 1793 wurde der Louvre unter dem Namen Musée Central des Arts zu einer öffentlichen Kunstgalerie. Alle Bürger konnten nunmehr die Sammlung bewundern.

Nachdem Napoleon 1799 die Macht ergriffen hatte, ließ er den Louvre umgestalten. Als Musée Napoléon erhielt er die Beutestücke aus seinen Feldzügen, u.a. Skulpturen und Artefakte der Antike, vor allem aus Ägypten. Zum Gedenken an seine Siege ließ Napoleon von 1806 bis 1808 beim Louvre den Arc de Triomphe du Carrousel errichten, der den Prachteingang zu den Tuilerien bildete.

Einer der wenigen Künstler, die mit dem dramatischen Machtwechsel gut zurechtkam, war Jacques-Louis David, der sowohl von Ludwig XVI. als auch von Napoleon bewundert wurde – letzteren glorifizierte der Maler mit schamloser Schmeichelei. Davids *Krönung Napoleons I.* bildet heute einen Höhepunkt in der Sammlung französischer Malerei im Louvre. Die Tradition, Künstlern Unterkunft im Louvre zu gewähren, wurde 1806 aufgegeben.

Nach der endgültigen Niederlage Napoleons wurden viele erbeutete Kunstwerke an die rechtmäßigen Eigentümer zurückgegeben. Trotzdem wurde die Sammlung des Louvre in den folgenden Jahrzehnten, wiederum durch die Förderung der Könige, erneut um rund 20 000 gestiftete Werke aufgestockt.

Mythos Mona Lisa

Paris war während des 19. und bis ins 20. Jh. hinein eine Brutstätte für neue künstlerische Strömungen: Der Klassizismus von David und Jean-Auguste-Dominique Ingres wich der Romantik, für die Eugène Delacroix und Théodore Géricault standen, dann folgten der Realismus, der Impressionismus, der Postimpressionismus, der Fauvismus und der Kubismus. Junge Künstler strömten nach Paris, um von den Meistern zu lernen und die jährliche Kunstausstellung, den Pariser Salon, zu besuchen. Im Louvre konnten sie die Werke der Vergangenheit studieren: Skulpturen der griechischen und römischen Antike, Gemälde und Skulpturen der Künstler der Spätgotik und Renaissance, darunter die *Madonna des Kanzlers Rolin* des flämischen Malers Jan van Eyck, ein Selbstbildnis Albrecht Dürers, der *Sterbende Sklave* Michelangelos, die *Hochzeit zu Kana* des venezianischen Meisters Paolo Veronese und fünf Gemälde Da Vincis, darunter neben der *Mona Lisa* auch eine Fassung der *Felsgrottenmadonna*. Aus späterer Zeit prunkte die Sammlung mit Selbstbildnissen des Niederländers Rembrandt, mit der *Spitzenklöpplerin* seines Landsmannes Vermeer und mit dem riesigen *Floß der Medusa* von Géricault.

Zuweilen erregte der Ruhm der Sammlungen auch unerwünschte Aufmerksamkeit. Diese richtete sich insbesondere gegen den kostbarsten Besitz des Museums, die *Mona Lisa*, die im Louvre als *La Joconde* (nach dem Namen der angeblichen Auftraggeberin La Giaconda benannt) ausgestellt war. 1911 wurde das Gemälde gestohlen. Der Verdacht fiel auf den Dichter Guillaume Apollinaire, der seinerseits Pablo Picasso belastete – beide wurden

Spektakulärer Königspalast Die kunstvoll gestalteten Sommergemächer von Anna von Österreich, der Gemahlin Ludwigs XIII., bilden einen würdigen Rahmen für die Sammlung römischer Skulpturen.

zwei Jahre später entlastet, als der wahre Schuldige ermittelt wurde: Vincenzo Peruggia, ein Louvre-Angestellter italienischer Abstammung, war einfach mit dem Bild unter seinem Mantel aus dem Museum spaziert. Er wollte die *Mona Lisa* nach Italien zurückbringen und wurde gefasst, als er versuchte, das Bild an die Uffizien in Florenz zu verkaufen.

1956 schleuderte ein Besucher Säure auf das Bild und beschädigte die untere Hälfte, im gleichen Jahr warf ein anderer Attentäter einen Stein darauf. Seither wird das Gemälde von Panzerglas geschützt, sodass auch die Tasse, mit dem es 2009 beworfen wurde, Da Vincis Meisterwerk nichts anhaben konnte.

Erweiterung und Aufteilung

Im Zuge des Umbaus, bei dem die Pyramide errichtet wurde, wurden auch neue Ausstellungsräume im Nordflügel geschaffen, darunter eine überdachte Fläche auf der Cour Marly, wo zwei große Skulpturen sich aufbäumender Rosse und ihrer Bändiger aufgestellt wurden. Die *Chevaux de Marly* entstanden von 1743 bis 1745 für Ludwig XV. und schmückten den Parkeingang des Château de Marly. Während der Französischen Revolution wurden sie auf der Place de la Concorde aufgestellt. 1984 erhielten sie dann ihren heutigen Standort.

Die Umgestaltungsmaßnahmen setzen sich fort: 2006 wurde das im nordwestlichen Flügel an der Rue de Rivoli untergebrachte Musée des Arts Décoratifs nach zehnjähriger Renovierung wiedereröffnet. Obwohl eine separate Institution, überschneidet es sich mit dem Louvre nicht nur räumlich, sondern auch inhaltlich: Es zeigt Schmuckstücke, Uhren, Gobelins und Möbel, die zu großen Teilen ebenfalls aus königlichem Besitz stammen.

Verteiler Eine Wendeltreppe führt Besucher vom Eingang in der Pyramide hinab in die zentrale Hall Napoléon. Von dort geht es zu den Ausstellungssälen.

Einige Sammlungen, die früher zum Louvre gehörten, wurden ausgelagert. Die große anthropologische Sammlung zog 2007 in das Musée du quai Branly um. Das Jahr 1848 ist das Schlussdatum für die im Louvre gezeigten Gemälde; viele französische Bilder aus der Zeit zwischen 1848 und 1915 sind heute im 1986 eröffneten Musée d'Orsay zu bewundern.

Trotz alledem besitzt der Louvre immer noch die größte und umfassendste Gemäldesammlung weltweit. In ihr sind alle bedeutenden europäischen Schulen vertreten. Die Sammlung ist heute in

Klein, aber fein

COURTAULD GALLERY

Ein erstklassiges Museum im Taschenformat: Die Courtauld Gallery zeigt in nur elf Sälen auf zwei Stockwerken in einer Ecke des riesigen Somerset House erlesene Werke großer europäischer Maler, darunter Gemälde von Pieter Bruegel d. Ä., Lucas Cranach d. Ä., Michelangelo, Albrecht Dürer, Leonardo da Vinci, Peter Paul Rubens, Francisco de Goya, von französischen Impressionisten, von Edgar Degas, Vincent van Gogh, Paul Cézanne und Pablo Picasso. Viele der Werke sind weltberühmt, darunter Vincent van Goghs *Selbstporträt mit abgeschnittenem Ohr*, Edouard Manets *Bar in den Folies-Bergère* und Paul Gauguins *Nevermore*. Die Galerie im Zentrum Londons zeigt außerdem herausragende Beispiele der Bildhauerei und des Kunstgewerbes - Möbel, Keramiken und Metallarbeiten. Samuel Courtauld (1876 bis 1947), ein Industrieller und Philanthrop, begründete die Sammlung zusammen mit dem Courtauld Institute, einer international angesehenen Bildungs- und Forschungsstätte für Kunst, Architektur, Museumswesen und Restaurierung.

acht Abteilungen gegliedert, die auf vier Etagen ausgestellt sind. Die Gemälde verteilen sich auf drei Hauptgruppen: die französische Schule als umfangreichster Teil, die italienische und spanische Malerei sowie die Malerei des Nordens (die deutsche, flämische und niederländische Schule). Die Skulpturenabteilung (ohne die antiken Werke) deckt die europäische Kunst vom Mittelalter bis in die Mitte des 19. Jh. ab; ihr Schwerpunkt liegt auf den Meisterwerken französischer Bildhauer des 17. und 18. Jh., aber auch Werke italienischer Meister wie Michelangelo und Canova sind zu bewundern.

Die Abteilung für Zeichnungen und Druckgrafik zeigt eine Auswahl seiner riesigen Sammlung, die rund 150 000 Werke von Künstlern wie da Vinci, Poussin, Watteau, David, Géricault und Delacroix umfasst. Die Abteilung für Kunstgewerbe präsentiert kostbare Objekte wie Kronen und Zepter, Devotionalien, Glasmalereien, Gobelins, Bronzen, Sèvres-Porzellan, Möbel von André-Charles Boulle sowie die Gemächer Napoleons III. Dekorative Skulpturen, Fliesen und Miniaturmalereien bietet die Abteilung für Islamische Kunst, die in einem Erweiterungsbau untergebracht wurde. Die Antikensammlung umfasst Skulpturen, Töpferwaren, Glaskunst und Schmuck aus 9000 Jahren, aufgeteilt in die Bereiche Ägypten, griechische, etruskische und römische Kunst sowie Vorderer Orient.

Mit mehr als 8,5 Mio. Besuchern pro Jahr ist der Louvre das populärste Museum der Welt. Das Britische Museum in London folgt mit um die 5 Mio. Besuchern auf dem zweiten Platz. Die Spitzenstellung des Louvre verdankt dieser nicht allein seinen Sammlungen, sondern auch einem Ausstellungsrahmen, der eine einfühlsame und überzeugende Verbindung von Alt und Neu herstellt.

Die Konkurrenten

MUSEEN UND GALERIEN

■ Das **Britische Museum** in London besitzt nicht nur eine wertvolle Sammlung, es ist auch eines der ältesten öffentlichen Museen. Das 1759 eröffnete Haus zeigt viele weltberühmte Werke, z. B. den Stein von Rosette und die Elgin Marbles. Praktisch alle Kulturen sind vertreten, vom alten Mesopotamien und dem antiken Ägypten bis hin zu den Wikingern, den Azteken und den amerikanischen Ureinwohnern.

■ Die **Eremitage** im russischen St. Petersburg zeigt mehr als 60 000 Ausstellungsstücke, darunter Werke der europäischen Kunst von der Antike bis zu Raffael und Leonardo da Vinci, von Peter Paul Rubens und Rembrandt bis zu Vincent van Gogh, Paul Gauguin und Henri Matisse.

■ Das 1870 gegründete **Metropolitan Museum of Art** in New York besitzt heute mehr als 2 Mio. Werke, darunter Gemälde von Caravaggio, El Greco, Vermeer, Van Gogh, Cézanne und Gauguin. Hinzu kommt eine große Sammlung historischer Schätze aus aller Welt. Neben Musikinstrumenten, Waffen, Rüstungen und Kostümen gehören hierzu auch archäologische Funde.

■ Das 1819 im Madrid eröffnete **Museo del Prado** umfasst rund 17 000 Gemälde, Skulpturen, Zeichnungen und Druckgrafiken. Hier sind nicht nur alle großen spanischen Maler, z. B. El Greco, Diego Velázquez und Francisco de Goya vertreten, sondern auch Meister der niederländischen, flämischen und venezianischen Schule wie Pieter Bruegel d. Ä., Rogier van der Weyden, Hieronymus Bosch, Rubens, Anthonis van Dyck, Tizian, Tintoretto oder Paolo Veronese.

Tempel von Dendur, Metropolitan Museum of Art

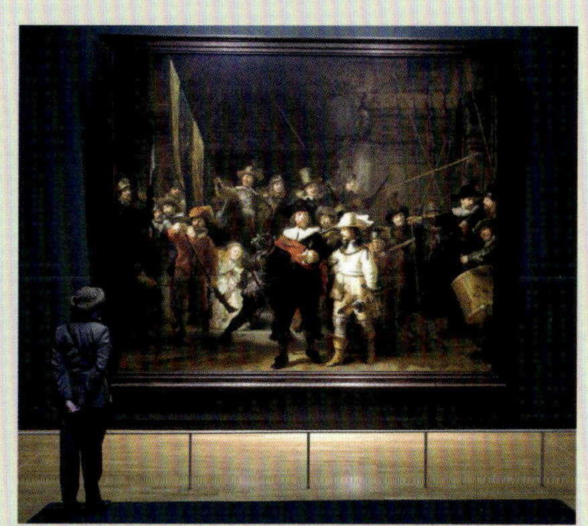

Rembrandts *Nachtwache*, Rijksmuseum

■ 1885 wurde in Amsterdam das **Rijksmuseum** als Nationalmuseum der Niederlande eröffnet. Es zeigt eine unvergleichliche Sammlung niederländischer Gemälde. Besonders herausragend sind die Werke von Vermeer, Frans Hals und Rembrandt.

■ Die **Uffizien** in Florenz präsentieren die Geschichte der europäischen Kunst von der römischen Antike über mittelalterliche Altäre bis hin zu Meisterwerken der italienischen Renaissance von Botticelli, Leonardo da Vinci und Raffael - aber auch Werke ausländischer Künstler wie Rembrandt, Goya oder Jean-Baptiste-Siméon Chardin.

■ Die **Vatikanischen Museen** auf dem Territorium der Vatikanstadt präsentieren Kunstschätze, welche die Päpste über Jahrhunderte zusammentrugen. Dazu gehören griechische und römische Skulpturen, Meisterwerke der Renaissance und Altertümer aus Ägypten - ganz zu schweigen von Michelangelos Malereien in der Sixtinischen Kapelle und den Stanzen des Raffael.

DIE RÄTSELHAFTESTE RUINENSTADT

MACHU PICCHU

Herrscherresidenz, Observatorium oder heilige Stätte? Die Ruinen hoch oben im peruanischen Regenwald hüllen sich in Schweigen. Das Wissen über sie verschwand mit den Inka im Nebel der Vergangenheit.

Jahrhundertelang war Machu Picchu nur den Einheimischen bekannt. Ab Mitte des 19. Jh. gab es verschiedene „Entdecker“, aber erst 1911 wurde der Ort weltberühmt, als der amerikanischer Archäologe Hiram Bingham die Ruinen fand. Die Entdeckung war eine Sensation: Es brach ein „Wettrennen“ um die Entdeckung weiterer vergessener Städte in Südamerika und anderswo aus.

„Mir stockte der Atem. Welcher Ort mochte das sein?“, schrieb Bingham. Eine Frage, die Historiker auch heute noch nicht sicher beantworten können. Der Stil der Bauten, ihre Lage und ihr Alter lassen keinen Zweifel, dass es sich bei Machu Picchu um eine bedeutende Inka-Stätte handelt. Aber da die spani-

GEOGRAFISCHE LAGE

Machu Picchu liegt 110 km nördlich von Cusco in den peruanischen Anden. Am nächsten Flughafen in Cusco landen täglich Flugzeuge aus Lima und anderen Städten. Ab Cusco nimmt man den Zug nach Aguas Calientes und dort den Bus. Man kann auch über den anspruchsvollen Inca Trail nach Machu Picchu wandern.

schen Konquistadoren sie nie fanden und ihre Erbauer längst gestorben waren, als Bingham die Stadt erreichte, bleibt ihre genaue Funktion im Dunkeln.

Ungelöste Rätsel

Es kursieren alle möglichen Theorien: Vielleicht diente der Ort als Observatorium, vielleicht war er ein Landsitz des Inka-Herrschers, vielleicht eine Kultstätte? Möglicherweise handelte es sich aber auch um eine Fluchtburg. Man weiß noch nicht einmal genau, wann Machu Picchu gebaut wurde. Die meisten Forscher datieren die Errichtung auf die Mitte des 15. Jh., rund 65 Jahre vor der Ankunft der Konquistadoren in Peru. Sie vermuten, dass die Stadt (aus unbekannten Gründen) um die Mitte des 16. Jh. aufgegeben wurde. Das indigene Volk in

In schwindelerregender Höhe Das nur wenig länger als 100 Jahre bewohnte Machu Picchu liegt 2430 m hoch auf einem Bergrücken über dem Urubamba-Tal in Peru.

der Gegend kannte zweifellos die alten Ruinen. Es gibt auch Hinweise darauf, dass deutsche Schatzjäger und US-amerikanische Missionare des späten 19. Jh. von der Stätte wussten und sie vielleicht sogar besucht haben. Aber erst Bingham machte den Ort berühmt: Mit großem Interesse an Inka-Ruinen, das bei einer früheren Expedition in die Region geweckt worden war, brach er in Begleitung einheimischer Führer im Juli 1911 von Cusco auf. Es heißt, dass die Expedition einen reißenden Fluss auf einer klapprigen Holzbrücke überqueren und sich mit der Machete den Weg durch dichten Urwald bahnen musste, ehe sie mit der Hilfe eines Quechua-Jungen aus einem nahe gelegenen Dorf die Ruinen fand.

Binghams filmreifes archäologisches Abenteuer, die Rätsel um Bedeutung und Funktion der Stadt sowie ihre herrliche Lage auf einem smaragdgrünen Andengipfel über dem Regenwald – all das macht Machu Picchu zu einem legendären Reiseziel und zugleich zur bedeutendsten vergessenen Stadt der Welt.

Tempel und Mausoleum

In den 100 Jahren seit der Wiederentdeckung wurde rund ein Drittel der Ruinen von Machu Picchu rekonstruiert. Insgesamt gibt es etwa 140 Gebäude und mehr als 100 Steintreppen, außerdem ein umfangreiches, ebenfalls steinernes Kanalisations- und Bewässerungssystem, das Wasser in die Wohnungen und zu den landwirtschaftlich genutzten Flächen brachte. Die Architektur ist typisch für die Inka: Trockenmauerwerk aus großen rechteckigen Steinen mit scharfen Kanten und glatten polierten Oberflächen, die so präzise geschichtet wurden, dass keine Messerklinge in die Fugen passt.

Zu den Wahrzeichen der Stadt gehört der Tempel des Kondors, eine natürliche Felsformation, die die Steinmetze der Inka zu einem riesigen Kondor umgestalteten, der mit seinen ausgebreiteten Flügeln wirkt, als wolle er sich in die Luft schwingen. Der dem Gott Inti geweihte Tempel der Sonne war wahrscheinlich die wichtigste Kultstätte der Stadt. Das Fenster der Schlange soll es der Legende zufolge wilden Schlangen ermöglicht haben, in das Heiligtum zu gelangen.

An anderer Stelle entdeckte man ein Massengrab oder Mausoleum, in dem Bingham die Überreste von mehr als 100 Menschen fand. Er schätzte, dass rund 80 % davon Frauen waren, doch neuere Untersuchungen haben eine Gleichverteilung der Geschlechter ergeben. Das Gebäude enthält auch einen stufenförmigen Altar und Nischen, die wahrscheinlich zeremoniellen Zwecken dienten. Ein weiteres wichtiges Relikt ist der Intihuatana („Sonnenuhr“), eine Steinkonstruktion, die die Inka-Priester für astrologische Voraussagen oder zur Himmelsbeobachtung nutzten.

Obwohl das alte Machu Picchu wohl niemals mehr als 1000 Einwohner hatte, muss es darunter auch Kriminelle und Straftäter gegeben haben, denn zu den Ruinen gehört ein Gebäude mit kleinen Steinzellen und Kerkern, das vermutlich als Gefängnis diente. Die Stadt ist auf allen Seiten von sorgsam angelegten Steinterrassen umgeben, auf denen Mais, Kartoffeln, Bohnen und andere Feldfrüchte angebaut wurden.

Terrassierte Hänge Ein steinerner Altar steht im Tempel der Sonne, geschützt von einer halbkreisförmigen Mauer. Dahinter beginnen die schmalen abschüssigen Terrassen, auf denen Gemüse angebaut wurde.

Das Nationale Schutzgebiet rund um Machu Picchu besitzt eine bemerkenswerte Flora und Fauna mit Spezies aus dem andinen Hochland und vom Oberlauf des Amazonas. Häufig sieht man Alpakas zwischen den Ruinen grasen. Wer genau hinschaut, sieht auch die an

Kaninchen erinnernden Bergviscachas zwischen den Steinen herumspringen. Zudem leben in dem Gebiet die stark gefährdeten Brillenbären, die Pampaskatze und der Ozelot, der gewaltige Andenkondor und der Andenklippenvogel, dessen Kopf und Brust rotorange leuchten.

Im Einklang mit der Natur

Im Jahr 1983 wurde Machu Picchu als „bemerkenswerteste Stadtgründung des Inka-Reichs zur Zeit seiner Blüte“ zur Welterbestätte ernannt. Im Begründungstext wurde besonders hervorgehoben, dass das Mauerwerk der Gebäude ein gutes Beispiel für den perfekt an die Umgebung angepassten architektonischen Einsatz natürlicher Rohmaterialien darstelle.

Manche besonders fotogene Ansicht hat die Ruinenstadt der natürlichen Umgebung zu verdanken. Der schroffe Gipfel des Huayna Picchu überragt die Stadt um mehr als 300 m und bildet eine herrliche Kulisse. Er ist häufig in Nebel gehüllt und wirkt, als wäre er ohne moderne Kletterausrüstung nicht besteigbar. Doch den Inka gelang es, einen Pfad hinauf in die Felswand zu meißeln, ebenso Tempel, Terrassen und Aussichtspunkte. Es heißt, auf dem Gipfel hätten ein Priester und Tempeljungfrauen gelebt. Beeindruckt von der Fähigkeit der Inka, den Huayna Picchu zu bezwingen, zeigte sich 1949 der britische Schriftsteller Christopher Isherwood. Er erklärte, sie „müssen klettern gekonnt haben wie die Fliegen.“

Wie auch immer die Rätsel von Machu Picchu gelöst werden mögen – um die 1 Mio. Besucher pilgern pro Jahr hierher, um sich selbst einen Eindruck von der Stätte zu verschaffen. Und viele werden Binghams Worten zustimmen: „Ich kenne auf der ganzen Welt keinen Ort, der eine solche Vielfalt von Reizen und eine so sehr verzaubernde Wirkung besitzt.“

Sonnenuhr Priester sollen diese Konstruktion zur Bestimmung der Tagundnachtgleichen benutzt haben: An jenen Tagen steht die Sonne mittags senkrecht über dem Felsen, sodass er keinen Schatten wirft.

Die Konkurrenten

VERGESSENE STÄDTE

■ **Achet-Aton** wurde im 14. Jh. v. Chr. unter der Herrschaft von Pharao Echnaton angelegt und blieb in geringem Maß bis in die römische und frühchristliche Zeit besiedelt. Die heute Amarna genannte Ruinenstätte wurde von Napoleons Corps de Savants während der französischen Besetzung Ägyptens im späten 18. Jh. entdeckt.

■ Dem deutschen Archäologen Robert Koldewey wird die Wiederentdeckung des antiken **Babylon** zugeschrieben. Obwohl schon andere europäische Grabungsteams während des 19. Jh. auf dem Gelände tätig waren, gelang es erst Koldewey im Rahmen seiner langen Forschungsreise (1899-1917), die Ruinenstätte im Irak (damals noch eine Provinz des Osmanischen Reiches) mit der biblischen Stadt zu identifizieren. Koldewey entdeckte u. a. Reste der Hängenden Gärten, die Marduk-Zikkurat und das Ischtar-Tor.

■ **Nan Madol** im Südpazifik war das Zentrum einer alten Zivilisation auf Pohnpei, der größten Insel der Föderierten Staaten von Mikronesien. Die Stätte war auf fast 100 künstliche Koralleninseln verteilt, die durch Kanäle getrennt sind. Gegründet wurde sie wohl gegen 1200; bis ins frühe 17. Jh. war sie bewohnt. Archäologen kamen erstmals 1858 nach Nan Madol.

■ Die Festung von **Sigiriya** wurde bereits im 5. Jh. n. Chr. aus einer Bergspitze auf Sri Lanka herausgemeißelt und diente fast 1000 Jahre als buddhistisches Kloster. Dann wurde der befestigte „Adlerhorst“ aufgegeben und blieb vergessen, bis ihn der britische Major Jonathan Forbes 1831 durch Zufall entdeckte.

Sigiriya

■ Als eine der größten Städte der Maya-Welt erblühte **Tikal** zwischen 200 und 900 n. Chr. Als die Spanier 600 Jahre später ins Land kamen, war die Metropole bereits vom mittelamerikanischen Regenwald verschluckt worden. Ständige Erzählungen über eine vergessene Stadt im Norden Guatemalas veranlassten die Regierung, eine lokale Expedition zu organisieren, die Tikal im Jahr 1848 aufspürte.

■ Die antike Stadt **Troja** war nicht mehr als eine Legende, als der britische Amateurarchäologe Frank Calvert einen Hügel im Nordwesten der Türkei als wahrscheinlichsten Standort bestimmte. Der deutsche Archäologe Heinrich Schliemann bewies diese Theorie, indem er ab den 1870er-Jahren Reste einer Reihe von Städten freilegte, die nacheinander dort existiert hatten.

DAS ARTENREICHSTE VOGELRESERVAT

MANÚ-NATIONALPARK

Perus größter Nationalpark ist ein Paradies für Vogelfreunde; hier leben mehr Vogelspezies als in jedem anderen Schutzgebiet der Erde.

Der Manú-Nationalpark ist ein Teil des Manú-Biosphärenreservats und hat eine Fläche, die etwa der Hälfte der Schweiz entspricht. Er umfasst drei ökologische Zonen vom Hochgebirge der Anden bis zum tropischen Regenwald im Tiefland. Die Artenvielfalt ist größer als in jedem anderen Nationalpark der Erde. Auf 1 ha Wald nahe der Forschungsstation Cocha Cashu befinden sich mehr als 200 Baumarten. Auf einem einzigen Baum können bis zu 43 Ameisenspezies leben. Ferner beherbergt der Park 13 Affenarten und mehr als 1000 Vogelspezies, das sind 10 % aller Vogelarten der Erde.

Hoch in den Anden liegt die Puna, die oberste Höhenstufe mit spärlicher Grasdecke. Sie ist die Heimat des Andenkondors, des größten fliegenden Vogels der Welt; er ernährt sich von Aas. In den Ge-

GEOGRAFISCHE LAGE

Der Großteil des Parks im Südosten Perus ist auf Straßen nicht erreichbar; viele Besucher kommen per Boot über den Fluss Manú. Manche fliegen auch in rund 45 Minuten von Cusco zu einem Flugplatz in Flussnähe und fahren mit dem Boot weiter. Der Park darf nur mit einem registrierten Tourveranstalter betreten werden.

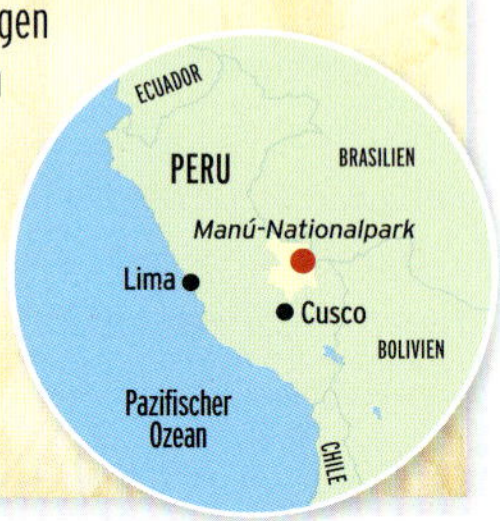

Ungewöhnliche Nahrungsergänzung Grünflügelaras sammeln sich in Tambo Blanquillo, um den Lehm aufzulecken. Dadurch vervollständigen sie ihre Nahrung aus Samen und Früchten mit Mineralien.

birgsausläufern folgen die Nebelwälder, deren Bäume von Flechten und Orchideen überwuchert sind. Kolibris und Andenklippenvögel sind genauso zu sehen wie Leierschwanz-Nachtschwalben, deren lange Schwanzfedern sanft hinter ihnen herschweben. Im Tieflandregenwald gaukeln bunte Papageien um die Bäume, während Reiher und Amazonasfischer die Ufer nach Nahrung absuchen.

Papageien-Treffpunkt

Eines der geräuschvollsten Ereignisse in der Vogelwelt lässt sich morgens an den Flüssen und Seen beobachten. Schwarzohrpapageien und Mülleramazonen fliegen zu den Lehmlecken am Flussufer, um Natrium aufzunehmen. Später gesellen sich Aras hinzu – und dann wird es laut. Pro Tag kommen bis zu 200 Vögel, in der Brutsaison noch mehr. Die Leckstellen sind gefährliche Orte, weil sie auch Raubtiere anlocken. Deshalb wagen sich Aras nur hierher, wenn viele Artgenossen da sind. Eine Gefahrenquelle ist z. B. die gewaltige und flinke Harpyie, die auf ihre Beute herunterstößt.

Die Konkurrenten

VOGELBEOBACHTUNGSSTÄTTEN

Zur Vogelzugzeit im Mai sind bei **Cape May** an der Ostküste der USA bis zu 200 Arten am Tag zu sehen. Bei der Spendensammelaktion *World Series of Birding* treten Vogelbeobachterteams gegeneinander an.

In jedem Winter versammeln sich 10 000 Kraniche sieben verschiedener Arten auf den Feldern von Arasaki auf der japanischen Insel **Kyūshū**, wo sie ihre Werbungstänze aufführen - ein Mekka für Vogelfreunde.

Flamingos am Ostafrikanischen Graben

Tausende Flamingos fressen und brüten an den alkalischen Seen im **Ostafrikanischen Grabenbruch**. Seeadler, Hyänen und Paviane machen Jagd auf unachtsame Vögel.

Im Fluss fischen Schwarzmantel-Scherenschnäbel mit geöffnetem Schnabel während des Fluges. In den Ästen über dem Fluss sitzen weibliche Hoatzins mit Kopfgefieder, das an eine Punk-Frisur erinnert, und bewachen ihre Küken. Bei Gefahr werfen sich diese ins Wasser und klettern dann wieder heraus, wobei sie die Krallen an den Flügeln benutzen, die an Flugsaurier erinnern. Die Vögel teilen sich den Wald mit indigenen Völkern, die in Eintracht mit der sie umgebenden gefährdeten Natur leben und von Besuchern unbehelligt bleiben wollen.

DER FORMSCHÖNSTE BERG

MATTERHORN

Der markante Gipfel bei Zermatt ist zu einem Wahrzeichen der Schweiz geworden. Auch die Geschichte seiner Besteigungen ist eine besondere.

Das Matterhorn ist eine gewaltige Felspyramide, die von ihrem Fuß bis zum Gipfel fast ohne Stufen aufwärts strebt. Mit 4478 m ist es zwar nicht der höchste Berg der Alpen – diese Ehre gebührt dem Montblanc –, bietet aber den dramatischsten Anblick. Die in sich gedrehte, von Jahrtausenden der Erosion geformte Pyramide steht isoliert vor freiem Himmel. Die vier Seiten des Berges sind fast wie mit dem Kompass ausgerichtet, sodass es eine eindeutige Nord-, Ost-, Süd- und Westwand gibt. Mit seiner schiefen Spitze ist das Matterhorn der am leichtesten wiedererkennbare Berg.

Bergsteigelegenden

Ein solcher Berg ist eine Herausforderung, der Bergsteiger kaum widerstehen können. In den Pioniertagen der Alpinistik gab es einen Wettlauf um die Erstürmung des Gipfels. Italiener und Schweizer betrachteten die Erstbesteigung wegen der Grenzlage des Berges als eine Frage des Patriotismus, doch auch französische und britische Bergsteiger mischten mit. Der Brite Edward Whymper unternahm sechs Versuche, ehe er am 14. Juli 1865 das Ziel erreichte und damit eine italienische Seilschaft um drei Tage schlug. Der Triumph hatte einen hohen Preis: Vier Mitglieder von Whympers Team stürzten beim Abstieg in den Tod. Mittlerweile wurde jede Route zum Gipfel erkundet; als Letzte wurde 1931 die Nordwand bezwungen.

Wegen des schnell umschlagenden Wetters und der Steinschläge ist das Matterhorn einer der gefährlichsten Gipfel weltweit. Trotzdem wagen im Sommer Hunderte den Aufstieg, meist über den zwischen Nord- und Ostwand gelegenen Hörnligrat. Und immer noch sterben Menschen dabei – seit 1865 gab es mehr als 500 Tote und die Zahl steigt weiter.

GEOGRAFISCHE LAGE

Das Matterhorn – auf Italienisch Monte Cervino und auf Französisch Mont Cervin – liegt auf der Grenze zwischen der Schweiz und Italien. Die nächstgelegene Ortschaft auf der Schweizer Seite ist Zermatt, auf der italienischen Seite Breuil-Cervinia. Beide Orte sind mit dem Zug erreichbar.

Erhabener Anblick Die Ostwand des Matterhorns spiegelt sich im ruhigen Wasser des Riffelsees. Der Hörnligrat, der rechts zum Betrachter hin zu verlaufen scheint, ist die übliche Kletterroute.

Die Konkurrenten

UNVERWECHSELBARE BERGE

■ Der **Kilimandscharo**, mit 5894 m der höchste Berg Afrikas, ragt als ruhendes Vulkanmassiv aus der Savanne empor. Nebelverhangener Regenwald reicht bis auf 3000 m Höhe. Der Gipfel ist abgeflacht und teilweise vergletschert.

■ Eine schwindelerregende natürliche Felsplattform ist der **Preikestolen** (Predigtstuhl) in Norwegen. Die Fjellkante liegt 604 m über dem Meeresspiegel und bietet einen schönen Blick auf den Lysefjord und das umliegende Bergland.

■ Mit 8848 m ist der **Mount Everest** an der Grenze zwischen Nepal und China der höchste Berg der Erde. Das Volk der Sherpas verehrt den Everest zudem als heiligen Berg. Deswegen führen die Sherpas vor jeder Besteigung eine Opferzeremonie durch, um Unheil abzuwenden.

Mount Everest

DAS EINDRUCKSVOLLSTE KRIEGERDENKMAL

MENENTOR

Würdevoll erinnert dieses Denkmal an die Tragödie des Krieges. Tausende Namen sind auf ihm eingraviert, stehen aber nur für einen Bruchteil der Millionen, die im Ersten Weltkrieg fielen.

Im Mittelalter war Ieper – oder Ypern, wie die Stadt auf Deutsch heißt – ein wohlhabendes flämisches Handelszentrum, vergleichbar mit Brügge oder Gent. Der Exportschlager der Stadt waren Wollstoffe; sie war berühmt für ihre im gotischen Stil erbauten Tuchhallen, die „Lakenhalle". Wie viele Städte in Belgien erlebte Ypern während der Industrialisierung im 19. Jh. eine wirtschaftliche Blüte. Doch 1914 geriet die Stadt in einen Strudel der Vernichtung. Ihr Name erinnert heute an einige der blutigsten Schlachten des Ersten Weltkriegs.

GEOGRAFISCHE LAGE

Das Menentor steht im Osten der Stadt Ypern in der belgischen Provinz Westflandern. Ypern liegt 120 km westlich von Brüssel und 70 km südöstlich der französischen Hafenstadt Calais. Interessierte können Touren durch die Gegend unternehmen und mehrere Gedenkstätten und Soldatenfriedhöfe besuchen.

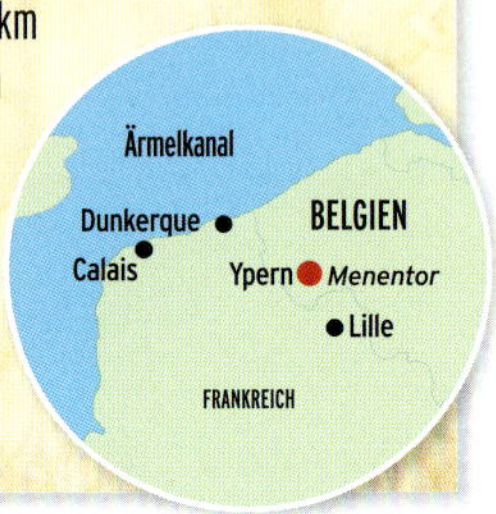

Die Flandernschlachten

Bei Ausbruch des Krieges versuchten die deutschen Truppen, Belgien zu durchqueren, um Frankreich angreifen zu können. Doch die Belgier leisteten Widerstand, zogen sich an die Küste hinter den Fluss Yser zurück, zerstörten die Deiche und überfluteten so das Land. Ypern lag auf erhöhtem Gelände südlich der gefluteten Zone und wurde zum Tor zu den französischen Hafenstädten Dunkerque (Dünkirchen) und Calais, welche die Deutschen einnehmen mussten, wenn sie die britischen Versorgungslinien unterbrechen wollten.

Im Oktober 1914 stießen die deutschen Truppen auf einem D-förmigen Gelände östlich der Stadt – dem Ypernbogen – mit den britischen, französischen und belgischen Streitkräften zusammen. Beide Seiten verschanzten sich in Schützengräben. Es folgten vier Jahre erbitterter Stellungskrieg mit einigen außerordentlich blutigen Offensiven, den sogenannten Flandernschlachten. Die dritte und fürchterlichste Offensive dauerte vom 31. Juli bis zum 6. November 1917 und kostete Hunderttausenden Menschen das Leben.

Die Deutschen bemühten sich verzweifelt, Ypern einzunehmen. Von drei Seiten umzingelten sie die Stadt und beschossen sie mit schweren Granaten aus der „Dicken Bertha", einem 42-cm-Mörser. Nach und nach wurde Ypern in Schutt und Asche gelegt. Dennoch konnten die Briten die Stadt halten. Durch die Ruinen zogen Zehntausende Soldaten aus Großbritannien und den Commonwealth-Ländern aufs Schlachtfeld; viele kehrten nie zurück.

Tausende Namen Schlicht und still erinnern die eingravierten Namen der Toten an die Schrecken des Krieges. Sie stehen auch stellvertretend für all die nicht identifizierten Gefallenen.

Ehrenmal für die Unbekannten

Im Ersten Weltkrieg fielen fast 10 Mio. Soldaten, dazu kamen Millionen zivile Opfer. Die Entente einerseits und die Mittelmächte (Deutsches Reich, Österreich-Ungarn und Osmanisches Reich) andererseits hatten Kolonien und Verbündete rund um den Globus. In Afrika,

auf dem Balkan, in Norditalien, der Türkei, auf den Inseln im Pazifik und auf allen Weltmeeren wurde gekämpft. Die bei Weitem größte Zahl von Kriegstoten gab es aber auf den Schlachtfeldern an der Ost- und Westfront in Mitteleuropa – allein an der Westfront kamen fast 7 Mio. Menschen durch den Krieg ums Leben.

Nach dem Krieg überführten die Entente-Mächte die Körper ihrer Toten nicht in die jeweilige Heimat, sondern errichteten nahe den Schlachtfeldern Denkmäler und Soldatenfriedhöfe. Rund um den Ypernbogen finden sich 160 Friedhöfe für britische und Commonwealth-Soldaten, zwei französische Soldatenfriedhöfe und ein belgischer. Die Deutschen brachten ihre Toten in die Heimat, erhalten blieb nur ein deutscher Friedhof bei Langemark; dort sind rund 44 000 Soldaten beigesetzt.

Von den Soldaten Großbritanniens und des Commonwealth, die am Ypernbogen fielen, blieben etwa 90 000 vermisst. Entweder konnten sie nicht identifiziert werden und wurden als Unbekannte begraben oder ihre Körper wurden erst gar nicht gefunden. Damit alle Toten angemessen geehrt würden, beauftragte die Imperial (heute Commonwealth) War Graves Commission nach dem Krieg Sir Reginald Blomfield, einen der führenden

Wider das Vergessen Den östlichen Bogen des Menentors krönt ein Löwe, das Wappentier Großbritanniens und Belgiens.

britischen Denkmalarchitekten jener Zeit, mit der Errichtung eines monumentalen Denkmals. Als Standort wurde das Menentor (Menenpoort) am Ostrand von Ypern gewählt, denn dieses Tor hatten die Männer auf dem Weg zur Front passiert.

Respektbezeugung Seit 1928 – nur unterbrochen in Jahren der deutschen Besetzung im Zweiten Weltkrieg – ertönt das Hornsignal *The Last Post* zum Gedenken an die Gefallenen täglich am Menentor.

Angemessen und würdig

Blomfield entschied sich für einen neoklassizistischen Entwurf in Form eines verlängerten Triumphbogens aus Natur- und Backstein, der aber in seiner zurückhaltenden Dekoration auf alles Triumphale verzichtete. Als Reliefs ausgeführte Girlanden und Kränze schmücken die Außenmauern. Ein einfacher, mit einer Flagge bedeckter Steinsarkophag bekrönt den westlichen Bogen, ein Löwe den östlichen. Beide Skulpturen sind Werke des schottischen Bildhauers Sir William Reid Dick. Der Hauptakzent des Denkmals liegt jedoch auf den Namen der toten Soldaten.

Durch den Bogen verläuft von West nach Ost die Gedenkhalle, ein Gewölbe mit einer eleganten Kassettendecke und runden Oberlichtern. Die Wände sind mit Platten aus Portland-Stein verkleidet, in welche die Namen der Gefallenen, geordnet nach Regiment und militärischem Dienstgrad, eingraviert sind. Treppen, die von weiteren Platten voller Namen flankiert werden, führen zu Emporen mit noch mehr Namenstafeln. Insgesamt 54 896 Namen finden sich auf den Platten. Der Eindruck ist überwältigend: ein stiller Schrei, eine Erinnerung an all die Menschen, die vorzeitig starben. Kein anderes Kriegerdenkmal hält so gut die Balance zwischen Ehrung und tiefer Trauer.

Doch die Aufgabe, *aller* zu gedenken, die bei Ypern gefallen waren, erfüllte das Menentor nicht – der Platz reichte nicht aus. Also beschloss man, nur die Namen jener Soldaten hier aufzulisten, die bis zum 15. August 1917 gestorben waren.

Die übrigen Namen sind am Memorial to the Missing auf dem 8 km östlich von Ypern gelegenen Soldatenfriedhof Tyne Cot, dem größten Commonwealth-Soldatenfriedhof, zu finden. In der von Sir Herbert Baker entworfenen Gedenkstätte sind ihre Namen ebenfalls in Platten aus Portland-Stein eingraviert.

Signal der Erinnerung

Während Ypern, das nach dem Ersten Weltkrieg wiederaufgebaut wurde, heute eine belebte Kleinstadt mit stetigem Besucherandrang ist, liegt über dem Menentor immer eine würdevolle Stille, was wohl auch an der schlichten Eleganz des Bauwerks liegt, das Respekt einflößt. Ganz anders sah es hier in den Jahren 1914–1918 aus. Als General Charles Harington, ein Ypern-Kombattant, im Juli 1927 an der Eröffnungszeremonie teilnahm, erinnerte er an „all die Opfer, die nachts von Versorgungskräften, ihren Pferden oder Maultieren hineingebracht wurden – auf dem albtraumhaften Weg durch das Menentor … Jedes Tor war ein Engpass, bis auf den Zentimeter von feindlichen Geschützen überwacht."

Die Menschen von Ypern gedenken seither der britischen und der Commonwealth-Soldaten. Seit nun fast einem Jahrhundert lauscht jeden Abend um 20 Uhr eine Menschenansammlung den Trompetern der Freiwilligen Feuerwehr von Ypern, die das Signal *Last Post* blasen.

Klein, aber fein

ROYAL ARTILLERY WAR MEMORIAL

Inmitten des Trubels am Hyde Park Corner im Zentrum Londons stehen drei Soldaten des Ersten Weltkriegs in voller Kampfmontur

als Bronzeskulpturen ruhig vor einem Sockel, auf dem eine große steinerne Haubitze steht. Ein vierter Soldat liegt, von seinem Mantel bedeckt, am Boden. Das Denkmal für die 49 076 Toten des Royal Regiment of Artillery wurde vom Bildhauer Charles Jagger entworfen, der selbst ein Kriegsveteran war. Als das Denkmal 1925 enthüllt wurde, rief es große Kontroversen hervor. Frühere Kriegerdenkmäler hatten die Toten verherrlicht oder bedienten sich einer würdevollen, klassisch-abstrakten Formensprache. Jagger stellte jedoch die grausame Realität des Krieges dar. Viele Kritiker missbilligten das Denkmal, andere würdigten die Ehrlichkeit. Nach sieben Jahren des Schweigens begann Großbritannien, sich mit dem wahren Schrecken des Ersten Weltkriegs auseinanderzusetzen – dieses Denkmal verlieh der veränderten Einstellung Ausdruck.

Die Konkurrenten

GEDENKSTÄTTEN

Thiepval-Denkmal

Im Ersten Weltkrieg verlief die Westfront quer durch den Nordosten Frankreichs. Hier verloren in der Schlacht an der Somme (1916) 1 Mio. Menschen beider Seiten ihr Leben. Das **Thiepval-Denkmal**, ein Ehrenbogen aus Natur- und Backstein, ist 72 191 vermissten britischen und südafrikanischen Soldaten gewidmet. Zugleich ist es ein Denkmal für die britisch-französische Waffenbruderschaft: Über ihm wehen die britische und die französische Fahne, auf dem Gräberfeld liegen 300 britische und 300 französische Gefallene.

Im Ersten Weltkrieg schlug das Kanadische Expeditionskorps im April 1917 seine berühmteste Schlacht am Höhenzug von Vimy in Nordfrankreich. Hier steht heute das **Canadian National Vimy Memorial**, ein großes Denkmal aus hellen Kalksteinmauern und zwei hohen Steinsäulen. 20 über die Anlage verteilte Steinfiguren versinnbildlichen Schmerz, Verlassenheit und Feierlichkeit. Das Denkmal, das berühmteste Werk des kanadischen Bildhauers und Architekten Walter Seymour Allward, ist den kanadischen Kriegstoten gewidmet, u. a. den 11 285 Soldaten, die kein eigenes Grab fanden.

Canadian National Vimy Memorial

Gedenkstätte und Museum Auschwitz-Birkenau

Über 1,1 Mio. Menschen wurden im größten Vernichtungslager der Nationalsozialisten, der heutigen Gedenkstätte mit staatlichem Museum **Auschwitz-Birkenau** in Polen, ermordet. Die Gedenkstätte ist ein schockierendes Mahnmal für die Vernichtungspolitik der Nazis, die sie gegen politische Gegner, sowjetische Kriegsgefangene, Homosexuelle, Sinti und Roma und in erster Linie gegen die Juden Europas praktizierten. Die Zahlen und Fakten gewinnen durch Details an Kontur: Es sind Schuhe, Koffer und tonnenweise Haar zu sehen, das den Frauen abgeschoren wurde, bevor sie getötet wurden.

Eine Gedenkstätte für die Kriegsverbrechen im Zweiten Weltkrieg ist das Dorf **Oradour-sur-Glane** in der Region Limousin (Frankreich). Hier trieben am 10. Juni 1944, kurz nach der Landung der Alliierten in der Normandie, deutsche SS-Männer die Dorfbewohner zusammen, erschossen die Männer und verbrannten die Frauen und Kinder in einer Kirche. Schließlich wurde das Dorf niedergebrannt. 642 Personen verloren ihr Leben. Der Grund für den Massenmord war Vergeltung für die angebliche Gefangennahme eines SS-Soldaten durch die Résistance. Das Dorf wurde nicht wiederaufgebaut, aber seine Reste wurden auch nicht beseitigt: Bis heute mahnen die ausgebrannten Mauern und Autowracks.

Am 6. August 1945 erschienen drei US-amerikanische B-29-Bomber am Himmel über dem japanischen Hiroshima. Wenig später explodierte die erste Atombombe, die in einem Krieg zum Einsatz kam. Rund 70 000 Menschen waren sofort tot, weitere 70 000 starben später an den Folgen der nuklearen Strahlung. Das **Friedensdenkmal in Hiroshima** bilden die Überreste eines 1915 errichteten Ausstellungsgebäudes. Weil das Gebäude direkt unter dem Zentrum der Druckwelle stand, blieb es stehen. Seit 1966 gehört es als Symbol für die Verheerungen eines Nuklearkriegs zum Welterbe der UNESCO.

DIE TRADITIONSREICHSTE MARKTHALLE

MERCAT DE LA BOQUERIA

Eine Sinfonie aus Farben und Düften: Der Mercat de la Boqueria im Zentrum Barcelonas ist das kulinarische Zentrum der katalanischen Hauptstadt und einer der betriebsamsten Märkte der Welt.

Was macht einen attraktiven Lebensmittelmarkt aus? Die prächtigen Auslagen mit frischem Obst und Gemüse, der Duft von ortstypischen Speisen, die man sofort verzehren kann, die Möglichkeit, auf traditionelle Art hergestellten Käse und andere Delikatessen zu probieren, der Anblick von Frischfisch und Schalentieren auf Eis, die Rufe der Händler? In ihrer hohen, an einen Hangar erinnernden Halle erfüllt die Boqueria genau diese Erwartungen. Ein Dutzend Bars und Restaurants sowie 250 Marktstände umfasst der Markt. Von regional angebautem Obst und Gemüse bis hin zu Fleisch- und Käsespezialitäten sowie hausgemachten katalanischen Gerichten – man bekommt einfach alles.

La Boqueria (offiziell El Mercat de Sant Josep) ist einer der ältesten Lebensmittelmärkte Europas. Er entstand wohl schon Mitte des 18. Jh., als fliegende Händler, die sich auf der Straße La Rambla drängten, zu einem öffentlichen Ärgernis wurden. 1837 entschloss man sich schließlich, das Viertel aufzuräumen und den Handel umzusiedeln und zu konzentrieren. Niemand konnte voraussehen, dass am Ende dieses Prozesses ein kulinarisches Mekka entstehen würde.

Der Bau des Marktgebäudes begann 1840; ein paar Jahre später wurde der große Säulengang hinzugefügt, der den Markt auch heute noch einrahmt. In späteren Jahrzehnten kamen weitere Wahrzeichen hinzu, so der spektakuläre Ein-

Kulinarisches Paradies Über dem Eingang zu der Markthalle, in der mehr als 30 000 verschiedene Produkte angeboten werden – von regionalen Spezialitäten wie Paprika, gesalzenem Fisch und Schinken bis zu exotischen Früchten – hängt Barcelonas Wappen.

GEOGRAFISCHE LAGE

Der Mercat de Sant Josep (oder auch einfach La Boqueria) liegt an der Rambla, Barcelonas zentraler Promenade, fünf Gehminuten entfernt von der Plaça de Catalunya. Liceu ist der dem Markt am nächsten gelegene U-Bahnhof. La Boqueria ist täglich außer sonntags von 8 bis gegen 15 Uhr geöffnet.

JAMÓN IBÉRICO
An vielen Wurstständen der Boqueria hängen Schinken. Die besten werden als *jamón ibérico* bezeichnet, für dessen Herstellung strenge Vorschriften gelten. Die Schinken sind von Fettadern durchzogen, denn die Schweine, die das Fleisch liefern, werden gemästet. Der Schinken von Schweinen, die sich ausschließlich von den Eicheln von Stein- und Korkeichen ernähren, ist der teuerste; er heißt *jamón ibérico de bellota.* Schinken von Schweinen aus Getreidemast heißt *jamón ibérico de cebo* und Schinken von Tieren, die beide Futterarten bekamen, *jamón ibérico de recebo.* Der Schinken wird erst kurz vor dem Servieren in dünne Scheiben geschnitten, sodass er noch feucht ist.

gang im Stil des Modernisme Català mit den wunderschönen, an Gaudís Werke erinnernden Buntglasmosaiken.

Frühmorgens beginnen die Händler, von denen viele schon zur dritten oder vierten Generation der Ladeninhaber gehören, ihre Waren auszulegen: Orangen aus Valencia, Erdbeeren, Artischocken und Stränge getrockneter Chilischoten in der Gemüseabteilung, Fische, Muscheln, Hummer und andere Krustentiere in der Fischabteilung in der Mitte des Marktes, den berühmten *jamón ibérico*, Chorizo und weitere geräucherte und gepökelte Waren in der Wurstabteilung. Hinzu kommen frisches Fleisch und Geflügel, Pilze, getrocknete Früchte, Gewürze, Süßigkeiten und alles mögliche andere, auch Innereien und getrocknete Insekten.

Tapas für Genießer

Eine gründliche Erkundung der überfüllten Gänge kann Stunden dauern, aber an den Imbissständen kann man sich stärken – und erkennen, dass Fast Food durchaus gut sein kann, wenn die Zutaten frisch sind. Zwei gute Anlaufstellen sind die Bar Pinotxo nahe dem Markteingang und das El Quim de la Boqueria im hinteren Bereich. Hier kann man an der Theke Platz nehmen und zusehen, wie der Koch Muscheln brät, Tintenfisch mit Knoblauch und Olivenöl würzt und verfeinert oder Schmorgerichte auftischt.

Die erfahrenen Gastwirte fanden jeden Morgen auf dem Markt nach den besten Zutaten für wunderbare Gerichte wie Kichererbsen mit Blutwurst (im Pinotxo) oder Rührei mit Tintenfischen und Meersalz (im El Quim). Zu jeder Tageszeit ist es üblich, zum Essen ein Glas Schaumwein *(cava)* und zum Abschluss einen *cortado* (Espresso mit Milch) zu trinken.

Qualität ist Trumpf

Obwohl die Boqueria eine der größten Touristenattraktionen Barcelonas ist, machen die Einheimischen den größten Teil der Kundschaft aus – Mütter, die die Zutaten für das Abendessen besorgen, Studenten, die sich zwischen den Vorlesungen hier treffen, Köche, die sich inspirieren lassen wollen, und Rentner, die sich ein Mittagessen teilen. Die vielen verschiedenen Händler und das bunte Lebensmittelangebot spiegeln die Leidenschaft für gutes Essen wider, die in Barcelona gepflegt wird.

Vielleicht ist genau deshalb dieser Markt allen anderen überlegen. Alle – vom Pilzhändler, der ein Buch über Pilze verfasst hat, über die talentierten, aber bescheidenen Köche bis zu den Hausfrauen, die sich immer wieder bei den gleichen Fischständen anstellen – sind ernsthaft daran interessiert, gut zu essen, und deshalb fast schon zwanghaft auf ausgezeichnete Zutaten aus. Und wo sonst findet man Hasen, Oliven und Entenmuscheln unter einem Dach?

Qual der Wahl Kunden betrachten die Auswahl der geräucherten Fleischspezialitäten. Über der Auslage hängen die köstlichen *jamónes ibéricos* am Haken.

Die Konkurrenten

LEBENSMITTELMÄRKTE

Einer der größten schwimmenden Märkte Vietnams wird bei **Cai Rang** abgehalten. Hunderte Boote versammeln sich hier am frühen Morgen im Mekongdelta, von denen aus Früchte und Blattgemüse sowie Nudeln, Reis, Kaffee, Bier und Wein verkauft werden.

Der **Mercado de la Merced** in Mexiko-Stadt bietet mehr als 5000 Stände in mehreren riesigen Gebäuden. In der Gemüseabteilung finden Kunden Limonen, *nopales* (Kaktustriebe) und Guaven, in der Fleischabteilung regionale Spezialitäten wie *chicharrón prensado* (gepresste gewürzte Schweineschwarte). Auch an Eintöpfen und Quesadillas (würzig gefüllte Tortillas) herrscht kein Mangel.

Cai Rang

Londons munterer uralter **Borough Market** birst fast vor lauter Ständen, Läden und Restaurants. Kunden holen sich Chorizo- und Rucola-Sandwiches bei Brindisa, Shrimps in Butter bei Furness Fish & Game oder Käsespezialitäten bei Neal's Yard.

Der **Marché des Enfants Rouges**, eine Markthalle im Pariser Viertel Marais, ist nach den roten Jacken benannt, die die Zöglinge des nahen Waisenhauses früher trugen. Hier bekommt man zahllose Leckereien: Obst, Gemüse, Brot, Fleisch, Wurst und Wein. Als Imbiss gibt es z. B. nordafrikanisches Couscous oder Bresse-Huhn vom Grill.

Auf Sizilien versteckt sich im Straßengewirr von Palermo der **Vucciria-Markt**. Hier gibt es frischen Fisch, Obst, Gemüse und Snacks wie Calamares, Artischocken und Pasteten aus Kichererbsenmehl.

DIE BESTERHALTENEN FELSBEHAUSUNGEN

MESA VERDE

Ein Tafelberg in Colorado birgt eine Vielzahl präkolumbischer Felsbehausungen. Ihre Bewohner gehörten der gesellschaftlich und künstlerisch hoch entwickelten Stammesgemeinschaft der Anasazi an.

GEOGRAFISCHE LAGE

Mesa Verde liegt im Südwesten von Colorado unweit von Four Corners, dem Ort, an dem Utah, Colorado, New Mexico und Arizona aufeinandertreffen. Denver liegt etwa 700 km nordöstlich. Der dem Nationalpark nächstgelegene größere Ort mit den meisten touristischen Einrichtungen ist Cortez.

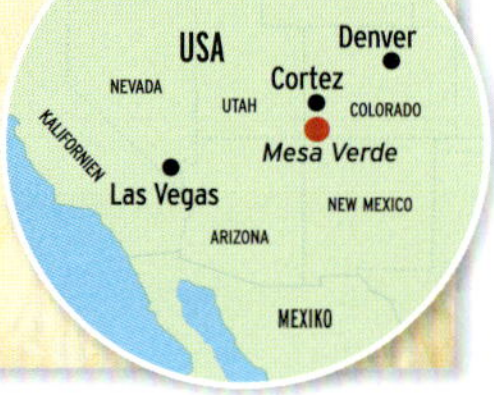

Gut versteckt Wie viele Behausungen in dem Gebiet wurde auch der Cliff Palace unter einer überhängenden Felswand gebaut. Da der Platz begrenzt war, nutzte man alle Ecken und Winkel.

Viele Felsbehausungen im Südwesten der USA lagen hoch über dem Boden und beherbergten zahlreiche Menschen. Diese 1000 Jahre alten Siedlungen beeindrucken nicht nur durch ihre Lage unter den Überhängen von Schluchten und Tafelbergen, sondern auch durch ihre Architektur und die Logistik, die zu ihrem Bau nötig war. Die bedeutendste Siedlung dieser Art bilden die aus Stein und Lehmziegeln (Adobe) errichteten Bauten von Mesa Verde im Südwesten Colorados.

Der Nationalpark, der den 2600 m hohen „Grünen Tafelberg“ einfasst, birgt nicht weniger als 4700 archäologische Stätten, darunter etwa 600 Felsbehausungen, die von Pueblo-Indianern der Anasazi-Kultur zwischen 550 und 1300 n. Chr. gebaut wurden. Die meisten Wohnungen bestehen aus einem bis fünf Räumen; sie waren also groß genug für Einzelpersonen und größere Familien. Die größten Siedlungen, wie der Cliff Palace, besaßen mehr als 100 Räume, in denen vielleicht hunderte Menschen lebten. Die gewaltige Ausdehnung des Tafelbergs und die Abgeschiedenheit der Anlage waren die Ursache, warum man die Ruinen erst in den 1880er-Jahren wiederentdeckte.

Trotz jahrzehntelanger Forschungen ist über die historischen Pueblo-Indianer, die die Bauten von Mesa Verde errichteten, wenig bekannt. Die Kultur, deren

Anfänge rund 1200 Jahre zurückreichen, hatte ihr Zentrum dort, wo heute Utah, Colorado, New Mexico und Arizona aufeinandertreffen. Dass sich Menschen hier ansiedelten, hatte mehrere Gründe: Holz, Wild und Trinkwasser waren reichlich vorhanden, das flache Gelände bot gute Bedingungen für den Ackerbau und das Klima war gemäßigter als in den heißen Wüsten ringsum, die gleichzeitig einen Schutz vor Feinden darstellten.

NAMENSSTREIT

Die Menschen, welche die Felsbehausungen von Mesa Verde und ähnliche Anlagen im Südwesten der USA errichteten, werden meist als „frühe Pueblo-Indianer" bezeichnet - Pueblo ist das spanische Wort für „Dorf". Die indigenen Völker, auf welche die frühen spanischen Entdecker stießen, lebten also nicht nomadisch, sondern in festen Siedlungen.

Eine weitere Bezeichnung für diese Menschen ist „Anasazi", was „die Alten" oder „die alten Feinde" bedeutet. Heutige Pueblo-Indianer halten diese Bezeichnung für abfällig und lehnen sie ab. Sie wurde von den Navajo geprägt, die später kamen und die Pueblo-Indianer von ihrem Land verdrängten. Die Hopi, die westliche Gruppe der heutigen Pueblo-Indianer, bezeichnen die Anasazi als „Hisatsinom".

Stabile Konstruktion

Zunächst waren die Bauten recht primitiv, die meisten Menschen lebten in Höhlen oder Grubenhäusern. Aber die Bewohner von Mesa Verde gingen von einfachen Pfahl-Lehmziegel-Konstruktionen zu anspruchsvollerem Steinmauerwerk über. Die meisten Wohnungen entstanden in der klassischen Zeit der frühen Pueblo-Kultur (1000–1300 n. Chr.) und wurden länger als 100 Jahre genutzt. Viele Räume hatten Steinfußböden und lehmverputzte, mit Malereien verzierte Ziegelwände.

Das Spruce Tree House ist mit 130 Räumen die drittgrößte Siedlung von Mesa Verde. Man erkennt die Robustheit der Konstruktion und sieht deutlich, wie der Felsüberhang die Bewohner vor dem Wetter schützte. Die Anlage ist gut erhalten, sodass sie seit ihrer Freilegung 1908 nur wenig restauriert werden musste.

Zu den Felsbehausungen gehörten Kivas – runde unterirdische Zeremonienräume, die das spirituelle Zentrum der Gemeinschaften bildeten. Der Cliff Palace besaß 23 Kivas; man betrat sie über eine Holzleiter durch ein Loch im Dach. Ein Loch in der Mitte des Lehmziegelfußbodens *(sipapu)* diente als symbolischer Eingang in die Unterwelt. Die Flachdächer der Kivas wurden für andere gemeinschaftliche Aktivitäten genutzt.

In einer Kiva Die unterirdischen Räume wurden wahrscheinlich für Versammlungen sowie für religiöse Zeremonien benutzt.

Auf dem Plateau

Die Bewohner von Mesa Verde hinterließen auch Spuren auf dem Plateau, darunter Terrassen für den Anbau von Mais,

In Sicherheit Der Blick vom Cliff Palace verdeutlicht dessen unzugängliche Lage. Die überhängende Felswand bot Schatten und Schutz vor den Elementen.

Bohnen und anderen Feldfrüchten, gemauerte Türme, religiöse Gebäude und Steindämme zum Sammeln von Wasser. Die größte und komplexeste religiöse Stätte ist der Sun Temple; Archäologen glauben, dass die Pueblo-Indianer das mit Einkerbungen versehene Steinbecken am Rand der Anlage als Sonnenuhr nutzten.

Der Far View Complex nördlich des Besucherzentrums ist das größte unter den Dörfern auf dem Plateau, die noch vor Errichtung der Felsbehausungen entstanden sind. Ringsum finden sich die Überreste von rund 50 Dörfern, in denen gleichzeitig mehrere hundert Menschen gewohnt haben könnten. Zu den Ruinen gehört auch das Pipe Shrine House, benannt nach dem Spiralmuster auf einem der Sandsteinblöcke in der Südwand.

Doppelwand Die Wände des Sun Temple auf der Mesa bestehen aus zwei Mauern; die Lücke dazwischen ist mit Geröll verfüllt. Um den Verfall zu verhindern, sind die Hohlräume heute mit Beton versiegelt.

Der Schutz des Erbes

Gegen Ende des 13. Jh. war Mesa Verde menschenleer. Irgendwann zwischen 1270 und 1300 hatten die Bewohner aus noch unbekannten Gründen ihre Siedlungen verlassen und waren in die Wüste im Norden von Arizona und New Mexico gezogen. Über die Ursachen dieser Massenauswanderung wird viel spekuliert. Im späten 13. Jh. gab es in der Region Dürreperioden und Missernten, aber Historiker glauben, dass auch politische und gesellschaftliche Probleme und vielleicht die Zunahme der Bevölkerung die Menschen veranlasst haben könnten, die Siedlungen aufzugeben.

Die Felsbehausungen von Mesa Verde standen schon fast 600 Jahre leer, als Rancher und Reporter sie in den 1880er-Jahren entdeckten und in der ganzen Welt bekannt machten. Gustaf Nordenskiold, ein schwedischer Aristokrat und Amateurarchäologe, grub mehr als 600 Artefakte aus, darunter Töpferwaren und Werkzeuge. Als er seine Funde dann nach Europa verschiffte – was nur möglich war, weil es keine Gesetze gab, die dies untersagten –, bestürmte eine erboste Öffentlichkeit die US-Regierung, die Schätze im Südwesten des Landes zu schützen.

Die energischste Aktivistin für Schutzmaßnahmen war die Autorin Virginia McClurg; sie hielt Vorträge, sammelte Spenden, organisierte Petitionen und richtete Briefe an das Weiße Haus, in denen sie forderte, den Tafelberg in Colorado unter Schutz zu stellen. Die Anstrengungen waren von Erfolg gekrönt: 1906 unterzeichnete Präsident Theodore Roosevelt die Verfügung, mit der Mesa Verde als erste reine Kulturstätte zu einem Nationalpark ernannt wurde. Noch im selben Jahr verabschiedete der US-Kongress ein Bundesgesetz zum Schutz von Artefakten und historischen Stätten auf öffentlichem Land.

Die Konkurrenten

FELSBEHAUSUNGEN IN DEN USA

Hunderte von Felsbehausungen verteilen sich über den Südwesten der USA und viele werden heute als National Monument vom National Park Service verwaltet. Fast so spektakulär wie die Anlagen von Mesa Verde sind die Ruinen im **Canyon de Chelly**, die sich mitten im Reservat der Navajo-Nation im Norden Arizonas verstecken.

Der **Chaco Canyon** im Nordwesten von New Mexico war zeitgleich mit Mesa Verde ein kulturelles, wirtschaftliches und politisches Zentrum. Von allen Orten in der Region kam es einer Stadt am nächsten. Die Gemeinde verfügte über ausgedehnte Handelsbeziehungen und monumentale Bauten, darunter das größte Gebäude, das in Nordamerika vor dem 19. Jh. errichtet wurde.

Eine der östlichsten Stätten der Pueblo-Kultur ist **Bandelier**. Das National Monument liegt nahe dem Rio Grande im zentralen New Mexico. Die Felsbehausungen waren noch bis in die Frühzeit der spanischen Erkundung bewohnt, schließlich aber gaben die Bewohner sie auf und zogen in Pueblos im Flusstal.

Der **Ute Mountain Tribal Park** liegt in Colorado neben dem Mesa-Verde-Nationalpark im Reservat der Nation der Ute Mountain Ute. Im Park gibt es hunderte archäologische Stätten, darunter Felsbehausungen wie das Eagle Nest House. Der Park kann nur mit einem Führer der Ute Mountain Ute besucht werden.

Chaco Canyon

GOLDEN GATE BRIDGE

Die Hängebrücke am Eingang zur Bucht von San Francisco wird ihrem Ruf wahrlich gerecht: Die Golden Gate Bridge ist eine ingenieurtechnische Meisterleistung und *das* Wahrzeichen San Franciscos sowie Kaliforniens schlechthin. Zwischen ihrer Fertigstellung 1937 und dem Jahr 1964 war sie mit einer Hauptstützweite von 1280 m die längste Hängebrücke der Welt. Die beiden Pylonen hielten noch bis 1998 den Rekord als weltweit höchste Brückenpfeiler. Die Konstruktion verdankt ihren Namen den gelbbraunen Klippen zu beiden Seiten der stürmischen Meerenge, denen der Entdecker John C. Frémont, später einer der ersten Senatoren in Kalifornien, im Jahr 1846 den Namen Chrysopylae gab. Im 20. Jh. wählte man die englische Übersetzung dieser altgriechischen Bezeichnung: Golden Gate – Goldenes Tor.

DIE BERÜHMTESTE BRÜCKE?

Wodurch wird eine Brücke zu mehr als einer bloßen Konstruktion aus Stahl oder Stein? Bekannte Brücken sind oft zugleich Wahrzeichen und technische Wunderwerke. Die erste architektonische Leistung gelang den Römern mit der Errichtung massiver, als Aquädukte dienender Bogenbrücken wie dem Pont du Gard in Frankreich. Im Mittelalter und in der Frühen Neuzeit wurden Brü-

cken zu Kunstwerken, z. B. die Rialtobrücke in Venedig und die 33-Bogen-Brücke im iranischen Isfahan. Die Industrielle Revolution begründete die Blüte des Ingenieurbaus, verkörpert durch die in den 1850er-Jahren errichtete Niagara Falls Suspension Bridge. Ausschlaggebend für die Berühmtheit einer Brücke war in den folgenden 100 Jahren vor allem die Länge. Heute sind es hingegen ästhetische Kriterien: Brücken wie der Viadukt von Millau oder die Gateshead Millennium Bridge sind architektonische und kulturelle Glanzlichter.

PONTE VECCHIO

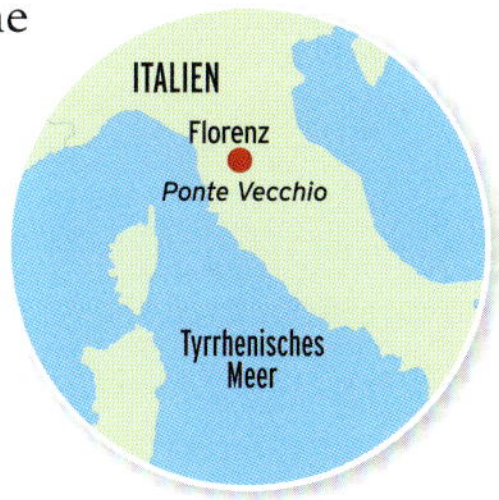

Der 1345 über den Arno geschlagene Ponte Vecchio hat fast 600 Jahre voller Naturkatastrophen, Kriege und Verfall überstanden. Ganz ohne Veränderungen ging es allerdings nicht: In den kleinen Läden, die sich auf der Brücke dicht an dicht aneinanderreihen, waren zunächst Fleischer, Gerber und Schmiede ansässig und boten ihre Waren feil. Im 16. Jh. fiel die Brücke dann den Medici, dem Herrschergeschlecht der Stadt, ins Auge. Sie ließen von dem Architekten Georgio Vasari einen zweiten Übergang auf die Ladenzeile setzen, der den Palazzo Pitti mit den Palazzo Vecchio verband. Die Handwerker, deren Arbeit ja Gestank erzeugte, wurden umgesiedelt und in die Läden zogen Goldschmiede und Juweliere ein. Als einzige Brücke in Florenz wurde der Ponte Vecchio im Zweiten Weltkrieg nicht zerstört, sondern lediglich versperrt.

DIE ATEMBERAUBENDSTEN CHRISTLICHEN KLÖSTER

METÉORA-KLÖSTER

Felszinnen aus Sandstein ragen spektakulär aus der Ebene von Thessalien in Nordgriechenland heraus. Sie boten Einsiedlern und Mönchen, die ihr Leben der Armut, der Einsamkeit und dem Leben für Gott geweiht hatten, einen einzigartigen Rückzugsraum.

Vor der Kulisse des zerklüfteten Pindosgebirges, ein Rückzugsgebiet von Bären und Adlern, wirken die Felsen von Metéora einfach großartig. Gewaltige graue Sandsteinpfeiler, die im Verlauf von mehr als 60 Mio. Jahren von Wind und Regen erodiert wurden, ragen unvermittelt bis zu 550 m in die Höhe. Diese Felsformationen allein scheinen schon unglaublich, aber oben auf den nackten Felsen thronen 24 der Schwerkraft trotzende, ganz dem Himmel zugewandte Klöster, von denen sechs noch heute bewohnt sind.

Im 9. Jh. begannen die abgelegenen Felstürme, das Interesse von griechisch-orthodoxen Eremiten zu erregen. Die frühen Anachoreten (Einsiedlermönche) suchten Zuflucht in Höhlen und teilten sich oft ihre primitive Behausung mit wilden Ziegen. Zunächst lebten sie in völliger Einsamkeit und widmeten sich allein dem Gebet und der Meditation. Als ihre Zahl wuchs, bildeten sich aber lose

GEOGRAFISCHE LAGE

Die Metéora-Klöster liegen rund 400 km nordwestlich von Athen – die Fahrt dauert etwa fünf Stunden. Von Athen fahren Busse und Züge nach Kalambaka, von wo aus man mit dem Taxi zu den Klöstern fährt. Besucher müssen die Kleiderordnung beachten (lange Hosen; für Frauen keine ärmellosen Oberteile und lange Röcke).

„Laut einer Legende wurde der heilige Athanasios von einem Adler zu der Stätte des neuen Klosters emporgetragen. Für die Baumaterialien gab es dieses Transportmittel nicht.“

Mönchsgemeinschaften (Skiten) heraus. Die Mönche taten sich zu Gruppen zusammen, die sich einen Gebetsort teilten und sich gegenseitig unterstützten.

Die Skiten waren aber noch keine richtigen Klöster, die Mönche blieben Eremiten. Ihr Lebensziel bestand in einsamer Kontemplation und ihre Zusammenarbeit war darauf ausgerichtet, dieses Ziel zu fördern. Anderswo in Europa waren die Klöster Zentren der Landwirtschaft und Produktion, die fest in die weltliche Gesellschaft eingebunden waren und so zum Ausgangspunkt für die Erschließung bestimmter Gebiete wurden. Die orthodoxen Mönchsgemeinschaften hielten sich dagegen von der Außenwelt fern.

Als erstes richtiges Kloster in Metéora wurde 1334 das Mégalo („Großes") Metéoro gegründet, das auch als Metamórphosis (Verklärung) bekannt ist. In diesem Jahr kam der Mönch Athanasios, der später als Athanasios Meteorites heiliggesprochen wurde, mit einer Schar von Gefährten hierher, die mit ihm aus den Klöstern des Berges Athos geflohen waren. Athanasios nannte die Stätte Metéora, was „in der Höhe“ bedeutet, und fasste den tollkühnen Plan, auf der Spitze eines Sandsteinfelsens ein Kloster zu erbauen.

Kein Weg führte hinauf zum Gipfel. Laut einer Legende wurde der heilige Athanasios von einem Adler zur Stätte des neuen Klosters emporgetragen. Für die Baumaterialien gab es dieses Transportmittel nicht; die Mönche schleppten sie auf dem Rücken über wacklige Leitern hinauf oder zogen sie an Seilen an der Felswand hoch. Die Verklärungskirche wurde 1356 fertiggestellt, aber der Bau der übrigen Klostergebäude zog sich noch bis 1372 hin.

Gebetszinne Das aus dem 15. Jh. stammende Kloster Agía Triáda (Heilige Dreifaltigkeit) hat die spektakulärste Lage der Metéora-Klöster. Teile des Films *James Bond 007 – In tödlicher Mission* (1981) spielen hier.

Metéora als Symbol

Als Standort für ein Kloster westeuropäischen Typs wäre Metéora absolut unpraktisch gewesen. Das mittelalterliche Mönchstum der lateinischen Christenheit folgte der Benediktinerregel. Der heilige Benedikt erkannte zwar den Wert der einsamen Kontemplation durchaus an, er betrachtete das Klosterleben aber als eine Gemeinschaft, die sich kollektiv um das Erreichen eines spirituellen Ziels bemühte. Daher lag die Betonung auf dem gemeinsamen Gottesdienst, auf gemeinsamen Mahlzeiten und auf körperlicher Arbeit. Das Säen und Ernten, die Viehzucht, die Bienenhaltung, das Brauen von Bier und die Herstellung von Wein galten allesamt als gottgefällige Werke.

Die griechischen Mönche hingegen lebten hier völlig isoliert. Schon das Verlassen dieses religiösen Adlerhorsts war ein halsbrecherisches Unterfangen. Aber Athanasios war von einer geistlichen Idealvorstellung beseelt. Hoch droben auf dem Felsen waren die Mönche der Welt entrückt und konnten ihre Aufmerksamkeit so besser dem Himmel zuwenden. Insofern hatte die Wahl des Ortes vor allem symbolische Bedeutung.

In den meisten Religionen besteht eine starke Analogie zwischen dem physischen Aufsteigen und der Transzendenz zu einem irgendwie beschaffenen „höheren“ Zustand: Berge und Mystik passen daher

Prunk auf kahlem Felsen Das Zentrum des Klosters Varlaám bildet das Katholikon (Hauptkapelle) aus den 1540er-Jahren. Die Kapelle ist reich mit Fresken und Goldgrundikonen verziert.

IKONENMALEREI

Die als Tafelbilder oder Wandfresken ausgeführten Ikonen spielen eine wichtige Rolle im orthodoxen Gottesdienst. Die Ikonenmalerei gibt es schon seit über 1000 Jahren. Die Darstellung sakraler Figuren und Objekte, z. B. Jesus, die Gottesmutter, Heilige, Engel oder das christliche Kreuz, soll eine Brücke zwischen dem menschlichen Leben und dem Göttlichen schaffen. Alle Einzelheiten, von den Gesten der Figuren bis zu den Farben und Materialien, sind traditionell vorgeschrieben, dennoch bringen die Maler individuell Gefühl und Spiritualität zum Ausdruck.

gut zusammen – in der jüdisch-christlichen Tradition spätestens seit der Zeit, als Moses auf den Berg Sinai stieg, um die Zehn Gebote zu empfangen.

Am Berg Sinai entstand später ein Kloster. Dort verfasste der heilige Johannes Klimakos im 7. Jh. die *Treppe zum Paradies*, ein Traktat über die Erlösung, das noch heute eine Inspiration für orthodoxe Christen ist. Die spirituelle Entwicklung wird hier als Stufenfolge beschrieben: Mit jedem Schritt gelangt die Seele etwas höher und etwas näher zum himmlischen Ziel. Wenn daher der anstrengende Aufstieg zum Meteóra Gläubige dem Himmel vielleicht nur im buchstäblichen Sinn näher bringt, so hatte doch gerade diese Metapher eine angesehene Vorgeschichte in der orthodoxen Welt und wirkte entsprechend machtvoll.

In Sicherheit

Es gab aber auch noch andere, profanere Gründe, warum sich die abgelegene Stätte, die Athanasios erkoren hatte, in einer Welt, die immer unsicherer und gefährlicher wurde, als vorteilhaft erwies. Ein Jahrtausend lang war Griechenland Teil des christlich-orthodoxen Byzantinischen Reiches gewesen, aber in der Mitte des 14. Jh. drängten Verbände osmanischer Türken von Kleinasien aus ins Land. Angesichts dieser Bedrohung war es durchaus sinnvoll, die religiöse Gemeinschaft an einer möglichst unzugänglichen Stelle anzusiedeln.

Einfaches Leben In den kreisrunden Türmen des Klosters Mégalo Metéoro befinden sich die Wohnungen der Mönche. Ikonen und religiöse Symbole bilden den einzigen Schmuck der Zellen.

Im Verlauf des nächsten Jahrhunderts wurden die türkischen Einfälle zu Eroberungen: Das Byzantinische Reich ging unter und Griechenland geriet unter osmanische Herrschaft. Angesichts dieser Katastrophe für die orthodoxe Kirche florierte der Klosterbau auf den zerklüfteten Höhen von Metéora: 24 Klosteranlagen wurden hier insgesamt schließlich gegründet. Das spektakulärste heißt Agía Triáda (Heilige Dreifaltigkeit). Das Kloster wurde 1475 fertiggestellt; rundum fallen die Felswände senkrecht ab. Das Kloster des Varlaám, erbaut zwischen 1541 und 1548, steht dem Mégalo Metéoro nur an Größe nach, ist aber wahrscheinlich wesentlich aufwendiger dekoriert. Das Leben der Mönche in diesen schwindelerregenden Höhen war alles andere als bequem. Mégalo

Klein, aber fein

SKELLIG MICHAEL

Ein Aufstieg über 618 Stufen und mehr als 180 m bringt Besucher zu den Clocháin (Bienenkorbhütten) und den anderen Überresten der Steinbauten auf der Insel Skellig Michael. Die auch als Great Skellig bekannte Felsinsel vor der Südwestküste Irlands ist heute nur von Kolonien laut krächzender Seevögel bewohnt - doch vom 7. Jh. bis zum 13. Jh. lebten und beteten hier Mönche. Seit dem Erscheinen des Films *Star Wars: Das Erwachen der Macht* (2015) gibt es einen großen Andrang auf die Insel, weil einige Szenen dort gedreht wurden. Allerdings kann die Insel aufgrund der unruhigen See nur für Kurzaufenthalte während der Sommermonate angefahren werden.

Meteóro war nur über Leitern erreichbar, die locker an der Felswand befestigt waren. Im Varlaám-Kloster, das auf einer fast 400 m hohen Klippe steht, wurden die Mönche in mit Seilen befestigten Netzen mit einer Winde herauf- und hinuntergelassen – die Seile wurden angeblich nur erneuert, wenn sie gerissen waren.

Blüte in der Abgeschiedenheit

Trotz dieser Schwierigkeiten überlebten die Klöster nicht nur, sondern sie blühten auf. Große Gebiete im Tal wurden zu Anbauflächen und Schaf- und Ziegenherden wurden gehalten. Die Mönche begannen, vergleichbar mit ihren Standesgenossen in Westeuropa, ihren Blick auf die Außenwelt zu richten. „Weltlich" wurden sie deshalb zwar nicht, aber mit den verbesserten ökonomischen Bedingungen weitete sich der Horizont.

Im 16. Jh. wurden die besten Ikonenmaler der Zeit aus so fernen Gegenden wie Kreta herangezogen, um das Innere der Klosterkirchen in farbenfrohe Juwele der byzantinischen Kunst zu verwandeln. Das Varlaám-Kloster kann sich daher einiger der schönsten Werke des aus Theben stammenden Frangos Katelanos rühmen, eines führenden Meisters der nordwestgriechischen Schule.

Theophanes Bathas (Theophanes Strelitzas) schuf hinreißende Wandmalereien im Katholikon (der Hauptkapelle) des Klosters Agios Nikólaos Anapavsás. Außerdem schuf Theophanes der Kreter, wie er heute meist genannt wird, auch eine wichtige Freskenfolge im Kloster Mégalo Meteóro, die ein Höhepunkt der griechischen Kunst jener Zeit ist. Detailliert sind hier Verfolgungen der frühen Christen durch die Römer dargestellt, was einen Hinweis auf die geistige Einstellung der Gemeinden zulässt, welche die Bilder in Auftrag gaben. Die Klöster gediehen zwar, aber sie empfanden sich dennoch als belagert. Die selbst gewählte Isolation schnitt sie von einer sich schnell verändernden Welt ab.

Heute bestehen noch sechs Klöster: Agía Triáda, Mégalo Meteóro, Varlaám, Rousánou, Agios Nikólaos Anapavsás sowie Agios Stéphanos. In jedem leben höchstens zehn Mönche bzw. Nonnen. Die Gebäude wurden im Verlauf der Jahrhunderte umgebaut und im Zweiten Weltkrieg beträchtlich beschädigt. Trotzdem kann, wer heute als moderner Pilger die Stätte besucht, in diesen entrückten Klöstern immer noch die Transzendenz finden, welche die Gründungsväter der Klöster hier empfanden.

Die Konkurrenten

CHRISTLICHE KLÖSTER

Mönch in einem Tanasee-Kloster

■ Keine Felsen oder tosenden Fluten trennen das Stift **Heiligenkreuz** von der Welt ab, sondern nur die liebliche Landschaft des Wienerwalds. Hinzu kommt das Autarkiebestreben einer Mönchsgemeinschaft, die seit der Gründung des Klosters im Jahr 1133 den strengen Regeln der Zisterzienser folgt. Im Verlauf der Jahrhunderte haben Mönche aus Heiligenkreuz eine wichtige Rolle in der römisch-katholischen Kirche im deutschsprachigen Raum gespielt, das Stift selbst atmet aber Gelassenheit und Ruhe.

■ Die 1958 gegründete **New Camaldoli Hermitage** ist eine moderne Neugründung eines Kamaldulenserklosters, das nach den alten Regeln des heiligen Benedikt bewirtschaftet wird. Das Kloster hat eine herrliche Lage hoch im Santa-Lucia-Gebirge über der Küste von Big Sur in Kalifornien. Die Kamaldulenser sind sehr gastfreundlich: Besucher aus Los Angeles, San Francisco und von weiter her finden in diesem Klosterrefugium Frieden und innere Ruhe.

■ Wenige geistliche Refugien liegen so abgeschieden wie die **Klöster im Tanasee** bei Bahir Dar in Äthiopien. Auf einer Höhe von mehr als 1800 m im Hochland von Äthiopien an der Quelle des Blauen Nil verteilen sich 20 Kirchen und Klöster über die Inseln im Tanasee. Die Klöster prunken mit wunderbaren Wandmalereien, kostbaren Gewändern, sakramentalen Gefäßen, wertvollen Manuskripten und weiteren Schätzen. Sogar die Bundeslade soll eine Zeit lang hier aufbewahrt worden sein. Die Klöster wurden in den architektonischen Traditionen und Bautechniken der Region errichtet: Die Rundbauten bergen den Sakralraum, der innen und außen von Wandelgängen umgeben ist. Prächtige Malereien schmücken die Wände.

DER IMPOSANTESTE FJORD

MILFORD SOUND

In Jahrmillionen formten Gletscher die Landschaft des Fjordland-Nationalparks in Neuseeland. Mitten darin liegt der Milford Sound, ein grandioser Fjord, der von schneebedeckten Gipfeln und Felswänden umgeben ist.

Der Fjord entstand vor mehr als 2 Mio. Jahren durch Gletscher, die sich ihren Weg von den schneebedeckten Bergen ins Meer bahnten. Der Fjord erstreckt sich über eine Länge von 16 km und erreicht an manchen Stellen eine Tiefe von 350 m. Die fast senkrechten grauschwarzen, von den Gletschern polierten Felswände zeigen hier und da grüne Streifen, ein Hinweis auf Kupfervorkommen. Üppiger gemäßigter Regenwald, bestehend aus Moosen, Farnen und Scheinbuchen, bedeckt die unteren Berghänge.

Hoch und spitz Der 1692 m über dem Wasser aufragende Mitre Peak trägt seinen Namen zu Recht: Die Form erinnert an die Mitra eines Bischofs.

GEOGRAFISCHE LAGE

Der Milford Sound ist einer von 14 Fjorden im Fjordland-Nationalpark auf der neuseeländischen Südinsel. Der wichtigste Flughafen der Insel, Christchurch, ist 755 km entfernt. Wenn das Wetter es zulässt, kann man spektakuläre Rundflüge (Flugzeug oder Helikopter) von Queenstown über den Milford Sound unternehmen.

Natürlicher Reichtum

Feuchte Westwinde wehen vom Südpolarmeer heran und laden im Milford Sound pro Jahr mehr als 7000 mm Niederschlag ab. An mehr als 200 Tagen im Jahr sind die Gipfel hier von Wolken verhangen, aus denen oft unvermittelt Regen fällt. Vier große Wasserfälle stürzen ständig in den Fjord; nach schweren Regengüssen kann ihre Zahl jedoch auf Hunderte steigen, weil das Moos in den Hochwäldern den Regen aufsaugt und dann einige Tage lang die Wasserfälle speist.

Auf den Felsen rund um Copper Point sonnen sich Seebären, aber auch Vögel wie der Kea, Neuseelands einziger alpiner Papagei. In den geschützten Gewässern spielen oft Große Tümmler. Unter der von Tannin gefärbten Süßwasserschicht im Fjord existieren in der lichtlosen Salzwasserschicht Lebensformen, die man sonst nur in tieferen Gewässern findet, so etwa Schwarze Korallen.

Entstehungsmythos

Als der Brite James Cook 1770 an der Küste entlangsegelte, verfehlte er den Eingang zum Milford Sound. Später entdeckten europäische Walfänger die Zufahrt, darunter der Waliser John Grono, der den Meeresarm 1822 nach seiner Heimatstadt Milford Haven benannte. Die Maori besuchten den Sund, den sie Piopiotahi nannten, um zu fischen und Vögel zu jagen. Nach ihrer Mythologie wurde der Fjord von dem Gott Tu-Te-Raki-Whanoa mit einem Dachsbeil ausgehöhlt, als er ins Landesinnere vordringen wollte. Sein Vorhaben gelang wohl nicht, doch schuf er die perfekte Zuflucht vor dem stürmischen Südpolarmeer.

Beliebtes Fotomotiv Von Ausflugsbooten aus kann man die Bowen Falls, den höchsten, ständig Wasser führenden Wasserfall im Sound, gut fotografieren.

Die Konkurrenten

FJORDE

■ Der **Aysén-Fjord** (oder Aisén-Fjord) in der patagonischen Wildnis in Südchile ist 65 km lang. Der von Gletschern geformte Meeresarm lockt mit schneebedeckten Gipfeln, üppiger Fauna und Möglichkeiten zum Angeln, Kajakfahren und Wandern.

■ Ein schmaler Pfad durch ein wildes und einsames Tal führt von der Glencoe Road zur Spitze des **Loch Etive** im schottischen Distrikt Argyll and Bute. Der von Gletschern während der letzten Eiszeit ausgehobelte Fjord ist 30 km lang. Das unbewegte spiegelnde Wasser zieht sich durch eine der schönsten Landschaften Schottlands und vereinigt sich am Atlantik mit dem Firth of Lorn.

■ Der 550 km lange **Saguenay-Fjord** gehört zum Parc National du Fjord-du-Saguenay im kanadischen Québec und verbindet den Sankt-Lorenz-Golf und den Atlantischen Ozean mit der Region Saguenay-Lac-Saint-Jean. Der Wasserweg wurde früher von Fallenstellern und Entdeckern benutzt, heute nutzen ihn Touristen: Im Sommer fahren sie hier Boot und Kajak, im Winter werden auf dem Eis Hütten für Eisfischer aufgestellt. Im Fjord vermischen sich Arten, die im Süß- bzw. im Salzwasser leben. Deshalb hat der Fjord von allen Meeresarmen weltweit die größte Artenvielfalt.

■ Der **Sogne-Fjord** ist der längste und tiefste Fjord Norwegens und bei Besuchern wegen seiner prächtigen Wasserfälle, der Gebirgskette Jotunheimen und der eisblauen Gletscher beliebt. Der Fjord ist bis zu 1308 m tief und erstreckt sich mehr als 200 km weit ins Binnenland.

MOLDAUKLÖSTER IN RUMÄNIEN

In den prachtvoll bemalten orthodoxen Klosterkirchen im Nordosten Rumäniens gehen Kunst und Architektur eine perfekte Verbindung ein.

GEOGRAFISCHE LAGE

Rumäniens bunt bemalte Klosterkirchen befinden sich in der Region Moldau im Nordosten des Landes, rund 350 km von Bukarest entfernt, unweit der Grenze zur Ukraine. Die Region darf nicht mit Moldawien verwechselt werden, auch wenn dieses Land Sprache und Kultur mit dem rumänischen Nachbarn gemeinsam hat.

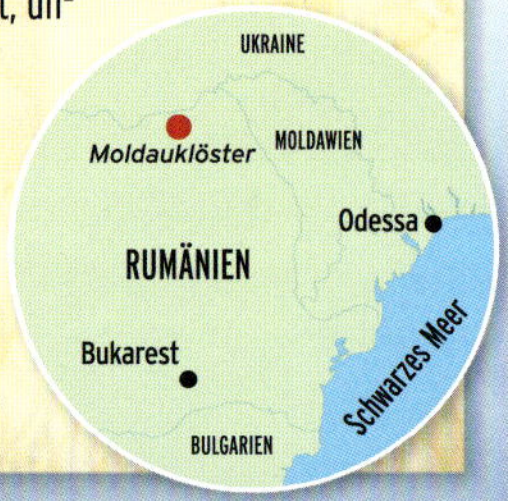

Dankbar für den Sieg über die Türken beim nahen Vaslui begann Stephan III., der Große, der Herrscher über die Region Moldau, 1488 bei Gura Humorului mit dem Bau des Klosters Voroneţ. Die gesamte Christenheit freute sich über den Sieg, besonders aber die orthodoxen Gläubigen in Osteuropa, die ihre Kirche damit als gerettet sahen. 1453 hatten die Osmanen

Reicher Wandschmuck Das Kloster Voroneţ wurde im byzantinischen Stil erbaut. Wegen der herrlichen Freskenmalerei wird die Kirche St. Georg auch als „Sixtinische Kapelle des Ostens" bezeichnet.

Konstantinopel, die Hauptstadt des Byzantinischen Reiches und des ökumenischen Patriarchats, eingenommen und versuchten seither, die Grenzen ihres Machtbereichs immer weiter nach Norden und Westen zu verschieben.

Hinreißende Fresken

Stephans Kloster sollte etwas ganz Besonderes werden. Die dem Heiligen Georg geweihte Hauptkirche (Katholikon) ist eine Anlage, deren Grundriss aussieht wie ein Kleeblatt. Sie ist mit Kuppeln und Halbkuppeln versehen, die an Muschelschalen erinnern. Zwar gibt es Anzeichen dafür, dass dem Architekten die Wandlung der Architektur in Westeuropa hin zur Gotik nicht unbekannt war (die Fenster und Gewölbe besitzen Spitzbogen), doch im Wesentlichen hielt er sich an den traditionellen byzantinischen Stil.

Die Kirche wurde innen mit Wandmalereien geschmückt, die die Passion Jesu Christi darstellen und ein hinreißendes Meisterwerk der spätbyzantinischen Kunst sind. Noch beeindruckender sind die Fresken, die die Fassade vollständig bedecken. Diese Malereien sind sehr detailliert und in bunten, fast überschwänglich wirkenden Farben ausgeführt.

In leuchtenden Farben bemalt

Stephans Kloster setzte einen Trend. In den folgenden Jahrzehnten wurden überall in der Region neue orthodoxe Klöster erbaut, die einander in der Pracht der Ausmalung übertreffen sollten. Zu den ersten gehörte das Kloster Humor, das nur einige Kilometer von Voroneţ entfernt liegt. Es wurde 1530 geweiht. Über den Künstler, der die Kirche ausmalte, weiß man außer seinem Namen wenig: Toma von Suceava besaß wohl eine Vorliebe für sattes Rotbraun, das seinen Werken Wärme verleiht. Besonders fesselnd ist die Szene, in der die Gottesmutter der Stadt Konstantinopel während einer Belagerung durch die Perser zu Hilfe eilt – die Perser sind wie Türken aus dem 15. Jh. gekleidet dargestellt.

Sinfonie der Farben Biblische Motive zieren die Fassade der Georgskirche innerhalb der Mauern von Kloster Voroneţ. Umseitig: Das Frauenkloster Moldoviţa ist mit Malereien aus dem 16. Jh. versehen.

Toma war auch der Schöpfer der schönsten Fresken im Kloster Moldoviţa, das ebenfalls in den 1530er-Jahren gegründet wurde. Hier sind die Fresken ebenfalls in leuchtenden Farben gestaltet und zugleich sehr großformatige Werke. Besonders sehenswert sind das erschütternde Jüngste Gericht, die komplizierte Darstellung der Wurzel Jesse, die die königliche Abkunft Jesu zeigt, und eine zweite Version der Belagerung Jerusalems.

Stufen der Erlösung

Das letzte der großen Klöster wurde ab 1583 weiter östlich bei Suceviţa errichtet. Die Fresken entstanden erst zu Beginn des 17. Jh. Unter ihnen ist besonders die großartige Leiter der Tugenden herausragend, die die Stufen versinnbildlicht, über die Gläubige in den Himmel zu gelangen hoffen. Allegorische Bilder wirken oft leblos, hier aber ist die Allegorie dramatisch umgesetzt: Die Seelen taumeln über einen Abgrund; Engel feuern sie aus der Höhe an, während Teufel sie aus der Tiefe vom Weg abbringen wollen. Einige Seelen erreichen die andere Seite, andere stolpern und stürzen in die Tiefe.

Unverkennbar ist der wehrhafte Charakter der Klosteranlage von Suceviţa: Ein wuchtiges, mit Wehrtürmen versehenes Mauergeviert umschließt den Hof, in dem sich die Kirche, die Wohnungen und die Werkstätten befinden. Auch im 16. Jh. waren die Kirchen der Moldau noch bedroht, da das Fürstentum zwischen verfeindeten Staaten lag. Dass die Kirchen trotzdem in so gutem Zustand erhalten sind, grenzt an ein Wunder.

Die Konkurrenten

BEMERKENSWERTE KIRCHEN

■ Die Dorfkirche von **Kilpeck** in Herefordshire ist mit ihrem schlichten, strengen Erscheinungsbild ein gutes Beispiel romanischer Architektur aus Englands Normannenzeit. Die Rundbogen dieses Stils, die die Bogen römischer Ruinen nachahmten, die im frühen Mittelalter überall in Westeuropa zu sehen waren, erwiesen sich als schwach. Um die Last aufzunehmen, mussten die Fenster also klein und die Mauern massiv sein. Die gedrungene Konstruktion der Kirche von Kilpeck steht daher im Kontrast zu der späterer in den Himmel ragender gotischer Bauwerke. Die Steinreliefs der Dorfkirche sind aber berückend schön und sehr mysteriös.

Verklärungskirche, Kischi

■ Die Insel Kischi im Onegasee im Nordwesten Russlands hat gleich zwei eindrucksvolle, im 18. Jh. in Holzbauweise errichtete Kirchen zu bieten. Die größere **Verklärungskirche** zieren 22 Zwiebeltürme.

■ Für den Bau der mittelalterlichen Stabkirchen Norwegens wurden ähnliche Techniken benutzt wie für den Bau der Langhäuser oder der Langschiffe der Wikinger. Die Holzrahmenkonstruktion mit Wänden aus sich überlappenden Planken gibt den Kirchen ein kastenartiges Aussehen. Innen sind sie erstaunlich geräumig und luftig. Die **Stabkirche von Urnes** in Luster, nördlich von Bergen, gehört zu den schönsten erhaltenen Holzkirchen.

DER SINNTRÄCHTIGSTE GARTEN

MONETS GARTEN

Licht und Farbe erweckten in Giverny den Impressionismus zum Leben. Monet legte hier einen Garten an, der so kunstvoll gestaltet war, dass er zu einer Fülle von Gemälden inspirierte.

GEOGRAFISCHE LAGE

Die Gemeinde Giverny liegt in der französischen Region Haute-Normandie nahe der Kleinstadt Vernon, 80 km nordwestlich von Paris. Von Vernon aus führen Wege zu dem 3 km entfernten Garten. In den Cafés beim Bahnhof können Besucher auch Fahrräder mieten. Von Paris aus werden diverse Tagesausflüge angeboten.

Als der Maler Claude Monet auf der Fahrt von der Normandie nach Paris durchs Zugfenster den ersten Blick auf Giverny erhaschte, sah er ein leer stehendes Haus inmitten eines verwilderten Gartens. Das war genau der Ort, von dem er geträumt hatte, das ideale Haus für seine wachsende Familie, nur eine Stunde nordwestlich von Paris. So zog der 43-jährige Künstler mit seiner Geliebten Alice und den acht Kindern 1883 von Vétheuil nach Giverny um. Endlich verfügte Monet nicht nur

Monet in seinem Garten Der Künstler steht auf der Grande Allée und präsentiert einen Blickwinkel, den er auf vielen seiner Gemälde festhielt.

über eine inspirierende Umgebung, sondern über eine Landschaft, in der er das ganze Jahr über Blumen blühen lassen konnte. So jätete und pflanzte der Künstler, bis die Blumenpracht dieses „Freiluftateliers“ seinen Vorstellungen genügte. Im Jahr 1901 beschäftigte er bereits fünf Gärtner mit der Pflege der Anlage.

Ausgeklügelte Planung

Das lang gestreckte, rosa verputzte Haus mit den grünen Fensterläden bildete den Bezugspunkt und die Kulisse für die Blüten des Clos Normand. Der von der Grande Allée, dem 3 m breiten Hauptweg, und mehreren kleineren Pfaden durchzogene, 1,2 ha große Clos Normand ist der wichtigste Garten: eine Wiese, die sich vom Vordereingang des Hauses bis zu einer Landstraße erstreckt. Hier legte Monet lange rechteckige Blumenbeete an, die vom oberen zum unteren Teil des Gartens parallel verlaufen, sodass die Wiese zum Blumenmeer wurde.

Geht man unter den Rosenspalieren auf das Haus zu, erkennt man zu jeder Jahreszeit, wie kunstvoll Monet die Abfolge der Farben komponierte und dabei auf Wuchshöhe, Blütezeit und Blattwerk achtete, damit alles genau zur Farbgebung des Hauses passte. Dabei hatte er besonders die verschleiernde Wirkung des Morgendunstes und die scharfen Silhouetten und Schatten im Licht der Mittagssonne im Blick. Monet berücksichtigte also die Lichtwirkungen als wesentlichen Faktor bei der Planung seines Gartens.

Der Jardin d’eau

Als Monet die Blumen gezogen und aus vielen Perspektiven gemalt hatte, wandte er sich dem Entwurf eines Wassergartens zu. Im Jahr 1891 ließ er hinter der Landstraße, die den Clos Normand begrenzte, einen Bach ableiten, um einen Teich anzulegen. Rundherum wurden verschlungene Pfade so angelegt, dass der neue Garten weiträumiger wirkte.

Auf dem Teich gedeihen Monets geliebte Seerosen, die mit ihren rosa und weißen Blüten und großen Schwimmblättern auf der spiegelnden Wasserfläche inmitten von Wolken zu treiben scheinen. Der Künstler pflanzte eine Japanische Wisterie, die auch heute noch an einer eisernen Laube entlangklettert und den Teich einfasst. Im Frühsommer runden gelbe Schwertlilien die Komposition ab und betonen den Bogen der hübschen japanischen Brücke. Letztere ist nicht das einzige Element japanischer Kunst in der Anlage: In Monets Haus ist seine Sammlung japanischer Drucke ausgestellt.

Werke von Meistern wie Katsushika Hokusai (1760–1849) schmücken den Flur, das Esszimmer und den Treppenaufgang.

Vorbildliche Restaurierung

Als Claude Monet 1926 im Alter von 86 Jahren an Lungenkrebs starb, erbte sein Sohn Michel das Haus und den Garten in Giverny. Um das Anwesen kümmerte sich Blanche, eine Stieftochter des Malers. Nach dem Zweiten Weltkrieg wurde der Garten jedoch vernachlässigt. Michel vermachte das Anwesen nach seinem Tod (1966) der französischen Académie des

Blütenpracht Bunte Blumen, deren Anordnung auf Monets Gemälden beruht, schmücken die Beete des Clos Normand; Rosenspaliere überwölben die Grande Allée.

IMPRESSIONISMUS

In der zweiten Hälfte des 19. Jh. begannen Monet und einige seiner Malerkollegen, u. a. Pierre-Auguste Renoir, Alfred Sisley und Berthe Morisot, im Freien zu arbeiten, um die wechselnden Lichtverhältnisse einzufangen. Monets dunstiger Ansicht des Hafens von Le Havre, betitelt *Impression, Sonnenaufgang*, verdankt die Malergruppe ihren Namen. Geprägt hat ihn ein Kritiker 1874.

Das Interesse an Sujets im Sonnenlicht war zu jener Zeit eine kühne Neuerung, die schon auf das revolutionäre 20. Jh. hindeutete. Monets Leidenschaft für die Wiedergabe von Licht und Flair, die sich besonders in seinen Ansichten des Clos Normand (unten) zeigt, ließ ihn Gegenstände wie Heuschober, Weiden und Kathedralen immer wieder unter veränderten Lichtverhältnissen malen, sodass ganze Serien entstanden.

Beaux-Arts und 1977 wurde Gérald van der Kemp zum Kurator bestellt. Mit finanzieller Hilfe durch französische und US-amerikanische Spender ließ er den Garten restaurieren, wobei er Hinweise der Menschen einbezog, die den Garten zu Lebzeiten Monets besucht hatten.

Vor Beginn der Arbeiten war der Seerosenteich verschlammt, sodass eine neue Wasserquelle geschaffen wurde. Auch die Brücke wurde rekonstruiert. Man orientierte sich an Monets Gemälden, um das einstige Aussehen des Gartens wiederherzustellen. Das Haus wurde saniert und man strich das berühmte orangefarbene Esszimmer neu. Wer heute darin steht und auf den Clos Normand blickt, kann sich gut vorstellen, wie Monet, seine Familie und Freunde – z. B. Édouard Manet, Pierre-Auguste Renoir und Guy de Maupassant – hier plauderten.

Frühlingsblumen Tulpen, Blaukissen, Stiefmütterchen und Vergissmeinnicht gehören zu den Frühblühern im Garten. Hinzu kamen Kirsch- und Kirschapfelblüten.

Immer noch eine Inspiration

Ein besonderer Reiz des Gartens besteht darin, dass er der Lebensraum einer Familie war. Man kann sich immer noch gut vorstellen, wie Kinder einander über die Kieswege jagten, unter den Spalieren mit Kätzchen spielten oder mit Netzen zum Teich jenseits der Straße zogen, um ihr Glück beim Fischen zu versuchen.

Aber dieser außergewöhnliche Garten erweckte zudem eine bedeutende Ära des Übergangs in der Malerei und in der Gartenkunst zum Leben. Monets Garten wurde zu einem Mekka von Gartenliebhabern und Kunstfreunden. Und bis heute lassen sich Künstler und Gärtner von den Schwertlilien und leuchtenden Mohnblumen, von den rosafarbenen Schmuckkörbchen, den purpurnen Herbstastern und den Sonnenblumen inspirieren. Der Garten ist das Erbe einer Künstlerpersönlichkeit, aber darüber hinaus auch ein bedeutendes, lebendiges Denkmal für eine Zeit tiefgreifender kultureller Veränderungen.

Als Inspiration gedacht Der Seerosenteich wurde nach dem Vorbild japanischer Gärten angelegt. Er wurde zum wichtigsten Thema in Monets Malerei.

Die Konkurrenten

BESONDERE GÄRTEN

■ In den **Abbey Gardens** auf Tresco, der zweitgrößten der Scilly-Inseln, gedeihen 232 subtropische Pflanzenarten aus 80 Ländern. Der Hanggarten wurde 1834 rund um die Ruinen einer mittelalterlichen Abtei angelegt.

■ Vom **Boboli-Garten** auf dem Gelände des Palazzo Pitti haben Besucher Ausblick über die Dächer von Florenz. Der Renaissance-Garten wurde ab 1549 für die spanische Gemahlin des Florentiner Herzogs Cosimo I. angelegt. Römische Skulpturen des 16. und 18. Jh. zieren die Wege und Sichtachsen.

■ Der französische Maler Jacques Majorelle plante in den 1920er-Jahren den 5 ha großen **Jardin Majorelle** im marokkanischen Marrakesch. Nach umfassender Restaurierung in den 1980er-Jahren sind in dem Garten mit den gewundenen Wegen und Wasserspielen

Keukenhof

heute mehr als 300 endemische nordafrikanische Pflanzenarten zu bewundern. Majorelles Markenzeichen, ein bestimmter Blauton, leuchtet überall an den Bauten und Springbrunnen.

■ Der **Keukenhof** in den Niederlanden spricht sowohl Freunde moderner Gärten an als auch jene, die sich für die Geschichte der holländischen Gartenkunst interessieren. Im historischen Teil sind z. B. seltene Narzissenarten aus dem 17. Jh. und Tulpen des 16. Jh. aus dem Hortus Bulborum in Limmen zu bewundern.

■ Der 1913 gegründete **Botanische Garten von Kirstenbosch** im südafrikanischen Kapstadt zeigt die Vielfalt der einheimischen Flora vor der Kulisse des bewaldeten Osthangs des Tafelbergs.

■ Der **Ryōan-ji-Garten** nordwestlich des japanischen Kyōto ist ein schönes Beispiel für einen Garten nach der Zen-Tradition, wie sie in der Muromachi-Zeit (1338-1573) entstand. In einem langen Rechteck sind 15 Steine wie zufällig auf Moosinseln verteilt. Der Kies zwischen den Inseln ist penibel geharkt - hier lässt es sich gut meditieren.

■ Der **Yu Yuan** ist eine opulente Anlage aus der Zeit der Ming-Dynastie im Zentrum der Altstadt Shanghais. Besonders schön ist der Park mit den 12 m hohen Steingärten, der Zickzackbrücke und dem inneren Garten bei Frühlingsbeginn während der Kirschblüte.

DIE RÄTSELHAFTESTEN GEOGLYPHEN

NAZCA-LINIEN

In den harten Wüstenboden im südlichen Peru wurde eine Reihe riesiger Bilder gescharrt, deren Bedeutung bis heute unbekannt ist.

Egal ob man annimmt, die Nazca-Linien seien von durchreisenden Außerirdischen geschaffen worden oder das Produkt einer antiken Kultur – die Linienmuster und Tierfiguren sind überaus eindrucksvoll.

GEOGRAFISCHE LAGE

Die Nazca-Linien befinden sich nahe der Stadt Nazca im Süden Perus, 465 Straßenkilometer südlich der Hauptstadt Lima. Busse fahren von Lima (8 Stunden) und von Ica (3 Stunden). Reiseveranstalter bieten von dem winzigen Flughafen von Nazca aus Rundflüge in Leichtflugzeugen über die Linien an.

Zeichnungen in der Wüste

Mehr als 1000 Linien, geometrische Formen und Tierfiguren, die nur aus der Luft zu erkennen sind, finden sich in der weiten Wüstenebene der Pampa de San José. Sie liegen in einem Gebiet von 59 km Länge und 1,6 km Breite. Bei den größten Zeichnungen handelt es sich um Trapeze und Dreiecke. Unter den Figuren sind auch Spiralen und Kreise sowie parallele Linien, deren bekannteste die „Landebahn" ist. Elf Tierfiguren sind erkennbar, darunter ein Kolibri, ein Affe, ein Pelikan, ein Kondor, eine Spinne und ein Wal. Die berühmteste Figur ist der „Astronaut", ein riesiges, an eine Comicfigur erinnerndes Bild an einem Hang.

Manche der geraden Linien ziehen sich kilometerweit hin, die größten Figuren haben einen Durchmesser von mehr als 200 m. Die Scharrbilder, sogenannte Geoglyphen, wurden geschaffen, indem man die dunkle „Gesteinsrinde" aus Eisen- und Manganoxid, die Wüstenlack genannt wird, abtrug und die hellere Schicht darunter freilegte. In dem trockenen, windstillen Wüstenklima blieben die Linien unverändert.

Erklärungen

Im Rahmen einer Expedition, bei der man 1939–41 in Peru nach uralten Bewässerungssystemen suchte, machte der US-amerikanische Historiker Paul Kosok der Außenwelt die Existenz der Nazca-Linien bekannt. Die deutsche Wissenschaftlerin Maria Reiche (1903–1998) verbrachte dann fast 50 Jahre mit der Aufzeichnung und Deutung der Geoglyphen. Die mysteriösen Kunstwerke wurden aber erst richtig berühmt, als sie Erich von Däniken, der Schweizer Autor von Werken über das Paranormale, in seinem 1968 erschienen Buch *Erinnerungen an die Zukunft* thematisierte. Er behauptete, die Linien stünden im Zusammenhang mit dem Besuch von Außerirdischen.

Seriöse Wissenschaftler meinen hingegen, die Linien seien ein Werk der antiken Kultur der Nazca, die in der Region zwischen 200 v. Chr. und 600 n. Chr. existierte. Aber über den Zweck der Linien wird immer noch spekuliert. Reiche war überzeugt, dass sie einen astronomischen Kalender bildeten. Andere Forscher meinten, sie hätten eine religiöse Bedeutung besessen. Die neuesten Theorien legen dagegen nahe, dass die Linien in irgendeiner Weise mit Wasservorkommen in der Wüste zusammenhingen.

Bei einer Protestaktion von Greenpeace, weil der Klimagipfel 2014 in Lima stattfand, wurde die Figur des Kolibris beschädigt. Aus diesem Grund flossen Fördergelder, um die Tierfigur wieder zu restaurieren. 2018 fand man dann bei den Restaurierungsarbeiten 50 neue Linien, die wohl zwischen 200 und 700 n. Chr. entstanden sind. Die meisten davon waren nicht mal den Einheimischen bekannt.

Der Kolibri Ein komplexes Muster aus Linien, die in den Boden eines Plateaus gescharrt wurden, bilden diese als Kolibri bezeichnete Figur. Sie bedeckt ein Gelände von der Größe eines Fußballfelds.

Rätselhaft Die Figur des Affen mit den Maßen 93 auf 58 m überrascht besonders, denn Affen gibt es in dieser Wüstenregion nicht.

Die Konkurrenten

GEOGLYPHEN

Die Geoglyphen im brasilianischen Bundesstaat **Acre** sind neuere Entdeckungen. Mehr als 100 Erdbilder wurden hier auf einem abgeholzten Gelände im Amazonas-Regenwald gefunden, darunter u. a. Kreise, Quadrate, Recht- und Achtecke.

Die **Geoglyphen von Blythe**, Kalifornien, lagen vergessen in der Wüste, bis sie ein Pilot 1932 wiederentdeckte. Sie umfassen mehr als 50 Menschenfiguren und ein Labyrinth. Die Bilder entstanden vor rund 1000 Jahren.

Uffington White Horse

Der **Marree Man** (auch Stuart's Giant) ist eine menschliche Figur, die 1998 von dem Buschpiloten Trec Smith in der südaustralischen Wüste entdeckt wurde. Alles deutet darauf hin, dass es sich um eine moderne Schöpfung handelt, aber der Künstler ist unbekannt. Das Werk ist mit einer Länge von 4,2 km die größte Erdzeichnung der Welt.

Das **Uffington White Horse** ist das zweitgrößte Erdbild Großbritanniens und wohl das älteste: Es entstand etwa zwischen 800 und 700 v. Chr. Die Künstler nutzten eventuell mathematische Methoden, um das Bild vergrößert in den Kreideboden zu kratzen.

2011 wurden die **Bauten der Alten** in der Wüste Jordaniens erneut entdeckt. Britische Piloten hatten die radförmigen Steinbilder bereits in den 1920er-Jahren gesehen, sie gerieten aber in Vergessenheit.

DAS MÄRCHENHAFTESTE SCHLOSS

NEUSCHWANSTEIN

König Ludwig II. von Bayern ging als leidenschaftlicher Bauherr von mehreren eigenwilligen Schlössern in die Geschichte ein. Die Krönung seiner Schöpfungen aber war das romantische Schloss Neuschwanstein.

Blickt man in der Morgendämmerung über das Voralpenland, scheint das Schloss in der Luft zu schweben. Neuschwanstein bietet einen märchenhaften Anblick und ist zugleich durch und durch „verrückt“: eine mittelalterliche Ritterburg aus vergleichsweise moderner Zeit, das Produkt einer Herrscherlaune, die unter gewaltigen Kosten realisiert wurde.

König Ludwig II. war exzentrisch – und dieses kuriose Bauwerk ist der aufsehenerregende Ausdruck seiner Leidenschaft für Architektur. Heute, rund 130 Jahre nach der Einstellung der Arbeiten an der nie ganz fertiggestellten Anlage, strahlt Neuschwanstein noch immer große Würde aus – zu schön, um wahr zu sein.

Paradoxerweise kommt Neuschwanstein der Vorstellung von einer mittelalterlichen Burg viel näher als viele echte Burganlagen. Hinreißend erhebt sich das Gebäude auf dem Berg oberhalb von Hohenschwangau, und seine Zinnen und Turmspitzen fügen sich wunderbar in die Kulisse aus Wäldern und Alpengipfeln ein.

Prunksaal Der Sängersaal ist der größte Raum des Schlosses. Er ist mit Wandbildern geschmückt, die Szenen aus mittelalterlichen Legenden zeigen.

GEOGRAFISCHE LAGE

Das Schloss Neuschwanstein steht auf einem Hügel oberhalb des Dorfes Hohenschwangau unweit von Füssen nahe der österreichischen Grenze. Der nächste internationale Flughafen liegt 130 km entfernt in München. Das Schloss ist mit dem Auto oder der Bahn leicht zu erreichen, selbst eine Kutsche steht bereit.

Ein monumentales Erbe

Solche Bauleidenschaft war für einen reichen, gebildeten und fantasievollen Herrscher in der zweiten Hälfte des 19. Jh. nicht ganz ungewöhnlich. Ludwigs Großvater Ludwig I. hatte München umgestalten lassen und sein Vater Maximilian II. hatte diese Arbeiten fortgesetzt. Ludwig II. ließ sich zum Bau von Schlössern durch die Besichtigung von Versailles und anderen bedeutenden französischen Schlössern anregen. Er wollte seinem Land ähnlichen Glanz verleihen und stürzte sich voller Energie auf diese Aufgabe.

Unter Einsatz seines Privatvermögens begann er, mehrere Schlösser umzubauen und neu zu errichten. Neuschwanstein sollte sein Refugium in den Bergen werden, eine Architekturfantasie, die mittelalterliche Mythen zum Leben erwecken und als Kulisse für die Werke des Komponisten Richard Wagner dienen sollte. Ludwig ließ keinen Zweifel daran, dass das Schloss von Wagners Musik inspiriert war und auf sie anspielte.

Obwohl Neuschwanstein durch überreichen Einsatz von feinen Holzschnitzereien, Wandteppichen und Wandbehängen durchaus mittelalterlich anmutet, verzichtete man bei diesem romantischen Meisterwerk des Historismus keineswegs auf modernen Komfort. Es gab nicht nur opulente Möbel und Teppiche, sondern auch elektrische Klingelanlagen, um Diener zu rufen, Zentralheizung, Kalt- und Warmwasser im Schlafbereich und sogar schon ein Telefon.

Viele Räume Neuschwansteins blieben unvollendet, denn Ludwigs bauliche Ambitionen hatten ihn zu einem hoch verschuldeten Mann gemacht. Anfang 1886 verweigerte ihm das Kabinett einen weiteren Kredit; wenige Monate später ließ man ihn sogar entmündigen und absetzen. Heute aber gehören seine Schöpfungen – allen voran Neuschwanstein – zu den größten Touristenmagneten Deutschlands. Im kollektiven Gedächtnis der Bayern ist Ludwig II. nach wie vor populär. Seine Pläne waren wohl doch nicht so verrückt, wie mancher Zeitgenosse glaubte.

Märchenhafte Inspiration Ludwigs Schloss ist so fantastisch, dass die Disney Corporation es als Vorlage für das Dornröschenschloss in Disneyland heranzog.

Die Konkurrenten

MÄRCHENSCHLÖSSER

■ **Zarskoje Selo** (heute Puschkin), südlich von St. Petersburg in Russland, war die Sommerresidenz Katharinas II. In den 1780er-Jahren ließ sie hier ein „Chinesisches Dorf“ mit Pagoden, Pavillons und einem orientalischen Palast errichten.

■ Römischer Tempel, Renaissancekathedrale und maurische Villa: Das **Hearst Castle** in Kalifornien ist all das und noch mehr. Errichtet wurde das Anwesen in den 1920er- und 1930er-Jahren für den Zeitungskönig William Randolph Hearst.

Neptun-Pool im Hearst Castle

DAS SCHÖNSTE AFRIKANISCHE TIERPARADIES

NGORONGORO-KRATER

Ostafrika im Kleinen: In der riesigen Schüssel kreucht und fleucht alles, was für Afrika als typisch erachtet wird. Es gibt hier Savanne, Seen und große Huftierherden zu sehen – und auch die „Big Five" lassen sich blicken.

GEOGRAFISCHE LAGE

Der Ngorongoro-Krater liegt im Hochland Nordtansanias, rund 180 km westlich von Arusha, der nächsten Stadt mit einem internationalen Flughafen und dem Ausgangspunkt für Safaris. Das Gebiet um den Ngorongoro gehört zum Ökosystem der Serengeti; die Ebenen des Nationalparks liegen im Nordwesten.

Friedliche Herden Zebras und Gnus weiden im Grasland des Ngorongoro-Kraters.

Dunkle, steile Wände umschließen das gewaltige natürliche Amphitheater des Ngorongoro-Kraters. Zu den Bewohnern der riesigen „Schüssel“ zählen 25 000 große Säugetiere. Sie leben hier dichter gedrängt als irgendwo sonst auf der Welt. Unter ihnen sind auch die meisten großen Raubtiere Afrikas. Gnus, Zebras und Gazellen teilen sich das autarke und weitgehend isolierte Ökosystem aus Savanne, Wald, Flüssen, Sümpfen und Seen mit Löwen, Leoparden, Geparden und Hyänen.

Die „Big Five“

Die Kesselwände sind bis zu 600 m hoch; die gesamte Caldera hat einen Durchmesser von ca. 18 km. Es leben so viele Tiere in diesem relativ kleinen Gebiet, dass Besucher fast sicher sein können, die „Big Five“ zu sichten. Dieser Begriff stammt aus der Sprache der Großwildjäger und bezeichnet die fünf Tiere, die sich am schwersten zu Fuß jagen ließen: Löwen, Leoparden, Spitzmaulnashörner, Elefanten und Afrikanische Büffel.

Da der Ngorongoro-Krater mehr als 2000 m über dem Meeresspiegel liegt, ist es hier oft überraschend kühl. Von Oktober bis Dezember erwärmt die Sonne die Hochlagen, aber von Juni bis August kann es richtig kalt werden, vor allem nachts – dann fallen die Temperaturen am Kesselrand sogar unter den Gefrierpunkt. Gewitter suchen die Caldera während der kurzen Regenzeit im November und während der längeren Regenphase im April und Mai heim. Im Kessel gibt es fast immer Wasser, selbst in der Trockenzeit, daher sind Dürren – auch wenn sie gelegentlich vorkommen – keine so ernsthafte Gefahr wie in anderen Teilen Afrikas.

Die Abhänge an der Ostseite des Kessels empfangen den meisten Regen und sind mit Bergwäldern bedeckt, die trockneren Westhänge werden hingegen von Grasland eingenommen. Hinzu kommen Wolfsmilchgewächse, unter denen Dikdiks (hasengroße Zwergantilopen) und die seltenen Bergriedböcke lagern. Die mineralreiche Erde bringt in der Mitte

KRATER UND CALDEREN

Obwohl er als Krater bezeichnet wird, ist der Ngorongoro eigentlich eine Caldera, ein riesiger Kessel, der entstand, als vor vielen Millionen Jahren ein gewaltiger Vulkan ausbrach und dann zusammenstürzte. Dieser Vulkan soll höher gewesen sein als der Kilimandscharo; er war Teil der vulkanischen Aktivitäten, die mit der Entstehung des Ostafrikanischen Grabens zusammenhingen. Der nahe Ol Doinyo Lengai, der „Berg Gottes“, ist noch aktiv.

der Caldera eine dicht bewachsene Ebene hervor, auf der Herden von Zebras, Gnus und Gazellen zwischen Elen- und Kuhantilopen weiden. Im Ostteil dienen Inseln aus längerem Gras als Nahrungsquelle für Afrikanische Büffel und Versteck für Servale, gefleckte mittelgroße Katzen mit kleinem Kopf.

Dornige Fieber-Akazien und Feigenbäume bilden den zauberhaften Lerai-Wald – Lerai ist das Massai-Wort für die Fieber-Akazien, die auch Gelbrinden-Akazien genannt werden – im Südwesten des Kraters. Am frühen Morgen scheinen die Baumwipfel über dem feinen Dunst zu schweben, leuchtend bunte Nektarvögel schwirren um die Äste und Elefanten wühlen im Boden und graben dabei Insekten aus, erwartungsvoll beobachtet von Kuhreihern. Meerkatzen und Paviane stöbern nach Samen und aus dem Schatten kann urplötzlich ein scheuer Leopard auftauchen und gleich wieder zwischen dem Blattwerk verschwinden.

Strenger Schutz für Nashörner

Der Lerai-Wald wird vom Lerai-Bach durchflossen, der in den Lake Makat („Makat“ bedeutet „Salz“) mündet, einen der kleineren Natronseen Afrikas. In der trockeneren Jahreszeit ist der See nur eine weiße Salzpfanne, aber in der Regenzeit kommen Tausende Zwergflamingos, um von den Cyanobakterien zu fressen, die in dem alkalischen Wasser wachsen.

Süßwasserquellen entspringen an der Basis der Kesselwände. Die Ngoitokitok Spring an der Ostseite speist den großen Gorigor Swamp, einen der beiden Kesselsümpfe (der andere ist der Mandusi Swamp). In dem Sümpfen halten sich Flusspferde und viele Wasservogelarten auf, u.a. Kronenkraniche mit ihrem prächtigen Kopfschmuck, Weißstörche und Schwalben, die aus Europa einfliegen, um hier zu überwintern.

Das Gebiet zwischen dem Lerai-Wald und dem Gorigor-Sumpf ist das Territorium der Spitzmaulnashörner. Die in

Bedrohte Riesen Das Spitzmaulnashorn wird auch als Schwarzes Nashorn bezeichnet. Dabei unterscheidet es sich farblich von dem ebenfalls in Afrika beheimateten Weißen oder Breitmaulnashorn nicht sehr.

Die Konkurrenten

AFRIKANISCHE RESERVATE

■ Im **Serengeti-Nationalpark** – der Name bedeutet „endlose Weite“ in der Sprache der Massai – finden einige der größten Massenwanderungen wilder Tiere statt. Millionen Gnus, Zebras, Thomson-Gazellen, Leier- und Elenantilopen wandern alljährlich auf der nie endenden Suche nach Wasser und Nahrung durch die Savannen, Au- und Akazienwälder der Serengeti. Oft lauern Raubtiere – Löwen, Leoparden, Geparden und Hyänen – den Herden von Felsvorsprüngen aus auf. Die gefährlichste Situation entsteht aber, wenn die wandernden Tiere von Krokodilen bevölkerte Flussläufe überqueren müssen.

Krokodil im Serengeti-Nationalpark

■ Bei der Wanderung durch die nördliche Serengeti durchqueren Gnus in der **Masai Mara**, die an das Ökosystem der Serengeti anschließt, den Mara River. Hier warten einige der größten Nilkrokodile Afrikas auf die Herden. Es ergibt sich ein Festmahl nicht nur für die Krokodile, sondern auch für die Gänsegeier, die ihre Brutzeit auf die jährliche Gnu-Aas-Schwemme abgestimmt haben. Dabei unternehmen die Vögel Pendelflüge von 300 km Länge zwischen den Futtergründen und ihren Horsten in den Gol Mountains am Nordende des Ngorongoro-Schutzgebiets. Gnus, die den Krokodilen entkommen, fallen oft Löwen zum Opfer, denn die Mara („fleckig“; bezieht sich auf die vereinzelt stehenden Bäume) ist für ihre Löwen bekannt.

■ Das **Kwandwe Private Game Reserve** in der südafrikanischen Provinz Eastern Cape ist eine urtümliche, malariafreie Wildnis am Great Fish River. Man findet hier nicht nur die „Big Five“, sondern auch eine Reihe ortstypischer Tiere: Am Tag sind Kudus, Springböcke und Greisböcke aktiv, nachts treten Erdwölfe, Erdferkel und die selten zu erspähenden Stachelschweine auf den Plan. Kwandwe bedeutet „Ort des Paradieskranichs“ und eine gesunde Population des seltenen südafrikanischen Nationalvogels existiert tatsächlich noch und beweist, dass Schutzmaßnahmen von Erfolg gekrönt sein können.

Zentral- und Ostafrika heimischen Tiere sind selten geworden; die hiesige Population ist berühmt. Die Nashörner verbringen die Nacht im Wald, treten morgens in die Grasebene hinaus, um dort zu weiden und ziehen sich dann für den Rest des Tages wieder unter die Bäume zurück.

Die Nashornpopulation wurde von Wilderern dezimiert, die die Tiere wegen ihrer Hörner abschossen. Vor 1970 lebten noch rund 110 Spitzmaulnashörner im Krater, doch zwischenzeitlich sank ihre Zahl auf zehn. Heute bewachen Wildhüter die Tiere rund um die Uhr. Das größte Problem ist die wegen der langen Tragezeit geringe Vermehrungsrate, wodurch sich die Bestände nur sehr langsam erholen.

Doch Menschen sind nicht die einzige Gefahr für die Nashörner. Elefanten machen ihnen die Nahrung streitig und Hyänen töten neugeborene Kälber. Von Zecken verursachte Krankheiten fordern Tribut und störende Touristen sind eine weitere Ursache für die niedrige Vermehrungsrate. Heute leben aber bereits wieder mehr als 50 Spitzmaulnashörner im Ngorongoro-Krater.

Natürliche Gefahren

Obwohl die steilen Wände eine natürliche Einfriedung bilden, sind die Tiere nicht in der Caldera gefangen. Bei feuchter Witterung ziehen einige der Zebras und Gnus ab. Elefantenbullen kommen und gehen: Sie kämpfen in der Serengeti um das Paarungsrecht und kehren in den Kessel zurück, um sich zu erholen. Auf den Straßen innerhalb und außerhalb der Caldera sind deshalb oft reizbare Bullen mit großen Stoßzähnen zu sehen.

> „Die in Zentral- und Ostafrika heimischen Spitzmaulnashörner sind selten geworden; die hiesige Population ist berühmt.“

Löwen leben in Rudeln und sind eher standorttreu. 1962 ereilte sie ihr Schicksal in Gestalt eines Insekts: Auf eine Dürre im Jahr 1961 folgten im nächsten Jahr starke Regenfälle, auch während der Trockenzeit, was zu einer explosionsartigen Vermehrung von Stechfliegen führte. Diese Blutsauger sorgten für so viele infizierte Wunden, dass der Löwenbestand drastisch schwand. Von rund 70 Tieren überlebten gerade einmal acht, indem sie sich vor den Fliegen in Hyänenbauten oder auf den Bäumen in Sicherheit brachten. In den folgenden Jahren erholte sich die Population, sodass 1999 wieder 68 Löwen im Kessel lebten. Dürren mit anschließenden starken Regenfällen ließen in den Jahren 2000 und 2001 über 600 Großtiere verenden. Unter den Büffeln, Gnus und Zebras gab es die meisten Verluste, aber auch fünf Nashörner und sechs Löwen starben. Da der Löwenpopulation von außen nur wenig neues Blut zugeführt wird, ist Inzucht mittlerweile eine echte Gefahr für die vier Rudel, die im Ngorongoro leben.

Wiege der Menschheit

Menschen bzw. ihre Ahnen leben seit mindestens 4 Mio. Jahren im und um den Ngorongoro-Krater. Beweise dafür wurden rund 30 km nördlich davon in der von steilen Felswänden eingerahmten Olduvai-Schlucht entdeckt. Dieser Name

Herr seiner Welt Dieser Löwe ist groß, gut genährt und mit Fremden nicht zimperlich: Er vertreibt andere Männchen, die in seinem Rudel mitmischen wollen.

basiert auf einem Missverständnis und falscher Transkription von „p" als „v": Als der deutsche Neurologe Wilhelm Kattwinkel die Schlucht 1911 besuchte, fragte er seinen Massai-Führer nach deren Namen, doch dieser glaubte, die Frage gälte der Vegetation. Daher heißt die Schlucht nun Olduvai-Schlucht (landessprachlich eigentlich Oldupai) nach dem Wort der Massai für *Sansevieria ehrenbergii*, eine Pflanze, die hier wächst und der Heilkräfte nachgesagt werden.

Der Archäologe und Naturforscher Louis Leakey (1903–72) und Mitglieder seiner Familie gruben in dieser Gegend nach Frühmenschen und eng verwandten Hominiden. Sie fanden mehrere Hominidenarten, die vor mehr als 1 Mio. Jahren gelebt hatten. Einige gehörten zu den *Australopithecina* („Südaffen"), andere zu Gattungen, die als Vorläufer des heutigen Menschen angesehen werden wie *Homo habilis*, der „geschickte Mensch". Im nahen Laetoli entdeckten die Forscher Fußspuren von Individuen, die schon vor rund 3,6 Mio. Jahren aufrecht gingen.

Menschen der Art *Homo sapiens* lebten hier vor rund 17 000 Jahren. Sie waren Jäger und Sammler, ähnlich wie die heutigen San. Vor etwa 3000 Jahren kamen Hirten und Ackerbauern hinzu, zunächst die Iraqw und Datooga und später die halbnomadischen Massai. Einige Feigenbäume im Lerai-Wald gelten als heilig, weil sie über dem Grab eines Datooga-Häuptlings gepflanzt wurden, der im Kampf gegen die Massai gestorben war.

Lake Makat Im Ngorongoro-Schutzgebiet leben große Schwärme von Zwergflamingos. Die Vögel fressen gern im Lake Makat innerhalb des Kraters, viele brüten aber weiter nördlich am Lake Natron.

Klein, aber fein

VIRUNGA-NATIONALPARK

Der Virunga-Nationalpark in der Demokratischen Republik Kongo ging aus dem 1925 gegründeten Albert-Nationalpark hervor und ist damit der älteste Nationalpark Afrikas. Kriege und Aufstände haben dem Wildbestand Schaden zugefügt, die Bestände erholen sich aber langsam. Er wurde eingerichtet, um die vom Aussterben bedrohten Berggorillas und auch Okapis, Waldelefanten und Schimpansen zu schützen. Dank der Arbeit der Ranger lebt hier mittlerweile ein Drittel der weltweiten Gorillapopulation.

Das Weltnaturerbe von 1979 umfasst viele verschiedene Habitate – von Bergwäldern bis zu Sümpfen, von tropischen Savannen bis zu ewigem Schnee. Gletscher (im zu Uganda gehörenden Ruwenzori-Gebirge, auch bekannt als Mondberge) und der aktive Vulkan Nyiragongo (3470 m) liegen ebenfalls im Gebiet des Virunga-Nationalparks. Der Krater ist manchmal mit einem Lavasee gefüllt; die glutflüssige Lava kann an den Hängen eine Fließgeschwindigkeit von bis zu 100 km/h erreichen.

Als erster Europäer betrat 1892 der österreichische Kartograf Oscar Baumann die Caldera. Damals gehörte dieser Teil des heutigen Tansania zur Kolonie Deutsch-Ostafrika. 1899 gründeten zwei deutsche Brüder Farmen im Kessel, um Sisal und Weizen anzubauen. Sie schossen auch Gnus, um deren Zungen zu exportieren. Nach dem Ersten Weltkrieg, als Deutsch-Ostafrika an die Briten fiel, mussten die Farmer das Land verlassen.

Teil des Serengeti-Nationalparks ist der Kessel seit 1951. Allerdings haben die Massai heute das Recht, ihre Herden zu den Salzlecken rund um den Lake Makat zu treiben. Mit ihren Shukas (Umhängen), die im Wind flattern, und den blitzenden Speeren bieten sie ein prächtiges Bild. Wie die Touristen müssen auch die Massai die Caldera abends verlassen.

Die erste Touristenunterkunft am Kesselrand wurde 1935 eröffnet. In neuerer Zeit sind weitere dazugekommen; von allen bietet sich eine wunderbare Aussicht. Der Zugang zum Krater wird kontrolliert, um möglichst vielen Menschen einen Besuch zu ermöglichen, ohne dass die Natur stärker als nötig leidet.

Explosiver Nachbar

Der Ngorongoro ist nicht der einzige Vulkankrater in der Region. Innerhalb des Ngorongoro-Schutzgebiets gibt es mehrere kleinere, weniger besuchte Calderen. Im Hochland nordöstlich des Ngorongoro-Kraters liegt der Olmoti-Krater, dessen Boden mit Grasinseln bedeckt ist, die die Rinder der Massai sowie Antilopen, Büffel, Busch- und Riedböcke abgrasen. In der 6 km breiten Empakaai-Caldera gibt es einen Natronsee, der mit 85 m ungewöhnlich tief für ein solches Gewässer ist. Dort kann man Flamingos, Kapenten und Stelzenläufer beobachten. Die beiden Calderen sind Überreste erloschener Vulkane – aber ein Vulkan, der rund 80 km vom Ngorongoro-Krater entfernte Ol Doinyo Lengai, ist immer noch aktiv. Mehrere Eruptionen erschütterten den 2962 m hohen Berg 2007 und 2008. Der Ol Doinyo Lengai ist der einzige Vulkan der Welt, der zuweilen Natrokarbonatitlava auswirft, die mit etwa 510 °C austritt und damit nur halb so heiß ist wie die Basaltlava anderer Vulkane. Bei Tag ähnelt der Lavastrom einem Schlammfluss, nachts glüht er orange. Die erstarrte Lava funkelt im Sonnenlicht.

Gefährdete Art Obwohl seit 1989 verboten, werden Afrikanische Elefanten noch immer wegen des Elfenbeins gejagt – auch in den Reservaten.

DIE BEZAUBERNDSTE KOLONIALSTADT

OLINDA

In dieser wunderbaren Stadt am Atlantik verbindet sich typische Kolonialarchitektur mit der Lebenslust Brasiliens.

GEOGRAFISCHE LAGE

Olinda liegt an der Küste des nordostbrasilianischen Bundesstaats Pernambuco, rund 8 km nördlich von Recife. Recifes Aeroporto Internacional dos Guararapes-Gilberto Freyre liegt in der Nähe, außerdem ist Olinda über das Straßennetz mit vielen Regionen des Landes verbunden.

Olinda ist nicht so bekannt wie iberische Vorposten anderswo auf der Welt, aber die Stadt im Nordosten Brasiliens zeichnet sich gegenüber ihren Konkurrenten durch wundervoll erhaltene Bauten und ein pulsierendes Kulturleben aus. Olindas Anfänge datieren im Jahr 1535, als der portugiesische Offizier und Aristokrat Duarte Coelho Pereira hier auf einem Hügel eine Siedlung gründete. Damit ist es die zweitälteste brasilianische Stadt nach São Vicente im Bundesstaat São Paulo. Im frühen 17. Jh. war Olinda bereits die Hauptstadt der Region Pernambuco und ein Zentrum des Zuckerrohranbaus.

Im Niederländisch-Portugiesichen Krieg kam es zu einer niederländischen Invasion und der Besetzung Nordostbrasiliens von 1630 bis 1654. Die Niederländer machten das spätere Recife zu ihrer Festung und brannten Olinda nieder.

Barocke Pracht Eines der religiösen Wahrzeichen der Stadt ist der Convento São Francisco. Besonders bemerkenswert sind in der Klosteranlage die Holzdecke in der Igreja de Nossa Senhora das Neves (Maria-Schnee-Kirche) und die Fliesen in den Kreuzgängen.

Wiedergeburt und Erhaltung

Als die Portugiesen Mitte des 17. Jh. zurückkehrten, bauten sie Olinda noch prächtiger wieder auf, indem sie den Bauten, die das Feuer überstanden hatten, neue im Barockstil hinzufügten. Herausragend sind die Kirchen, Klöster und Konvikte, deren Inneres prachtvoll mit Holzschnitzereien, Vergoldungen, Skulpturen und bemalten Fliesen geschmückt ist. Zu den Wahrzeichen gehören die Igreja Nossa Senhora do Carmo, die auch als Igreja da Sé bekannte Catedral Metropolitana São Salvador do Mundo und der Convento São Francisco. In den kopfsteingepflasterten Gassen liegen Hunderte Wohnhäuser aus derselben Epoche mit bunten Fassaden, hölzernen Fensterläden und schmiedeeisernen Balkonen. Erhaltungsmaßnahmen gibt es seit den 1970er-Jahren; dank strikter Renovierungsvorschriften wurde das architektonische Erbe der Altstadt bewahrt.

Obwohl Olinda viel von seinem politischen und wirtschaftlichen Einfluss verlor, als Recife 1827 Hauptstadt des Bundesstaats wurde, blieb die Stadt, in der heute fast 400 000 Menschen leben, ein kulturelles, religiöses und intellektuelles Zentrum. Ein Höhepunkt des Kulturlebens ist der alljährliche Karneval. Dabei hält sich Olinda an die Traditionen: Musikanten spielen in kleinen Ensembles, und riesige Puppen werden zu Sambarhythmen durch die Straßen getragen.

Die Konkurrenten

KOLONIALSTÄDTE

La Antigua Guatemala ist die älteste europäische Stadt Guatemalas. Sie überstand Erdbeben und Vulkanausbrüche und ist heute die besterhaltene spanische Kolonialstadt in Mittelamerika. 1527 gegründet, ist sie auch eine der ältesten spanischen Städte auf dem amerikanischen Doppelkontinent und hat von Anfang an Besucher schwärmen lassen. Aldous Huxley notierte: „Vieles hier ist bezaubernd, vieles überraschend. (Die Stadt) ist malerisch und romantisch im extravagantesten Stil des 18. Jh."

Iglesia de La Merced, Antigua Guatemala

Die Stadt **Trinidad** an der Südküste Kubas prunkt unter der karibischen Sonne mit pastellfarbenen Palästen, barocken Kirchen und kopfsteingepflasterten Plätzen. Die Stadt wurde 1514 gegründet, ist also noch älter als La Antigua Guatemala. Seit der Barockzeit hat sich am Aussehen dieses Relikts aus der Kolonialzeit nur sehr wenig verändert.

Manilas Altstadtviertel **Intramuros** liegt, von Gräben und Mauern umgeben, zwischen dem Hafen und den Hochhaustürmen des Geschäftsviertels Makati. Mehr als 300 Jahre lang war das 1571 von dem Konquistador Miguel López de Legazpi gegründete Intramuros Sitz der spanischen Kolonialmacht in der Region. Der Stadtteil wurde zwar im Zweiten Weltkrieg weitgehend zerstört, doch in den letzten 30 Jahren wurden viele koloniale Kirchen, Plätze und Stadthäuser restauriert.

DIE GEHEIMNISVOLLSTE INSEL

OSTERINSEL

Die riesigen Steinskulpturen der Rapa Nui wirken geradezu mystisch – sie sind bekannte Symbole der polynesischen Kultur und der künstlerischen Reife, die antike Zivilisationen erreichen können.

Nur wenige kulturelle Leistungen lösten so große Neugier und derartige Kontroversen aus wie die riesigen Steinstatuen, die Moai, auf der Osterinsel. Bis heute können Archäologen nicht erklären, wie und warum die Skulpturen aufgestellt wurden, wozu sie dienten und warum die Gesellschaft, die sie schuf, einen Niedergang erlebte.

Forscher gehen davon aus, dass Rapa Nui (der indigene Name sowohl für die Insel als auch für ihre Bewohner) zwischen dem 5. und dem 10. Jh. n. Chr. von polynesischen Seefahrern besiedelt wurde, die aus dem Westen kamen.

Steinerne Ahnen?

Ab dem 10. Jh. schufen die Kolonisten Bildwerke aus Vulkangestein. Die Statuen hatten wohl religiöse Bedeutung und waren vielleicht Bilder vergöttlichter Ahnen. Legenden erzählen, dass die Moai selbst von den Steinbrüchen zu den heiligen Stätten, den Ahu, schritten. Moderne Forscher glauben, dass jede Statue von Hunderten Insulanern auf Schlitten oder Rollen aus Stämmen des Toromiro-Baumes zu den Ahu gezogen wurde. Die Ahu dienten offenbar als Kultstätten, manchmal auch als Begräbnisplätze.

Mit der Zeit veränderten sich Stil und Größe der Moai. Die ältesten Statuen waren klein und roh behauen; sie hatten runde Köpfe und Ohren. Die Statuen des 16. Jh. waren mit einer Höhe von bis zu 21 m und einem Gewicht von 270 t kolossal und hatten langgezogene Gesichter und fein gearbeitete Hände. Archäologen spekulieren, dass sich in der wachsenden Größe der Moai eine ökologische Krise widerspiegeln könnte. Schwindende Nahrungsquellen und Ressourcen, verursacht durch einen Klimawandel, Naturkatastrophen und Überbevölkerung, könnten die Insulaner glauben lassen haben, dass sie ihre Götter erzürnt hätten. Um deren Gunst wiederzuerlangen, hätten die Häuptlinge die Aufstellung immer größerer Statuen befohlen. Aber als sich die Lage weiter verschlimmerte, brach die Gesellschaft zusammen – begleitet von Gewalt und Kannibalismus.

Als die ersten holländischen Seeleute am Ostersonntag 1722 auf der Insel landeten, stellten die Rapa Nui schon lange keine

GEOGRAFISCHE LAGE

Die Osterinsel ist eine der isoliertesten Inseln weltweit. Die nächsten Nachbarn sind die Insel Pitcairn 2080 km im Westen und das 3500 km entfernte Chile im Osten. Flüge zur Osterinsel gibt es von Santiago de Chile sowie von Papeete in Französisch-Polynesien aus. Einrichtungen für Besucher befinden sich in Hanga Roa.

Rätsel aus Stein Die Moai wenden dem Ozean den Rücken zu. Möglicherweise stellen sie Clan-Häuptlinge dar und sollten zwischen Menschen und Göttern vermitteln.

Moai mehr auf. Unvollendete waren in den Steinbrüchen und auf den Zeremonialstraßen liegen geblieben. Die Konflikte setzten sich im folgenden Jahrhundert fort: Die Statuen wurden umgestürzt und die Bevölkerung schwand dahin. 1888 annektierte Chile die Insel; die letzten 100 Insulaner wurden in Hanga Roa zusammengetrieben, wo sie praktisch als Sklaven für britische Schafzüchter arbeiteten, die die Insel gepachtet hatten.

Die Steinköpfe wären vielleicht in Vergessenheit geraten, aber Pater Englert, ein deutscher Missionar, der von 1935 bis 1969 auf der Insel lebte, entwickelte ein lebhaftes Interesse für die Kultur der Rapa Nui und katalogisierte viele archäologische Stätten. Die Schätze, die er verzeichnete, wurden schließlich in dem Nationalpark unter Schutz gestellt, der heute 90 % von Rapa Nui umfasst. Und so wachen die Moai, von denen viele wieder aufgerichtet wurden, bis heute über die Reste einer geheimnisvollen Kultur.

Unvergleichlich, weil ...

- Hier gibt es eine der weltweit größten Ansammlungen uralter Skulpturen: Fast 900 Statuen sind erhalten.
- Die Statuen stellen ein ungelöstes Rätsel dar. Niemand weiß mit Sicherheit, wie oder warum die Rapa Nui sie errichteten.
- Angesichts einer Bevölkerung von ca. 8000 Menschen ist die Insel weitgehend im gleichen Zustand wie zu der Zeit, als der letzte Moai aufgestellt wurde.
- Der Rapa-Nui-Nationalpark bietet zudem dramatische Vulkanlandschaften.
- Die Kultur der Insel ist von einer einmaligen Verbindung polynesischer und lateinamerikanischer Einflüsse geprägt.

DAS GRÖSSTE FEUCHTGEBIET

PANTANAL

Die Flüsse im Herzen Südamerikas fließen in eine riesige Binnenniederung. Jedes Jahr steigt das Wasser und geht dann wieder zurück – so entsteht ein unvergleichlicher Lebensraum.

Das Pantanal ist das größte Feuchtgebiet der Erde. Das Gebiet ist beinahe genau so groß wie die Bundesrepublik Deutschland vor 1990 und entspricht 3 % der Gesamtfläche aller Feuchtgebiete der Welt. Der Name leitet sich von dem spanischen Wort *pantano* (port. *pântano*) ab, das „Sumpf" oder „Marsch" bedeutet. Er wird diesem Mosaik aus Savannen, Wäldern, Sümpfen und Seen, das eines der artenreichsten Ökosysteme überhaupt darstellt, allerdings nicht wirklich gerecht.

Das Pantanal ist ein flaches Becken mit leichtem Ost-West-Gefälle. Seine Flüsse und Bäche münden in den mächtigen Río Paraguay, doch variiert die Zuflussmenge erheblich von der Regen- zur Trockenzeit. Diese Schwankungen begründen den einmaligen Charakter des Pantanals.

Regelmäßige Überflutung

Während der Regenzeit von Oktober bis März fällt viel Niederschlag im Cerrado, einem riesigen, von tropischen Wäldern und Savannen eingenommenen Gebiet östlich des Pantanals. Das Wasser stürzt dann in spektakulären Wasserfällen hinunter ins Pantanalbecken. Zusammen mit dem dortigen Regen führt das zu einem Anschwellen des Río Paraguay, bis dieser über die Ufer tritt und rund 80 % des Pantanals überschwemmt. Die dort lebenden Kaimane machen sich die Flut zunutze: Mit aufgesperrtem Maul sitzen sie am Ufer und warten auf Fische, die in ihre Richtung gespült werden.

GEOGRAFISCHE LAGE

Das Pantanal liegt südlich des Amazonas und östlich der Anden; zwei Drittel gehören zu Brasilien, der Rest zu Bolivien und Paraguay. Cuiabá ist der Verkehrsknoten im Norden, Campo Grande der im Süden. Von Cáceres kommt man über den Río Paraguay oder die Transpantaneira hierher, eine Fernstraße mit Brücken.

Die feuchte Jahreszeit ist für die vielen Fischarten im Pantanal ideal zum Fressen, Wachsen und Laichen. Wenn das Wasser steigt, wird es mit Nährstoffen angereichert, das Plankton und die wirbellosen Tiere im Fluss vermehren sich explosionsartig und die Fische ziehen über die überflutete Ebene, um sich an dem reichen Nahrungsangebot zu laben.

Die Flut kann den Wasserspiegel um bis zu 5 m ansteigen lassen. Die Landtiere sammeln sich auf höherem Gelände, wobei Raubtiere und ihre Beute zu Leidensgenossen werden. An der Spitze der Nahrungskette steht der scheue Jaguar – das Pantanal ist eine der wenigen Gegenden in Südamerika, wo gute Chancen bestehen, ein Exemplar in freier Wildbahn zu Gesicht zu bekommen.

Mittagspause Ein Kaiman sonnt sich an einem langsam fließenden Fluss. Kaimane jagen bevorzugt nachts. Ihre Beute sind Fische, Vögel und kleine Säuger.

Nahrungsreiche Trockenzeit

In der Trockenzeit zwischen April und September ist alles anders. Von Gewässern abhängige Landtiere suchen nach verbliebenen Teichen. Pekaris und Wildschweine sammeln sich am Ufer, ebenso Capybaras, die größten Nagetiere der Welt. Capybaras werden bis zu 1 m lang,

ähneln aber Meerschweinchen. Tagsüber suhlen sie sich im Wasser, um sich abzukühlen und vor Stechfliegen zu schützen.

In den Teichen liegen Welse und Aale wie Sardinen in der Büchse – ein Festmahl für Reiher und Störche, insbesondere für Jabirus und Waldstörche, die einfach nur ins Wasser picken müssen und ohne Anstrengung jedes Mal einen Fisch ergattern. Auf einigen der größeren Seen gibt es schwimmende Wiesen aus Wasserhyazinthen und Riesenseerosen. Rotstirn-Blatthühnchen staksen mit ihren langen Beinen von Pflanze zu Pflanze auf der Suche nach Insekten, während Schneckenweihen auf Mollusken und andere Weichtiere aus sind. Unter der Wasseroberfläche lauert einer der Giganten des Pantanals: die Anakonda, die schwerste Schlange der Welt, ein mächtiger Fleischfresser, der problemlos ein Capybara verschlingen kann.

Jährliche Gäste

Alljährlich kommen Gäste von weit her. Das Pantanal lockt Zugvögel dreier großer Routen an, die über Nord- und Südamerika führen. Im Pantanal überwintern die Tiere oder legen einen Zwischenstopp ein. Aus Nordamerika kommen z. B. Fischadler, Schnepfenvögel, Wanderregenpfeifer und Amerikanische Stelzenläufer. Waldstörche kommen dagegen aus Argentinien und Tyrannen (Neuweltfliegenschnäpper) aus den Anden hierher.

Zug- und Standvögel zusammengenommen, haben Forscher mehr als 656 Vogelarten im Pantanal registriert. Darü-

Sumpfige Niederung In der Trockenzeit weicht das Wasser zurück und sammelt sich in mäandrierenden Flüssen und Seen, umgeben von üppiger Vegetation.

Schwarzköpfige Störche Im Pantanal lebt die größte Population ortstreuer Jabirus in Südamerika. Die Vögel nisten hoch in den Bäumen an den Flussufern.

ber hinaus leben in dem Gebiet 95 Säuger-, 162 Reptilien- und mindestens 263 Fischarten. Es ist aber sehr wahrscheinlich, dass man hier noch weit mehr Tiere und Pflanzen entdecken wird.

Nicht nur der Artenreichtum des Pantanals ist außergewöhnlich, sondern auch die Zahl der hier lebenden Tiere. Forscher schätzen, dass es mehrere Millionen Kaimane – die weltweit stärkste Konzentration von Krokodilen – und mehr als 500 000 Capybaras gibt. Das Pantanal gehört zu den besten Gebieten, um Jaguare, Riesenotter, Große Ameisenbären, Mähnenwölfe und Sumpfhirsche zu beobachten – einige dieser Tiere gelten als gefährdet oder bedroht. Das Amazonasbecken mag in den Medien die größere Aufmerksamkeit genießen, aber das Pantanal ist der bessere Ort, um Tiere in freier Wildbahn zu erleben.

Harmonisches Miteinander

Vögel singen, Insekten summen, Frösche quaken, Aras schreien, Hokkohühner kollern und gelegentlich erklingt der Ruf des Halsband-Wehrvogels. Der bestimmende Laut im Pantanal ist aber das Blöken der Rinder. Rund 98 % des brasilianischen Teils des Pantanals befinden sich in Privatbesitz und werden für die Rinderzucht genutzt. Staatlichen Schutz genießt das Pantanal kaum: Der Parque Nacional do Pantanal Matogrossense umfasst gerade einmal 1350 der insgesamt rund 200 000 km² des Pantanals, der Estação Ecológica de Taiamã gerade einmal 110 km² Feuchtgebiet.

Rinderzucht und Wildtiere existieren im Pantanal aber schon länger als 200 Jahre nebeneinander. Die Landbesitzer kümmern sich um ihr Land und alles, was darauf lebt. Einige Ranches *(fazendas)* haben eigene Reservate eingerichtet und finanzieren Naturschutzprojekte wie Nistkästen für Hyazinth-Aras oder Maßnahmen zum Schutz der Riesenotter. Dass dieses Miteinander funktioniert, liegt an den Überflutungen in der Regenzeit. Die Fluten vertreiben die Rinder für einige Zeit von den Weiden und sorgen dafür, dass das Gras in der Trockenzeit üppig wächst. So ist das Grasland nicht überweidet und das Pantanal insgesamt ein einzigartiger Lebensraum.

Rückzugsraum des Jaguars Die Jaguare des Pantanals sind die größten weltweit. Mit ihren Kiefern können sie sogar die Haut von Kaimanen zerreißen.

Die Konkurrenten

FEUCHTGEBIETE

Der Nationalpark **Banc d'Arguin** an der Küste Mauretaniens ist ein außerordentlicher Ort: Zugvögel aus Nordeuropa, Sibirien und Grönland überwintern hier am Rand der Wüste im Hinterland der Atlantikküste und Tausende weitere kommen, um hier zu brüten. Die ortsansässigen Fischer sind die Imraguen - der Name bedeutet „die, die Leben sammeln". Bevorzugt fangen sie Meeräschen; sie besitzen exklusive Fischereirechte für den Fang mithilfe von Segelbooten.

Das **Bosque del Apache National Wildlife Refuge** ist eine spektakuläre Flussniederung am Rio Grande in New Mexico, wo Kanadakraniche, Schneegänse und viele Entenarten überwintern. Das umliegende Farmland ist eine zusätzliche Nahrungsquelle. Der Wasserstand wird künstlich geregelt, um sicherzustellen, dass die Vögel ideale Bedingungen vorfinden. Im Sommer fliegen die Vögel aus; das Reservat ist dann verlassen.

Das **Donaudelta** an der Schwarzmeerküste Rumäniens und der Ukraine ist das größte zusammenhängende Marschengebiet und das zweitgrößte Flussdelta Europas. Es ist ein wichtiges Feuchtgebiet an der Vogelzugroute von Mittel- und Osteuropa in den Mittelmeerraum und nach Afrika. Im Sommer brüten hier Kormorane, Rosa- und Krauskopfpelikane.

Der Nationalpark **Coto de Doñana** im Südwesten Spaniens beherbergt die letzten Bestände von Spanischen Kaiseradlern und Pardelluchsen in Spanien und dient als Zwischenstation für Zugvögel auf dem Weg zwischen Europa und Afrika. Einst gab es hier ein Delta, aber eine Sandbank blockierte die Flussläufe, sodass der Guadalquivir heute nur eine einzige Mündung hat. Hinter den Dünen liegen Marschen *(marismas)*, in denen sich im Sommer Flamingos tummeln.

Letschwe im Okavangodelta

Das **Binnendelta des Niger**, das Massina, ist ein versumpftes Gebiet in der Landesmitte Malis. Hier teilt sich der Niger inmitten der Halbwüste der Sahelzone in ein System aus Flussläufen, Marschen und Seen. Im Delta überwintern Tausende Wasservögel: Kormorane, Ibisse, Löffler und Kronenkraniche nisten hier. Zu den wenigen großen Säugern gehört der Afrikanische Manati (Seekuh).

Das **Okavangodelta** in Botswana ist das weltgrößte Binnendelta. Der Fluss spaltet sich im riesigen Kalaharibecken in viele Arme und verdunstet dort größtenteils. Sein Delta bildet eine große Oase in der Wüste, die zu einem Winterrefugium für 200 000 Säugetiere wird, z. B. für Elefanten und Wildhunde. Das am häufigsten vertretene Säugetier ist der Letschwe, eine Antilope, die auch in knietiefem Wasser schnell laufen kann.

DIE AM BESTEN VERSTECKTE STADT

PETRA

Petra war einst ein blühendes Zentrum an zwei wichtigen Handelsrouten. Doch dann wurde die Stadt verlassen und blieb 700 Jahre lang vergessen, ehe sie wiederentdeckt wurde.

Keine andere Stadt der Welt besitzt einen derart dramatischen Zugang: Die Erwartungen steigen, wenn die Besucher – zu Fuß, auf Eseln oder Maultieren oder mit dem Pferdewagen – dem Weg durch die kurvenreiche schattige Felsschlucht folgen, die als Siq („Schacht") bekannt ist. Stellenweise ist diese 1,6 km lange Passage nur 5 m breit und die verwitterten Sandsteinwände, die 200 m hoch aufragen, scheinen sich oben zu schließen. In die Wände hineingeschlagene Altäre, Grabmäler, Säulen und Inschriften geben einen Vorgeschmack auf das, was einen erwartet. Dann ist das Ende der Schlucht erreicht. In blendendem Sonnenlicht erstrahlt die mächtige Fassade eines großen, bestens erhaltenen Gebäudes, das aus dem Felsen herausgemeißelt wurde.

Rechts schlängelt sich das ausgetrocknete Bett des Wadi Musa westwärts durch eine über 1,6 km lange Schlucht. Mehr als 800 Ruinen klammern sich an die Felswände, deren Fassaden Tür- und

Spektakulärer Zugang Nähert man sich Petra durch die enge Schlucht des Siq, rückt das „Schatzhaus des Pharao" – das berühmteste Felsengrab – in den Blick.

GEOGRAFISCHE LAGE

Petra liegt im Süden Jordaniens, 240 km südlich der Hauptstadt Amman. Für Touristen gibt es Hotels im Wadi Musa und nahe Petra Lager nach Beduinenart. Internationale Flughäfen befinden sich in Amman und Akaba. Am besten kommt man im Frühjahr oder im Herbst, weil es im Sommer zu heiß wird.

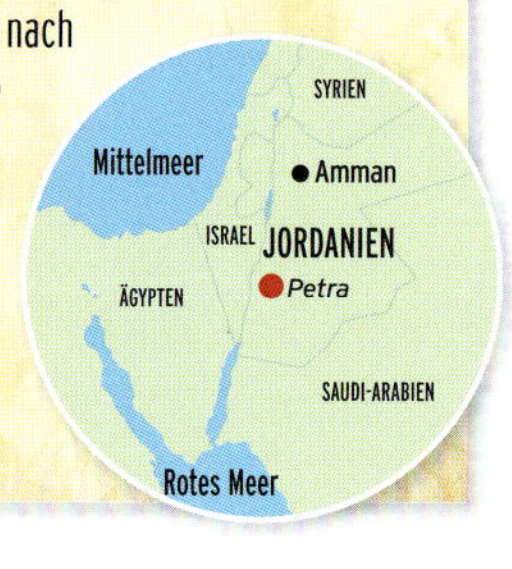

Fensteröffnungen haben und mit Säulen, Giebeln und Architraven geschmückt sind. Drinnen künden kühle, weitläufige, dunkle Räume von der Vergangenheit. Viele sind Grabmäler, denen man später beschreibende Namen gab: Urnengrab, Korinthisches Grab, Palastgrab. Hier ruhten einst die Gebeine der Menschen, die die Stadt mit Leben erfüllten.

> „Auf leidgefurchter Stirn der Jugend Farb, vor zwei Jahrtausenden schon alt genannt! Find mir solch ein Wunder außer im Orient, die rosenrote Stadt – halb so alt wie die Zeit!"
>
> JOHN WILLIAM BURGON
> *PETRA* (1845)

Eine zufällige Entdeckung

Abgesehen von wenigen Erwähnungen bei Autoren des klassischen Altertums wie Strabon oder Plinius d. Ä. gibt es praktisch keine historischen Aufzeichnungen über das alte Petra. Der überlieferte griechische Name bedeutet einfach „Fels". Jahrhundertelang war Petra nur den Beduinen bekannt, die ihre Ziegen hier weiden ließen. 1812 fand dann der 27-jährige Schweizer Entdecker Jean Louis Burckhardt die Stadt eher zufällig.

Der als muslimischer Kaufmann getarnte Burckhardt erkundete Anfang des 19. Jh. die arabische Welt im Auftrag der Londoner *African Association*. Nahe dem Toten Meer hörte er Gerüchte von vergessenen Ruinen und überredete einen Ortskundigen, ihn zu führen. Er gab vor, am Altar Aarons, des Bruders Mose, dessen angebliches Grabmal auf dem nahen Dschabal Harun (Aaronsberg) liegt, eine Ziege opfern zu wollen. Auf dem Weg dorthin gelangte Burckhardt am 22. August 1812 durch den Siq nach Petra.

Die Entdeckung einer antiken Stadt war ein bedeutsames Ereignis und Burckhardt vermutete, dass es sich um Petra handeln könnte. Allerdings musste er seine Begeisterung verbergen, da er als Araber verkleidet reiste, und sich nicht durch ein Interesse für vorislamische Ruinen verraten durfte. Er machte sich heimlich Notizen und zog weiter, um das Opfer am Aaronsgrab darzubringen.

Burckhardt starb 1817 in Kairo, aber seine Berichte lockten diverse unerschrockene europäische Reisende nach Petra. Unter ihnen waren der schottische Landschaftsmaler David Roberts (1839), die Soziologin Harriet Martineau (1846) und der englische Schriftsteller und Maler Edward Lear (1858). Die europäischen Besucher machten Petra berühmt. „Die rosenrote Stadt – halb so alt wie die Zeit!", schrieb der Theologe und Dichter John William Burgon 1845, ohne die Stadt selbst gesehen zu haben. Die Formulierung wurde zu einer festen Redewendung. Edward Lears Koch Giorgis drückte sich prosaischer und seiner Profession entsprechend aus, als er seinen Eindruck der marmorierten und nach Schichten farblich unterschiedenen Felsen von Petra wiedergeben wollte: „Oh Herr, hier sind wir in einer Welt, wo alles aus Schokolade, Schinken, Currypulver und Lachs besteht."

Antike Handelsrouten

Nach und nach wurde die Geschichte Petras rekonstruiert. Der Ort war seit dem 4. Jh. v. Chr. ein Handelszentrum am Schnittpunkt zweier Handelswege: einer Nord-Süd-Route vom Roten Meer nach Damaskus und nach Zentralasien und einer Ost-West-Route vom Mittelmeer zum Persischen Golf und zum Indischen Ozean. Karawanen passierten die Stadt, beladen mit Edelsteinen, Gold, Silber, Baumwolle, Elfenbein, Zucker, Gewürzen, Parfümen, Weihrauch und Myrrhe. Petra hatte auch Anschluss zum Handel auf der Seidenstraße, über die Luxusgüter aus China herangeschafft wurden.

Die Region um das Tote Meer wurde von den Nabatäern beherrscht. Wie zu Wildhütern geläuterte Wilddiebe hatten sich diese Nomaden entschieden, Karawanen nicht mehr zu überfallen, sondern den Händlern bezahlten Schutz zu gewähren. Petra war die nabatäische Hauptstadt, die ihre Bedeutung teilweise dem aus Quellen und Regenfluten zur Verfügung stehenden Wasser verdankte. Das Wasser wurde in unterirdischen Zisternen rund um die Stadt gespeichert. Zudem ermöglichte die Lage in den Bergen, den Zugang zur Stadt gut zu verteidigen.

Arena aus Fels Das Amphitheater wurde einst von den Nabatäern angelegt und bot nur 300 Zuschauern Platz. Die Römer vergrößerten es auf 8000 Plätze.

Aufstrebende Fassade Die Ausmaße des „Schatzhauses" werden von oben deutlich. Vor der kunstvoll mit den Figuren nabatäischer Götter verzierten hellenistischen Fassade erscheinen Besucher winzig.

Im 1. Jh. v. Chr. reichte das nabatäische Königreich im Westen bis zum Mittelmeer und im Norden bis nach Damaskus und Philadelphia (dem heutigen Amman). Aus jener Zeit stammen die prachtvollsten Gebäude in Petra, deren besonderer Stil eine Verbindung griechischer, römischer, ägyptischer und babylonischer Einflüsse zeigt – ein Hinweis auf die weitreichenden Beziehungen der Stadt. Ein überaus eindrucksvolles Bauwerk ist das aus dem Felsen geschlagene antike Amphitheater.

Damals versuchten die Römer, die Herrschaft über die Region zu erlangen. Dafür setzten sie Klientelkönige wie etwa Herodes von Judäa ein. Auch die Nabatäer wurden zu Vasallen Roms. Nach dem Tod König Rabels II. im Jahr 106 wurde das Gebiet der Nabatäer zu einer römischen Provinz. Petra bekam das Aussehen einer römischen Stadt mit einem Forum und einer mit Kolonnaden eingefassten Hauptstraße, die zum zentralen sakralen Bereich führte.

Die einzigen Hinweise auf Wohnbauten sind die Abdrücke der Fundamente im Talboden, doch man schätzt, dass in Petra einst 20 000–30 000 Menschen lebten. Die Stadt blühte danach noch etwa ein weiteres Jahrhundert, aber als die Römer eine neue gepflasterte Straße von Tyros zum Golf über das 400 km weiter nördlich gelegene Palmyra bauten, ging der Handel in Petra zurück. 363 zerstörte ein starkes Erdbeben große Teile der Stadt, doch existierte sie noch bis zur christlichen Ära des Römischen und später des Byzantinischen Reiches. In Petra finden sich die Reste einer großen byzantinischen Kirche aus dem 5. oder 6. Jh. mit einem 70 m² großen Bodenmosaik, auf dem Tiere und personifizierte menschliche Tugenden dargestellt sind.

Kreuzfahrer und Beduinen

Nach dem 7. Jh. scheint Petra eine isolierte christliche Gemeinde inmitten einer muslimischen Umgebung gewesen zu sein. Während des Ersten Kreuzzugs wurde der Ort um 1100 von Balduin, einem Führer der Kreuzfahrer, der den Titel König von Jerusalem annahm, mit Beschlag belegt. Die Kreuzfahrer nutzten Petra, das sie „Tal des Moses" nannten, als Stützpunkt. Nach den Kreuzzügen wurde Petra dann endgültig verlassen – bis schließlich die Beduinen kamen.

Das Gebäude, das die Besucher am Ende des Siq begrüßt, wurde von ihnen als Khazne al-Firaun, „Schatzhaus des Pharao", bezeichnet. Der Pharao soll einen Teil seiner Goldschätze in der Steinurne auf dem Giebel versteckt haben. Der Tempel im Sakralbezirk ist als Qasr Bint Firaun, „Palast der Pharaonentochter" bekannt. In Wirklichkeit war das Schatzhaus wahrscheinlich ein Königsgrab, vielleicht das des nabatäischen Königs Aretas IV. Der Palast der Pharaonentochter war wohl ein dem nabatäischen Gott Duschara geweihter Tempel.

Doch nicht alle Gebäudenamen sind der Fantasie entsprungen. Das größte der Felsgebäude liegt ungefähr 1 km von Petra entfernt in den Hügeln und wird Ad-Deir („Kloster") genannt – eine Erinnerung daran, dass Christen es tatsächlich als solches genutzt hatten. Auch dieses Gebäude wurde aber von den Nabatäern erbaut und diente ursprünglich wohl als Königsgrab oder Tempel.

Aus der Zeit gefallen

Heute ist Petra wahrlich keine vergessene Stadt mehr, sondern eine touristische Stätte von Weltrang, die täglich von zahlreichen Menschen besucht wird. Das Schatzhaus diente sogar als Kulisse in mehreren Filmen und erlangte 1989 internationalen Ruhm als ein wichtiger Schauplatz von *Indiana Jones und der letzte Kreuzzug*. Aber Petras einmalige Lage erschwert noch immer den Zugang zur Stadt; Besucher müssen viele Strapazen auf sich nehmen, um die Ruinen zu erreichen. Die schwierige Anreise und der dramatische Weg durch den Siq lässt den Ort völlig entrückt von der modernen Welt erscheinen.

Die Konkurrenten

ANTIKE HANDELSSTÄDTE

■ **Samarkand** in Usbekistan war eine wichtige Station an der Seidenstraße. Der Registan-Platz wird von prachtvoll mit Bogen, Kuppeln und Minaretten geschmückten Medresen (islamischen Schulen) des 15.–17. Jh. gesäumt. In der Stadt befindet sich das Grab des mächtigen Eroberers Timur (Tamerlan).

■ Westlich von Samarkand, ebenfalls in Usbekistan, liegt **Xiva** (Chiwa) an einer nach Russland führenden Verzweigung der Seidenstraße. Hinter den zinnenbewehrten Wällen befindet sich die Altstadt mit der Festung

Samarkand

Kunya Ark und der Juma-Moschee, deren Säulenhalle 212 kunstvolle Säulen besitzt.

■ **Timbuktu** in Mali war das Ziel von Entdeckern, die nach einer sagenhaften Stadt suchten, deren Dächer mit Gold gedeckt sein sollten. Die Oasenstadt lag an einer Handelsroute durch die Sahara. Als der französische Entdecker René Caillié Timbuktu 1827 erreichte, war dessen Blütezeit schon vorbei.

■ Die Wikinger trieben Handel auf der Düna und dem Dnjepr, welche die Ostsee mit dem Schwarzen Meer und damit dem Mittelmeerraum verbinden. Die lettische Hauptstadt **Riga** lag am Ausgangspunkt dieses Handelswegs. Die reiche Stadt gehörte der Hanse an.

DAS SPEKTAKULÄRSTE HÖHLENSYSTEM

PHONG-NHA-HÖHLEN

Tief unter den dichten immergrünen Regenwäldern im Norden Vietnams hat ein Fluss dieses Labyrinth aus riesigen Kammern und kilometerlangen Gängen in den Kalkstein gegraben.

Höhlenforscher und -fans jeglicher Art halten die Phong Nha schon seit Langem für die ultimative Sehenswürdigkeit unter der Erde: Das wohl großartigste Höhlensystem der Welt begeistert alle, die sich gern durch beängstigend enge Gänge quetschen, um herrliche natürliche Hallen und andere bezaubernde Formationen zu sehen.

Künstliches Licht verleiht den Felsformationen im öffentlich zugänglichen Teil (fast 1,6 km) einen magisch-psychedelischen Anstrich. Über den Fluss Son gelangen Besucher mit dem Boot hinein. Drinnen befinden sich ein unterirdischer See, mehrere breite Strände mit feinem Sand und ungewöhnliche Formationen aus Stalaktiten und Stalakmiten, die oft nach ihrem jeweiligen Erscheinungsbild

GEOGRAFISCHE LAGE

Zwischen Laos im Westen und der Küste des nördlichen Vietnam im Osten liegen die Phong-Nha-Höhlen und ihre Nachbargrotten in der Provinz Quang Binh – rund 500 km südlich der Hauptstadt Hanoi, 260 km nördlich der Hafenstadt Da Nang und 45 km außerhalb des Fischerorts Dong Hoi.

Unterirdischer Wasserweg Ins Phong-Nha-Höhlensystem gelangt man ausschließlich in Booten, die flussabwärts am nahe gelegenen Dorf Son Trach starten.

benannt sind, z. B. nach Löwen, Buddha oder Engeln. Die außergewöhnliche Formation „Königshof" erinnert an einen sitzenden König nebst Hofstaat und Elefanten, die den Thron beiderseits flankieren.

Und das ist nur der Eingangsbereich der Phong Nha: Weit entfernt vom Trubel der öffentlich zugänglichen Zone verläuft das über 8 km lange Hauptsystem in kompletter Dunkelheit. Seine 14 gewaltigen Kammern sind durch einen unterirdischen Fluss miteinander verbunden. In diesem Revier für professionelle Höhlenforscher zweigen zahllose reizvolle Nebengänge und rätselhafte Grotten mit teilweise bis zu 40 m hohen Decken in alle Richtungen ab.

Eine uralte Landschaft

Die Höhlen liegen in den dichten Wäldern des vietnamesischen Nationalparks Phong Nha-Ke Bang. Zusammen mit dem Schutzgebiet Hin Namno im benachbarten Laos umfasst dieser das größte und älteste Karstgebiet Asiens. Der hiesige Kalk-, Schiefer- und Sandstein ist uralt, die älteste Schicht entstand vor 400 Mio. Jahren. Wie in allen Karstlandschaften hat das Wasser auch hier den Kalkstein aufgelöst und erodieren lassen. So sind viele Höhlen entstanden – allein auf vietnamesischem Boden über 300. Vietnamesische Forscherteams haben bislang mehr als 20 davon kartografiert. Seit 1991 erkunden zudem Mitglieder der British Cave Research Association einige der größten Höhlensysteme des Nationalparks.

Der Name Phong Nha („Höhle der Zähne") basiert auf einstigen Stalaktitenformationen in Eingangsnähe, die aber während des Vietnamkriegs bei Angriffen der US-Armee zerstört wurden. Der Vietcong nutzte die Höhle als Magazin und Lazarett. Vom Krieg zeugen hier überall wassergefüllte Bombentrichter, die den Einheimischen mittlerweile als Fischteiche dienen. Die Phong Nha wurde aber schon weitaus früher genutzt: Im 9. und 10. Jh. richteten die Cham aus dem Osten des uralten Königreichs Champa (heute Süd- und Zentralvietnam) einige Schreine im Inneren ein; Überreste der Altäre sind dort immer noch zu sehen.

Begrenzter Zugang

Die eigentliche Höhle ist knapp 8 km lang, doch insgesamt sind 44 km an Gängen und Kammern bekannt. Der Fluss Son strömt in das Höhlensystem hinein, führt unter dem Namen Nam Aki hindurch und tritt 20 km weiter südlich wieder zutage. Damit zählt er zu den längsten unterirdischen Flüssen der Welt. Der breite, niedrige Höhleneingang liegt an der Basis steiler grauer Kalksteinfelsen. Gleich dahinter stellt der Bootsführer den Motor des Besucherboots ab, rudert weiter hinein und lässt die Passagiere an einem unterirdischen Strand aussteigen. Von dort kann die Höhle zu Fuß erkundet werden.

Der Raum mit den Cham-Figuren ist seit den 1990er-Jahren als Bi-Ky-Grotte bekannt und die größte Kammer, die man vor Ort besichtigen kann. Die Formationen unter der fast 30 m hohen Decke sind jedoch vom Rauch der Feuer geschwärzt, die der Vietcong hier während der Nutzung als Lazarett entzündete.

Lichteffekte Scheinwerfer setzen viele der spektakulären Felsformationen einzeln in Szene.

Die Kammern, die besichtigt werden dürfen, sowie ein paar entlegenere Tunnel wurden erst in den 1990er-Jahren wissenschaftlich erforscht und kartografiert. Ihre Größe und Pracht lösten aber schon weitaus früher Begeisterung aus: Der bislang älteste schriftliche Hinweis stammt von Duong Van Nga, einem Minister der Mac-Dynastie, der die Höhle 1550 in seinen geografischen und historischen Notizen zur Region erwähnte. Im späten 19. Jh. schrieb der katholische Priester Léopold Michel Cadière aus Frankreich viel über Vietnam und bezeichnete die Phong Nha als „Indochinas Höhle Nummer eins".

Örtliche Konkurrenz

Ein Stück oberhalb der Flusshöhle Phong Nha liegt die ältere Tien-Son-Trockenhöhle am Berghang. Sie wurde 1935 von einem Feuerholzsucher entdeckt und ist heute nach einer anstrengenden Klettertour über 600 Stufen erreichbar, die nahe dem Phong-Nha-Eingang beginnen. Rund 400 m vor dem Eingang der Tien Son gähnt ein 10 m tiefes Loch, das eine

mögliche Gefahr darstellt. Da die Tropfsteine hier angeblich märchenhafte Visionen auslösen, wird Tien Son oft auch Feenhöhle genannt. Ein Stalaktit trägt den Spitznamen „Schiefer Turm von Pisa"; an der Decke darüber glitzern Gesteinsadern in funkelnden Gold- und Silbernuancen. Bei Berührung mit der Hand sollen manche der Formationen ertönen bzw. „klingen". Dank Laufstegen und Lampen in einigen Höhlenteilen lassen sich die vielen Attraktionen besser bewundern als die in der Phong Nha.

Unter Experten gilt aber: „Wer nur eine einzige Höhle im Leben besichtigen kann, sollte sich die Phong Nha anschauen."

Weitere Superlative

Dennoch sorgt inzwischen eine Reihe von Neuentdeckungen im Nationalpark dafür, dass die Spitzenposition Phong Nhas gefährdet ist – allen voran die Paradieshöhle (Thien Duong), die 2005 von einem Team unter britischer Leitung entdeckt wurde und ca. 15 km von der Phong Nha entfernt liegt. Als längste Trockenhöhle Asiens (mindestens 31 km) beherbergt sie außergewöhnlich schöne Stalaktiten und Stalagmiten, z. B. Orgelpfeifen und mächtige Säulen, die aus Glas zu bestehen scheinen. Andere Formationen ähneln Tigern, Elefanten und Fischen oder den vietnamesischen Gottheiten des Glücks, des Schicksals und des langen Lebens. Ein Eingangsbogen soll der Berggeist sein, der die Höhle bewacht. Teile von Thien Duong sind öffentlich zugänglich; mit 20–21 °C ist es hier immer recht kühl.

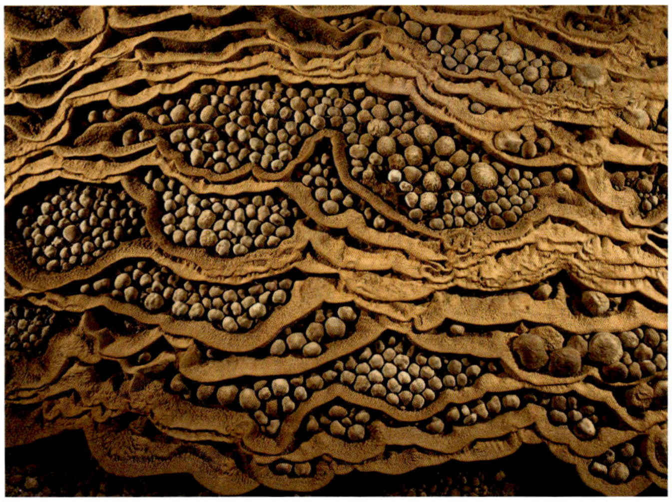

Perlen aus Stein Höhlenperlen werden selten größer als Murmeln, haben in der Hang Son Doong aber teilweise Grapefruitformat.

Uralte Formationen Viele Höhlen im Nationalpark Phong Nha-Ke Bang wurden im Lauf von Jahrmillionen vom Fluss Chay gegraben.

Dasselbe Forscherteam erkundete auch die Bergflusshöhle (Hang Son Doong). Sie war von Ho Khanh entdeckt worden, einem einheimischen Jäger, der sich dort als Jugendlicher während der Luftangriffe im Vietnamkrieg versteckt hatte. Khanh hatte die genaue Lage der Höhle vergessen und begleitete die Forscher bei der Suche im dichten, fast undurchdringlichen Bambuswald. Insgesamt waren drei Expeditionen und ein sechsstündiger Treck ab der nächstgelegenen Straße nötig, um die Hang Son Doong zu finden.

Drinnen stieß das Team auf die bislang größte unterirdische Einzelkammer der Welt – über 4 km lang, 180 m hoch und bis zu 200 m breit. Diese gewaltige Grotte könnte einen ganzen Block von 40-stöckigen Wolkenkratzern aufnehmen und würde darüber noch genug Platz für die Wolken bieten.

Die Hang Son Doong beherbergt riesige Höhlenperlen, eine extrem seltene Form von Höhlenmineralien, die aus kalkhaltigen Wassertropfen entstehen. Durch zwei Einsturzlöcher im Dach wuchert der Dschungel in die Höhle hinein und bildet dort Haine wie in Arthur Conan Doyles Roman *Die vergessene Welt*. Die Vegetation innen gleicht der des umgebenden Waldes. Die Expeditionsteilnehmer tauften diese Haine scherzhaft „Garten Edamer" und „Vorsicht Dinosaurier". Zudem gibt es vom Wasser geformte Steinterrassen mit Algenteppichen, große phallusförmige Stalagmiten und donnernde Wasserfälle, bei denen das Wasser wie aus einem Hahn lossprudelt und wieder versiegt. Schließlich wäre da auch noch ein 60 m hoher Tropfsteinüberhang, der einem versteinerten Wasserfall ähnelt und „Große Mauer Vietnams" heißt.

Für neue Rekorde sorgen aber nicht nur die Hang Son Doong und die Thien Duong: Eine weitere riesige Grotte der Region ist z. B. die Hang Khe Ry, eine der längsten Flusshöhlen der Erde (fast 19 km). Die 15 km lange Vom-Höhle gehört zum Phong-Nha-System und beherbergt mit dem sogenannten Tang-Abgrund die tiefste Kluft Vietnams. In der Hang-Hen-Höhle verbirgt sich eine 140 m breite und 100 m hohe Passage.

Zusammen mit der Hanoi University of Science wird das britische Team die Erkundung fortsetzen – im Nationalpark Phong Nha-Ke Bang warten noch viele weitere Geheimnisse auf Entdeckung. Ein Höhlenforscher sagte: „Wir haben bislang nur an der Oberfläche gekratzt."

Die Konkurrenten

NATÜRLICHE HÖHLEN

■ Die **Eisriesenwelt** ist eine 42 km lange Kalksteinhöhle im Inneren des Hochkogels und befindet sich 50 km südlich von Salzburg (Österreich). Der erste Kilometer des Gangsystems ist vereist und macht es zur weltgrößten Eishöhle. Immer wieder sickert Schmelzwasser hinein und gefriert zu vielen verschiedenen Formationen – darunter die 25 m hohe Große Eismauer, die Hymir-Halle, der Eispalast und der kuppelförmige Frigga-Schleier. Durch einen Kamineffekt bleibt das Eis ganzjährig erhalten: Im Winter dringt Kaltluft in die Höhle ein und lässt das Sickerwasser gefrieren, im Sommer verläuft der Luftstrom aus der Höhle hinaus, was für dauerhaft niedrige Temperaturen sorgt.

■ Am Ende einer 4 km langen Schlucht verschwindet der Fluss Reka (Slowenien) durch eine 165 m tiefe Schwinde namens Velika Dolina (Großes Tal) auf spektakuläre Art in den Höhlen von **Škocjan** (St. Kanzian). Dann durchströmt sie einen der tiefsten unterirdischen Gräben der Welt – einen wahren Grand Canyon – und außerdem mehrere riesige Kammern, zu denen eine riesige Grotte gehört, die Martellhalle. Bei Monfalcone nahe der Adriaküste tritt die Reka schließlich nach 34 km wieder zutage.

Eisriesenwelt

■ Die tiefste bekannte Höhle der Welt ist die **Krubera-Voronya** („Krähenhöhle") in der umstrittenen Region Abchasien an der östlichen Schwarzmeerküste. Vom Eingang aus sind ukrainische Höhlenforscher hier bislang auf 2191 m abgestiegen. In einer Tiefe von 1980 m entdeckten sie vier bis dahin noch unbekannte Arten der winzigen Springschwänze – es gibt keine wirbellosen Tiere, die tiefer unter der Erde leben als diese kleinen Sechsfüßer.

■ Mit rund 640 km bildet die **Mammoth Cave** im US-Bundesstaat Kentucky das längste bekannte Höhlensystem der Welt. Da jedes Jahr neue Gänge und Kammern entdeckt werden, steigt die Kilometerzahl stetig. In dem System leben Fledermäuse, augenlose Garnelen, zwei blinde Fischarten, komplett weiße Krebse, gefleckte Höhlensalamander und Höhlenschrecken mit außergewöhnlich langen Fühlern. Der Name „Mammuthöhle" bezieht sich auf die enorme Größe des Labyrinths und hat nichts mit den Urzeitelefanten zu tun: Überreste wurden hier nie gefunden.

■ Bis zur Entdeckung der Hang Son Doong war die malaysische Hirschhöhle im Nationalpark Gunung Mulu (Sarawak) die größte bekannte Grotte der Welt. Die **Sarawak-Kammer** der Nasib Bagus („Glückshöhle") nebenan konkurriert mit der Hang Son Doong darum, die weitläufigste Einzelkammer zu sein: Acht Jumbojets würden bequem hintereinander hineinpassen.

BACKWATERS IN KERALA

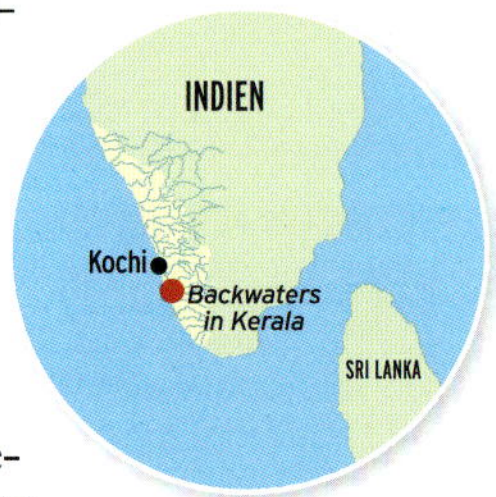

Die stillen Wasserwege rund um Alappuzha liegen südlich von Kochi im indischen Bundesstaat Kerala und sind typisch für das Gebiet. Ein großes, verzweigtes Fluss- und Kanalnetz (900 km) verbindet hier Seen und Lagunen. Es dient einigen blühenden Gemeinden als Transportweg, insbesondere für Gewürze und Reis, und ist zudem die einzige Zugangsmöglichkeit zu entlegenen Ecken des Küstenstaats. Die Backwaters gelten als tropischer Garten Eden: Zwischen Enten schippert man durch schmale Kanäle, über die sich Palmen voller Papageien neigen und dabei grüne Tunnel bilden. Hölzerne Frachtkähne wurden zu Hausbooten umgebaut, die neben ramponierten Wasserbussen durch die Fluten pflügen. Die Wasserbusse wiederum bringen Händler und deren Waren zu einsamen Dörfern und Kinder zur Schule.

DIE PERFEKTE WASSERSTRASSE?

Was macht eine natürliche oder künstliche Wasserstraße besonders attraktiv? Tanzende Lichtreflexionen, eine friedvolle Landschaft und naturnahe Ufer? Oder sind es uralte Traditionen, gepflegt von Gemeinden, die wie an Keralas Backwaters oder am Rideau Canal in Ontario auf Verbindungskanäle zwischen Seen und Lagunen angewiesen sind? Oder sind es gar die klug

konzipierten Kanäle an sich, deren älteste bekannte Beispiele einst im alten Ägypten entstanden? Durch die Erfindung der Schleuse konnten Kanäle auch hügeliges Terrain queren. Schon vor Jahrhunderten wurden Kammerschleusen mit Sperrtoren an beiden Enden angelegt. Der französische Canal du Midi, eröffnet im Jahr 1681, überwand steile Anstiege im Gelände erstmals mithilfe mehrstufiger Schleusen. Damit lieferte er die Grundlage für den verstärkten Kanalbau zu Beginn der Industriellen Revolution.

DIE BRITISCHEN KANÄLE

Die fünfstufige Schleusentreppe bei Bingley in Yorkshire wurde 1774 am Leeds and Liverpool Canal eröffnet, dem mit 204 km längsten Kanal Großbritanniens. Insgesamt bringt es das britische Kanalnetz auf eine Gesamtlänge von über 3540 km. Die Kanäle waren als Haupttransportwege des frühen Industriezeitalters einst stark befahren. Bahnstrecken und Straßen ließen sie ihre Bedeutung später weitgehend verlieren. Inzwischen hat aber eine engagierte Kampagne dazu geführt, dass die Kanäle restauriert wurden und damit auch ihre vielen alten Schleusentore und Aquädukte. Ein paar traditionell bemalte Narrowboats (Schmalboote) haben ebenfalls überlebt. Sie dienen heute vor allem dem Vergnügen – bei nur 6 km/h lässt sich von ihnen aus die Natur entlang der Kanalufer in aller Ruhe genießen.

DAS SCHÖNSTE BERGTAL

POKHARATAL

Das herrliche Himalayatal mit traditionellen Dörfern und einem idyllischen See liegt vor der dramatischen Gipfelkulisse des Annapurna-Massivs. Nichts auf der Welt kommt dem sagenhaften Shangri-La näher.

Auf keiner meiner Himalayareisen habe ich eine schönere Landschaft gesehen." Dies schrieb der erste Fremde, der 1899 ins Pokharatal kam – und auch heute würde ihm wohl kaum ein Besucher widersprechen. Kein anderes Himalayatal erfreut sich einer atemberaubenderen Kulisse: Glitzernde Gletscher und verschneite Berge säumen den nördlichen Horizont auf einer Länge von 140 km. Darüber thronen drei der höchsten Gipfel der Welt: Der Dhaulagiri im Westen, der Manaslu im Osten und die Annapurna I im zentralen Massiv. Letztere liegt dem Tal am nächsten und war der erste Achttausender, der bestiegen wurde. Am spektakulärsten wirkt aber der Pokhara-Hausberg Machapuchare („Fischschwanz"). Dessen fast 7000 m hoher Doppelgipfel ist tabu, da er für die Einheimischen heilig ist. Der bisher einzige Aufstieg erfolgte 1957 durch eine britische Expedition, die vereinbarungsgemäß 50 m vor dem Gipfel umkehrte.

GEOGRAFISCHE LAGE

Das Pokharatal liegt ungefähr 200 km westlich von Nepals Hauptstadt Kathmandu, von wo Inlandsflüge zum Flughafen Pokhara starten. Zwischen beiden Städten pendeln auch Busse. Allerdings wurden Teile der Strecke bei dem Erdbeben 2015 schwer beschädigt und werden noch immer ausgebessert.

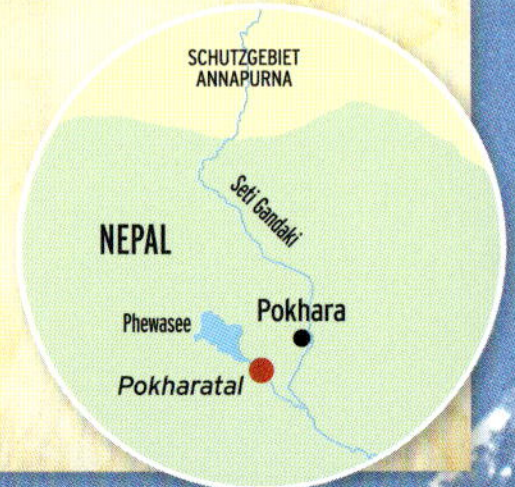

Wer zur vom Wind geformten Eiskappe des Machapuchare hinaufschaut, begreift schnell, warum diese als Wohnsitz der Götter gilt. In der üppig grünen Tallandschaft darunter schaffen die schützenden Berge ein angenehm mildes Subtropenklima. Weihnachtssterne blühen zwischen Zitrus- oder Bananenplantagen, während uralte Bodhi- und Banyanbäume Schatten spenden. Die Gewitterwolken des Sommermonsuns trüben die Aussicht und sorgen für Sturzbäche, die das Land für die nächste Ernte sauberwaschen. Gegen den wieder blauen Oktoberhimmel ragt der Himalaya dann in neuem Glanz über dem Tal empor.

Das Pokharatal ist das Ergebnis gebirgsbildender und glazialer Prozesse, durch die große Gesteinsschuttmassen von den Hängen des Annapurna-Massivs bergab bewegt wurden. Fels- und Geröllmassen blockierten Flüsse, die dann das Land am Fuß der Berge überschwemmten. Davon zeugt heute nur noch der Phewasee, der aufgrund ständiger Veränderungen der Landschaft stellenweise verlandet. Diese Veränderungen resultieren aus schnell fließenden Flüssen, künstlichen Dämmen und daraus, dass die Gebirgsbildung immer noch weitergeht. Für Wanderer ist Nepals zweitgrößter See

In luftiger Höhe Maultiere überqueren eine Schlucht im Pokharatal. Solche Karawanen übernehmen die Transporte zwischen einsamen Dörfern und werden heute auch auf Trekkingrouten eingesetzt.

ein Segen: Hier kann man wunderbar rasten und den Blick auf die Berge und das Wasser genießen – das „Juwel zwischen den Gipfeln“ reflektiert die Berge dank seiner Lage perfekt. Wenn Windböen die etwa 4 km lange und knapp 1,6 km breite Wasserfläche kräuseln, verschwindet das Spiegelbild für kurze Zeit. Aber dann kehrt die Magie zurück: Schäfchenwolken und verschneite Gipfel schimmern erneut auf der ruhigen Oberfläche. Segel- und Ruderboote gleiten vorbei, während Wäsche auf den Wiesen trocknet und die ockerfarbenen Felsen des Nordufers in der Sonne leuchten.

Am Südufer erstrecken sich Wälder hinunter bis zum Wasser, das von geschwungenen Buchten, Hängen mit Terrassenfeldern und kleinen Dörfern gesäumt wird. Frühmorgens rudern Fischer über den See, dessen Fischreichtum bis zu 43 Wasservogelarten anlockt – darunter Eisvögel, Sandregenpfeifer, Hindublatthühnchen, Silber- und Paddyreiher. Im Sommer kommen Coromandel-Zwergenten hinzu, während bedrohte Baerenten, Höckerglanzgänse und andere Enten- oder Wasserhuhnarten im Schilf nisten.

Am Wochenende besuchen Pilger den Barahi-Inseltempel in der Mitte des Sees. Sie bringen viele Tagetes-Girlanden, lebende Hühner und andere Opfergaben für Ajima mit, die keilerköpfige Inkarnation Shaktis (Göttin, die das Böse zerstört). An Bord der Boote bauschen sich farbenfrohe Saris vor der Gipfelkulisse und auf der Tempelpagode suchen Tauben nach Fressbarem, während heilige Männer meditieren und Weihrauch aus den Schreinen wabert. Die mächtige weiße Friedenspagode auf dem Bergrücken über dem Südufer wirkt wie ein buddhistisches Observatorium. Dieser gewaltige Stupa – in den 1990er-Jahren von japanischen Mönchen errichtet – bietet eine spektakuläre Aussicht auf das Annapurna-Massiv, den Phewasee, die Stadt Pokhara und die umliegenden Dörfer.

> „Auf keiner Himalayareise habe ich eine schönere Landschaft gesehen.“
>
> DER JAPANISCHE MÖNCH, DER DAS POKHARATAL 1899 ALS ERSTER FREMDER BESUCHTE

Die Stadt Pokhara

Bis 1961 war das Rad in Pokhara praktisch unbekannt: Einheimischen zufolge kam es als Teil eines Ochsenkarrens hierher, der aus Kathmandu eingeflogen wurde. Heute sieht man vor Ort kaum Ochsenkarren – dafür aber jede Menge Fahrräder, Motorräder, Autos, Busse und Rikschas. Dennoch ist das Leben zwischen Freiflächen, vier Flüssen und heiligen Kühen auf den Straßen entspannt. Glöckchen kündigen Maultierkarawanen mit Waren aus dem Distrikt Mustang oder Schafherden auf dem Weg zum Markt an.

Die Handelsroute von Indien nach China hat ihre Bedeutung verloren. Europäische und US-amerikanische Rucksacktouristen belebten das Tal in den 1970er-Jahren jedoch neu. Inzwischen kommen zwar mehr Wanderer als Esoteriker nach Pokhara, dennoch hat sich die Stadt den Großteil ihres Charmes erhalten können.

Fruchtbares Land Reisfelder säumen das Ufer des Phewasees, auf dem Fischer reiche Beute machen. Im Hintergrund die Gipfelpyramide des Machapuchare.

Luxushotels stehen hier direkt neben Traditionsbauten mit geschnitzten Fensterrahmen in verziertem orangefarbenem Mauerwerk. Die Stände des belebten Basars verkaufen Körbe, Töpferwaren, Kupfertöpfe, Silberohrringe, Baumwollbekleidung und allerlei Touristenbedarf. Drum herum verteilen sich Tempel, Schreine, ruhige Gärten mit Teestuben und Pensionen, die ein gutes Karma versprechen. Unter den ältesten Tempeln sind die zweistöckige, 200 Jahre alte Bhimsen-Pagode mit ihren erotischen Reliefs und der belebte hinduistische Bindabasini-Hügeltempel aus dem 17. Jh. Außerhalb der Stadt, in der schummrigen Mahadev-Höhle, wird Shiva verehrt. Eine Steinstatue der siebenköpfigen mythologischen Hindu-Kobra bewacht den dortigen Schrein und von oben schießt ein eisiger Wasserfall herab.

Durch die Kraft der Erosion sind Auskolkungen und Höhlen im porösen Gestein des Tales entstanden. Zu den rätselhaftesten dieser Phänomene zählt die Schlucht des Weißen Flusses (Seti Gandaki), der fast unsichtbar durch die Stadt rauscht: Sie ist so tief und schmal, dass man ihren Boden nicht erkennen kann.

Das Leben auf dem Land

Seit wann das Pokharatal besiedelt ist, weiß man nicht. Aber die Geschichte erzählt von den 24 alten Königreichen Nepals: Im 18. Jh. einte der Gurkha-Herrscher Prithvi Narayan Shah das Land. Dabei wurde auch das Pokharatal eingegliedert, behielt aber seine ethnische Identität. Diese äußert sich bis heute in Musik und Tanz (z. B. bei Ernte- oder Familienfesten). Im Tiefland und den nahen Hügeln blieben Nepals Landbewohner als Bauern, Händler, Handwerker oder Pensionsbetreiber ihren Wurzeln treu.

In den Hügeln und auf den Wegen am See erhält man viele Eindrücke vom Landleben. Die Mönche eines tibetischen Flüchtlingsdorfs singen in roten Kutten zu Langhorn- und Trommelklängen. In Ghandruk gibt es statt Straßen ein stufenreiches Labyrinth aus Gassen mit Steinhütten, vor denen Weberinnen arbeiten. Hinzu kommen Blumengärten, Gemüsebeete und Terrassenfelder. Hoch über den Reisfeldern und Papayabäumen blühen im Frühling Rhododendren. Glitzernde Seen und Wasserfälle werden vom Himalaya eingerahmt.

Buddhistische Friedenspagode Drei Wege führen hinauf auf die Pagode, von der sich ein traumhafter Blick auf Pokhara und das Annapurna-Massiv bietet.

Das Dorf Sarangkot auf einem Bergrücken oberhalb der Stadt ist für seine Aussicht berühmt: Auf der einen Seite liegt das Pokharatal mit dem Phewasee, auf der anderen schimmern die Schneefelder und Gletscher von zehn Himalayagipfeln. Kurz nach dem Morgengrauen leuchtet die Bergkette in Rosa- und Goldtönen – mit dem Machapuchare als überragendem Blickfang.

Die Konkurrenten

GEBIRGSTÄLER

■ Einige der höchsten Gipfel der östlichen Pyrenäen rahmen die Blumenwiesen, Seen, Schluchten, Flüsse und Quellen der katalonischen **Cerdanya** an der französisch-spanischen Grenze ein. Skihänge und lange Wanderwege gehören zu den Highlights dieser dünn besiedelten Landschaft mit 3000 Sonnenstunden pro Jahr. Am herrlichsten ist aber die Fahrt mit der Schmalspurbahn Ligne de Cerdagne, die auf 1593 m hinaufschnauft.

■ Das nordindische **Industal** auf ungefähr 3000 m Höhe wirkt zugleich karg und schön: Unter ewigem Gletschereis und Schnee kleben hier Gruppen von Weiden oder Pappeln über kahlen, glitzernden Hängen. Drum herum spiegeln sich dunkle Felsspitzen und weißer Sand in eisblauem Wasser. Im zunehmend wilderen Tal jenseits der Zanskarmündung liegen nur noch ein paar wenige einsame Siedlungen.

■ Nahe Marrakesch in Marokko erstreckt sich das ruhige **Ourikatal** in den Ausläufern des Atlasgebirges. Zwischen blühenden Kirsch- oder Mandelbäumen leuchten hier grüne Oasen und Dörfer aus roten Lehmziegeln hervor. Am Rand von Kräuter- und Rosengärten führen wacklige Brücken über den schnell fließenden Fluss; vor den verschneiten Bergen am Horizont trocknen traditionelle Berber-Tonwaren in der Sonne. Am Ende der Straße führt ein steiler Felspfad zu mehrstufigen Wasserfällen.

■ Im subtropischen **Punakhatal** thront Bhutans faszinierendstes *dzong* (landestypisches Kloster) Glück verheißend am Zusammenfluss zweier Flüsse. Auf den Reisterrassen, Guavenbäumen und Himalayakiefern der Umgebung zirpen Grillen im Chor. In 1250 m Höhe flattern zahllose Schmetterlinge durch ein Meer von wilden Pfirsichblüten über die Wege. Das Wasser ist milchblau, die Luft kristallklar; droben in den Hügeln schaut man auf den Chomolhari, Bhutans zweithöchsten Gipfel.

■ In einem Landschaftsschutzgebiet des schottischen Hochlands führt das steile Tal **Glen Coe** vom Loch Leven hinauf zur weiten Heide des Rannoch Moor. Gräser, Riedgräser, Moose, Farne und Pilze wachsen hier völlig ungestört – ebenso zarte Bergblumen, die im Sommer blühen. Steinadler kreisen über Graten und Gipfeln; Hirsche, Eichhörnchen und Otter teilen sich das *glen* mit seltenen schottischen Wildkatzen. Obwohl noch Immer Geschichten von uralten Clanfehden über dem Tal liegen, stört heute nur das Rauschen von Wasserfällen den Frieden.

DAS ROMANTISCHSTE FLUSSTAL

RHEINTAL

Seine bewegte Geschichte und die Landschaft an seinen Ufern machen den Rhein zu einem der bekanntesten Flüsse der Welt.

Der Rhein entspringt in den Schweizer Alpen und mündet in die Nordsee. Seit langer Zeit fungiert er als wichtiger Transportweg zwischen Süd- und Nordeuropa – für Menschen, Waren und Gedankengut. Das deutsche Rheintal erstreckt sich zwischen dem Bodensee und den Niederlanden. Sein oberer Teil, der Rheingraben, entstand etwa zeitgleich mit den Alpen. Daran schließt sich das Mittelrheintal an; es entstand, als sich der Fluss in das Rheinische Schiefergebirge grub, während sich dieses allmählich hob. Das Ergebnis ist eine Schlucht mit durchschnittlich 130 m hohen steilen Talhängen.

Romantischer Reiz

Der Mittelrhein zwischen Bingen und Bonn wurde durch viele Gemälde und literarische Werke zum Symbol der Rheinromantik. Über den weinseligen Kleinstädten und Dörfern an den Ufern erheben sich Bergsporne mit den Ruinen von Burgen, die einst über den Handel am Fluss wachten. Auf den umliegenden Weinbergen reifen einige der besten Weine Deutschlands. Zu den hiesigen Wahrzeichen gehören die Burgen Katz und Maus sowie die Stadt Oberwesel mit ihrer Stadtmauer und gotischen Kirchen. Zudem befindet sich hier der sagenumwobene Loreleyfelsen – die legendäre Sirene Loreley soll der Grund dafür gewesen sein, dass so viele Schiffe an der engen Flussschlinge untergingen.

Seine Bekanntheit verdankt das Tal teilweise den vielen romantischen Dichtern und Malern, die im frühen 19. Jh. hierher kamen. Einer von ihnen war Lord Byron, der die Burgruinen 1816 als Zeugen einer Zeit, in der Europa statt Diktatur und Zerstörung noch Ritterlichkeit versinnbildlichte, poetisch verklärte. Er beschrieb die Uferbastionen als wundervoll und lobte ihre Schönheit, ihre Pracht und den Ruhm aus alten Tagen.

Imposante Lage Mächtige Burgen wie Burg Katz über der Loreleystadt St. Goarshausen thronen über dem tief eingeschnittenen Mittelrheintal.

GEOGRAFISCHE LAGE

Der Rhein quert den Westen Deutschlands zwischen Bodensee und niederländischer Grenze. In seinem Verlauf nimmt er das Wasser mehrerer bedeutender Nebenflüsse auf. Am reizvollsten anzusehen ist das Engtal des Mittelrheins zwischen den Städten Bingen und Bonn.

Die Konkurrenten

FLUSSTÄLER

■ Als weltweit längstes Flusstal zieht sich das **Niltal** über mehr als 6600 km zwischen dem Victoriasee (Uganda) und dem Mittelmeer. Seine Ränder säumen weitläufige Sümpfe, endlose Wüsten und mehrere uralte Zivilisationen.

■ Das pakistanische **Industal** reicht vom Transhimalaya bis zum Indischen Ozean. Am Indusufer siedelte sich einst eine der frühesten städtischen Zivilisationen an und gründete Großstädte wie Harappa oder Mohenjo-Daro.

■ Der **Jordangraben** ist seit mindestens 10 000 Jahren besiedelt. Heute markiert er die Grenze zwischen Jordanien, Israel und dem palästinensischen Westjordanland. Zu seinen landschaftlichen Glanzpunkten zählen der Jordan, der See Genezareth und das Tote Meer.

Niltal in Oberägypten

DIE GRÖSSTE SALZTONEBENE

SALAR DE UYUNI

Die weite weiße Salztonebene in Bolivien reflektiert am Tag gleißende Helligkeit. Nur in der Regenzeit ist sie mit einer Wasserschicht bedeckt.

Der Salar de Uyuni ist die größte Salzpfanne der Welt. Diese weiße Ebene aus kristallisiertem Salz ist mit 10 580 km² etwa halb so groß wie Hessen. Sie liegt auf 3656 m Höhe und gehört zum Altiplano, dem Hochplateau in den südamerikanischen Anden.

Auf den ersten Blick wirkt der *salar* vollkommen flach. Moderne GPS-Messungen haben jedoch bis zu 40 cm hohe Erhebungen im Salz ermittelt. Letztere liegen über kompakten Felsen, die sich tief unter der Oberfläche verbergen: Das Salz wölbt sich über dem Gestein auf – etwa so wie Wasser, das sich fast unmerklich über einem unterseeischen Berg auftürmt.

Inseln des Lebens

Der *salar* war einst Teil eines riesigen prähistorischen Sees, nach dessen Austrocknen die Salztonebene übrig blieb. In der Regenzeit (Dezember bis April) sind manche Teile bis heute überflutet; an windstillen Tagen bildet das flache Wasser dann einen der weltgrößten natürlichen Spiegel, der den Himmel durch die trockene saubere Luft hindurch reflektiert.

Während der Trockenperiode wirkt der *salar* tot. Aufmerksame Beobachter können jedoch Eidechsen bei der Fliegenjagd zwischen den Salzfurchen erspähen – oder winzige fleischfressende Mäuse mit einer Vorliebe für Eidechsen.

GEOGRAFISCHE LAGE

Der Salar de Uyuni erstreckt sich im Südwesten Boliviens. Die nächstgelegene Siedlung (39 km) und der Hauptzugang, Uyuni, ist mit dem Auto oder Zug erreichbar; hier beginnen Führungen durch die Salzebene. Von Uyuni sind es etwa 460 km bis zur Metropole La Paz mit ihrem internationalen Flughafen.

Die meisten Tiere leben auf einsamen „Inseln“ aus Vulkangestein, die als Oasen für Flora, Fauna und Besucher dienen. Die Inselwälder bestehen aus 12 m hohen Kakteen zwischen verkrüppelten Bäumen und Büschen. Manche größeren Einzelfelsen besitzen eigene tierische Lebensgemeinschaften.

Die Isla Incahuasi (Haus des Inka) besiedeln z. B. mehrere Kleinvogelarten wie Ämmerlinge oder Kolibris. Über die Felsen klettern geschickte Bergviscachas (Hasenmäuse) – chinchillaartige Nager mit langen flauschigen Schwänzen, dichtem Fell und griffig weichen Pfotensohlen. Andenkatzen und -schakale streifen zwischen den Felsen umher; Rotrückenbussarde stoßen herab, um beispielsweise Bergviscachas zu erbeuten, falls diese nicht gerade vor Besuchern geflohen sind.

Salzernte Ein Arbeiter türmt Oberflächensalz zu kleinen Hügeln auf, damit die Feuchtigkeit verdunsten kann.

Regenzeit In den feuchteren Monaten brüten an den Ufern Flamingos, Regenpfeifer und Säbelschnäbler. Umseitig: In der Trockenperiode umgibt eine rissige Salzkruste die Felsinseln des Salar de Uyuni.

Wertvoll, aber gefährlich

Die riesigen Salzvorkommen des Salar de Uyuni werden derzeit maßvoll genutzt. Das Salz gewinnt eine Arbeiterkooperative im kleinen Ort Colchani. Mancherorts bildet es nur eine dünne Kruste über lithiumreicher Sole: Geschätzt liegen mit mehr als 9 Millionen Tonnen hier 70 % des weltweiten Lithiumvorkommens.

Der Ort Uyuni kümmert sich außerdem um eine andere wichtige Ressource: Touristen. Ohne Führer ist der *salar* sehr gefährlich – es gibt nur wenige Orientierungspunkte und im zentralen Bereich kein Süßwasser. Geführte Touren ab Uyuni sind aber inzwischen ein Muss für Bolivienbesucher.

Die Konkurrenten

SALZTONEBENEN

■ Auf den **Bonneville Salt Flats** im Nordwesten des US-amerikanischen Bundesstaats Utah wurden schon viele Geschwindigkeitsrekorde aufgestellt – und auch wieder gebrochen. Bereits 1935 gelang Sir Malcolm Campbell auf dem Bonneville Speedway in seinem *Bluebird* ein erster Rekord für Landfahrzeuge (484,62 km/h). Die Strecke wird jeden Sommer für derartige Rekordversuche präpariert. Die Salzebene entstand nach der letzten Eiszeit, als der riesige, maximal 300 m tiefe Lake Bonneville austrocknete. Im Zentrum blieb dabei eine 1,50 m dicke Salzschicht zurück.

■ Der Boden der **Etosha-Pfanne** in Nord-Namibia liegt den Großteil des Jahres trocken. Die groben Sechseckmuster des ausgedörrten Schlammes sind dann von Salz bedeckt, das teilweise grün schimmert – ein Ergebnis der grün-blauen Algen, die in der Regenzeit im Flachwasser der Pfanne sprießen. Leben ist hier ganzjährig rar; sobald es aber regnet, finden sich Zehntausende Flamingos und Pelikane zum Brüten ein. Die umliegende Savanne bevölkern Tiere wie Elefanten, Zebras, Breitmaulnashörner und Löwen.

Etosha-Nationalpark

■ Den zentralaustralischen **Lake Eyre** umgibt ein großes Geheimnis: Der See – meist ganzjährig eine riesige Salztonpfanne – füllt sich in zehn Jahren maximal ein- oder zweimal mit Wasser. Doch wenn es regnet, verlassen Wasservögel (vor allem Pelikane) die Küste und ziehen Hunderte Kilometer landeinwärts in den ausgedörrten Outback, um am Lake Eyre zu brüten. Woher sie wissen, dass der See Wasser führt und ein üppiges Nahrungsangebot bietet, wird weiterhin erforscht – und bleibt nach wie vor ein Rätsel.

DIE TURMREICHSTE BERGSTADT

SAN GIMIGNANO

Der Blick vom Torre Grossa schweift über eine der besterhaltenen mittelalterlichen Städte der Toskana. Markant und rätselhaft zugleich zeugen San Gimignanos hohe Türme von erbitterten Familienfehden.

San Gimignano wird oft „Manhattan des Mittelalters“ genannt. Dies ist ironisch zu verstehen, denn die Stadt ähnelt Manhattan überhaupt nicht – bis auf die Tatsache, dass ihre 14 Türme von fern durchaus wie kleine Wolkenkratzer wirken. Im Mittelalter hätte die Bezeichnung besser gepasst, als hier noch 72 Türme standen. Die meisten davon wurden seitdem abgerissen, weil man sie als baufällig betrachtete, nicht mehr nutzte oder als missliebige Erinnerung an eine kriegerische Vergangenheit ansah.

Mittelalterliche Skyline San Gimignanos charakteristische Silhouette mit den Geschlechtertürmen ist unverwechselbar: Das mittelalterliche Stadtbild blieb größtenteils erhalten.

Ein wundersamer Ort

San Gimignano wurde im 3. Jh. v. Chr. von den Etruskern gegründet und später von den Römern erweitert. Benannt ist es nach dem heiligen Geminianus, der im 4. Jh. Bischof von Modena war: Dieser soll die Region auf wundersame Weise vor den Hunnen gerettet haben, indem er einen dichten Nebel herbeibetete, der die Stadt verhüllte. Im Mittelalter profitierte San Gimignano stark von seiner Lage an der sogenannten Via Francigena (Straße der Franzosen), einer Wallfahrtsroute zwischen Rom und Canterbury in England, die durch Italien, Frankreich und die Schweiz führte. So machten hier Pilger aus ganz Europa Station, die aus Rom kamen oder dorthin

GEOGRAFISCHE LAGE

San Gimignano liegt in der toskanischen Provinz Siena. Die nächstgelegenen Flughäfen befinden sich in Florenz (37 km weiter nordöstlich) und Pisa (56 km nordwestlich). San Gimignano hat keinen Bahnhof; allerdings gibt es eine Busverbindung zum Bahnhof Poggibonsi (10 km östlich).

wollten. Die Einwohner von San Gimignano stellten Essen und Unterkunft bereit, während diverse kirchliche Organisationen für spirituelle Zuwendung sorgten und sich um die Kranken kümmerten.

Später wurde San Gimignano durch die hier geborene heilige Fina selbst zum Wallfahrtsort: Nachdem eine schwere Lähmung die damals Zehnjährige 1248 niedergestreckt hatte, ließ sie sich schicksalsergeben auf einen Holztisch legen und erwartete ihren Tod. Fina verblieb fünf Jahre in dieser Position – so lange, dass ihr verfallender Körper mit dem Holz verwuchs. Gegen Ende hatte sie eine Vision, in der ihr der Geist Gregors des Großen (Gregor I., Papst 590–604) mitteilte, dass sie am 12. März 1253 sterben werde – was auch tatsächlich geschah.

Nachdem man Finas ausgetrockneten Leichnam von den Tischplanken gelöst hatte, sprossen Levkojen aus dem angefaulten Holz. Die sterblichen Überreste wurden in einer Kapelle der Kathedrale bestattet, die heute eine Stiftskirche, aber immer noch das wichtigste Gotteshaus der Stadt ist. Finas Körper soll dann noch weitere Wunder bewirkt haben. Der florentinische Maler Domenico Ghirlandaio verzierte die Kapellenwände 1479 mit Szenen aus ihrem Leben. Seit 1481 feiert San Gimignano seine Schutzpatronin jedes Jahr am 12. März.

Palast des Bürgermeisters Der Palazzo del Podestà flankiert den Kathedralenplatz. Sein um 1200 erbauter Torre Rognosa zählt zu den ältesten Türmen der Stadt.

Andauernde Machtkämpfe

Während des Übergangs Norditaliens vom Mittelalter zur Renaissance wurden einzelne Groß- und Kleinstädte zunehmend zu Machtzentren. Dabei forderten ihre Einwohner weitgehende Unabhängigkeit von ihren feudalen Herren. 1199 brach San Gimignano mit den Bischöfen von Volterra und erklärte sich zum eigenständigen Stadtstaat unter der Regierung

gewählter Konsuln. Ab 1207 wurde die Stadt schrittweise mit einer Ringmauer befestigt; der Großteil inklusive dreier Stadttore ist bis heute erhalten.

Vor dem Hintergrund mittelalterlichen Wohlstands versahen die führenden Familien der Stadt ihre Paläste mit imposanten Geschlechtertürmen – je höher, desto mächtiger. Sie dienten teils als Verteidigungs- und Aussichtsposten, hauptsächlich aber als Macht- und Prestigesymbole. Das meist sehr schlichte Innere bestand oft nur aus mehreren Stockwerkböden mit Verbindungsleitern. San Gimignano baute nicht allein Richtung Himmel: Auch in anderen italienischen Städten wie Florenz oder Bologna wurden Türme errichtet. Bologna hat heute noch 20, wobei der Torre degli Asinelli mit 97 m fast doppelt so hoch ist wie die höchsten Türme in San Gimignano.

Zu dieser Zeit markierte Norditalien die Grenze zwischen zwei rivalisierenden Machtblöcken: dem Papsttum im Süden und dem deutsch beherrschten Heiligen Römischen Reich im Norden. Zu Letzterem gehörte der Großteil des norditalienischen Gebiets, das sich Karl der Große im 8. Jh. angeeignet hatte. Diese Rivalität in Italien führte zu politischen Spaltungen. Das Heilige Römische Reich repräsentierte alte Werte und Machtstrukturen. Die vom Papst unterstützte Opposition bestand dagegen vor allem aus der aufkommenden Kaufmannsschicht, die für freien Handel und unabhängige Städte warb. Innerhalb Italiens waren die Unterstützer des Heiligen Römischen Reiches als Ghibellinen bekannt, die Papsttreuen als Guelfen. Diese Namen basieren angeblich auf zwei mächtigen deutschen Familien, die durch ähnliche Loyalitätspflichten zu Gegnern wurden: Waiblingen war eine Burg der Staufer, von denen eine Kaiserdynastie des Heiligen Römischen Reiches abstammte. Die rivalisierenden Welfen waren bayerische Herzöge.

Schatzkammer der Renaissance Das Äußere der Kirche St. Augustin täuscht: Innen befinden sich Renaissance-Juwelen wie Fresken von Benozzo Gozzoli.

Etwa 300 Jahre lang litt Norditalien unter dem Konflikt zwischen Ghibellinen und Guelfen. Ab 1289 kam es bei den Guelfen auch zu internen Fehden, als der Papst versuchte, unabhängige Groß- und Kleinstädte in den Kirchenstaat einzugliedern. San Gimignano selbst war mit den Familien Ardinghelli (Guelfen) und Salvucci (Ghibellinen) in zwei tief verfeindete Lager gespalten. Beide Familien errichteten Türme als Verteidigungsbastionen und Fluchtburgen vor den Gewaltausbrüchen auf den Straßen.

Acht Jahre vor dem Verfassen seiner *Göttlichen Komödie* kam Dante Alighieri 1300 als Parlamentär der Guelfen nach San Gimignano. An diesen Besuch von Italiens größ-

Regionale Kulisse Die Stiftskirche beherbergt einen Freskenzyklus Bartolo di Fredis aus dem 14. Jh. Dazu gehört die alttestamentarische Szene *Trennung Abrahams von Lot* mit toskanisch anmutendem Hintergrund.

tem Renaissancedichter erinnert bis heute die Sala di Dante, ein Raum im Palazzo Comunale (Rathaus).

Pilger und Touristen

Im Jahr 1348 brachte ein durchreisender Pilger den Schwarzen Tod nach San Gimignano. Wie überall sonst in Europa löste die Pest auch hier durch die drastische Dezimierung der Bevölkerung eine wirtschaftliche und gesellschaftliche Krise aus. So musste sich die Stadt 1353 mit Florenz verbünden und konnte sich nie wieder ganz erholen; Türme wurden nicht mehr gebaut. Auf dem Höhepunkt der Renaissance erlebte San Gimignano aber im 15. Jh. eine letzte Blütezeit und konnte seine Kirchen von führenden Künstlern aus Florenz (u. a. Benozzo Gozzoli, Ghirlandaio, Piero del Pollaiuolo) verzieren lassen.

Ab dem 15. Jh. schlummerte es mehrere Jahrhunderte lang sanft als Marktstadt vor sich hin. Bereits 1580 waren bis auf 25 alle Türme abgerissen worden. Ansonsten wirkte sich der Modernisierungsdruck aber kaum auf das Stadtbild aus. Das erhaltene historische Erbe ist heute der Motor des Tourismus.

So strömen Besucher hierher, um die Renaissance-Kunst in den Kirchen und im Stadtmuseum des Rathauses zu besichtigen. Vor allem aber möchten sie den Charme der mittelalterlichen Straßen und Plätze auf dem Berg auf sich wirken lassen, die man vom Torre Grossa aus in ihrer Gesamtheit bewundern kann.

Die Hotels und Restaurants quetschen sich zwischen Läden, die Andenken und heimische Produkte verkaufen. Letztere sind z. B. *mandorlato* (Mandelkuchen) und eine Weißweinsorte namens Vernaccia di San Gimignano, die seit der Renaissance sehr geschätzt wird. Wer San Gimignano für überlaufen hält, sollte daran denken, dass vor allem der Tourismus den Bau der Stadt ermöglichte – damals, als Besucher noch Pilger genannt wurden.

Beliebter Aussichtspunkt Der Torre Grossa (54 m) des Rathauses ist San Gimignanos höchster Turm. Daneben steht die Stiftskirche am Kathedralenplatz.

Die Konkurrenten

HISTORISCHE BERGSTÄDTE

■ Die antike Stadt **Ohrid** (Republik Nordmazedonien) liegt im Südwesten des Landes direkt am gleichnamigen Ohridsee. Die multiethnische Bevölkerung und die vielen Kirchen, Klöster und Moscheen spiegeln die spannende Geschichte der Stadt wider.

■ Landeinwärts von Cádiz klebt **Arcos de la Frontera** am Rand einer Steilwand über dem Tal des Rio Guadalete. Benannt ist der Ort nach seiner Lage an der christlich-maurischen Grenze im südlichen Spanien des 13. Jh. Die gotische Steinkirche Santa María de la Asunción und die ursprünglich maurische Burg heben sich stark von den dicht gedrängten weißen Nachbarhäusern ab.

■ In Südfrankreich sind spektakulär gelegene Bergdörfer als *villages perchés* (wörtlich: „schwebende Dörfer") bekannt. Eines der berühmtesten ist **Gordes** östlich von Avignon (Département Vaucluse): Vorbei an honigfarbenen Steinhäusern winden sich Kopfsteinpflasterstraßen hinauf zur Burg aus dem 16. Jh.

Arcos de la Frontera

■ Ein weiteres berühmtes *village perché* ist **Éze** auf einer hohen kegelförmigen Klippe zwischen Nizza und Monaco (Côte d'Azur). Vor langer Zeit diente das südfranzösische Dorf mit herrlichem Meerblick als Zufluchtsort und Beobachtungsposten. Heutige Hauptattraktion ist sein dichtes Treppen- und Gassengewirr, das teilweise von Bougainvilleen und Zypressen gesäumt wird.

■ **Ragusa** im südlichen Sizilien thront auf einem Kalksteinberg, der beiderseits von einem tiefen Tal begrenzt wird. Als älterer der beiden Stadtteile wurde Ragusa Ibla den Sikulern im Jahr 258 v. Chr. von den Griechen und Römern entrissen. Zerstörungen durch ein Erdbeben (1693) führten jenseits der Schlucht zum Bau der Oberstadt, die über Verbindungsbrücken erreichbar ist. Beide Teile haben kunstvolle Barockkirchen.

DAS STIMMUNGSVOLLSTE STADTVIERTEL

SAN TELMO

Durch dieses wunderschöne Viertel von Buenos Aires schallen berauschende Tangorhythmen. Die verblasste Pracht kolonialzeitlicher Architektur bildet hier die perfekte Kulisse für eine blühende moderne Kunstszene.

Buenos Aires ist wegen der bunten Mischung seiner aus Übersee zugewanderten Einwohner von Gegensätzen geprägt. Das Viertel San Telmo bündelt die zahllosen Facetten, die das kulturelle Erbe der Hauptstadt ausmachen. Kein anderer *barrio* verkörpert Geschichte und Charakter der Metropole so stark: Direkt nebeneinander finden sich spanische Kolonialbauten, klassische Häuser im französischen Stil und italienisch anmutende Architekturelemente. San Telmo ist eines der ältesten Viertel von Buenos Aires; seine Villen stammen aus dem 17. Jh. Deren einstige Pracht ist inzwischen dem schäbigen Schick gewichen, der den *barrio* charakterisiert.

Die Geburt des Tangos

Im Jahr 1871 verließen San Telmos Aristokratenfamilien das Viertel wegen einer Gelbfieberepidemie. Ihre prächtigen Häuser wurden in Zimmer unterteilt, um Wohnraum für die vielen neuen Einwanderer zu schaffen. In den Innenhöfen dieser *conventillos* (Mietshäuser) entstand der Tango: In ihm vermischten sich musikalische Elemente aus unterschiedlichen Ursprungsländern und Texte über das harte Leben der Arbeiterklasse.

GEOGRAFISCHE LAGE

Die argentinische Hauptstadt Buenos Aires liegt am westlichen Mündungsufer des Rio de la Plata (Silberfluss). Im Südosten der Metropole erstreckt sich San Telmo zwischen Constitución im Westen und dem schicken, modernen Hafenviertel Puerto Madero im Osten.

Kunstform und Lebensart zugleich, wurde der Tango zum Stolz des Viertels. Dessen jahrhundertealte Straßen stehen bis heute im Zeichen der verführerischen Rhythmen. Die Eleganz des Tanzes demonstrieren Paare draußen unter freiem Himmel. Andere nutzen abends provisorische Tanzflächen im Schein verschnörkelter schmiedeeiserner Laternen. Die würdevolle Geschmeidigkeit und die kontrollierte Leidenschaft der Tänzer geben ein fesselndes Bild ab. So finden sich oft spontan Zuschauer ein, um den Paaren zuzusehen, deren Kleidung meist stilecht der der goldenen Tango-Ära (1930er- und 1940er-Jahre) entspricht: Die Herren tragen Filzhüte und Schnürschuhe, die Damen Pumps – immer mit Riemen, die ein Verlieren bei den typischen langen Ausfallschritten verhindern.

Pulsierendes Straßenleben

Herz des Viertels ist die Plaza Dorrego. Wer San Telmos Hauptstraße La Defensa dorthin folgt, taucht gleichzeitig in die Vergangenheit und in die heutige Lebendigkeit der Stadt ein: Altmodische Kneipen liegen hier neben trendigen Cocktailbars, schicken Cafés und traditionellen *parrillas*, deren gegrilltes Rindfleisch von Weidevieh Teil der nationalen Identität Argentiniens ist.

Sonntags findet auf der Plaza Dorrego eine Mischung aus großem Antiquitätenmarkt und Rummel statt, mit Handwerkerständen, Künstlern, Tango-Orchestern und Straßenkünstlern von Pantomimen bis hin zu Musikern. Auf der Schatzsuche nach altem Schmuck, gebrauchter Kleidung oder Erbstücken aus Sterlingsilber durchstöbern Kaufwillige das riesige Angebot, dessen einzelne Artikel jeweils für ein kleines Stück Stadtgeschichte stehen. In den *parillas* nehmen viele Familien das traditionelle Sonntagsessen *asado* (Rind, Schwein und Huhn nebst verschiedenen Würsten) mit seinem rauchig-appetitlichen Grillduft zu sich.

Gegen Abend packen die Händler allmählich ihre Waren zusammen, und die Straßenkünstler räumen den Platz für die Restauranttische. An diesen genießen Gäste das Licht des frühen Abends und schlürfen einen Aperitif – vielleicht Argentiniens einzigartige Hespiridina oder einen Roten von den berühmten Weinbergen des westlichen Mendoza. Bei Dunkelheit ändert sich die Atmosphäre der Plaza erneut, wenn ein paar der besten Tänzer von Buenos Aires ihre Fähig-

Wochenendbummel Der Sonntagsmarkt auf der Plaza Dorrego reicht bis in die Nachbarstraßen hinein. Von Kerzen bis Kronleuchtern gibt es hier einfach alles.

Verblassende Pracht Wer nach Textilien sucht, wird vielleicht im ruhigen kühlen Innenhof des Pasaje La Defensa fündig, fernab vom Trubel auf der Straße.

„Nichts verkörpert Argentiniens Seele stärker und symbolträchtiger als San Telmos typischer Tanz – der Tango.“

keiten bei einer *milonga* (freien Tango-Tanzveranstaltung) demonstrieren. Das Nachtprogramm umfasst mitunter auch eine schwungvolle *chacarera*, einen Volkstanz aus dem ländlichen Nordargentinien.

Milonga Paare jedes Alters nehmen an den Tango-Tanzveranstaltungen teil. Junge Tänzer improvisieren hier neben traditioneller tanzenden reiferen Semestern.

Lebendige Kunstszene

Der Tango wird ständig neu interpretiert. Derselbe kreative Geist prägt auch San Telmos Kunstszene: Straßenkunst, Galerien und Museen reflektieren das so energiegeladene Flair im *barrio*, Wandgemälde genauso wie Ausstellungen in öffentlichen oder privaten Gebäuden.

Kühne Formen, Primärfarben, futuristische Stile und zeitgenössische Themen charakterisieren den Großteil der Kunst an den Mauern, auf denen früher Plakate klebten. Ein Spaziergang durchs Viertel offenbart eine wahre Galerie aus Schablonenkunst, Graffiti und skurrilen Gemälden im Comicstil – allesamt Ausdruck von San Telmos Tradition des Wandels.

Das Spektrum an Galerien reicht von umgebauten Lagerhallen bis hin zu restaurierten Gebäuden aus dem 19. Jh. Dazu gehört z. B. das Pasaje La Defensa – ursprünglich eine italienische Villa, später Mietskaserne. Heute sind dort mehrere Antiquitätenläden und Kunstgalerien untergebracht. Die altmodischen Verandafliesen und die verschnörkelten Balkongeländer aus Eisen beschwören ein goldenes Zeitalter herauf, dessen Spuren dem *barrio* immer noch einen Hauch von verblasster Eleganz verleihen.

Diverse Galerien bieten jungen Innovativen eine Plattform, indem sie neben traditionellen Werken Video- und Digitalkunst zeigen. Im bunten Künstlerbezirk an der Calle Venezuela werden die Sinne zudem mancherorts mit fühl- und hörbaren Installationselementen angesprochen.

Bedeutende Museen

Seine lebendige Kunstszene macht San Telmo zum idealen Standort für das Museo de Arte Moderno de Buenos Aires im Gebäude der British American Tobacco Company von 1918. Der renovierte Bau im Herzen des *barrio* hat noch seine Originalfassade aus nacktem Backstein. Hinter den schweren eisenbeschlagenen Holztüren warten jedoch ätherisch weißes Licht, viel Raum und eine Treppe, die zwischen den Stockwerken zu schweben scheint. Die 7000 Stücke der ständigen Sammlung umfassen z. B. Werke moderner Meister wie Piet Mondrian und Wassily Kandinsky oder argentinische Werke von Julio Le Parc und Antonio Berni.

Das Museum für Landesgeschichte im Lezama-Park zeigt eine weitere große Sammlung. Unter den Exponaten in den 30 Zimmern der Barockvilla befinden sich Möbel, Dokumente und Besitztümer des ehemaligen Präsidenten Juan Perón, von dessen beliebter Frau Eva und anderen bedeutenden Politikern oder Militärführern der Vergangenheit Argentiniens.

Der geschichtsträchtige Lezama-Park ist wohl der Gründungsort von Buenos Aires und heute eine Grünanlage, die von Skulpturen, hohen Kasuarinen, violett blühenden Jacaranda-Bäumen und einem duftenden Rosengarten geziert wird. Das Gelände barg im 18. Jh. einen Sklavenmarkt und gehörte ab dem 19. Jh. einer Patrizierfamilie. Jenseits der Museumsmauern repräsentiert das Stammpublikum des Parks die Einwohner San Telmos in einer Art Mikrokosmos, von jungen Liebespaaren auf Bänken bis zu grübelnden alten Schachspielern. Er hat sich über die Jahrhunderte kaum verändert.

Die Konkurrenten

BESONDERE STADTVIERTEL

Coyoacán

Den sozialen und kulturellen Konventionen der übrigen Stadt hat das New Yorker **Greenwich Village** von Anfang an nicht entsprochen – und das mit voller Absicht. Von seinen Anfängen als Niederländerdorf Greenwijck bis hin zur „Wiedergeburt" als Gründungsort der Beat-Bewegung hat dieses Viertel über mehrere Generationen hinweg einige der einfallsreichsten Denker, Künstler und Schriftsteller hervorgebracht oder angezogen. Die schmalen, teils kurvigen und oft seltsam verwinkelten Straßen entstanden lange vor dem regelmäßigen Straßenraster Manhattans. So unterscheidet sich die Atmosphäre des Village bis heute von der im Rest der Metropole; auch die meisten alten Straßennamen sind hier erhalten geblieben. Manche davon, z. B. Bleecker Street und MacDougal Street, sind inzwischen Symbole aus den bewegten 1960er-Jahren, als Kreative wie Jack Kerouac, Lenny Bruce oder Bob Dylan die Cafés und Clubs unterhalb der 14th Street bevölkerten.

Greenwich Village

Das Viertel **Coyoacán** war einst ein Dorf am Rand von Mexiko-Stadt und gehörte bis in die späten 1920er-Jahre hinein nicht zu deren Gebiet. Die baumgesäumten Straßen mit Kolonialhäusern, Künstlerateliers und Museen versetzen Besucher in eine frühere Zeit zurück. Kunsthandwerker und Händler tummeln sich auf der zentralen Plaza, die am Wochenende zu einem Treffpunkt für Künstler, Artisten und Zuschauer wird. Einige Blocks weiter bewohnte die Malerin Frida Kahlo einst das Blaue Haus. In dessen Nähe kann man das Gebäude besichtigen, in dem Leo Trotzki nach dem Verlassen der Sowjetunion als Exilant lebte und in dem er 1940 ermordet wurde.

Das kleine Viertel **Anafiotika** unterhalb des mächtigen Akropolishügels wirkt wie eine Insel mitten im Häusermeer von Athen. Handwerker von der Kykladeninsel Anafi gründeten es im Jahr 1841, indem sie Gebäude im Stil ihrer Heimatdörfer aus heruntergerollten Akropolisfelsen erbauten.

Die steilen Straßen winden sich an weiß verputzten Häusern, bunten Bougainvilleen, Töpfen mit duftenden Kräutern und sonnenbadenden Katzen vorbei. Zwei Kirchen markieren die Ränder von Anafiotika: die Agios Georgios mit ihrem Innenhof voller Blumen und die Agios Symeon mit der Replik einer wundertätigen Ikone aus Anafi.

Die Ruhe, die Architektur und die Historie unterscheiden den alten jüdischen *barrio* (Viertel) **Santa Cruz** vom übrigen Sevilla: Auf engstem Raum säumen eng aneinandergebaute Häuser die schmalen und verwinkelten Kopfsteinpflastergassen. Diese bieten nahezu immer Schatten und bilden so einen Zufluchtsort vor Andalusiens sengender Sonne. Mitunter münden die Straßen in mit Blumen geschmückte Plätze, die dank des herrlichen Orangenblütendufts zu städtischen Oasen werden.

Santa Cruz

DIE SCHÖNSTE TRADITIONELLE ALTSTADT

SANAA

Die labyrinthische Altstadt Sanaas hat sich seit Jahrhunderten nicht verändert. Kunstvolle Gittermuster zieren die von Hand in Lehmbauweise errichteten traditionellen Turmhäuser.

Alle Nationen der Welt haben eigene traditionelle Architekturformen, bei denen jeweils heimische Baumaterialien verwendet werden. Vor allem in Großstädten sind aber kaum mehr wirklich ursprüngliche Bauformen bis heute geschlossen erhalten. Die jemenitische Hauptstadt Sanaa stellte eine Ausnahme dar: Ihre Altstadt überstand hunderte von Jahren unverändert.

Jahrhundertelang haben die Jemeniten kühn in die Höhe gebaut und so den Prototyp für Wolkenkratzerstädte geschaffen. Die Häuser haben Steinfußböden und Ziegel- oder Lehmmauern, die von kleinen Holzrahmenfenstern durchbrochen werden. So sind die Innenräume kühl, schattig und vor der Sommerhitze sowie vor winterlichen Wolkenbrüchen geschützt. Die aufwendig geschnitzten Türen liegen an schmalen schluchtenartigen Straßen. Fünf, sechs oder sieben Stockwerke darüber kühlt der Wind die Flachdächer und Obergeschosse.

GEOGRAFISCHE LAGE

Sanaa liegt in 2200 m Höhe und ist ungefähr 150 km Luftlinie landeinwärts vom Roten Meer entfernt im Zentrum des kaum entwickelten jemenitischen Straßennetzes. Aufgrund des Kriegszustands im Jemen mit Luftangriffen, Anschlägen und Entführungen wird von Reisen in das Land dringend abgeraten.

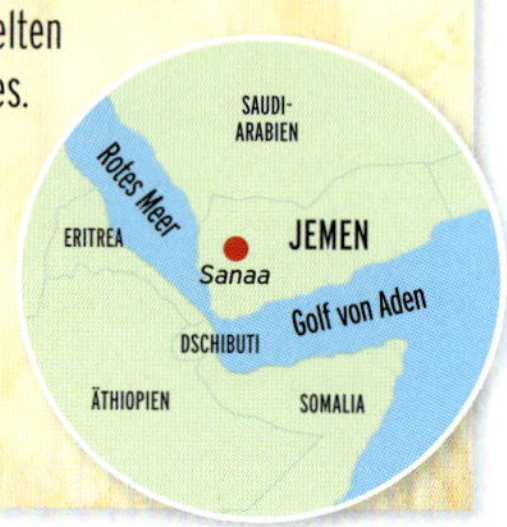

Sanaas Hochhäuser wurden von Hand errichtet und gemäß den Bedürfnissen der jeweiligen Bewohner ausgebaut. Sie sind individuell mit geometrischen Gittermustern aus weißem Stuck verziert, die sich rund um die Fensterrahmen über die Fassaden erstrecken und ausschließlich der Ästhetik dienen. So hat jedes Haus in der Altstadt Sanaas einen ganz eigenen Charakter, was der Stadt ein betörend menschliches Gesicht verleiht.

Sanaa liegt auf etwa 2200 m Höhe. Es ist nicht nur eine der am höchsten gelegenen Hauptstädte weltweit, sondern auch eine der am längsten bewohnten Metropolen – Menschen siedeln hier seit 500 v. Chr. Der lokalen Legende zufolge beginnt die Historie jedoch schon lange davor: Nach dem Ende der Sintflut soll Sanaa von Sem, einem der Söhne Noahs, gegründet worden sein. Die Berglage mildert das Wüstenklima und lässt die Umgebung überraschend grün wirken.

Im Altertum kreuzten sich vor Ort zwei wichtige Handelsrouten, wodurch Sanaa gleichzeitig zum Wirtschafts- und Macht-

Die Konkurrenten

TRADITIONELLE ARCHITEKTUR

Die Häuser des **Batak-Toba-Stammes** im Norden Sumatras haben unter Indonesiens indigenen Bauten den markantesten Stil: Sie stehen auf Stelzen, besitzen bootsförmige Steildächer und sind mit komplexem Schnitzwerk verziert.

Wehrdorf der Hakka

Die **Hakka-Wehrdörfer** in China bestehen aus runden oder viereckigen Bollwerken (auch *tulou* genannt). Nordchinesische Einwanderer aus der Volksgruppe der Hakka legten diese vor über 500 Jahren zum Schutz gegen Feinde aus dem Süden an. Die mehrstöckigen Behausungen mit dicken Außenmauern umgeben jeweils einen zentralen Innenhof. In den Provinzen Fujian und Jiangxi gibt es insgesamt 370 Wehrdörfer. Einige *tulou* stehen separat, andere nahe beieinander wie die des Chuxi-*tulou* in Fujian.

Pueblos sind die Lehmziegeldörfer des Pueblo-Volkes im Südwesten der USA und hauptsächlich in New Mexico erhalten. Am berühmtesten ist das **Taos Pueblo** mit seinen mehrstöckigen Flachdachbauten; ein schnell fließender Fluss durchquert das Dorf vor malerischer Bergkulisse.

zentrum wurde. Die Stadt wurde auch schon früh islamisiert: Ihre Große Moschee (Ersterrichtung um 705 n. Chr.) gehört zu den ältesten der Erde. Später herrschten hier Kalifen aus Bagdad, Ägypten und dem osmanischen Istanbul sowie jemenitische Imame der Zaiditen.

Wechselhafte Geschichte

Das heutige Sanaa zeugt von dieser Vergangenheit; seine Einwohner kleiden sich auf traditionell arabische Art: Die Männer tragen weiße Gewänder, turbanartige Kopftücher und eventuell einen reich verzierten Krummdolch am Gürtel. In der Öffentlichkeit verhüllen sich die Frauen mit der schwarzen *balto*, einer Art Burka. Das Stadtbild wird auch von den spitzen Minaretten der Moscheen geprägt, in denen sich die Gräber verehrter Imame befinden.

Das befestigte Jemen-Tor (Bab al-Yemen) lässt bis heute erkennen, dass die Altstadt ursprünglich von mächtigen Schutzmauern aus Lehmziegeln umgeben war. Doch auch die Stadtmauern hätten die Bevölkerung Sanaas nicht vor den Luftangriffen schützen können: Seit 2015 führt der jemenitische Präsident, mit Hilfe einer von Saudi-Arabien angeführten Militärallianz, Krieg gegen schiitische Huthi-Rebellen. Dabei gibt es nicht nur viele Todesopfer unter der Bevölkerung zu beklagen. Die Unesco setzte das Weltkulturerbe Sanaa zu Beginn dieser Militärintervention auf die rote Liste der gefährdeten Kulturstätten. Und das aus gutem Grund: Mehrere Gebäude in der unvergleichlichen Altstadt Sanaas wurden bereits beschädigt oder auch komplett zerstört.

Altstadt in Gefahr So wundervoll sah die jemenitische Hauptstadt aus, bevor 2015 die Luftangriffe begannen und Teile der Altstadt zerstörten.

DIE SCHÖNSTE GEPLANTE RESIDENZSTADT

SANKT PETERSBURG

Die neue Küstenhauptstadt, die Peter der Große errichten ließ, stillte dessen Hunger nach einem modernen „Fenster zum Westen". Die klar europäisch geprägte Metropole war das Ergebnis ehrgeiziger Planung.

Die Mitternachtssonne lässt den Himmel über Sankt Petersburg bunt leuchten, in einer Farbskala von Rosa-, Violett- und Blautönen bis zu gedecktem Grau. Mitunter erstrahlt der Himmel in einem sanften, seidigen Weiß – als ob die heiße Mittagssonne noch schiene, aber alles mit feinstem Flor bedeckt wäre.

Hier, auf 60 Grad nördlicher Breite, sind die Winter dunkel und hart, die Sommerabende aber lang und hell. Von Mitte Mai bis Mitte Juli ist es ununterbrochen hell. In dieser Zeit sinkt die Sonne zwischen Nachmittag und Abend zwar deutlich, verschwindet aber nie ganz hinter dem Horizont. Sogar um Mitternacht genießen die fast 5 Mio. Einwohner dieser großartigen Stadt noch den friedlichen Sonnenuntergang. In solchen Sommernächten leuchten die Straßenlaternen orange in der endlosen Dämmerung und lassen die Bäume an der Newa scheinbar erglühen. Auf der

GEOGRAFISCHE LAGE

Sankt Petersburg säumt die Mündung der Newa in den Finnischen Meerbusen, einen östlichen Ausläufer der Ostsee. Der internationale Flughafen Pulkowo liegt 16 km südlich vom Zentrum. Die Stadt ist auch mit dem Hochgeschwindigkeitszug ab Moskau und per Fähre von Estland oder Finnland erreichbar.

einen Flussseite spielt das Licht auf den grün-weißen Mauern des Winterpalasts; an beiden Ufern funkelt es auf den bunten, vergoldeten Zwiebeltürmen vieler Kirchen. Jenseits des schimmernden Wassers wirkt die Peter-und-Paul-Festung wie ein verankertes Schiff, dessen Mast die schlanke Turmspitze der Peter-und-Paul-Kathedrale zu sein scheint.

Weiße Nächte, rote Segel

Diese „Weißen Nächte“ erwecken Sankt Petersburg zum Leben und werden von den Einheimischen immer freudig erwartet. Heutzutage gehören zu den Feierlichkeiten Jahrmärkte, Konzerte, Festumzüge, Straßentheater, Ballettaufführungen und sogar nachgestellte Seeschlachten auf der Newa. So locken die Weißen Nächte Besucher aus aller Welt an. Am berühmtesten ist das Festival *Purpurrote Segel*: Diese einzigartige Abendveranstaltung mit Feuerwerk, Musik und Tanz ist nach Alexander Grins beliebtem Roman *Das Purpursegel* aus den 1920er-Jahren benannt. Dieser erzählt von einer Liebesgeschichte auf hoher See – daher der Schwerpunkt auf Aktivitäten auf dem Wasser. Das Glanzlicht ist das alte, komplett aufgetakelte Schiff mit purpurroten Segeln.

Winterpalast Peter der Große ließ 1711 den ersten Winterpalast erbauen. Danach wurde er mehrfach abgerissen und neu errichtet. Heute gehört er zur Eremitage.

Die Küstenhauptstadt

Sankt Petersburgs Name ehrt den Schutzheiligen seines Gründers Zar Peter I., des Großen, der die Stadt im frühen 18. Jh. als Russlands neues Machtzentrum erbauen ließ. Historiker können Peter seinen Ehrennamen „der Große“ wohl kaum streitig machen: Kein anderer Herrscher modernisierte sein Land umfassender.

Jahrhundertelang war das russische Reich rund um die historische Hauptstadt Moskau gewachsen, die weit von der nächsten Küste oder Landesgrenze entfernt lag. Durch den Bau einer neuen Hauptstadt an der Ostseeküste wollte Peter der rückständigen Nation seine Zukunftsvision vermitteln und dem restlichen Europa beweisen, dass auf Russland nicht länger herabzusehen sei.

Peter bewunderte alles Westliche; dies hielt ihn jedoch nicht davon ab, Streit mit seinen Nachbarn anzufangen – vor allem 1700 mit Schweden, der damals größten Militärmacht im Ostseeraum. Der Große Nordische Krieg (1700–21) war Ausdruck von Peters Entschlossenheit, Russland Größe zu geben und es obendrein geopolitisch neu zu verorten: Der Zugang zur Ostsee war für ihn auch das „Fenster zum Westen“.

1703 konnte er es sich erlauben, in der Newamündung eine Inselfestung mit Blick auf den Finnischen Meerbusen anzulegen. Nur knapp zehn Jahre später, ab 1712, erstreckte sich Russlands neue Hauptstadt bereits an beiden Flussufern und über die einstigen Sumpfebenen der Nachbarinseln. Dies änderte die politische Ausrichtung der Nation, die von nun an stärker nach draußen blickte. Parallel öffnete Sankt Petersburg ein Fenster für Handel und Kultur aus Übersee und bekundete Russlands Ankunft im Kreis der Seemächte. Zudem repräsentierte es die Zivilisation und Kultur Europas. Mit Prachtstraßen und weiten Terrassen vor

Weiße Nächte Von Mai bis Juli finden viele Feste und Events statt. Das Festival *Purpurrote Segel* fällt mit dem Schuljahresende im Juni zusammen.

Steingebäuden entsprach die komplett neue Stadt den damals aktuellen westlichen Konzepten. Spektakulär gelegene Paläste und Kirchen an der Newa sowie moderne Annehmlichkeiten wie Straßenbeleuchtung, gepflasterte Bürgersteige und öffentliche Parks machten die Stadt zu Peters architektonischem Manifest.

Das Venedig des Nordens

Mit Alexander Danilowitsch Menschikow bestimmte der Zar den zweitmächtigsten Mann im Staat zum obersten Bauaufseher. Das Fachwissen stammte aber aus dem Ausland: Die Peter-und-Paul-Festung war das Werk des Tessiner Architekten Domenico Trezzini, der ganz Sankt Petersburg seinen Stempel aufdrücken sollte und es ursprünglich zum „Venedig des Nordens“ machen wollte. Das regelmäßige Raster seines geplanten Kanalnetzes wurde jedoch größtenteils nur in Form von Straßen realisiert.

1716 wurde dann dem Franzosen Jean-Baptiste Alexandre le Blond die Gesamtverantwortung übertragen. Er machte die Wassiljewski-Insel auf der anderen Flussseite zum neuen Schwerpunkt der Stadtentwicklung. Dort legte er öffentliche Gebäude, Parks und Paläste an – so auch das opulente Menschikow-Palais für Alexander Danilowitsch Menschikow, den Zar Peter als ersten örtlichen Gene-

DER MODERNISIERER

Nachdem er im Jahr 1682 Zar geworden war, gab sich Peter der Große mit dem Regieren allein nicht zufrieden: Im Jahr 1696 entriss er den Schwarzmeerhafen Asow den Türken und feierte so seinen ersten militärischen Sieg. Damit unterstrich Russland seinen Anspruch als aufstrebende Militärmacht und positionierte es klar auf der Seite des christlichen Westens. Folgerichtig besuchte Peter westeuropäische Manufakturen, Werkstätten und Werften. Nach seiner Rückkehr nach Russland setzte er einen elementaren Wandel in Gang, indem er viele ausländische Handwerker und Wissenschaftler ins Land holte, die Bildung der Bevölkerung förderte und sein Reich nach Kräften modernisierte: Eine moderne Kriegsmarine nach westlichem Vorbild entstand, während russische Institutionen wie Armee, Beamtentum und orthodoxe Kirche reformiert wurden. So führte Peter sein Land in nur 40 Jahren erfolgreich vom Mittelalter ins 18. Jh.

ralgouverneur einsetzte. Le Blond wollte der Stadt eigentlich einen ovalen Grundriss innerhalb starker Festungsmauern geben. Obwohl sich auch seine Vision als nicht komplett umsetzbar erwies, wurden viele seiner Grundideen letztlich doch berücksichtigt – denn Freiflächen wie Gärten, Plätze, Prachtstraßen oder Uferalleen waren für ihn genauso wichtig wie die Gebäude dazwischen. So verdankt die Stadt ihre moderne luftige Weite größtenteils dem Franzosen.

Schönheit und Grausamkeit

Sankt Petersburgs Stadtlandschaft forderte einen hohen Preis: Ihr Bau füllte Massengräber mit den Körpern russischer Leibeigener und schwedischer Kriegsgefangener, die sich unter unbeschreiblichen Bedingungen zu Tode geschuftet hatten. Auch in dieser Hinsicht war die Stadt ein Symbol für einen entschlossenen Zaren, der seine Modernisierungsziele rücksichtslos verfolgte.

Nach Peters Tod (1725) überdauerte die Stadt zumindest in ihrer Ursprungsform nicht lange. Auf den Thron folgten Peter zunächst seine Ehefrau Katharina I., dann sein Sohn Peter II. und schließlich 1730 mit Kaiserin Anna eine weitere eifrige Bauherrin. 1736 fegten mehrere verheerende Großbrände durch die Stadt: In diesem und im folgenden Jahr brannten immer wieder ganze Wohnviertel nieder. So musste Peters „moderne“ Metropole erneut auf der Basis von menschlichem Leid erweitert werden: Die abgebrannten Viertel bestanden aus dicht gedrängt stehenden Holzhäusern, die am Rand von Peters idealisierter Großstadtvision aus dem Boden geschossen waren – der neue Wohlstand hatte ihre Bewohner in die Region gelockt. Allerdings geriet Anna in den Verdacht, ihren Agenten heimlich die Brandstiftung befohlen zu haben, um die Elendsbezirke wieder loszuwerden. Denn zweifellos profitierte die Kaiserin von der Brandkatastrophe: Sie ließ neue Prachtviertel mit schmucken Plätzen und Gärten an breiten Boule-

Trezzinis Kanäle Unter mehr als 60 Brücken ziehen sich neben Flussarmen des Newadeltas auch noch einige erhaltene Kanäle durch Sankt Petersburg.

vards errichten, während das Stadtzentrum Sankt Petersburgs an das Ostufer der Newa verlagert wurde.

Schwere Zeiten

Auch Sankt Petersburgs jüngere Geschichte verlief sehr turbulent. Die Unzufriedenheit des russischen Volkes war im 19. Jh. schrittweise gewachsen. 1905 machten die Kosaken des Zaren Nikolaus II. am „Petersburger Blutsonntag" schließlich hunderte friedlicher Demonstranten nieder. Dies prägte die Entwicklung des Landes in den folgenden Jahren.

Mit dem Ausbruch des Ersten Weltkriegs erhielt die Stadt 1914 den russischen Namen Petrograd. Zehn Jahre später wurde sie zu Ehren des Revolutionsführers von 1917 erneut unbenannt und hieß nun Leningrad (bis 1991): Hier hatte Lenin die Oktoberrevolution geleitet, die Bolschewiken an die Macht gebracht und den Sowjetstaat gegründet. Der Kommunismus brachte seine eigenen Grausamkeiten mit sich – vor allem nach Lenins Tod, als in den 1930er-Jahren die Säuberungskampagne des neuen Machthabers Josef Stalin wütete.

Kaum vorstellbar, dass sich das Leid des sowjetischen Volkes noch verstärken konnte – doch genau dies zog Hitlers Einmarsch in die UdSSR nach sich: Ab September 1941 wurde Leningrad von deutschen Truppen belagert. Russische Kommandos trotzten Schneestürmen und feindlichem Feuer, um über den zugefrorenen Ladogasee Nachschub heranzuschaffen. Trotzdem konnte die Bevölkerung nur unzureichend und schließlich gar nicht mehr ernährt werden. So verzehrten die Leningrader erst Hunde, Katzen und andere Haustiere, dann Ratten. Als immer mehr Menschen starben, wurde sogar von Kannibalismus innerhalb der ausgehungerten Bevölkerung berichtet. Bei der Verteidigung Leningrads verlor die Rote Armee rund 1 Mio. Mann; genau so viele Zivilisten kamen durch Hunger oder Kampfhandlungen um, bevor die Belagerer im Januar 1944 nach 872 Tagen vertrieben wurden. Daraufhin erhielt Leningrad den Titel einer „Heldenstadt". Dies bot seinen Einwohnern aber keinerlei Schutz, als Stalin seine Vorkriegsverfolgung fortsetzte.

Letzte Ruhestätte Der Sarkophag Peters des Großen steht in der Peter-und-Paul-Kathedrale, deren vergoldete Turmspitze die übrige Stadt überragen.

Der Blick vom Ufer auf das ruhig-heitere Sankt Petersburg lässt solche Gräuel heute verblassen; trotzdem ist der hiesige Sinn für Geschichte bemerkenswert. Die geplante Vorzeigestadt mag zwar erst 300 Jahre alt sein, ist aber bereits ein Mahnmal der ewigen Wahrheit, dass historisches Prestige oft einen grausamen Preis hat – und dass menschliche Pläne nicht immer vollständig realisierbar sind. Peter dem Großen hätte das wohl keine Sorgen bereitet: Seine Vision wurde umgesetzt und erinnert bis heute an ihn.

Die Konkurrenten

HISTORISCHE PLANSTÄDTE

Als Enea Silvio Piccolomini 1405 in **Pienza** geboren wurde, war das toskanische Nest so strukturlos und verschlafen wie alle anderen Dörfer Italiens. Als Papst Pius II. ließ Piccolomini später ganz Pienza schleifen und als „ideale" Renaissance-Stadt neu errichten.

Die hübsche Altstadt von **Cartagena** an der kolumbianischen Karibikküste ist ein Stück Spanien des 16. Jh. auf der anderen Seite des Atlantiks. Die Häuser und Kirchen säumen ein regelmäßiges Straßenraster, das von einer 3 km langen Rundmauer geschützt wurde. Nachdem alle Holzgebäude 1533 niedergebrannt waren, durfte hier nur noch mit Stein, Backstein und Ziegeln gebaut werden.

1755 zerstörte ein Erdbeben, das eine Flutwelle und Brände auslöste, die portugiesische Hauptstadt **Lissabon**. Nach der Tragödie entstand eine neue Metropole mit breiten Boulevards und großen Plätzen: Als eines der weltweit ersten Beispiele für dieses Prinzip wurden dabei vorgefertigte Bauten mit flexiblen Holzgerippen an verbreiterten Straßen errichtet, um das neue Lissabon einigermaßen erdbebensicher zu machen.

Cartagena

Das Niederbrennen von **Washington, D. C.** durch britische Truppen im Britisch-Amerikanischen Krieg beflügelte die USA, ein ehrgeiziges Stadtplanungsprogramm umzusetzen: Gleich nach dem Krieg wurden viele Gebäude restauriert, so auch die Präsidentenvilla, die erstmals einen weißen Anstrich erhielt. Später wurden breite Prachtstraßen sternförmig um zentrale Kreisel oder Plätze angelegt; man folgte dabei einer Planung, die der französische Militäringenieur Pierre Charles L'Enfant bereits 1791 ersonnen hatte.

DIE SPEKTAKULÄRSTE MITTELMEERINSEL

SANTORIN

Malerische Dörfer zieren die idyllische griechische Vulkaninsel mit der wunderschönen Felslandschaft, die vor 4000 Jahren bei einer gewaltigen Eruption entstanden ist.

GEOGRAFISCHE LAGE

Santorin gehört zu den Inseln der Kykladen und liegt im Süden dieser Gruppe, rund 170 km nördlich von Kreta, 200 km südlich des griechischen Festlands und 230 km von Athen entfernt. Die südägäische Insel hat einen eigenen Flughafen; am romantischsten ist aber die Anreise per Fähre ab Piräus.

Früher nannte man Thíra, die Hauptinsel des Santorin-Archipels Kalliste, die Schönste. Und vor allem im Dorf Oia ist die Aussicht von den Klippen spektakulär: Den Blick von dort auf den Sonnenuntergang bezeichnen Einheimische als den besten der Welt – allein er macht Santorin zu einem atemberaubenden Mittelmeer-Archipel. Entstanden ist dieser einst infolge einer Vulkanexplosion.

Die größte Siedlung Fira klebt an 300 m hohen und fast senkrecht abfallenden Klippen, die den Rand einer riesigen überfluteten Caldera markieren. Dieser Einbruchskrater entstand durch eine der größten Vulkanexplosionen aller Zeiten. Fira und die Nachbardörfer bilden ein dichtes Gewirr aus weiß verputzten Gebäuden an Kopfsteinpflasterstraßen, Windmühlen, neoklassizistischen Villen, Kirchen mit strahlend blauen Kuppeln und höhlenartigen Häusern, die direkt in den Fels geschlagen wurden. Eine Seilbahnfahrt oder einen Eselritt entfernt liegt unterhalb von Fira der Hafen Ormos, dessen Terrassen und Fischerboote von oben wie winziges Spielzeug wirken.

Einst war Skaros, eine Festungsstadt rund um einen senkrechten rot-schwarzen Felsen, die Inselhauptstadt. Ihre

Lage auf einer Landzunge nordwestlich von Fira schützte sie vor Piraten und anderen Eindringlingen. Einheimische behaupten, sie sei während ihrer 600-jährigen Existenz nie eingenommen worden. Mehrere Erdbeben zwangen die Einwohner jedoch, sie zu verlassen. Im 18. Jh. verlegte man die Hauptstadt schließlich nach Fira. Heute ist Skaros größtenteils verschwunden: Auf dem nackten Skaros-Felsen steht nur noch eine kleine Kapelle.

Der höchste Punkt Santorins heißt Profitis Ilias – wie viele andere griechische Berge. Das festungsartige Kloster auf dem Gipfel schimmert tagsüber cremeweiß und leuchtet bei Sonnenuntergang in Terrakottatönen. Sein Hauptgebäude beherbergt kostbare Bibeln und Ikonen. Außerdem gibt es einen eigenen

Skaros-Felsen Die einst blühende Festungsstadt Skaros liegt heute in Ruinen. Intakt ist nur noch die Kapelle Agios Ioannis Apokefalistheis.

„Geduckte" Häuser Vom Dorf Oia soll man den schönsten Blick auf den Sonnenuntergang haben. Die Häuser sind teilweise ins Vulkangestein hineingeschlagen.

Turm für die Glocken. Von der Terrasse unterhalb des Klosters aus bietet sich ein traumhafter Blick auf die Insel, die umliegende Ägäis und die berühmten Sonnenuntergänge.

Überfluteter Krater

Die Hauptinsel Santorins, das benachbarte Thirasia, die private Insel Aspronisi und mehrere unbewohnte Eilande ragen als einzige Überreste eines schlafenden Riesenvulkans aus dem Meer. In Form eines unterbrochenen Rechtecks bilden sie den Rand der überfluteten Caldera, die 12 km lang, 7 km breit und 600 m tief ist. Santorins rote, braune und grüne Klippen mit den Dörfern darauf begrenzen drei Seiten der Lagune, Therasia und Aspronisi die vierte. Durch die Lücken in der Südwest- und Nordwestecke können Schiffe passieren. Alle Strände liegen nicht auf der Caldera-Innenseite der Inseln, sondern an deren Außenhängen. Das jeweilige Ausgangsgestein verleiht dem Strandsand oder -kies das charakteristische Schwarz, Rot und Weiß.

Im Frühling überziehen Streifen mit blühenden Blumen die Hänge der Hügel. Zudem wird jedes nicht allzu steile Terrain landwirtschaftlich genutzt: Auf dem fruchtbaren Vulkanboden gedeihen Weinreben, aber auch Ackerbohnen, Kapern, Gurken, Wassermelonen und Tomaten. Da Wasser hier rar ist, hängt die gesamte Ernte von den sporadischen Regenfällen im Winter und der Taumenge im übrigen Jahr ab.

Die hiesigen Köche verwenden heimische Produkte für ihre lokaltypischen Gerichte. Für einen so kleinen Archipel besitzt Santorin einen ungewöhnlichen Reichtum an Spezialitäten: Eine Paste aus Bohnen, Zwiebeln und Zitronensaft wird im Sommer mit roter Sauce und Kapern serviert, im Winter gebacken mit Schweine- oder Lammfleisch. Außerdem gibt es Tomaten-Keftedes (Tomatenfleischbällchen mit Minzaroma), saftige weiße Auberginen und selbstgemachten Ziegenkäse, dessen Herstellung ein gut gehütetes Geheimnis ist. Auch der Wein gilt als äußerst hochwertig.

Der Alltag hier hat sich seit Jahrhunderten kaum verändert. Die Gemeindefeste orientieren sich stark am landwirtschaftlichen und kirchlichen Kalender. In der Johannisnacht vom 23. auf den 24. Juni verbrennen die Bewohner der Inselorte öffentlich die Maikränze; der Sprung über die Flammen bringt Glück.

Feuriger Ursprung

Santorin ist nach der Kathedrale Santa Irene aus dem 5. Jh. benannt, deren Ruinen nahe dem Ort Perissa am Fuß des Mesa Vouno stehen. Auf diesem Felsen, in etwa 200 m Höhe, befindet sich die Panagia Katefiani, deren Name von *katefio* (Zuflucht) abgeleitet ist: Während der „Zeit des Bösen“ 1650 suchten Einheimische in dieser Kapelle Schutz, als der unterseeische Vulkan Kolumbo rund 8 km nordöstlich von Santorin in einer gewaltigen Eruption die Meeresoberfläche durchbrach. Dabei starben viele Inselbewohner und der Großteil des Viehs. Heute brodelt der Kolumbo unter dem Meeresboden und entlässt seine Energie durch unterseeische Thermalquellen.

Klein, aber fein

ISOLA BELLA

Die Isola Bella, die „Perle des Ionischen Meeres“, liegt dicht vor Taormina an Siziliens Ostküste. Das Inselchen ist über einen schmalen Sandstreifen mit dem Festland verbunden und gehörte früher Lady Florence Trevelyan (1852–1907). Diese kümmerte sich um das einzige Haus und die Gärten, in denen exotische Pflanzen wie Palmfarne, Baum-Strelitzien, Pinien und Drachenbäume wachsen. Häufig sind Seevögel, Wanderfalken und Zugvögel zu sehen, die hier auf ihrem Flug von Europa nach Afrika rasten. Spärliche Macchia überzieht die Insel, bunte Akzente setzen Strandflieder und Kornblumen. Im Meer leben viele Fischarten, Nacktkiemerschnecken, Rote Seeanemonen und Tintenfische. Das Eiland hat auch eine eigene natürliche Grotte (Grotta Azzurra) und ist heute ein von der Universität Catania betreutes Naturschutzgebiet.

Bunte Welt Vulkankegel bilden die Insel Nea Kameni in der Caldera von Santorin. Vulkanische Gase erzeugen ein besonderes Farbenspiel.

Santorin gehört zum Kykladenbogen, der durch das Aufeinanderprallen der Afrikanischen und der Eurasischen Kontinentalplatten entstand. Um 1613 v. Chr. explodierte die Insel in einem der größten nachgewiesenen Vulkanausbrüche der Geschichte. So wie Pompeji viele Jahrhunderte später wurde dabei eine bronzezeitliche Minoersiedlung (gegründet um 5000 v. Chr. nahe dem heutigen Akrotiri) unter Bimsstein begraben. Deren Einwohner scheinen aber gewarnt gewesen zu sein, da vor Ort keinerlei menschliche Überreste gefunden wurden.

Aus der kilometerhohen Aschewolke rieselte Staub auf die nordwestlich gelegenen Inseln; eine Flutwelle traf die Nachbarinseln und verwüstete Küstensiedlungen der Minoer. Dass die Eruption den Untergang der minoischen Kultur verursacht haben könnte, wurde widerlegt. Sie könnte Platon aber als Inspiration für den Atlantis-Mythos gedient haben.

Vor einem neuen Ausbruch?

Geologen haben festgestellt, dass der Vulkan schon vor der Katastrophe von 1613 v. Chr. regelmäßig ausgebrochen war. Auch diese Eruptionen waren sehr stark: Der Krater stürzte jedes Mal ein, woraufhin Meerwasser die Caldera überflutete; der erneute Stau des Magmas führte dann zum nächsten explosiven Ausbruch. Dieser Prozess wiederholte sich, bis beim allerletzten großen Knall die Spitze des Vulkans weggesprengt wurde. Die verbliebene Caldera brach in sich zusammen und wurde vom Meer aufgefüllt; seitdem ragt nur noch ihr zerklüfteter Rand aus dem Wasser.

Im Innern der Caldera erinnern die beiden kleinen Vulkaninseln Palea Kameni („alte Verbrannte") und Nea Kameni („neue Verbrannte") daran, dass Santorins Vulkan vielleicht nur eine Ruhepause vor dem nächsten Ausbruch einlegt: Auf Nea Kameni mit den zwei Kratern und aktiven Schwefelschloten kam es 1950 zu einer kleineren Eruption. Von Palea Kameni mit ihren Thermalquellen und Schlammlöchern strömt orangefarbenes, stark schwefelhaltiges Wasser in die Lagune.

In der ersten Hälfte des Jahres 2012 gab es in dieser Gegend mehr Erdbebenschwärme (Erdbebenserien in begrenzten Zeiträumen) als gewöhnlich. Daraufhin wurden die Inseln ganz genau überwacht; es gab aber keine Hinweise mehr auf einen weiteren drohenden Ausbruch.

Die Konkurrenten

BESONDERE MITTELMEERINSELN

Das herrliche **Capri** liegt am Südrand des Golfs von Neapel im Tyrrhenischen Meer und war sogar schon zur Zeit der Römer eine Urlaubsinsel. Neben römischen Ruinen gibt es dort weitere Sehenswürdigkeiten wie die Marina Piccola („kleiner Hafen"), den Panoramaweg zum Belvedere di Tragara oder eine Meereshöhle (Grotta Azzurra) mit strahlend blauem Wasser. Hinzu kommen die drei Faraglioni im Meer, mächtige Kalksteinfelsen, auf denen eine spezielle bläuliche Eidechsenart vorkommt.

Die **Isola di San Pietro** liegt 7 km vor der Südwestküste Sardiniens. Hohe, steile Felsklippen mit Höhlen oder kleinen Stränden prägen den Norden und den Westen der italienischen Vulkaninsel. Die mittelalterliche Kirche Chiesa dei Novelli Innocenti des Fischerorts Carloforte erinnert angeblich an Schiffbrüchige, die 1212 während des sogenannten Kinderkreuzzugs ertranken. Nach heutigen wissenschaftlichen Erkenntnissen handelte es sich dabei aber nicht um Kinder, sondern um enteignete Bauern, die aus Nordeuropa geflohen waren.

Auf der Vulkaninsel **Stromboli** vor Siziliens Nordküste liegen mit San Bartolo, San Vincenzo und Ginostra drei charmante Fischerdörfer. Zudem spuckt hier einer der drei aktiven Vulkane Italiens seit über 2000 Jahren fast ununterbrochen Lava, mal mehr, mal weniger. Viele Besucher kommen wegen des natürlichen nächtlichen Feuerwerks der Eruptionen hierher, denen das Eiland seinen Spitznamen „Leuchtturm des Mittelmeers" verdankt.

Capri

Ponza ist Italiens gut gehütetes Geheimnis – hierher kommen nur wenige und ausschließlich italienische Touristen. Die Insel ist geschichtsträchtig: In den drei Höhlen der Grotte di Pilato finden sich Fischbecken und -fallen aus der Zeit der Römer. Ein ebenfalls römischer Tunnel verbindet die Stadt Ponza mit dem größten Strand der Insel (Chiaia di Luna). Die Grotta della Maga Circe ist Pflicht für alle Liebhaber von Homers Odyssee: Ponza soll das Vorbild für die mythische Insel Aiaia gewesen sein, auf der die Zauberin Kirke den Odysseus auf seinem Weg nach Ithaka festhielt.

Die Insel **Ibiza** hat all das, wofür die Balearen so beliebt sind – azurblauen Himmel, viel Sonne und altertümlichen Charme. Seit ihrer Gründung durch die Phönizier im 7. Jh. v. Chr. wurde die Stadt Ibiza ständig umgestaltet, aber nie verschandelt: Weltweit findet sich wohl kein stimmungsvollerer kleiner Inselhafen.

DER PRACHTVOLLSTE FRESKENZYKLUS

SCROVEGNI-KAPELLE

Ein Freskenzyklus von unerreichter Schönheit und Lebendigkeit schmückt eine kleine Kapelle in Padua. Er entstand über 100 Jahre vor dem Beginn der Renaissance und wurde zur Vorlage für viele andere Künstler.

Anfang des 14. Jh. bat der reiche Bankier Enrico Scrovegni aus Padua den florentinischen Maler Giotto di Bondone (geboren 1266 oder 1267, gestorben 1337), die gerade vollendete Kapelle seiner Familie auszuschmücken. Hierfür wählte Giotto mehrere Szenen aus dem Neuen Testament und realisierte sie mit der Freskotechnik, bei der direkt auf den feuchten Putz gemalt wird. Unmittelbar davor war die Kunst noch von gedämpften Farben und stilisierten Figuren gekennzeichnet. Indem er damit brach, stellte Giotto das Leben Christi beispiellos real und emotional dar. So ebnete er den Weg für die großen Renaissance-Künstler, die ihm folgen sollten.

Blauer Sternenhimmel

Giotto dekorierte die Wände des Kapellenschiffs mit herrlichen leuchtend bunten Szenen aus dem Leben von Jesus und Maria – voneinander getrennt durch aufgemalte Bänder, die Einlegearbeiten aus Marmor und Edelsteinen imitieren. Die Westmauer ziert das Jüngste Gericht: In die Scharen der Erlösten integrierte Giotto seinen Gönner Enrico, der Maria

GEOGRAFISCHE LAGE

Die befestigte Stadt Padua liegt 50 km westlich von Venedig am Fluss Bachiglione. Vom Bahnhof aus oder vom mittelalterlichen Stadtzentrum mit seinen Kirchen und Palästen ist die Scrovegni-Kapelle leicht zu Fuß erreichbar; für die empfehlenswerte Führung ist aber eine vorherige Reservierung erforderlich.

Erzählung in Bildern Giottos innovativer Stil begeistert die Besucher der Kapelle bis heute: Die fast filmische Darstellung biblischer Szenen aus dem Leben von Jesus und Maria sind von ergreifender Schönheit.

FRESKENMALEREI
Ein echtes *(buon)* Fresko wird direkt auf den feuchten Putz aufgetragen: Der Künstler skizziert zuerst auf dem vollständig getrockneten Grundputz. Nun wird die zu bemalende Fläche mit einer letzten dünnen Putzschicht *(intonaco)* versehen und in der etwa zehnstündigen Trockenzeit *(giornata)* mit Farbe bearbeitet. Große Fresken erfordern mehrere Arbeitsgänge: Am Stück kann der Maler z. B. nur einige kleine Figuren, einen größeren Hintergrund oder ein wichtiges Gesicht vollenden. Dazu braucht er Können, Schnelligkeit und Spontanität.

ein Modell seiner Kapelle darreicht. Die Decke des darüber befindlichen Tonnengewölbes bedeckt strahlendes Blau, das mit golden schimmernden Sternen durchsetzt ist und sich im Hintergrund mehrerer Wandszenen wiederholt.

Neue Stilmittel

Ihre eindrucksvolle Wirkung verdankt die Kapelle vor allem Giottos erzählerischen Fähigkeiten: Er positionierte die gewählten Szenen in chronologischer Reihenfolge – oben beginnend mit dem Leben von Marias Eltern sowie der Jugend der Jungfrau. Die zentrale Ebene zeigt das irdische Leben Christi; es endet mit dem Passions- und Auferstehungszyklus. Außerdem sind thematisch zusammenhängende Szenen ober- bzw. unterhalb voneinander platziert: So befindet sich z. B. die wundersame Auferweckung des toten Lazarus durch Jesus über dessen eigener Auferstehung – die erste Szene nimmt die zweite vorweg.

Bei der Wahl des Schlüsselelements jeder Geschichte versetzte sich Giotto in die jeweiligen Figuren hinein. So stellte er z. B. die Reaktion auf ein Wunder oder den verräterischen Judaskuss mit emotional geprägten Gesichtsausdrücken, Gesten und Körperhaltungen dar. Bei der *Beweinung Christi* ringen die Anhänger Jesu mit tieftraurigem Blick ihre Hände, während Maria ihren toten Sohn im Arm hält. Details wie Gewandfalten, Horizontlinien, Blicke und Gesten lenken das Auge auf das zentrale Ereignis. Licht und Schatten lassen die Figuren plastisch wirken. Auch indem er räumliche Tiefe durch diagonale Linien erzeugte oder Bekleidung und Architektur zeitgenössisch abbildete, sorgte Giotto für eine realistische Komponente. All dies trägt dazu bei, dass Betrachter die Bildergeschichten intensiv nachempfinden können.

Die Beweinung Christi Giotto vermittelte Dramatik und Tiefgang auf bahnbrechende Weise. Jedes einzelne Szenenelement zeugt von Trauer: der leblose Leib Christi, die zurückgeworfenen Arme des Johannes und Marias Blick auf ihren geliebten Sohn.

Nachhaltiger Einfluss

Der 1305 geweihte Bau wurde sofort zu einem Besuchermagnet. Die nebenan lebenden Augustinermönche zeigten sich daraufhin bestürzt und ersuchten den Papst um Schließung der Kapelle – sie sei zu groß, zu prächtig und habe obendrein zu laute Glocken. Doch der Papst lehnte ab: Er hatte allen Besuchern bereits den Ablass gewährt und ihre Zeit im Fegefeuer um ein Jahr und 40 Tage reduziert. In späteren Jahrhunderten ließen sich u. a. Masaccio, Leonardo da Vinci, Michelangelo und Raffael vor Ort von Giottos bahnbrechendem künstlerischem Schaffen inspirieren.

Die Konkurrenten

ITALIENISCHE FRESKENZYKLEN

■ Unter der Schirmherrschaft Cosimos von Medici bemalte der Dominikanermönch Fra Angelico in den 1430er- und 1440er-Jahren die Zellen des **Klosters San Marco** in Florenz mit erbaulich-besinnlichen Fresken, die lebendig vom Leben Christi erzählen.

■ In den 1420er-Jahre verzierte Masaccio die winzige **Brancacci-Kapelle** (Florenz) mit Freskenszenen aus dem Leben des Petrus. Als erster echter Meister der Perspektive nutzte er plastische Modelle und kräftige Farben, um überzeugend reale Menschenfiguren und Hintergründe zu schaffen.

■ Der Freskenzyklus *Legende vom Wahren Kreuz* in der **Basilika San Francesco** in Arezzo entstand etwa zwischen 1454 und 1459 und gehört zu den Meisterwerken der Renaissance: In den erhabenen farbenprächtigen Szenen äußert sich Piero della Francescas geniales Gespür für Perspektive und Licht.

■ Fast im Alleingang dekorierte Michelangelo zwischen 1508 und 1512 die riesige Decke der **Sixtinischen Kapelle** im Vatikan mit Schöpfungsszenen, die insgesamt mehr als 300 Figuren umfassen. Von unten betrachtet verengt sich die Decke scheinbar bis ganz hinauf zur berühmten *Erschaffung Adams* – ein wahrer Höhepunkt der Renaissance-Kunst.

DER HINREISSENDSTE VERGOLDETE TEMPEL

SHWEDAGON-PAGODE

Auf einem Hügel oberhalb von Yangon in Myanmar schimmert eines der kostbarsten und heiligsten Bauwerke, die je errichtet wurden.

Burmas Herrscher wetteiferten einst darum, wer das meiste Gold für den schimmernden Stupa der Shwedagon-Pagode stiften kann. Im 15. Jh. begann Königin Shinsawbu mit dieser Tradition, indem sie ihr Körpergewicht (40 kg) in Gold spendete – das edle Metall diente in Form von Blattgold als Überzug der Pagode. Ihr Schwiegersohn, König Dhammazedi, stiftete gar das Vierfache seines Gewichts in Gold. Und so geht das bis heute: Pilger kaufen päckchenweise Blattgold, das an den örtlichen Buddhastatuen befestigt wird.

Rudyard Kipling nannte die Pagode ein „funkelndes Wunder, das in der Sonne glänzte." Somerset Maugham sah den Schrein als „plötzliche Hoffnung in der dunklen Seelennacht, von der die Mystiker schreiben." Doch selbst ohne Gold wäre der Komplex mit über 100 Pavillons, Stupas und anderen Gebäuden ein eindrucksvolles buddhistisches Bauwerk.

Goldener Turm

Der Legende nach ist der Tempel 2500 Jahre alt. Historiker gehen jedoch davon aus, dass er zwischen dem 6. und dem 10. Jh. n. Chr. während der Mon-Kultur erbaut wurde. Nach Erweiterungen im 14. und 15. Jh. erreichte die Pagode im 18. Jh. schließlich ihre aktuelle Größe.

Der 99 m hohe Hauptstupa mit seinem achteckigen Fundament beherbergt acht Haare des Siddhartha Gautama. Die konische Spitze der glockenförmigen Kuppel mit Blattgoldbezug wird u. a. von der *nga-pyaw-bu* (Bananenblüte) und dem *hti* (Ehrenschirm) geziert. Auf den 21 000 goldenen Platten der Verkleidung sitzen über 5000 Diamanten, 2000 Rubine, Smaragde, Saphire und Topase sowie 420 Silberglocken, die im Wind bimmeln. Ganz oben thront ein 76 Karat schwerer Diamant.

Obwohl die Pagode vor allem den Gläubigen dient, war sie auch schon immer ein Zentrum der sozialen und politischen Bewegungen Burmas. Dessen Unabhängigkeit vom britischen Empire nahm hier ihren Anfang; ein Mahnmal erinnert an einen antibritischen Studentenprotest im Jahr 1920.

GEOGRAFISCHE LAGE

Die Shwedagon-Pagode steht auf dem heiligen Singuttara-Hügel in Yangon in Myanmar. Als wichtigster Zugang bietet der Yangon International Airport (Mingalardon Airport) direkten Anschluss zu anderen Großstädten Asiens. Pagodenbesucher müssen sich angemessen kleiden.

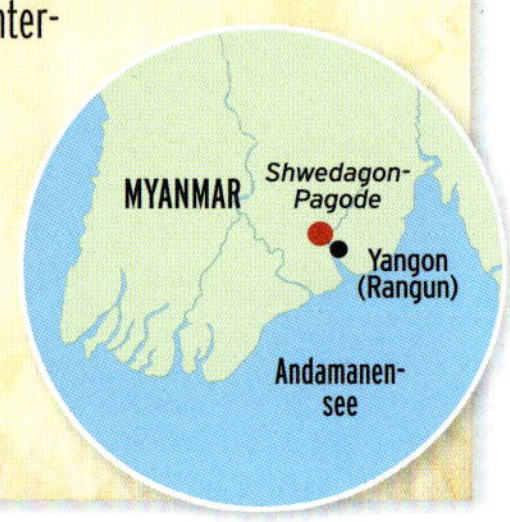

Wald aus Türmen Die Basis der mächtigen Zentralpagode umgeben 64 kleinere Stupas, Gebetshallen und Buddhastatuen.

Andachtsräume Einige der Schreine im Komplex wurden einst von Familien errichtet, die sie heute noch nutzen.

Die Konkurrenten

GOLDENE TEMPEL

- Heiligster Sikh-Schrein ist der **Harmandir Sahib** (Goldener Tempel) in einem heiligen See im indischen Amritsar.

- Der **Jindian** (Bronzehalle) ist der Stolz des Taihegong-Tempels von Kunming in der chinesischen Provinz Yunnan. Er besteht aus golden schimmernder Bronze.

- Der **Kinkaku-ji** im japanischen Kyōto steht in einem herrlichen Garten. Blattgold bedeckt die zwei oberen Stockwerke.

- Der zum Tempel des Smaragd-Buddhas in Bangkok gehörende Stupa **Phra Sri Rattana Chedi** ist mit vergoldeten Mosaiken verziert.

- Der hinduistische **Sripuram-Goldtempel** bei Vellore (Indien) wurde mit 1,5 t Blattgold verkleidet.

DIE URSPRÜNGLICHSTEN BERGDÖRFER

SWANETIEN

Ihre einsame Bergheimat lag Swanetiens Dorfbewohnern wohl nicht hoch genug: Vor langer Zeit bauten sie befestigte Turmhäuser mit fünf Stockwerken, von denen viele bis heute stehen.

Der über 5190 m hohe Schchara im Großen Kaukasus ist einer der höchsten Gipfel Europas – natürlich nur, wenn man das Gebirge nicht zu Asien zählt: International sind sich Geografen über den genauen Verlauf der Kontinentalgrenze im Kaukasus nicht einig. In geografischer und geologischer sowie kultureller und sprachlicher Hinsicht ist die ganze Region zwischen Schwarzem und Kaspischem Meer tatsächlich sehr vielgestaltig.

Die Kaukasusregion gehört zu Asien und Europa gleichzeitig – und ist zugleich sehr eigenständig. Die natürlichen Gegebenheiten folgen eigenen Regeln: In den tiefer gelegenen Tälern mutet das Klima gemäßigt und fast mediterran an; in den Bergen hat es Hochgebirgscharakter. Oberhalb von 3000 m sorgen Schnee, Gletscher und der Permafrostboden für arktische Bedingungen. Bis zu einer Höhe von 2000 m bedecken Kiefern- und Tannenwälder die Hänge, ähnlich wie in Sibirien. Auch die Fauna ist vielfältig: Nordische Arten wie Luchse und südliche Spezies wie Leoparden teilen sich die hiesige Wildnis.

Im Schatten des Schchara

Auch die ethnische Vielfalt des Kaukasus ist außergewöhnlich groß. In der Region leben mehr als 50 verschiedene Volksgruppen, weshalb hier Dutzende Sprachen gesprochen werden. Als altes Kriegervolk gelten die Swanen, die umgeben vom Hochgebirge der georgischen Provinz Swanetien im Einzugsgebiet der Flüsse Enguri, Rioni und Tskhenistskali leben. Der Schchara ist der höchste Berg der sogenannten Besingi-Mauer, hinter der Russland beginnt.

Die Swanen waren schon immer komplett von ihren russischen Nachbarn im Norden abgeschnitten. Sie gehören in

Bewehrte Wohnhäuser Zum Schutz gegen Angriffe und Naturkatastrophen wie Bergstürze hatte jedes mittelalterliche Dorfhaus Swanetiens einen Wehrturm.

GEOGRAFISCHE LAGE

Swanetien liegt im Nordwesten Georgiens, rund 500 km von Tiflis entfernt. Der Flughafen befindet sich in Mestia; zwischen beiden Städten gibt es regelmäßige Linienflüge. Von Mestia aus ist die etwa 40 km entfernte Dorfgemeinschaft Uschguli nur im Sommer erreichbar; im Winter ist die Straße gesperrt.

ethnografischer Hinsicht zu den Georgiern, sind mit dem Rest des Landes aber auch nicht enger verbunden als mit Russland: Der Schnee schneidet Swanetien jeweils ein halbes Jahr lang von der Außenwelt ab; in den übrigen Monaten machen Sturzfluten und Felsstürze die extrem abschüssigen und schlecht befestigten Bergstraßen sehr gefährlich.

Diese Abgeschiedenheit hat jedoch den Vorteil, dass hier seit byzantinischer Zeit keinerlei staatliche Kontrolle mehr herrscht. Freiheit ohne Bürokratie bedeutet aber fehlenden Schutz – und das in einer Region, durch deren Wälder früher nicht nur Wölfe, sondern auch Räuberbanden streiften. Zudem mussten sich die Dorfbewohner gegeneinander verteidigen, da Blutfehden einst das hiesige Leben prägten. So waren die Häuser der Swanen buchstäblich Burgen: Die Familien bewohnten befestigte Komplexe im Schatten von 25 m hohen Turmhäusern.

Turmhäuser auf dem Rückzug

Turmhäuser verteilten sich einst zu Hunderten über ganz Swanetien. Rund 1000 Jahre lang wurden die fünfstöckigen Türme stets in etwa gleich gebaut: Mit ihrem breiten Fundament konnten sie Lawinen und Erdrutschen widerstehen, in Richtung Dach verbreiterte sich die Konstruktion meist; der Spähposten ganz oben diente auch als allerletzte Zuflucht bei Angriffen. Die schmalen Fensterschlitze der oberen Stockwerke verengten

sich nach außen hin noch weiter. Im Winter sammelte sich die Familie zusammen mit dem Vieh im Erdgeschoss, während oben Geräte, Futter und Lebensmittel lagerten. Im Sommer wurden dann die kühleren oberen Stockwerke bewohnt.

In weiten Teilen Swanetiens sind diese traditionellen Turmhäuser heute ganz abgerissen oder verlassen und so stark verfallen, dass Nebelkrähen darin nisten. Doch selbst als Ruinen wirken sie noch eindrucksvoll – es sind melancholische Zeugnisse menschlicher Besiedlung in einer der spektakulärsten Naturlandschaften der Erde. Von unten betrachtet scheinen sich die Türme in den Himmel zu recken; wer im Sommer auf den blumenübersäten Hängen steht und sie von oben bewundert, hat den Eindruck, auf natürliche Felskamine in schroffer Berglandschaft zu blicken.

Weiter oben im Tal sind die traditionellen Gebäude noch weiter verbreitet, beispielsweise in Uschguli südöstlich von Mestia. Dort, nahe der Quelle des Enguri, finden sich überall mittelalterliche Turmhäuser, die zu lebendigen, blühenden Gemeinden gehören. Genau genommen besteht Uschguli aus den vier Einzeldörfern Tschwibiani, Schibiani, Murqmeli und Tschaschaschi. Letzteres wurde bis heute nicht verändert und besitzt mehr als 100 Turmhäuser.

Land des Goldenen Vlieses

Reiste Jason mit den Argonauten nach Swanetien, um das berühmte Goldene Vlies zu rauben? In der griechischen Mythologie verlangt sein Onkel Pelias diesen Preis für den Thron, den er Jasons Vater entrissen hat. Die verlockende Kostbarkeit – das goldene Fell eines Widders – befindet sich im Besitz von Aietes, dem König von Kolchis. Bis heute ist Georgiens Küstenebene als Kolchida bekannt.

Pelias weiß, dass die Schwarzmeerstürme das kleinste Problem bei der gefährlichen Mission sind. Jason genießt jedoch die Gunst der Göttin Athene, die ihn anweist, seine Krieger zusammenzurufen und ein Schiff bauen zu lassen. Dieses wird *Argo* getauft – daher stechen Jasons Männer als „Argonauten" in See.

Nach vielen Abenteuern erreichen sie Kolchis an der Mündung des Flusses Phasis (wohl der heutige Rioni). Stromaufwärts schlagen sich die Männer durch die Wildnis des Landstrichs und finden einen heiligen Hain, der von einem Drachen bewacht wird. Darin hängt das Vlies an einem Ast; Jason raubt es mithilfe von Aietes' schöner Tochter Medea, einer bösen Zauberin. Diese erklärt ihm, wie er den Drachen besiegen und dann fliehen kann. Anschließend brennt sie mit Jason durch, ermordet ihren eigenen Bruder und wirft dessen zerstückelte Leiche hinter der *Argo* ins Meer, um die von Aietes angeführten Verfolger abzulenken. Als Jason Medea zugunsten der korinthischen Prinzessin Glauke verstößt, rächt sie sich: Sie schenkt der Braut ein vergiftetes Gewand, das diese anlegt und stirbt.

Mit der georgischen Jagdgöttin Dali hat Swanetien seine eigene *femme fatale*. Die betörende Verführerin lebte angeblich nordwestlich von Mestia auf dem Berg Uschba, wählte männliche Waldbewohner als Liebhaber und tötete diese, wenn sie auch nur ein Wort darüber verloren.

Alt und Neu In Uschguli stehen mittelalterliche Steintürme unmittelbar neben modernen Backsteinbauten. Dahinter ragt das gewaltige verschneite Felsmassiv des Schchara auf.

Glaubensbastionen

Doch selbst in Swanetien ändern sich die Zeiten: Heidnische Gottheiten wie Dali gehören heute dem Reich der Legende an; die Swanen sind seit 1500 Jahren Christen. Die religiösen Gepflogenheiten sind hier jedoch davon geprägt, dass öfter Krieg als Frieden herrschte: So sind die Kirchen genauso stark befestigt wie die Häuser. Manche davon wurden in die größeren Turmhäuser feudaler Herrscher integriert und gewissermaßen zu Privatkapellen. Ein gutes Beispiel hierfür ist die Laschkdasch-Kirche in Tschaschaschi.

Auch wenn die Swanen ihre Kirchen eher stabil als stilvoll bauten, wollten sie in schöner Umgebung beten. Die Verwendung von allzu viel Gold, Silber, Edelstein und Buntglas war jedoch nicht ratsam in einem Land, in dem ständig Gefahr durch Räuberbanden bestand. So erzeugte man spirituelle Stimmung über Wandgemälde. Die Exemplare in der Erlöserkirche von Tschaschaschi entstanden am Ende des ersten Jahrtausends und sind zu Recht berühmt: Ihre Bibel- und Heiligenszenen lassen das Kircheninnere in lebendigen Farben erstrahlen. In Stil und Themenwahl entsprechen diese Wandbilder der orthodoxen Tradition, haben aber eine Frische und Eleganz, die vielen anderen Ikonen aus derselben Zeit fehlen. Anders als bei der westlichen Freskentechnik auf feuchtem Gips ließ man den Innenputz auf dem groben Kirchengemäuer vor dem Bemalen ganz durchtrocknen. Das Museum für Geschichte und Ethnografie in Mestia zeigt Gemälde, Schnitzwerk, Bilderhandschriften und andere Dinge, die aus Swanetiens verfallenden Kirchen gerettet wurden.

Sakrale Schatzkammern In Swanetien werden immer noch etwa 70 Kirchen genutzt. Viele von ihnen bergen gut erhaltene Preziosen wie Ikonen und Goldkreuze.

Kultur der Beständigkeit

Das eigentliche Erbe der Swanen nahm nie solch greifbare Gestalt an: Die Hauptausdrucksformen der regionalen Identität waren seit jeher Gesang, Tanz und Feste – Schätze, die niemand rauben konnte. Die Swanen entwickelten berauschende Volkstänze und polyphone Gesänge, die heute so beliebt sind wie früher.

Und auch der örtliche Alltag geht seinen Gang. Die Einheimischen müssen Schaf- und Ziegenherden hüten, Käse herstellen und dem kargen Boden ihren Lebensunterhalt abringen. Die Bauern bauen Gerste und Kartoffeln an; vor allem produzieren sie Tierfutter. Die Swanen mögen zwar uralte Gemäuer bewohnen, leben aber schon immer im Heute – nicht zuletzt wegen des gnadenlosen Winters, der nie weit entfernt ist.

Die Konkurrenten

BERGDÖRFER

■ Zu den urigen Dörfern im marokkanischen **Atlasgebirge** zählt Telouet südöstlich von Marrakech. Die Kasbah (Zitadelle) auf 1800 m Höhe kontrollierte einst die Route der Kamelkarawanen, die von der Sahara aus nordwärts zu Marrakechs berühmtem Basar zogen. Die Festungsmauern bröckeln zwar, stehen aber immer noch. Insgesamt gibt es oben in den Bergen über 1000 befestigte Dörfer: Die regionalen Berberstämme verdingten sich früher als Räuber und bekriegten sich ständig. Zu Recht berühmt ist auch das Dorf Aït Ben-Haddou südlich von Telouet: Die Lehmhäuser seiner schönen Kasbah sind bis heute intakt.

■ Die historischen Bergdörfer Le Puy-en-Velay und Ambert in der französischen **Auvergne** wurden einst als Raststationen für Händler gegründet. Dank ihrer einsamen Lage auf 800 m Höhe sind sie immer noch ursprünglich und unberührt. Die Attraktivität der schmucken, gepflegten Siedlungen des entlegenen französischen Hochlands besteht vor allem im Kontrast zur naturnahen, ursprünglichen Umgebung.

■ In Höhenlagen zwischen 1200 m und 1800 m, unter blauem Himmel und vor einer Kulisse aus schroffen verschneiten Gipfeln stehen die Dörfer der italienischen **Dolomiten**. Dazu gehören malerische Nester wie Arabba und Selva in der Sellagruppe. Diese Region ist die Heimat der Ladiner, einer Ethnie mit eigener Sprache und Bautradition.

Ladakh

■ **Ladakh** - das Land der Hochpässe - gehört zur Region Kaschmir, um die sich Indien, Pakistan und China streiten. Als buddhistische Bergbewohner fühlen sich viele Einheimische zu keinem der Länder hingezogen. Kulturell und sprachlich haben die Bewohner Ladakhs mehr mit ihren tibetischen Nachbarn im Südosten gemeinsam; sie leben von Viehzucht und Landwirtschaft, die sie für den Eigenbedarf betreiben.

POTALA-PALAST

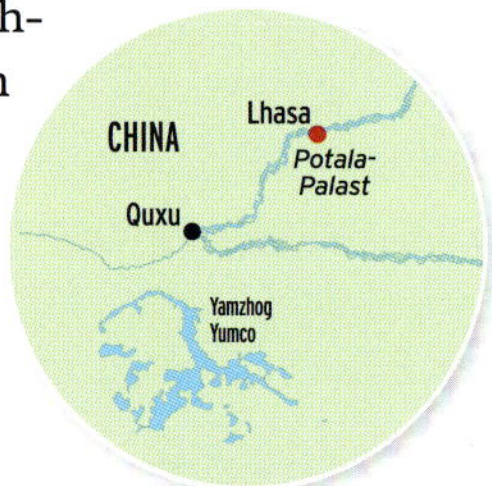

Der Dalai Lama ist der geistliche Führer der Tibeter. An einem schroffen Hang in der Hauptstadt Lhasa ragt seine frühere Winterresidenz als höchstgelegener Palast der Welt in den Himmel: Der Potala-Palast, mit dessen Bau im Jahr 1645 begonnen wurde, bündelt Tibets Kultur auf einzigartige Weise. Das festungsartige Äußere prägen mächtige, nach innen geneigte Mauern. Ganz oben krönen *dhvajas* (zylinderförmige Siegesstandarten) die 13 Stockwerke aus Treppen, Terrassen und Flachdachbauten. Das Gewirr der etwa 1000 Räume, Hallen und Kapellen beherbergt zahllose religiöse Gemälde und Statuen. Hinzu kommen geschnitzte oder juwelenbesetzte Schreine und die heiligen Reliquien früherer Dalai Lamas in kostbaren Goldstupas – bis heute das Hauptziel von Pilgern.

DER PERFEKTE PALAST?

Als Residenzen von Königen oder Staatsoberhäuptern repräsentieren Paläste Macht und Prestige. Ob Buckingham Palace (London), Élysée-Palast (Paris) oder Weißes Haus (Washington, D. C.): Die Namen werden oft zu Synonymen für die dort residierenden Personen oder deren Ämter. Einzigartige Ausmaße und Stilelemente machen die schönsten Paläste zu unverwechselbaren

Ikonen – sie sind nicht nur Wohnsitze, sondern teilweise bis heute Regierungszentren, die von Beamten, Mitarbeitern und Gästen nur so wimmeln. Somit stehen sie für straff organisierte Apparate, deren Angehörige sich ihrer Aufgabe im Dienst des höchsten Amtes bewusst sind. Dies reflektiert auch die Architektur: Im Zentrum der Residenz befindet sich das Audienzzimmer oder der Thronsaal. Die hier vorgestellten Paläste verkörpern Macht unterschiedlich – der eine den Gipfel spirituellen Strebens, der andere die Krone weltlichen Pomps.

SCHLOSS VERSAILLES

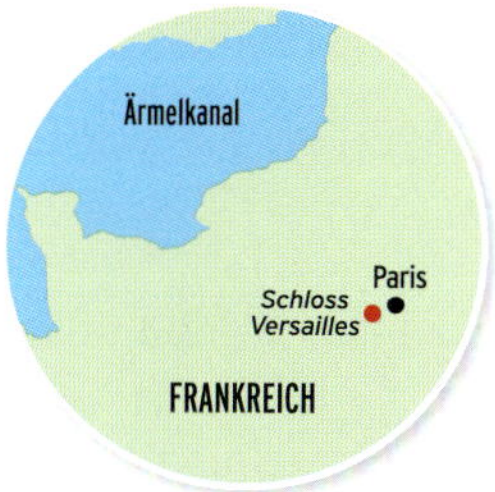

Im Jahr 1668 begann der absolutistische König Ludwig XIV. mit dem Umbau des königlichen Jagdschlosses bei Versailles. Rund 16 km westlich von Paris entstand dort schließlich der größte und extravaganteste Palast Europas: Der 73 m lange Spiegelsaal mit 357 Spiegeln bildet das Herz der Räume, deren Opulenz in Richtung der königlichen Gemächer wächst. Die Barockgärten mit Seen, Statuen und Springbrunnen sind die größten Palastgärten Europas; auch sie repräsentieren bis ins kleinste Detail Ruhm und Macht des „Sonnenkönigs". Versailles wurde unter Ludwig XV. und XVI. erweitert. Fast 100 Jahre lang prägte es Europas Architektur- und Modegeschmack – Anspruch, Pomp und Kosten suchten damals ihresgleichen. Die restaurierten Räume vermitteln auch heute noch einen lebendigen Eindruck von der früheren Pracht.

DIE VIELSEITIGSTE STADTLANDSCHAFT

SYDNEY HARBOUR

Ein Naturhafen bildet die prachtvolle Kulisse für eine der großartigsten Stadtansichten der Welt, die mit zwei markanten Wahrzeichen aufwartet: der Sydney Harbour Bridge und dem Sydney Opera House.

Als Kapitän Arthur Phillip von der First British Fleet im Jahr 1788 erstmals den Port Jackson erblickte, sprach er vom „schönsten Hafen der Welt" – und entschied schnell, dass der Sydney Harbour wesentlich besser für eine Siedlung geeignet sei als die Botany Bay weiter südlich. Viele andere stimmten ihm zu; der viktorianische Romancier Anthony Trollope bezeichnete den Hafen als „so unbeschreiblich attraktiv, dass sich ein Mann fragen muss, ob es nicht lohnend wäre, an die Ostküste Australiens umzuziehen."

Allein schon die gewaltige Länge der zerlappten Küstenlinie und die vielen Meeresarme geben Sydney sein abwechslungsreiches Gesicht. North Harbour, Middle Harbour und Sydney Harbour gehören alle zum Port Jackson. Dieser 55 km^2 große Meeresarm führt von der Tasmansee her zwischen den berühmten Sydney Heads hindurch und setzt sich 19 km weit ins Landesinnere fort. Sein

GEOGRAFISCHE LAGE

Sydney Harbour mit seinen vielen Buchten und Zuflüssen liegt an der Küste von New South Wales im südöstlichen Australien. Das Hafengebiet ist mit öffentlichen Verkehrsmitteln einfach zu erreichen. Fähren bedienen die Stadtviertel – u. a. Manly am Nordufer und Parramatta im Westen – sowie einige Hafeninseln.

Naturhafen Die Harbour Bridge, eine der schwersten und weitesten Brücken der Welt, und die Oper sind nicht nur die Wahrzeichen des Hafens, sondern ganz Australiens.

längster Seitenarm ist der Sydney Harbour mit vielen Buchten, Stränden, malerischen Inseln und historischen Festungsanlagen. Das Ufer des Port Jackson führt in allen Richtungen an kleinen Buchten oder Einfahrten entlang und bringt es daher auf eine Gesamtlänge von fast 320 km. Sydney drängt sich eng an den geschwungenen Rand des Sydney Harbour und nutzt dabei die wunderbaren Möglichkeiten, die eine Lage am Wasser bietet, bestmöglich aus.

Altes Siedlungsgebiet

Die Landschaft im Gebiet des Sydney Harbour hat ihren Ursprung vor etwa 225 Mio. Jahren. Das Hafengebiet selbst ist aber noch recht jung: Es entstand vor 18 000–6000 Jahren nach der letzten Eiszeit, als der ansteigende Meeresspiegel das Parramatta-Flusstal flutete und so den Port Jackson schuf. Am Ufer siedelten sich mehrere indigene Stämme an, z. B. die Eora, Wangal, Gadigal und Cammeraygal. Diese lebten bei der Ankunft der Briten noch in der Region, wurden aber schon kurze Zeit später landeinwärts oder an andere Küstenabschnitte vertrieben. Entlang der Küste blieb ihr Erbe jedoch in Form von mehr als 4000 Felsbildern erhalten (beispielsweise in Watsons Bay und North Bondi).

Dynamisches Wachstum

Der Hafen hat eine große historische und kulturelle Bedeutung: Hier wurden im Jahr 1788 die ersten Europäer in „Down Under" angesiedelt. Die Siedlung an der Sydney Cove benannte man nach Thomas Townshend, dem First Viscount Sydney und damaligen Innenminister Großbritanniens. Nach einem schweren Start wurde die ursprüngliche Strafkolonie schnell größer; schließlich säumte sie die Sydney Cove (Circular Quay), die Farm Cove und die Cockle Bay (Darling Harbour) am Südufer des Hafens. Im 19. Jh. war Sydney zu einer bedeutenden, weiterhin schnell wachsenden Handels- und Hafenstadt geworden.

Im frühen 20. Jh. konkurrierte das dynamische Sydney mit Melbourne um den Titel als führende Großstadt Australiens. Die Eröffnung der Sydney Harbour Bridge (1932) machte es zur bekannteren der beiden Metropolen. Die Nachwirkungen des Zweiten Weltkriegs verstärkten den Kultstatus der markanten Brücke: Sie begrüßte zahllose Schiffspassagiere, die als Vertriebene ein neues Leben in Australien begannen. Bis heute ist sie die für ihre Breite weiteste Bogenbrücke überhaupt.

Das 1973 eröffnete Sydney Opera House steht auf dem Bennelong Point –

Berühmte Silhouette Sofort nach ihrer Eröffnung 1973 wurde die Oper zum Mittelpunkt des australischen Kulturlebens. Sie beherbergt jeweils einen Opern-, Konzert- und Theatersaal sowie Restaurants.

einer Landzunge, die nach dem Eora-Stammesältesten Woollarawarre Bennelong benannt ist. Der US-Architekt Louis Kahn sagte von der Oper: „Die Sonne wusste nicht, wie wunderschön ihr Licht war, bis es von diesem Gebäude reflektiert wurde.“ So lösten die segel- bzw. muschelförmigen Formen des dänischen Architekten Jørn Utzon schon bald die Harbour Bridge als bekanntestes Wahrzeichen der Stadt ab.

Sydneys Wirtschaftskraft und Lebensqualität haben den Zuzug weiter beflügelt. Die in der Volkszählung von 2016 ermittelten 5,2 Mio. Einwohner waren neben Australiern vor allem Menschen mit englischen, chinesischen, irischen, schottischen, italienischen, libanesischen und griechischen Wurzeln. Rund 20 % der hier lebenden Menschen bezeichneten sich selbst als asiatische Australier.

Mehrere Hafenbuchten

Mit ständigem Fährverkehr und riesigen Kreuzfahrtschiffen am Circular Quay ist die Sydney Cove das pulsierende Herz des Hafens. Aber auch andere Buchten haben eine interessante Geschichte: Der Darling Harbour auf der westlichen Seite der Brücke war früher ein Handelshafen für Wolle und Kohle, inzwischen wurde er aber zum Kongress- und Ausstellungszentrum umgebaut. Auch das schwimmende Sydney Aquarium und das National Maritime Museum liegen dort.

Australiens Luftfahrt begann an der ruhigen Rose Bay auf der südöstlichen Hafenseite: Um die Wende zum 20. Jh. baute der Flugpionier Lawrence Hargrave große Kastendrachen und andere Fluggeräte in seinem dortigen Wohnhaus. Im Jahr 1938 wurde die Rose Bay Sydneys Hafen für Wasserflugzeuge.

Neujahrsfest In Sydney beginnt jedes Jahr mit einem Feuerwerk, das den Nachthimmel über der Harbour Bridge und der Oper erleuchtet.

Die 1915 fertiggestellte Woolloomooloo Wharf an der Woolloomooloo Bay ist das größte Holzgebäude der Welt. Zwischen den vielen Nobelbars und Gourmetrestaurants in ihrem Umkreis wohnen vereinzelt auch Prominente wie der Schauspieler Russell Crowe. Die markante Spit Bridge macht The Spit am Middle Harbour zum wichtigsten Übergang zwischen der Stadt und dem Nordufer. Sie wurde 1958 vollendet und ist nun eine der wenigen noch funktionierenden Zugbrücken Australiens.

Im Sydney Harbour sind immer Boote zu sehen – die allermeisten aber jeweils beim Start der viertägigen Sydney-Hobart-Regatta, die über die tückische Bass-

Straße hinüber nach Tasmanien führt: Hunderte Zuschauerboote versammeln sich im Hafen und an dessen Rand, während Tausende Menschen die Aussichtspunkte an den Ufern säumen, um die Seglerflotte beim Auslaufen durch die Heads zu beobachten.

Reiche Tierwelt

Trotz der fortschreitenden Besiedlung ist das Hafengebiet ein intakter natürlicher Lebensraum: Über 550 verschiedene Wassertiere wie Dickbauchseepferdchen, Rotfeuerfische, Skorpionfische und Port-Jackson-Stierkopfhaie tummeln sich hier dauerhaft oder saisonal. An der Harbour Bridge wurden schon Buckelwale auf Winterreise gesichtet; auch Südkaper ziehen mitunter vorbei.

Ebenso viele Tiere leben am Ufer und die Region beheimatet auch viele endemische Arten. An der Manly Cove sieht man vielleicht scheue Zwergpinguine und Australische Wasseragamen sonnen sich auf den Sandsteinfelsen der Obelisk Bay. Am oberen Middle Harbour stoßen Weißbauchseeadler auf Fische herab; Leierschwänze und Kurzkopfgleitbeutler bewohnen die Schluchten des Garigal-Nationalparks. Zum Sonnenuntergang flattern Graukopfflughunde durch die Luft, während Goldlaubfrösche das Ufer beim Sydney Olympic Park bevölkern.

Drei Reservate bewahren die natürliche Schönheit und den Artenreichtum des Port Jackson vor Schaden: Zum Sydney-Harbour-Nationalpark gehören neben diversen Uferzonen rund um den Sydney Harbour und die Heads auch historische Inseln wie Fort Denison oder Goat Island. Der Lane-Cove-Nationalpark schützt das Tal im oberen Mündungsbereich des Lane Cove Rivers. Vom Middle Harbour erstreckt sich der Garigal-Nationalpark bis zum Hawkesbury River und darüber hinaus. Trotz seiner Weitläufigkeit fügt sich Sydney bestens in seine herrliche Umgebung ein – der Hafen bleibt das wertvollste natürliche Kapital der Stadt.

Uferblick Im Taronga-Zoo am nördlichen Rand des Sydney Harbour stärken sich Giraffen vor der vertrauten Kulisse aus Hochhäusern und Oper.

Die Konkurrenten

STADTLANDSCHAFTEN

■ Im frühen 21. Jh. wuchs **Dubai** als moderne Metropole aus dem arabischen Wüstensand. Viele Kritiker glauben jedoch, dass der Stadt die kulturelle und soziale Reife älterer Städte fehlt.

■ In **Frankfurt am Main** mischen sich niedrige, eng nebeneinander stehende historische Gebäude kontrastreich mit hochmodernen futuristischen Wolkenkratzern wie dem Commerzbank Tower oder dem Messeturm. Nicht umsonst hat die Stadt den Spitznamen „Mainhattan" inne.

■ **Hongkong** wächst weiter: Die Schließung des Kai-Tak-Flughafens (1998) erlaubte den Bau von Hochhäusern auf beiden Hafenseiten. Der entstandene Wald aus Stahl, Glas und Neonreklamen steht vor der dramatischen Kulisse des Victoria Peak und der Berge von Kowloon.

Hongkong

■ **Manhattans** Wolkenkratzer-Silhouette ist der Prototyp aller Skylines: Er reicht von Art-déco-Meisterwerken wie dem Chrysler Building oder dem Empire State Building bis hin zu Modernerem wie dem Hauptsitz der Vereinten Nationen. Das 541 m hohe One World Trade Center, das höchste Gebäude der USA, wurde 2014 direkt neben der Gedenkstätte für die Terroranschläge des 11. September 2001 errichtet.

■ In Shanghai (China) säumt die Promenade **Bund** das Westufer des Huangpu. Ihre prägnanten Art-déco-Bauten stammen aus den 1930er-Jahren, in denen dort das Herz des internationalen Bezirks lag. Am Ostufer befindet sich das futuristische Viertel Pudong.

DAS PRÄCHTIGSTE MAUSOLEUM

TAJ MAHAL

Der Taj Mahal ist das Kronjuwel der indo-islamischen Architektur. Der indische Dichter Rabindranath Thakur beschrieb ihn einst als „Träne auf der Wange der Zeit".

Der Taj Mahal zählt zweifellos zu den eindrucksvollsten Bauwerken der Welt. Das weiße Marmormausoleum in Agra ist zu Indiens berühmtestem Wahrzeichen geworden und ist dank zahlloser Fotos weltweit bekannt. Wer den Taj Mahal erstmals in natura erblickt, wird dennoch überwältigt sein: Experten bezeichnen ihn als das herrlichste erhaltene Beispiel für die Mogularchitektur (Mischung aus indischen, persischen und islamischen Elementen): Die Harmonie der Proportionen und das Ineinanderfließen der Dekoration sind einzigartig. Für den Rest der Welt ist der Taj Mahal ein Monument ewiger Liebe – erbaut von einem trauernden Witwer nach dem Tod seiner Frau.

Ein Liebesbeweis

Shah Jahan ließ den Taj Mahal im 17. Jh. zu Ehren seiner Lieblingsfrau Arjumand Banu Begum, besser bekannt als Mumtaz Mahal („Exzellenz des Palastes"), errichten. Deren plötzlicher Tod bei der Geburt ihres 14. Kindes stürzte den Mogulherrscher 1631 in tiefe Trauer. So machte er sich daran, ihr Andenken durch ein ewiges Monument zu bewahren – tatsächlich ist „Taj Mahal" („Kronenpalast") vom Namen der Verstorbenen abgeleitet. Das Ergebnis war ein echter Liebesbeweis, der nach 22 Jahren vollendet wurde.

Obwohl sein Name heute untrennbar mit grenzenloser Liebe in Verbindung gebracht wird, war Shah Jahan so skrupellos wie all seine Vorfahren und beseitigte vier seiner Brüder auf dem Weg zum Thron. Um sein berühmtestes Erbe zu verwirklichen, bediente er sich seiner ganzen Macht: Insgesamt 22 000 Bildhauer, Steinmetze, Holzschnitzer, Maler, Kalligrafen, Einlegekünstler und andere Arbeiter kamen aus Europa, Nahost oder Asien hierher. Für den Anfang brauchte man brachiale Kraft – rund 1000 Elefanten schleppten die strahlend weißen Marmorblöcke aus dem 190 km entfernten Rajasthan herbei. Zur Verzierung des entstehenden Bauwerks in Agra wurden 28 Arten von Edel- und Halbedelsteinen, u. a. Onyxe, Amethyste, Türkise, Lapislazuli, Jade und Perlmutt, aus Russland, Persien, Afghanistan, China und Tibet beschafft.

GEOGRAFISCHE LAGE

Agra mit dem Taj Mahal liegt 200 km von Delhi entfernt im indischen Bundesstaat Uttar Pradesh. Der lokale Flughafen Kheria wird nur saisonal bedient, daher empfiehlt sich die Anreise per Zug und Taxi. Aufgrund von bis zu 70 000 Besuchern täglich sind die Eintrittskarten nur noch für 3 Stunden statt den ganzen Tag gültig.

Nach Abschluss der eigentlichen Bauarbeiten dauerte es noch mehrere Jahre, bis die Ausschmückung fertig war. Der berühmte Kalligraf Amanat Khan soll die Inschriften auf den Portalen, der Moschee und dem Sarkophag angefertigt haben. Bisher ist nicht bekannt, wer der Chefarchitekt des Taj Mahal war, eventuell könnte es aber Ahmad Lahori gewesen sein, ein persischstämmiger Inder. Das Gesamtkonzept stammte angeblich von Shah Jahan, der wohl seit seiner Kindheit gern Paläste entworfen hatte.

Wiedergewonnenes Paradies

Wer an den Taj Mahal denkt, hat meist die zentrale Kuppel im Sinn. Die Anlage besteht jedoch aus fünf Komponenten: Hauptportal, Garten, Mausoleum, Moschee und *jawab* („Antwort" bzw. Spiegelgebäude, das der Moschee gleicht). Stufig fällt das insgesamt 17 ha große Gelände zum Ufer des Yamuna hin ab. Gemäß den Prinzipien des Mogulstils wurden die fünf Anlagenelemente als geschlossene Einheit konzipiert, die keine späteren Erweiterungen erlaubte.

Märchenhaft Die Hauptkuppel wölbt sich zunächst nach außen und wird dann schmaler. Dieses intelligente Prinzip leitet die schwere Last direkt nach unten ab.

In den Gebäuden und Gärten ist überall die islamische Himmelsvorstellung präsent: Das ursprüngliche Eingangsportal am Südende des Komplexes zieren Kalligrafien von Koranversen, die Gläubige zum Eintritt ins Himmelreich einladen. Das akkurate Muster der Gartenanlage entspricht dem mogulischen Tschāhār-Bāgh-Stil, bei dem Kanäle eine Hauptfläche in vier Rechtecke unterteilen. Die vier „Flüsse" symbolisieren die Wasser-, Milch- und Honigströme des Paradieses. Sie münden in ein Marmorbecken, das das *kawthar* (himmlisches Gewässer der Fülle) repräsentiert. Wirklich Wasser führt aber nur die Kanalachse in Nord-Süd-Richtung. Darauf spiegelt sich der Taj Mahal – ein beliebtes Fotomotiv.

Das Zentrum der Anlage

Das zentrale Mausoleum auf der quadratischen, 7 m hohen Plattform steht im Mittelpunkt jedes Besuchs. Die vier fast identischen Fassaden des mächtigen Marmorbaus haben jeweils einen breiten Mittelbogen, den kleinere und übereinander angeordnete Bogen mit Spitzgiebeln flankieren.

DIE LIEBESGESCHICHTE

Der junge Prinz Khurram (1592-1666) war der Lieblingssohn des Mogulherrschers Jahangir. Als er die Bekanntschaft der persischen Prinzessin Arjumand Banu Begum machte, war er sofort von deren Schönheit fasziniert und entschied, sie zu heiraten. So verlobte sich der 15-Jährige 1607 mit seiner 14-jährigen Braut. Es sollte aber fünf Jahre dauern, bis die Hofastrologen ein Glück verheißendes Datum für die Heirat gefunden hatten.

Danach befand der Prinz seine Gemahlin als „auserwählt unter allen Frauen der Zeit" und verlieh ihr den Titel Mumtaz Mahal, „Exzellenz des Palastes". Für die nächsten 19 Jahre war das Paar unzertrennlich; trotz ihrer vielen Schwangerschaften begleitete Mumtaz ihren Mann oft bei dessen Feldzügen. Obwohl der Prinz noch zwei Nebenfrauen ehelichte, waren seine Gefühle für Mumtaz den Hofchronisten zufolge „1000-mal höher als für die anderen". Als er dann als Shah Jahan den Thron bestieg, war sein Vertrauen in sie so groß, dass er ihr das Reichssiegel (Muhr Uzah) zur Verwahrung übergab.

Im Jahr 1631 begleitete Mumtaz ihren Mann bei einem Dekkan-Feldzug und starb in Burhanpur bei der Geburt ihres 14. Kindes. Der zutiefst erschütterte Shah trauerte ein Jahr lang und ließ dann ihr zu Ehren den Taj Mahal errichten. Bei dessen Vollendung wurde Mumtaz von Burhanpur nach Agra überführt.

Als Shah Jahan 1658 erkrankte, wurde er von seinem Sohn Aurangzeb abgesetzt und im Roten Fort in Agra unter Hausarrest gestellt. Dort betreute ihn seine Tochter Jahanara Begum, bis er 1666 starb und neben Mumtaz bestattet wurde.

Die herrliche Hauptkuppel ist 73 m hoch und von vier schlanken Minaretten umgeben. Stufen führen hinauf zur Hauptkammer – wer sie erklimmen möchte, muss zuvor seine Schuhe ausziehen. Die unglaublich fein gearbeitete Dekoration offenbart sich erst aus nächster Nähe: Arabische Kalligrafien zieren die hoch aufragenden Bogengänge. Letztere sind, ebenso wie die Mauern, mit prächtigen Beispielen für Pietra dura („harter Stein") bedeckt. Bei dieser Einlegetechnik werden präzise geschnittene Edel- und Halbedelsteinplättchen zu geometrischen oder blumenförmigen Ornamenten zusammengesetzt. Aus Lapislazuli, Jade, Quarz, Türkis oder Amethyst entstehen so spektakuläre Blumenvasenbilder und grazile verschlungene Miniaturdarstellungen paradiesischer Blüten.

Rot und Grün Im Westen steht eine herrliche Moschee (Masjid) in der Nähe des Taj Mahal. Elegante Zypressen unterstreichen die raffinierte Symmetrie, mit der die roten Wege und das Gartengrün angelegt wurden.

In der achteckigen Innenkammer des Mausoleums umgibt ein filigran gearbeiteter Sichtschutz die nebeneinander stehenden Marmor-Scheingräber der Mumtaz Mahal und des Shah Jahan. Da die muslimische Tradition reich verzierte letzte Ruhestätten verbietet, liegt unterhalb der Kammer eine schlichte Krypta mit den eigentlichen Gräbern; diese ist aber fast nie für Besucher zugänglich. Hierfür entschädigen die Kenotaphe mit ihren herrlichen Einlegearbeiten, die zu den schönsten des Landes zählen: Die individuellen Blumenmuster sind teilweise aus 35 Arten von Edel- oder Halbedelsteinen gestaltet (u.a. Koralle, Türkis, Almandin und Malachit), wobei einzelne Blätter oder Blütenblätter aus bis zu 60 Fragmenten bestehen.

Liebesmonument Die reich verzierte Kammer beherbergt die Scheingräber von Shah Jahan und Mumtaz Mahal; rechts steht der kleinere Mumtaz-Sarkophag.

Symmetrie und Symbolismus

Als Meisterwerk der Harmonie und Symmetrie ist der ganze Taj Mahal eine Augenweide. Um eine perfekte optische Balance zu bilden, flankieren mit der Moschee im Westen und dem *jawab* im Osten zwei identische Buntsandsteinbauten das zentrale Mausoleum.

Trotz seiner gewaltigen Dimensionen wirkt das Mausoleum grazil und luftig. Die Farben der eingelegten Edelsteine und die Kalligrafien aus schwarzem Jaspis sind die Gegenpole zum glänzenden Marmorweiß. Die Balance zur runden Kuppel bilden die vier Minarette, die wiederum den viergeteilten Garten wieder aufnehmen.

Kostbare Blumen Mithilfe von Edelsteinen und Einlegearbeiten aus Marmor wurden vollendete Blumenbilder kreiert.

Die 99 Namen Allahs zieren das Mumtaz-Scheingrab; andere Kalligrafien preisen Mumtaz selbst. Auf der Oberseite von Shah Jahans Scheingrab befindet sich ein stilisierter Griffelkasten nebst Schiefertafel – die typischen Grabbeigaben eines männlichen Herrschers. In der Krypta darunter ruht der Mogulkaiser rechts von seiner Gefährtin und wie diese mit dem Gesicht Richtung Mekka.

Ein echter Geniestreich ist es, dass im ganzen Gebäude die Kalligrafien auf den höher positionierten Tafeln größer sind, um den Verzerrungseffekt bei der Betrachtung von unten zu reduzieren. Am Kuppelfundament im Inneren des Mausoleums hat der Kalligraf auf bescheidene Weise seine Signatur hinterlassen: „Geschrieben von dem unbedeutenden Wesen Amanat Khan Shirazi".

Einige Elemente sind so raffiniert konzipiert und umgesetzt, als ob sie führende Religionsgelehrte dazu animieren sollten, über den versteckten Symbolismus des Taj Mahal nachzudenken. Garten und Koranbezüge stehen ganz klar für das Paradies; parallel gibt es aber noch viele weitere geistliche Anspielungen. Die Farbe des Marmors ändert sich abhängig vom Sonnen- und Mondlicht: Je nach Tageszeit wirkt das Mausoleum rot, hellgrau, gelb, cremefarben oder strahlend weiß. Viele heutige Gelehrte glauben, dass dieses Wechselspiel kein Zufall ist – für sie repräsentiert es Allah in Lichtform, da dieser nicht bildlich dargestellt werden kann. Erforscht wurde auch die Innenakustik der Hauptkuppel; vielleicht dauert der Nachhall nicht von ungefähr 28 Sekunden, um rezitierte Koranverse möglichst lang in der Luft zu halten.

Für noch mehr Kontroversen sorgte die Wiederentdeckung einer uralten Sufischrift, die einst Shah Jahans Vater gehörte und ein exaktes Schaubild des Taj Mahal beinhaltet. So denken nun viele, dass der Bau bereits früher als Abbild des Gottesthrons geplant wurde und Shah Jahan ein völlig unromantischer größenwahnsinniger Egozentriker war. Was der wahre Ursprung auch gewesen sein mag: Shah Jahan gefiel der Taj Mahal angeblich so sehr, dass er den Architekten enthaupten ließ, um die Schaffung von eventueller Konkurrenz für immer auszuschließen. Aus diesem Grund soll er auch ein schwarzes Mausoleum am anderen Ufer des Yamuna für sich geplant haben. Es wurde jedoch nie umgesetzt.

Leider nagt der Zahn der Zeit auch an diesem Bauwerk: Der Marmor des Taj Mahal verfärbt sich seit Jahren aufgrund von Umweltverschmutzungen und zu vielen Besuchern immer mehr. Damit dieses herausragende Meisterwerk der indo-islamischen Architektur noch viele zukünftige Generationen begeistern kann, wird nun nach einer dauerhaften Lösung für dieses Problem gesucht.

Unvergleichlich, weil …

- Der Taj Mahal ist der schönste Bau im Mogulstil weltweit.
- Dieses Meisterwerk der Symmetrie und der optischen Harmonie soll eine irdische Repräsentation des islamischen Paradieses darstellen.
- Im Tagesverlauf wechselt die Farbe des glänzenden Marmors zwischen Rot, Hellgrau, Weiß und Gelb.
- Die Einlegearbeiten umfassen Tausende Edel- und Halbedelsteine.
- Überall befinden sich verschlüsselte Bezüge und religiöse Symbole.

DAS ABGELEGENSTE BUDDHISTISCHE KLOSTER

TAKTSHANG-KLOSTER

Das berühmte buddhistische „Tigernest"-Kloster thront auf einem Felsvorsprung über dem Parotal, an einem der heiligsten Orte Bhutans.

Der Legende zufolge flog Guru Rinpoche (Padmasambhava), der Begründer des tibetischen Buddhismus, im 8. Jh. auf dem Rücken einer Tigerin ins Parotal. Nach seiner Landung auf dem Kupfernen Berg und drei Monaten Meditation in einer Höhle verbreitete er den Buddhismus im ganzen Tal. Dieses wurde zum Pilgerziel für Buddhisten aus dem ganzen Himalaya; 1692 entstanden hier die ersten großen Tempel. Das Taktshang (Tigernest-Kloster), das nach einem Brand (1998) detailgetreu restauriert wurde, beherbergt neben Schreinen und Tempeln auch eine kleine Gruppe von Mönchen. In nahen Refugien meditieren weitere Mönche teilweise jahrelang in völliger Einsamkeit.

Wallfahrtsort

Vom Haupttor aus gesehen schmiegt sich ein schmales Band aus weißen Mauern und Pagodendächern an die Steilwand, verbunden nur durch klapprige Brücken sowie in den Fels geschlagene Stufen und Durchgänge. Wer den Pfad hinaufsteigt, kann sich auf ein paar kleinen Terrassen von Schwindelgefühlen erholen und den herrlichen Blick ins Parotal genießen.

Die dicht aneinander gedrängten Tempel sind mit Bildern von Gurus und Göttern und vergoldeten Statuen geschmückt, zwischen denen Weihrauchschwaden treiben. Zu sehen sind die Götter des langen Lebens und des Reichtums, das Kupferne Paradies und Guru Rinpoche nebst Gefolge. Auf den Altären sind geopferte Blumen, Früchte und Butterskulpturen aufgehäuft. Gläubige spähen durch das Gitter in die heilige Höhle Pel Phuk, in der Guru Rinpoche lebte und meditierte; heute flackern dort Butterlampen vor Bodhisattva-Bildern, die im Dunkeln kaum erkennbar sind. Und bisweilen schallen der tiefe Mönchsgesang, Gong- oder Zimbelklänge von den Wänden zurück.

GEOGRAFISCHE LAGE

Taktshang liegt rund 10 km nördlich der Ortschaft Paro im Westen Bhutans, nahe der Hauptstadt Thimphu und dem benachbarten internationalen Flughafen. Die Einreise ins Land ist nur im Rahmen einer organisierten Tour erlaubt. Im Parotal wird Guru Rinpoche jedes Jahr mit einem Frühlingsfest geehrt.

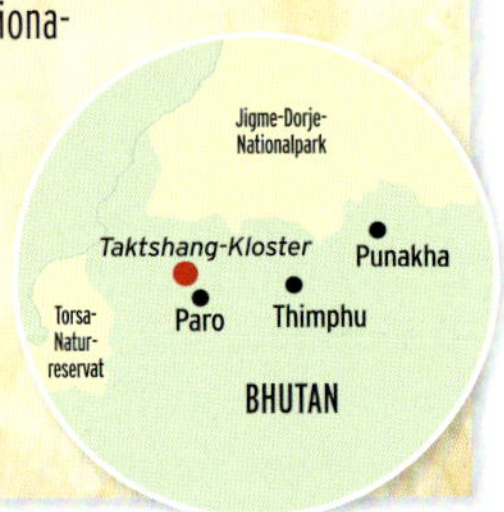

Über dem Abgrund Hoch über dem Tal kleben Tempel neben heiligen Höhlen am Steilhang.

Die Konkurrenten

BUDDHISTISCHE KLÖSTER

■ Das **Namgyal-Kloster** in Dharamsala (Himachal Pradesh, Indien) ist die Exilresidenz des Dalai Lama, der hier mit seinen Anhängern lebt. In dem privaten Komplex mit mehreren Tempeln studieren Mönche tibetische Traditionen, religiöse Rituale, heilige Tänze, Debatten- und Meditationsformen.

■ Die **Hemis-Gompa** am Fuß des Berges Stok Kangri gehört zu den größten Klöstern der indischen Region Ladakh. Das Kloster liegt südlich von Leh und ist für sein religiöses Sommertanzfest berühmt.

■ Das **Thiksey-Kloster** mit seinen zehn Tempeln und den seltenen Büchern krönt seit dem 15. Jh. einen isolierten Hügel im Industal in Ladakh. Besuchermagnet ist hier eine riesige juwelenbesetzte Statue von Buddha im Lotossitz.

DAS UNGEWÖHNLICHSTE OPERNHAUS

TEATRO AMAZONAS

Die ungewöhnlichste Oper der Welt steht nicht etwa in Sydney oder Mailand, sondern tief im Regenwald am Amazonas. Sie wurde in den 1890er-Jahren unter größten Mühen erbaut und erstrahlt heute im alten Glanz.

Die zweite Hälfte des 19. Jh. war eine Blütezeit für Manaus am Zusammenfluss von Amazonas und Rio Negro: Damals hielt Brasilien das Weltmonopol für Kautschuk, der hier im Urwald des Amazonasbeckens gewonnen wurde. Die zentral gelegene Stadt entwickelte sich zu einem blühenden Zentrum des Kautschukhandels.

Die Kautschukbarone von Manaus waren durch Exporte überaus wohlhabend geworden und konnten sich deshalb einen extravaganten Lebensstil leisten: Sie zündeten ihre Zigarren mit Geldscheinen an und kauften so viele Diamanten, dass das „Paris der Tropen" diesbezüglich zum weltweiten Spitzenreiter seiner Zeit wurde. Doch einige Einwohner wollten mehr als nur Geld; sie sehnten sich nach Kultur und Unterhaltung auf europäischem Spitzenniveau. So entstand die Idee, ein Opernhaus zu bauen – das Teatro Amazonas.

Der Traum wird wahr

Der Entwurf des italienischen Architekten Celestial Sacardim wurde ab 1884 umgesetzt. Dabei scheute man keine Kosten: Feinste europäische Materialien wurden über den Atlantik und dann über 1450 km auf dem Amazonas landeinwärts transportiert. Der weiße Marmor für die Säulen, Statuen und Treppen stammte aus Italien, das Mobiliar im Stil Lud-

GEOGRAFISCHE LAGE

Manaus, die Hauptstadt des brasilianischen Bundesstaates Amazonas, liegt ca. 2500 km nordwestlich von Rio de Janeiro am Rio Negro, der rund 11 km entfernt in den Rio Solimões (Oberlauf des Amazonas) mündet. Die Stadt ist mit dem Flugzeug, dem Auto oder in einer fünftägigen Bootsfahrt von Belém aus erreichbar.

Kolonialer Prachtbau Die prunkvolle Fassade des Teatro Amazonas mit ihren umlaufenden neoklassizistischen Kolonnaden wäre jeder europäischen Hauptstadt würdig.

wigs XV. aus Paris. Aus dem Elsass wurden 36 000 gelbe, grüne und blaue Fliesen geliefert, um die Kuppel mit einem Muster in den brasilianischen Nationalfarben zu krönen – ein farbenfroher Ausdruck von Patriotismus, der im weiten Umkreis zu sehen war. Lange bevor dies in Europa oder Nordamerika zum Standard wurde, erhielt das Teatro obendrein einen Stromanschluss. Im Inneren des somit topmodernen Bauwerks hingen fast 200 Kronleuchter, von denen über 30 aus venezianischem Muranoglas bestanden.

Die Zufahrt wurde mit Steinfliesen aus Portugal gepflastert; auf den Nachbarstraßen dämpften mit Sand verstärkte Kautschukplatten die Kutschengeräusche, um dem Publikum ungestörten Hörgenuss zu ermöglichen. Am 7. Januar 1897 fand mit Amilcare Ponchiellis Oper *La Gioconda* die Einweihung statt.

Stilvoll renoviert Gemalte Festszenen zum Thema Musik, Tanz und Theater schmücken die Decke über den rund 700 Plätzen des prächtigen Zuschauersaales.

Verfall und Wiedergeburt

Doch der Kautschukboom hielt nicht an: Mit der Verlagerung der Produktion auf asiatische und afrikanische Plantagen begann der Niedergang der Stadt; der synthetische Kautschuk brachte schließlich das endgültige Aus. Nur ein Jahrzehnt nach der Opernpremiere erlebte das Teatro seine letzte Aufführung. Die Lichter erloschen aber nicht nur auf der Bühne, sondern in ganz Manaus – der Betrieb der Generatoren war zu teuer geworden. Termitenfraß und das feuchte Klima ließen den Bau schnell verfallen. Nach vergeblichen Versuchen in den Jahren 1929 und 1974 konnte er erst ab 1988 erfolgreich restauriert werden. Zwei Jahre und 8 Mio. US-Dollar später kehrte die Musik mit einem Auftritt Plácido Domingos schließlich hierher zurück.

Das Repertoire umfasst nun auch Jazz und populäre klassische Werke. Die hohe Luftfeuchtigkeit ist sehr instrumentenfeindlich; der Konzertflügel bleibt nur dank der Behandlung mit Spezialöl spielbereit. Das Teatro und sein Orchester ziehen dennoch einige der besten Musiker Europas an. Zum örtlichen Amazonas-Opernfestival kommen alljährlich Besucher aus der ganzen Welt.

Die Konkurrenten

OPERNHÄUSER

Wenn Opernfans sich um die 20 000 Plätze der **Arena di Verona** in Italien streiten, folgen sie einer 2000 Jahre alten Tradition: das Publikum strömt seit der Zeit der Römer hierher. In der Arena mit der wunderbaren Akustik findet im Sommer ein Opernfestival im Freien statt.

In der **Berliner Philharmonie** sind die Berliner Philharmoniker zu Hause. Von jedem der 2440 Plätze des fünfeckigen Saales sind es maximal 35 m bis zur Orchesterbühne. So soll die übliche Trennung zwischen Künstlern und Zuschauern aufgehoben werden. Trotz der ungewöhnlichen Architektur ist die Akustik hervorragend.

Die funkelnde neue **Oper Guangzhou** am chinesischen Perlfluss hat einen zweistöckigen Zuschauersaal, dessen Design an zwei angeschwemmte Felsbrocken erinnert. Kanten und Kurven prägen die Gemeinschaftsbereiche und lassen Licht in das Gebäude.

Mit ihrer weißen Marmorfassade ähnelt die **Oper Oslo** in Norwegen einem gestrandeten Eisberg, der am Ufer des Oslofjords aus dem Wasser ragt. Das Dach bildet einen begehbaren Platz: Ganz unten hat man Zugang zum Wasser, ganz oben hingegen Aussicht auf die Stadt.

Veranstaltungsort und Stadtskulptur: Das **Sydney Opera House** ist das Juwel des Sydney Harbour in Australien. Mit dem Ingenieur Ove Arup arbeitete der Däne Jørn Utzon 16 Jahre lang daran, sein innovatives Design aus verschachtelten „Muschelschalen" zu realisieren.

Walt Disney Concert Hall

Die von Frank Gehry entworfene **Walt Disney Concert Hall** aus geschwungenen Stahlelementen ist seit 2003 die Heimspielstätte des Los Angeles Philharmonic und ein markantes Wahrzeichen der Stadt. Nicht zuletzt dank ihrer einzigartigen Hightechorgel zählt sie zu den akustisch besten Konzerthäusern der Welt.

DIE SCHÖNSTE MESOAMERIKANISCHE RUINENSTADT

TEOTIHUACÁN

Wer die einst herausragende Stadt im Tal von Mexiko erbaute und warum sie verlassen wurde, ist bis heute ein Rätsel. Pyramiden und lebendige Wandbilder weisen auf eine blühende uralte Zivilisation hin.

GEOGRAFISCHE LAGE

Teotihuacán liegt ca. 45 km nördlich von Mexiko-Stadt und ist von dort aus leicht mit dem Taxi, Bus oder Auto erreichbar. Die Ruinen lassen sich gut im Rahmen von Tagesausflügen besichtigen. Besucher sollten sich auf lange Laufstrecken und eventuell auf das Erklimmen von Pyramidenstufen einrichten.

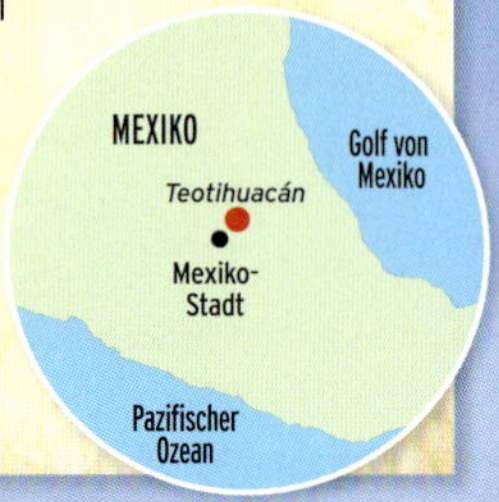

Von all den vielen archäologischen Schätzen, die in Mesoamerika – jenem uralten Kulturraum zwischen dem heutigen Zentralmexiko und Costa Rica – gefunden wurden, fasziniert Teotihuacán ganz besonders: Hier steht eine der größten alten Pyramiden der Welt, und man kann Ruinen einer der bevölkerungsreichsten Städte des amerikanischen Kontinents besichtigen. Bis heute ist ungeklärt, wer Teotihuacán erbaute, zu welchem Zweck und warum es aufgegeben wurde.

Zentrum der Kunst und Religion

Um 500 v. Chr. setzte in diesem Teil des Tals von Mexiko ein Bevölkerungswachstum ein. Zugleich bildeten sich immer

vielschichtigere Gesellschaftsstrukturen aus. Die älteren Gebäude Teotihuacáns stammen aus der Zeit um 200 v. Chr. Der Wandel von der Siedlung zur Zeremonialstadt erfolgte erst durch den Bau der Sonnenpyramide, die etwa ab dem Jahr 100 v. Chr. errichtet und nach drei Bauphasen vollendet wurde; danach entstand die kleinere Mondpyramide. In seiner Blüte (300–600 n. Chr.) war Teotihuacán mit bis zu 200 000 Einwohnern die mächtigste und größte Stadt Mesoamerikas.

Über die einstigen Bewohner Teotihuacáns existiert nur sehr wenig gesichertes Wissen. Bisher ist unbekannt, wie sie sich selbst oder ihre Monumentalbauten nannten; dasselbe gilt für die Details ihrer Kultur und Traditionen. Abgesehen von der großartigen Architektur hinterließen sie ein vielfältiges künstlerisches Erbe – darunter Wandbilder, die zu den größten und schönsten ihrer Art in Amerika zählen.

Die Einwohner Teotihuacáns betrieben Handel mit dem gesamten mesoamerikanischen Raum. Dabei vertrieben sie vor allem den harten und schwarzen Obsidian, der in ihrem Tal häufig war. So wurde die Stadt reich genug, um sich riesige Bauten von fähigen Kunsthandwerkern errichten lassen zu können.

Teotihuacán hatte höchstwahrscheinlich eine hoch entwickelte Verwaltungsstruktur und wohl auch eine schlagkräftige Armee. Doch in erster Linie war es wohl ein religiöses Zentrum – darauf deuten die Zeremonialbauten an der Straße der Toten hin. Forschern zufolge könnte die prächtige Hauptstraße noch lange nach Teotihuacáns Niedergang ein Wallfahrtsort gewesen sein. Diese Theorie stützt sich teilweise darauf, dass die Azteken den Ort etwa 800 Jahre später ebenfalls verehrten: Sie verorteten einen ihrer Schöpfungsmythen in Teotihuacán, das sie für den Entstehungsort der Sonne, des Mondes und des Universums hielten.

»Der aztekische Name dieser uralten Stadt – Teotihuacán – ist eine Ableitung vom Nahuatl-Begriff für den „Geburtsort der Götter".«

Unbekanntes Schicksal

Als die Spanier im frühen 16. Jh. hierher kamen, waren die ursprünglichen Stadtbewohner längst verschwunden. Da sie keine Schriftsprache hatten, blieben aztekische Legenden die einzigen Hinweise auf ihre Identität und den Zweck der weitläufigen Ruinen. So müssen Archäologen immer noch viele örtliche Rätsel lösen und die Ursache für die Aufgabe Teotihuacáns um 750 n. Chr. ermitteln.

Sonnenpyramide Die etwa 2000 Jahre alte und 65 m hohe Pyramide an der Straße der Toten gehört zu den markantesten Bauten des alten Mesoamerika.

Monumentalbau Die Mondpyramide am Nordende der Straße der Toten wurde um 300 n. Chr. vollendet.

Manchen Wissenschaftlern zufolge wurde die Stadt geplündert und niedergebrannt, entweder durch fremde Invasoren oder bei einem Aufstand gegen die herrschende Elite. Wahrscheinlicher sind jedoch ökologische Faktoren: Die Zeit des Niedergangs deckt sich mit der eines Klimawandels und einer langen Dürreperiode. Als weitere mögliche Gründe gelten Überbevölkerung und erschöpfte Ressourcen. Doch warum auch immer – Teotihuacán war am Ende, während andere Stadtstaaten im Tal erstarkten.

Architektonisches Erbe

Teotihuacáns größte Bauten säumen die rund 3 km lange kopfsteingepflasterte Straße der Toten, die von Norden nach Süden verläuft. Der Name dieser Hauptstraße stammt von den Azteken, die die zahlreichen Erdhügel am Rand der Straße eher für Gräber als für Tempelplattformen hielten – zu Recht, wie Ausgrabungen gezeigt haben: An mehreren Stellen entlang der Prachtstraße wurden kürzlich Grabstätten entdeckt. Darin befanden sich Überreste von Menschen und Tieren, die anscheinend lebendig begraben wurden. Dies lässt vermuten, dass der Baubeginn, der Bauabschluss oder die Erweiterung von zeremoniellen Opferungen begleitet wurden.

Die Straße der Toten verläuft im rechten Winkel zur Hauptachse der Sonnenpyramide, deren Position auf die der untergehenden Sonne während der Frühjahrs- und Herbst-Tagundnachtgleiche abgestimmt ist. Diese große Pyramide besteht größtenteils aus Schutt (geschätzte 2,5 Mio. t). Ihr Außenputz aus Lehmziegeln, Steinen und Gips muss einmal üppig verziert gewesen sein. Längst verschwunden ist der Tempel, der einst die flache Plattform ganz oben zierte.

Auch mit modernen Messinstrumenten ließen sich keine größeren Kammern oder Hohlräume im Inneren des Bauwerks entdecken. Darunter fand man jedoch 1971 eine geheimnisvolle Lava-

Klein, aber fein

TULUM

Die Ruinenstätte Tulum liegt rund 130 km südlich von Cancún an der Küste Yucatáns und ist verglichen mit Teotihuacán klein. Dafür entschädigt die Lage der Ruinen jedoch vollauf: Die spanischen Eroberer trafen hier 1518 erstmals auf mesoamerikanische Festlandbewohner. Bis dahin war Tulum fast 400 Jahre lang ein wichtiger Handelshafen gewesen. Dicke Verteidigungsmauern umgeben drei Seiten der Stätte; die vierte wird von einem vorgelagerten Riff im Karibischen Meer geschützt. Zu den rund 60 Bauten hier gehört u. a. das Castillo, das häufig als Fotomotiv dient. Obwohl die uralte Stadt nach der spanischen Eroberung verlassen wurde, lebten hier Nachkommen der Maya bis weit ins 20. Jh. hinein.

höhle mit Zugangstunnel, die von manchen für ein Königsgrab gehalten wird. Sie könnte aber auch ein religiöser Schrein gewesen sein, der für den Geburtsort der Menschheit bzw. den Schoß der obersten Muttergöttin stand. Über 248 steile Steinstufen gelangen schwindelfreie Besucher hinauf zur Pyramidenspitze, die einen Panoramablick auf die Ruinen und deren Umgebung bietet.

Die Mondpyramide nebenan, die ebenfalls bestiegen werden kann, bietet eine eindrucksvolle Aussicht auf die Straße der Toten. An diesem Bau laufen immer noch Ausgrabungen – erst vor wenigen Jahren wurden neue Gräber unter der Pyramide entdeckt. Den Platz davor säumen kleinere Tempel und der Palast des Quetzal-Schmetterlings. Dieser Palast wurde in den 1960er-Jahren wieder aufgebaut und birgt einige der schönsten Wandbilder der Stätte. Eines davon zeigt den mythischen Vogel-Schmetterling, nach dem der Palast benannt ist.

Weiter südlich flankiert La Ciudadela (Die Zitadelle) die Straße der Toten. Die breite zentrale Plaza dieses großen Komplexes ist von diversen Gebäuden umgeben. Das Glanzlicht unter ihnen ist der Tempel des Quetzalcoatl (gefiederte Schlange), der für seine Steinmetzarbeiten und die teilweise erhaltenen Wandbilder bekannt ist. Wie bei den Pyramiden fand man hier Gräber in allen vier Gebäudeecken, gefüllt mit den Überresten von Menschen, die eventuell anlässlich der Tempelweihe geopfert wurden.

Grausame Symbolik Dieses Wandbild im Atetelco-Palast zeigt einen Jaguar mit gefiedertem Kopfputz, der ein Menschenherz verschlingt.

Tor zur Vergangenheit

Während des weltweiten Archäologiebooms im 19. Jh. fanden vor Ort die ersten neuzeitlichen Erkundungen und Ausgrabungen statt. Damals waren die Ruinen noch unter Schutt, Erde und Vegetation begraben. Viele der bedeutendsten Bauten erforschte der mexikanische Anthropologiepionier Leopoldo Batres mit seinem Team zu Beginn des 20. Jh. Die Ausgrabungen und Restaurierungen setzten sich im ganzen 20. Jh. fort; Höhepunkte dabei waren die Entdeckung des Palasts des Quetzal-Schmetterlings und der Höhle unter der Sonnenpyramide.

Zum heutigen Archäologiepark gehören zwei Museen mit lokalen Fundstücken: die moderne Hauptsammlung hinter der Sonnenpyramide und das Beatriz-de-la-Fuente-Wandbildermuseum. Erst in den 1990er-Jahren wurden wieder Artefakte entdeckt, als die Stadt langsam, aber stetig weitere Geheimnisse preisgab.

Die Konkurrenten

MESOAMERIKANISCHE STÄTTEN

La Venta im mexikanischen Tabasco war ein Zentrum der Olmeken-Kultur. Vor über 3000 Jahren entstanden hier eine Lehmpyramide, vier riesige Steinköpfe, sieben mächtige Basaltaltäre und ein eindrucksvoller Zeremonialkomplex mit großen Plätzen.

Oberhalb des heutigen Oaxaca in Südmexiko liegen die Ruinen von **Monte Albán**. Diese Zapoteken-Stadt wurde um 500 v. Chr. gegründet und 1200 Jahre lang bewohnt. Am Rand des weiten Zentralplatzes befinden sich die meisten Hauptbauten, darunter Ballspielplätze, ein Observatorium und mehrere pyramidenartige Plattformen.

Auf der Ebene östlich von Oaxaca stehen die Ruinen der Stadt **Mitla**, die ihre Blütezeit nach dem Niedergang Monte Albáns (700 bis 800 n. Chr.) erlebte. Die hiesige Hauptattraktion sind faszinierende Zierelemente, vor allem komplexe Mosaike. Forscher streiten über Ursprung und Funktion der Stätte: Viele glauben, dass Mitla ein zapotekisches Zeremonialzentrum war. Andere halten es wegen der geometrischen Kunst für eine mixtekische Metropole.

Auch **Chichén Itzá** in Mexiko wirkt sehr geheimnisvoll. Die meisten Experten sind sich einig, dass die riesige Maya-Stadt zwischen 800 und 1000 n. Chr. groß und mächtig wurde. Zu ihrer Geschichte existieren aber verschiedene Theorien. Viele Hauptbauten wie das Observatorium, die Kukulcán-Pyramide oder der reich verzierte Kriegertempel sind rekonstruiert worden.

Chichén Itzá

Eine noch größere Maya-Stadt liegt im nördlichen Guatemala: **Tikal** umfasste Hunderte von Gebäuden (darunter mächtige Tempelpyramiden) und hatte während seiner Blütezeit (200–900 n. Chr.) wohl über 400 000 Einwohner. Vieles spricht dafür, dass diese mit den Bewohnern Teotihuacáns und anderer Städte Zentralmexikos Handel trieben.

Eine weitere spektakuläre Maya-Stätte in Mexiko ist **Palenque** im Regenwald des westlichen Yucatán. Etwa zeitgleich mit Tikal florierte diese Stadt als Handelszentrum zwischen dem südlichen Hochland, dem nördlichen Guatemala und Yucatán. Ihre einzigartige Architektur ist von allen drei Kulturräumen beeinflusst.

DIE FASZINIERENDSTE GRABANLAGE

TERRAKOTTA-ARMEE

Seit über 2000 Jahren bewachen Tausende lebensgroßer Krieger das Grab des ersten chinesischen Kaisers Qin Shihuangdi.

Am 29. März 1974 stießen Bauern nahe Xi'an in der Provinz Shaanxi beim Graben eines Brunnens auf verstreute Tonfragmente und Bronzewaffen. Sofort begannen archäologische Ausgrabungen, und 1979 wurde dann die erste freigelegte Grube für Besucher geöffnet. Die Welt blickte ehrfurchtsvoll auf die Entdeckung: endlose Reihen lebensgroßer Terrakotta-Krieger. Doch das war nur der erste Teil von Chinas heute größter Ausgrabungsstätte.

GEOGRAFISCHE LAGE

Das Museum für die Qin-Terrakotta-Krieger und -Pferde steht 35 km östlich von Xi'an in der zentralchinesischen Provinz Shaanxi. Xi'ans internationaler Flughafen ist von der Stadt aus leicht erreichbar. An mehreren Punkten in Xi'an starten Busse zum Museum. Von dort kommt man mit dem Shuttle-Service zum Kaisergrab.

Jenseitige Kämpfer Rund 8000 Terrakotta-Krieger bewachen das Grab Qin Shihuangdis. In der überdachten Grube 1 wurden bisher etwa 1000 Figuren freigelegt.

Kaiserliches Vermächtnis

Das riesige Grab sollte Chinas erstem Kaiser ein würdiges Leben nach dem Tod garantieren. Im Jahr 247 v. Chr. bestieg der 13-jährige Ying Zheng den Thron unter der Vormundschaft seiner Mutter und des Kanzlers Lü Buwei. Mit 22 Jahren übernahm er selbst die Macht und schlug sofort einen Aufstand nieder, der von dem heimlichen Liebhaber seiner Mutter angeführt wurde. Dann verbannte er seinen Kanzler und machte sich daran, die übrigen sechs Staaten des alten China zu erobern. Um 221 v. Chr. war er am Ziel und erklärte sich zum „Ersten erhabenen Gottkaiser von Qin" (Qin Shihuangdi).

Der Kaiser strebte eine zentrale Kontrolle der Staatsgeschäfte an und schaffte deshalb das Feudalsystem ab. Landesweit ließ er Steinstelen mit den Gesetzen aufstellen; Maße, Gewichte, Währung und Schrift wurden standardisiert. Straßen, Paläste und Verteidigungsanlagen entstanden. Parallel vernichtete man die als bedrohlich empfundenen Schriften des Konfuzius und tötete dessen Anhänger. Die Zwangsverpflichtung von Arbeitern für den Kaiser bescherte der Landwirtschaft ein historisches Tief.

Doch vor allem war Qin Shihuangdi vom Tod besessen: Angeblich begann er gleich bei Thronbesteigung mit dem Bau seines Grabes und gab Unsummen aus, um das Geheimnis des ewigen Lebens zu lüften. Der Legende nach lebten die Unsterblichen auf mystischen Bergen mitten im Meer; um das zu überprüfen, ent-

Lebensecht Alle Figuren haben individuelle Gesichtszüge und Kopfbedeckungen; eventuell dienten echte Krieger als Modelle.

Bemalung Nach dem Brennen des Tones wurden Details in bunten Farben aufgemalt; Spuren davon sind aber nur noch an wenigen Figuren erkennbar.

sandte der Kaiser Tausende Jungen und Mädchen, die nie zurückkehrten. Mit 50 Jahren starb er während einer Reise durch sein Reich. Sein Tod blieb zunächst geheim, während man Nachfolgepläne entwickelte. Obwohl diese Erfolg hatten, wurde die Qin-Dynastie nur 15 Jahre nach ihrem Beginn infolge eines Bauernaufstands entmachtet.

Das Kaisergrab

Unterhalb des Berges Li lag der gewählte Standort für den kaiserlichen Grabhügel, an einer Stelle, die nach den Prinzipien des Feng Shui als Glück verheißend galt. Hier würde der Herrscher gut ruhen – besänftigt von Flussrauschen, kühlem Wind und sanft gewellten Hügeln mit riesigen Jade- und Goldvorkommen. Die heute erodierte Erdpyramide war einst 115 m hoch; ihre Errichtung dauerte fast 40 Jahre und band bis zu 720 000 Arbeiter. Tief drinnen verbarg sich ein Palast aus Sälen und Kammern, deren Wände und Decken mit himmlischen oder irdischen Szenen verziert waren. Symbolische Quecksilberflüsse strömten mechanisch in ein künstliches Meer, auf dem goldene Boote glitzerten.

Den chinesischen Behörden zufolge wird das Grab erst geöffnet werden, wenn eine sichere Methode zur Konservierung des Inhalts gefunden ist. Neben den kaiserlichen Gebeinen könnte es unvorstellbare Schätze beherbergen. In der inneren Einfriedung des unterirdischen Palasts haben Archäologen bereits zwei bedeutende Gruben entdeckt: Eine barg zwei bemalte Bronzegespanne nebst Pferden; in der im Jahr 2000 gefundenen Grube der Zivilbeamten lagen zerbrochene Tonfiguren mit bemalten Gesichtern und Radiermessern, die vor der Erfindung des Papiers zur Korrektur von Schreibfehlern auf Holz oder Bambus dienten. Hinter der Außenmauer des Mausoleums wurden weitere Gruben freigelegt – u. a. die Grube der Steinharnische und -helme, die Stallungsgrube, die Grube der Terrakotta-Akrobaten und die Grube der seltenen Vögel und Tiere. Das Museum zeigt rekonstruierte Stücke aus allen Gruben.

Die Kriegergruben

Etwa 1,5 km östlich des Mausoleums liegen die drei Kriegergruben mit ca. 8000 Terrakotta-Soldaten und -Pferden auf insgesamt 22 000 m^2. In den momentan 5–7 m tiefen Gruben stehen die Figuren mit dem Rücken zum Grab, wie um den Kaiser zu schützen. Sie sind in militärischer Formation arrangiert und füllen Gräben zwischen Trennmauern aus gestampfter Erde. Das einstige Holzdach darüber war mit Fasermatten und Erde getarnt. Mittlerweile sind die Gruben wetterfest überdacht und werden weiter von Archäologen erforscht.

Die zuerst freigelegte Grube 1 ist am größten; sie hat fast das doppelte Maß eines Fußballfelds und birgt den Hauptteil der Armee. Hier sind etwa 1000 Figuren zu sehen; weitere 5000 warten auf Freilegung oder Restaurierung. In Schlachtordnung blickt die Armee nach Osten, wo die eroberten Länder lagen. Nur eine Wachenreihe schützt die Flanken und den hinteren Bereich. Auf die Vorhut aus 204 Mann in drei Reihen folgen 30 Pferdegespanne und weitere Soldaten. Die Krieger der vordersten Reihen trugen einst Bogen und Armbrüste, die dahinter Stoßwaffen wie Lanzen; manche Krieger steckten auch in Rüstungen.

Nur 20 m weiter nördlich liegt die L-förmige Grube 2. Ihre 1300 Figuren sollten das Gros der Armee unterstützen. Die über 300 Bogenschützen des Nordostflügels stehen oder knien allesamt mit dem Gesicht nach Osten. Am Südflügel

Die Konkurrenten

MONUMENTALE GRABANLAGEN

■ Antiochos I. Theos von Kommagene (heutige Südosttürkei) baute sein eigenes Grabheiligtum auf dem Gipfel des Berges Nimrod: Das **Nemrut Dağı** war von bis zu 9 m hohen Königs-, Löwen-, Adler- und Götterstatuen umgeben. Die meisten von ihnen kippten in der Folgezeit um, wobei die Köpfe auf dem Boden zerbrachen. Die Planeten- und Sternbilder auf einem Steinlöwen lassen vermuten, dass die Stätte über ihre Funktion als Heiligtum hinaus eine astronomische Bedeutung hatte.

■ **Newgrange** in der irischen Grafschaft Meath ist ein 5000 Jahre altes Ganggrab, das zum Megalithkomplex von Brú na Bóinne gehört. Ein langer Gang führt zu den Kammern im Inneren des 12 m hohen grasbewachsenen Hügels. Über einen langen Zeitraum der Jungsteinzeit wurde die weitläufige Grabstätte stark genutzt und war von Außenringen aus Holz oder Stein umschlossen. Den Eingangsblock zieren Reliefs aus drei ineinander verschlungenen Spiralen.

Nemrut Dağı

■ Nahe Luxor in Ägypten wurden über 60 Pharaonen der 18. bis 20. Dynastie am Westufer des Nils bestattet: Die Gräber im **Tal der Könige** sind in Kalksteinfelsen oder Geröllhänge geschlagen. Ihre Gänge führen jeweils zu mindestens einer Vorkammer und einer tiefer gelegenen Grabkammer.

fand man die spärlichen Reste hölzerner Streitwagen, weitere Streitwagen nebst Infanterie und Kavallerie belegten das Zentrum. Der Nordbereich war für die Kavallerie reserviert – dort trug jeder Mann einen Bogen und stand vor seinem Pferd. Sogar die Holzsparren des Grubendachs sind teilweise noch erhalten.

Am kleinsten ist die U-förmige Grube 3 mit 68 Mann, einem Streitwagen und vier Pferden. Die meisten Experten halten sie für das Befehlszentrum. Wegen ihrer kleinen *shu* (Ehrenwaffen) sind manche der dortigen Figuren vermutlich Ehrenwachen.

Filigrane Handarbeit

Chinesische Tonfiguren gab es schon lange vor der Qin-Dynastie. Dieses beispiellos aufwendige Projekt erforderte jedoch ein hohes Technologieniveau: Die 110–300 kg schweren Stücke waren durchschnittlich 1,80 m hoch. Sie wurden bei 1000 °C und somit heißer als jemals zuvor gebrannt; ein Quarzzusatz machte den einheimischen Ton schöner und stabiler. Alle Körperteile wurden separat hergestellt und dann zusammengesetzt. Zum Schluss wurden die Gesichtszüge modelliert.

Statisch perfekt Alle Soldaten und Pferdefiguren sind nach derselben Technik gefertigt: Kopf und Körper wurden in einer zweiteiligen Form gegossen und stehen auf massiven Tonbeinen.

Die Figuren lassen Rang und Aufgabe erkennen: Offiziere tragen kunstvolle Rüstungen und Schärpen, Wagenlenker gepanzerte Manschetten. Kennzeichen der Kavallerie sind Kinnriemenhelme, enge Brustpanzer und weite Kleidung unterhalb der Taille. Auch die Pferde entsprechen dem jeweiligen Einsatzzweck: Gespannpferde tragen den Schweif wegen des Geschirrs kurz, Kavalleriepferde haben schmucke Sättel.

Das Museum zeigt ein paar der schönsten Figuren, z. B. einen General mit Schulterschutz, Lamellenpanzer, Koteletten und gepflegtem Schnurrbart und einen Bogenschützen mit Haarknoten und schussbereit abgespreiztem Fuß. Auch die beiden prächtigen Bronzegespanne weisen darauf hin, dass man hier einmalige Handwerkskunst, eine damals hoch entwickelte Technik und eine komplexe Militärstruktur bewundert. Die vom Kaiser so ersehnte Unsterblichkeit scheint nach 2200 Jahren gesichert zu sein.

Vollständige Gespanne Im Grab fand man zwei Bronzegespanne mit Pferden und Lenker – wohl die Vorhut einer großen Truppe.

DER BEZAUBERNDSTE STRAND

TRUNK BAY

Strandliebhaber sind sich einig: Die Trunk Bay mit ihrem weichen Sand und dem türkisfarbenen Wasser ist ein Traum. Ein Saum aus Kokospalmen vor unverfälschtem Regenwald ergänzt das Idyll.

Die Trunk Bay am Nordrand der Insel St. John gilt oft als schönster und ursprünglichster Strand der Welt. Entgegen einer verbreiteten Ansicht ist die Bucht nicht nach den Stämmen (engl. *trunks*) der vielen Strandpalmen benannt, sondern nach den hier brütenden Lederschildkröten: Die Dänen, die einstigen Kolonialherren der westlichen Jungferninseln, verglichen die mächtigen Meerestiere mit Lederkoffern (engl. *travel trunks*). Im Jahr 1917 verkauften sie die Inseln dann an die USA.

Die Trunk Bay gehört zum Virgin-Islands-Nationalpark, der seit 1956 die heimische Flora, Fauna und Landschaft schützt. Zuvor war die Bucht ein Privatstrand gewesen; der Philanthrop Laurance S. Rockefeller kaufte jedoch den Großteil von ihr und schenkte ihn dem amerikanischen National Park Service. Heute ist die Bucht die beliebteste Attraktion des Nationalparks.

Korallenfundament

Der herrliche weiße Sand stammt von einem vorgelagerten Riff, das u.a. aus Elchgeweih-, Hirn-, Finger- und Kleinpolypigen Steinkorallen besteht. Einer der ältesten Schnorchelpfade der Welt windet sich durch diesen Unterwassergarten; auf 15 Tafeln sind hier sogar häufig vorkommende Fisch- und Korallenarten erläutert.

Zudem lohnt es sich, die Vegetation hinter dem Strand zu erkunden: Dort wächst z.B. der Noni *(Morinda citrifolia)*, der auch Schmerzmittelbaum heißt, weil seine Früchte für pflanzliche Arzneien verwendet werden. Zu den über 140 erfassten Vogelarten des Parks gehören der Zuckervogel und zwei Kolibriarten. Die einzigen heimischen Säuger sind sechs Arten von Fledermäusen, die für Bestäubung und Samenverbreitung sorgen.

GEOGRAFISCHE LAGE

Die Trunk Bay liegt im Norden der amerikanischen Jungferninsel St. John, die keinen Flughafen hat und nur mit der Fähre oder einem privaten Boot erreichbar ist. Vom Kai in Cruz Bay führt die Route 20 (North Shore Rd) über wundervolle 5 km zur Trunk Bay. Campingplätze und Hotels verteilen sich über die Insel.

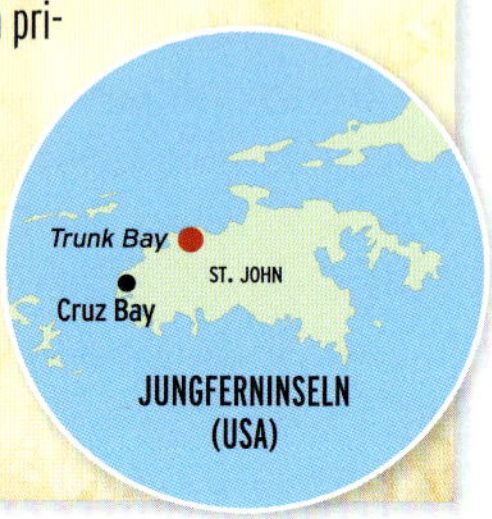

Exotischer Traum St. John mit seinen weißen Sandstränden von Weltrang ist die kleinste und schönste der amerikanischen Jungferninseln in der Karibik.

Die Konkurrenten

TRAUMSTRÄNDE

■ Von den vielen Stränden der Seychellen ist die **Anse Source d'Argent** mit ihren mächtigen Granitfelsen und dem rosafarbenen Sand am reizvollsten. Die ersten Europäer, die den Strand betraten, hielten ihn für das Paradies.

■ Südamerikas attraktivste Strände säumen die Inseln vor Venezuela. Als schönster gilt die **Playa Parguito** auf der Isla Margarita: Vor den Strandrestaurants im Schatten hoher Palmen brechen sich perfekte Surfwellen.

■ **Waikiki** ist der fotogenste Strand der Welt: Das typische Motiv ist der vulkanische Diamond Head zwischen wehenden Palmen, unter denen bis heute jedes Jahr ein Gitarrenfestival steigt. An diesem Strand auf Hawaii lernte einst Elvis das Surfen.

■ Der **White Beach** auf der Philippineninsel Boracay lädt mit seinem reinweißen Sand müde Reisende zum Ausruhen ein.

DAS HINREISSENDSTE KORALLENRIFF

TUBBATAHA-RIFF

Riesenmuscheln, Muränen und Schiffswracks: Eine eindrucksvolle Welt aus Korallen sorgt für allerbesten Abenteuerstoff. Wer tauchend am „Haiflughafen" eincheckt, wird nicht enttäuscht sein.

Das Tubbataha-Riff liegt im Herzen des südostasiatischen Korallendreiecks, das sich mit seinen tropischen Meeresteilen zwischen den Philippinen im Norden, Borneo im Westen und den Salomonen im Osten erstreckt. Hier hat sich die Evolution ausgetobt: Meeresbiologen sprechen vom „Amazonasbecken des Ozeans". An Schönheit kaum zu übertreffen ist das Tubbataha-Riff. Das Riff ist bekannt für seine großen Schwärme bunter Fische, große Meeresräuber und fast senkrecht abfallende Korallenwände am Übergang zum tieferen Wasser. Die Tauchstellen hier gelten nicht nur als die besten der Philippinen, sondern des ganzen südostasiatischen Raumes. Die hervorragende Wasserqualität ermöglicht an Stellen wie der „Seefächergasse", dem „Gorgonienkanal" oder dem „Haiflughafen" an guten Tagen mehr als 40 m Sicht.

Dieses entlegene Unterwasserparadies ist nur mit Taucherbooten erreichbar; wegen starker Nachfrage sind die meisten davon auf Jahre ausgebucht. Der Zugang zum Riff wird streng überwacht.

Kahle Oberfläche

Die beiden Atolle von Tubbataha gehören wie das nahe gelegene Jessie-Beazley-Riff (eine noch einsamere Koralleninsel) zum Tubbataha Reefs National Marine Park.

GEOGRAFISCHE LAGE

Das Tubbataha-Riff liegt inmitten der Sulusee, etwa 130 km südlich der Insel Cagayancillo und 180 km südöstlich von Puerto Princesa. Das Riff ist im Rahmen einer zehnstündigen Bootsfahrt ab Puerto Princesa erreichbar. Aufgrund der akuten Entführungsgefahr wird aber von Reisen zur Sulusee derzeit abgeraten.

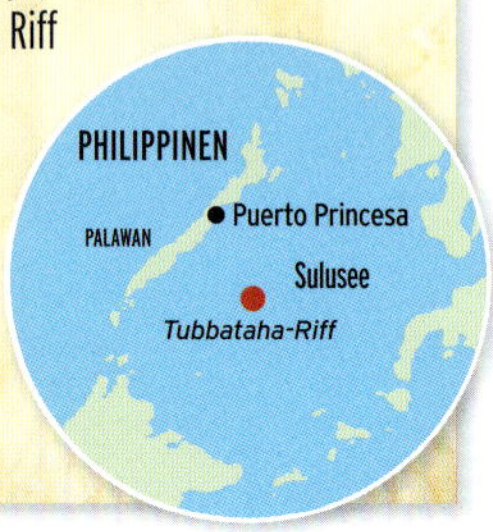

Zwischen dem Atoll des ovalen Nordriffs (16 km) und dem dreieckigen Südriff (5 km) verläuft ein 8 km breiter Graben. Beide Atolle waren einst Saumriffe aktiver untermeerischer Vulkane. Deren Gipfel wurden vom Meer abgetragen; gleichzeitig wuchsen die Korallen nach oben und besiedelten die Ränder der überfluteten Krater. Die sandigen Lagunen in der Mitte der heutigen Riffe sind die früheren Kraterböden.

Auf einer der beiden grasbewachsenen Sandinseln stehen einige Kokospalmen, Pisonien, Katappen- und Samtblattbäume. Neben Meeresschildkröten nisten auf den Atollen Seevögel wie Eilseeschwalben oder Weißbauchtölpel. Zudem ruhen sich seltene Zugvögel wie der Weißbauchfregattvogel und der Schneereiher vor Ort aus. Bei Ebbe werden flache Riffbereiche, einige Felsen und diverse Sandbänke freigelegt; ein Leuchtturm warnt Besucher vor der Gefahr aufzulaufen. Menschliche Dauerbewohner gibt es hier nicht – man findet nur den rostenden Rumpf eines Schiffswracks und eine Rangerstation vor, die auf Stelzen mitten im

Riffbewohner Zur Nahrungssuche am Riff benutzt die Doppelsattelmeerbarbe die sensiblen Barteln unter ihrem Maul.

Nirgendwo steht. Und das ist auch schon alles: Die unscheinbare Oberseite des Riffs ragt kaum über die Meeresoberfläche hinaus. Das wunderbar bunte übrige Leben spielt sich unterhalb der Wasseroberfläche ab.

Traumhafte Unterwasserwelt

Dort warten herrliche und in bunten Farben leuchtende Korallengärten: Tubbataha zählt zwar bei Weitem nicht zu den größten Riffen der Welt, beheimatet aber über die Hälfte aller Weich- und Steinkorallenarten der Erde. Mehr als 2 m lange Napoleon-Lippfische gleiten wie schwerelos über die mächtigen Großen Vasenschwämme und Riesenmuscheln an den Korallenhängen hinweg. Im Flachwasser jagen Schwarzspitzen-Riffhaie, Barrakudaschwärme warten auf vorbeiziehende Beute und Muränen lauern in den Spalten.

Auf dem Sand ruhen Blaupunktrochen und Weißspitzen-Riffhaie – von Letzteren lebt hier die größte Population der Welt. Dazu gesellen sich zahllose kleinere Lebewesen: Farbenprächtige Garnelen bilden „Putzstationen", durch die größere Fische hindurchschwimmen; Seenadeln scheinen sich vor den Augen der Taucher dünnzumachen. Winzige Fische leben unter Ananas-Seewalzen, und Röhren-

Taucherparadies Die kurze Tauchsaison am Riff dauert von Ende März bis Juni. In dieser Zeit ist die See ruhig und die Unterwassersicht am besten.

Korallenwelt Zu den Weichkorallen des Tubbataha-Riffs gehören leuchtend bunte Gorgonien. Diese fächerförmigen Kolonien aus kleinen Polypen können mehrere Meter groß werden.

aale verstecken sich beim kleinsten Anzeichen von Gefahr im Sand. Und bei den grazilen Federwürmern sagt schon der Name, wie die Tiere aussehen.

Zwerge und Giganten

Wer als Taucher das Glück hat, diese lebendige Unterwasserwelt besuchen zu können, stößt auf zahllose Rifffische mit teilweise kunterbunten bizarren Mustern oder silbern glänzenden Schuppen, aber durchweg faszinierenden Namen: Süßlippen, Schnapper, Füsiliere, Regenbogenmakrelen, Riffbarsche, Feuerschwertgrundeln, Stachelmakrelen, Halfter-, Doktor-, Falter-, Kaiser- und Anemonenfische, Kugel-, Nasendoktor-, Soldaten-, Husaren-, Flöten- und Trompetenfische sowie Kaninchen-, Koffer- und Drückerfische. Die Artenvielfalt scheint endlos.

Die spannendsten Tauchgänge sind diejenigen, bei denen man den senkrechten Korallenwänden in bis zu 50 m Tiefe folgt: Statt Steinkorallen wachsen hier Peitschenkorallen und Gorgonien und von oben rieselt Sand herab wie ein Wasserfall. Entlang der Kante zum Tiefwasser patrouillieren Graue Riffhaie, in Höhlen verstecken sich Indopazifische Ammenhaie. Silberspitzenhaie schießen von unten heran, um zu erkunden, wo sich ein schmackhaftes Mahl bietet.

Das Aufeinandertreffen mehrerer Strömungen sorgt für ständigen Nachschub an Nährstoffen und Frischwasser. Als eines der wenigen marinen Biome im Herzen der Sulusee lockt das Riff auch Giganten wie Walhaie, die größten Fische der Welt, und Mantarochen an. Unter den regelmäßigen Besuchern sind zudem Thunfische, Tiger- und Hammerhaie. Manchmal ziehen sogar Pottwale vorüber.

Zwei Arten von Meeresschildkröten nutzen das Riff als Ruhe- und Futterplatz. Die vom Aussterben bedrohte Echte Karettschildkröte ernährt sich von Schwämmen. Die Suppenschildkröte zieht es dagegen zum Seegras, das mit den Seerosen verwandt ist und „Wiesen" im Flachwasser nahe dem Leuchtturm bildet.

Fast verlorenes Paradies

Das Tubbataha-Riff war lange das Revier von Einheimischen, die in klapprigen Einsitzern zu den Atollen hinaussegelten und diese nachhaltig befischten. In den 1970er- und 1980er-Jahren stieg die Zahl der Fischer jedoch stark an; außerdem nutzte man – oft ungenehmigt – größere Motorboote, um eine bessere Ausbeute zu erzielen. Einige Fischer setzten sogar Dynamit oder Gift zur Betäubung ein. Diese Methoden schädigten den Lebensraum unweigerlich. Die Situation spitzte sich weiter zu, als eine Firma plante, kommerzielle Aquakulturen für Seegras in der Region einzurichten. Jetzt bestand dringender Handlungsbedarf – das Riff wäre sonst zerstört worden. Auf den starken Druck und die Bemühungen durch Sporttaucher und Naturschützer aus aller Welt hin wurde das Riff 1988 als erster Meeresnationalpark des Landes unter staatlichen Schutz gestellt. Heute verhindern hier bewaffnete Wachen rund um die Uhr das illegale Fischen; von ihrer Tüchtigkeit zeugen die beschlagnahmten Boote nahe der Rangerstation.

> „Man weiß nun: Das Tubbataha-Riff ist ein wichtiges Brutzentrum, das die ganze Sulusee mit Leben füllt."

Dank dieser Bemühungen hat sich das Riff wieder erholt und weist inzwischen nur noch geringe Fischereischäden auf. Als wichtige Kinderstube für Fisch- und Korallenlarven gedeiht es so prächtig wie in vorigen Jahrhunderten und leidet dank seiner Abgeschiedenheit nicht unter direkter Verschmutzung vom Land aus. Und das Leben steht erneut in voller Blüte.

Die Konkurrenten

KORALLENRIFFE

■ Das 260 km lange **Belize Barrier Reef** ist das zweitgrößte Korallenriffsystem der Welt. Bisher konnten Meeresbiologen nach eigenen Schätzungen nur 10 % aller vorkommenden Arten erfassen. Eines der seltsamsten örtlichen Phänomene ist das Great Blue Hole im Lighthouse Reef: Diese unterseeische Doline (Karsttrichter) hat einen Durchmesser von fast 400 m und eine nahezu perfekte Kreisform.

Unterwasserleben am Belize Barrier Reef

■ Einige Korallenriffe am Nordzipfel des Roten Meeres sind ohne Boot direkt vom Strand aus zugänglich. Die Unterwasserwelt des 1200 m langen **Coral Beach Nature Reserve** am Rand von Eilat, Israels südlichster Stadt, ist für fast alle Besucher problemlos erkundbar: Hier führt z. B. ein Steg zum Außenriff, wo selbst absolute Schnorchelneulinge ins Wasser steigen, sich mit der Strömung am Ufer entlangtreiben lassen und dabei die Natur beobachten können.

■ Als größter Organismus des Planeten ist das australische **Great Barrier Reef** deutlich vom Weltraum aus erkennbar. Seine farbenprächtigen und äußerst artenreichen Korallengärten säumen Queenslands Küste auf mehr als 2000 km. Zudem ist das Riff ein wahrer Tiertreffpunkt: Zwerg- und Buckelwale kommen aus der Antarktis hierher, Seevögel vom asiatischen Festland und Tigerhaie sowie Meeresschildkröten von fernen Riffen des indopazifischen Raumes. Der alljährliche Höhepunkt am Great Barrier Reef ist die Korallenblüte, bei der ein ungewöhnlicher, nach oben gerichteter „Schneesturm" entsteht: Ist die richtige Mondphase gekommen, stoßen alle Korallen in derselben Nacht gleichzeitig ihre Ei- und Samenzellen aus.

Doch dieses Naturwunder ist in großer Gefahr: Seit 1985 soll es die Hälfte seiner Korallen verloren haben. Dabei spielt nicht nur der Anstieg der Korallenbleiche aufgrund der Erwärmung des Meerwassers eine große Rolle. Auch die Erweiterung eines Kohleverschiffungshafens am Korallenmeer und der Tourismus gefährden das Riff. Sogar einen „natürlichen" Feind gibt es: den gefräßigen Dornenkronenseestern.

■ Das südlichste Korallenriff der Tropen liegt bei **Lord Howe Island**; an dieser Vulkaninsel zwischen Australien und Neuseeland treffen fünf starke pazifische Meeresströmungen aufeinander. Die nördlichsten Atlantikriffe rund um die **Bermuda-Inseln**, die im warmen Golfstrom liegen, werden von vielen karibischen Riffbewohnern bevölkert. Das nördlichste tropische Korallenriff des Pazifiks liegt im Nordwesten von Hawaii: Das **Kure-Atoll** ist der Brutplatz zahlloser Seevögel sowie ein wichtiges Ruhe- und Fortpflanzungsrevier der vom Aussterben bedrohten Hawaii-Mönchsrobben. Die Gemeinsamkeit all dieser Riffe ist ihre Nähe zum sogenannten Darwin-Punkt, jenem Breitengrad, an dem sich das Riffwachstum und das Riffsterben die Waage halten. Nur ein kleines Stück weiter südlich auf der Südhalbkugel oder weiter nördlich auf der Nordhalbkugel können tropische Korallen nicht mehr wachsen.

■ Spannende, spektakuläre Tauchreviere sind auch die **Magic Passage** und der **Planet Rock** vor der Nordküste Papua-Neuguineas. Erstere führt durch das Madang Barrier Reef, wo Schwärme von Dunkelflossen-Barrakudas neben tellergroßen dicken Seesternen in der Strömung stehen. Der Planet Rock liegt ungefähr 1,6 km vor der Küste und ist nur bei sehr ruhiger See erreichbar. Er beheimatet diverse Rifffische – und Haie, die hier tagsüber ruhen und nachts in tieferem Wasser jagen.

■ Im Jahr 2001 ergab eine Studie der Naturschutz-Organisation Conservation International, dass die Korallenriffe der **Raja-Ampat-Inseln** mit mehr als 1800 Eilanden den wohl größten Artenreichtum weltweit aufweisen. Hier, vor der Küste der indonesischen Provinz West-Papua, wurden im Rahmen bisheriger Forschungen über 1300 Fischarten und 600 verschiedene Steinkorallen erfasst; neu entdeckte Arten kommen fast täglich hinzu.

Korallen im Coral Beach Nature Reserve

DER BEKANNTESTE INSELBERG

ULURU

Seit über 20000 Jahren zieht der riesige rote Fels im Outback Australiens die Menschen in seinen Bann. Diese außergewöhnliche geologische Formation hat für viele eine tiefe spirituelle Bedeutung.

Obwohl der Uluru (Ayers Rock) häufig auf Bildern zu sehen ist, wirkt der gewaltige rostfarbene Fels doch atemberaubend, wenn man ihn zum ersten Mal in natura erblickt. Der etwa 3 km lange Inselberg ragt unvermittelt 348 m aus der wüstenhaften Ebene empor. Er ist nur der oberste Teil einer leicht geneigten Sandsteinschicht, die bis zu 4 km tief reicht: Die Erdbewegungen während der letzten ca. 600 Mio. Jahre pressten die Ablagerungen erst zu einer mächtigen Gesteinsschicht und stellten diese dann auf. Zugleich wurden sie aufgefaltet und um 90 Grad zur ursprünglichen Ausrichtung gedreht.

Mythen und Legenden

Die Anangu, die dortigen Aborigine-Stämme, glauben, dass der Uluru während der Traumzeit von Ahnenwesen wie den Mala (Hasenkänguru-Menschen), Kunia (Teppichschlangen-Menschen) und Liru (Giftschlangen-Menschen)

GEOGRAFISCHE LAGE

Am Südrand des Northern Territory, etwa 335 km südwestlich von Alice Springs im Uluru-Kata-Tjuta-Nationalpark, ragt der Uluru auf. Die Anfahrt ab Alice Springs dauert etwa 5 Stunden. Ab Cairns, der Gold Coast und den meisten Bundesstaatshauptstädten bestehen Flugverbindungen zum Ayers Rock Airport.

geformt wurde. Für sie zeugt jede Spalte, Kluft und Erosionsspur an den schroffen Hängen von den Aktivitäten der Ahnen: Tiefe Rillen im Fels zeigen z. B., wo einst die Schlangenfrau entlangglitt. Deren Eier sind Findlinge in der Nähe, Löcher in der Felswand werden als Fußspuren geflohener Mala-Männer angesehen.

Seit Jahren kämpfen die Anangu dafür, dass das Besteigen des für sie heiligen Bergs verboten wird; am 26. Oktober 2019 tritt dieses Verbot in Kraft. Doch auch auf dem 10,6 km langen Base Walk gibt es viel zu entdecken, z. B. Wasserlöcher, die sich bei Wüstengewittern füllen.

Traditionelles Leben

Die Tiere und Pflanzen rund um den Uluru dienten den Ureinwohnern jahrtausendelang als Nahrung. Hier gab es zu essen, zu trinken, Medizin, Tabak, Brenn- und Baustoffe – und ebenso das nötige Material für Kunstwerke und religiöse Rituale.

Zum Buschessen *(tucker)* gehören *tjanmata* (Buschzwiebeln), *arnguli* (Buschpflaumen) und *ili* (Buschfeigen). Süßer Nektar wird aus der *kaliny-kalinypa* (Honig-Grevillea) – und aus Tjala-Honigtopfameisen – gewonnen. Fleisch kommt vom *malu* (Rotes Riesenkänguru), *tinka* (Gouldswaran) und *ngintaka* (Riesenwaran). Insektenlarven, Vogel- und Echseneier liefern zusätzliche Nährstoffe. Einige der Pflanzenarten des Nationalparks sind jedoch hochgiftig.

Leuchtende Sonnenuntergänge

Eines der bekanntesten Merkmale des Uluru ist der Farbwechsel im Lauf des Tages. Die Oxidation von Feldspat und Eisen im Sandstein sorgt für die charakteristische Grundfarbe, die je nach Sonnenstand anders wirkt: Das glühende Hellrot bei Sonnenuntergang verblasst zu Orange, Terrakotta und Violett. Morgens läuft dasselbe Schauspiel in umgekehrter Reihenfolge ab.

Unvergleichlich, weil …

- Der Uluru ist ein spiritueller Ort und vielleicht die älteste heilige Stätte der Erde. Die Anangu feiern hier bedeutende Ereignisse ihrer Geschichte.
- Der Uluru ist der zutage getretene Teil einer unterirdischen Gesteinsschicht.
- Er ist so mächtig, dass er in der Ebene über 100 km weit sichtbar ist.
- Bei Sonnenaufgang erscheint der Felsen erst Dunkelviolett, dann in Rosa- und Orangetönen und schließlich in leuchtendem Hellrot. Bei Sonnenuntergang verläuft der Farbwechsel umgekehrt.
- Während der seltenen Gewitter in der Wüste stürzt Wasser vom Uluru herab und füllt die Wasserlöcher, die am Fuß des riesigen Felsens die Basis für das vielfältige Ökosystem bilden.

DIE HEILIGSTE HINDU-PILGERSTÄTTE

VARANASI

Als heilige Stadt des Hindugottes Shiva ist Varanasi am Ganges das spirituelle Herz Indiens und die wichtigste Hindu-Pilgerstätte der Welt.

Bei Tagesanbruch werden auf dem Ganges die verschwommenen Umrisse von Booten sichtbar, die auf Passagiere warten. Gleichzeitig erwacht die Stadt zum Leben: Hunderte Menschen steigen die steilen Steinstufen der Ghats zum Fluss hinab, um ihre Sünden abzuwaschen. Rauch wabert über das Wasser und es mischen sich die schwachen Düfte von Rosenwasser und Sandelholz – wie jeden Morgen in Varanasi, der heiligsten aller Hindustädte.

GEOGRAFISCHE LAGE

Varanasi liegt im nordindischen Bundesstaat Uttar Pradesh und in etwa auf halber Strecke zwischen Kalkutta (740 km) im Südosten und Delhi (795 km) im Nordwesten. Vom Flughafen von Varanasi kommt man mit Bussen weiter; außerdem gibt es zwei Bahnhöfe (Varanasi Cantonment und Mughalsarai).

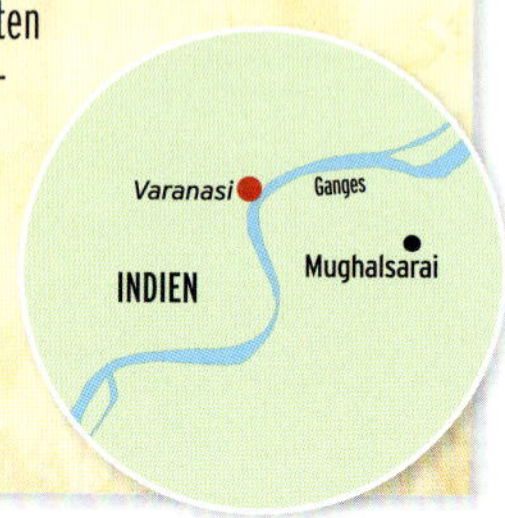

Uralte Stadt Oberhalb der Bade-Ghats am Ganges drängen sich Tempel, Schreine, Paläste und moderne Bauten in Varanasis Zentrum.

Heiliger Ganges

Hindus halten den Ganges für einen heiligen Fluss und alle Siedlungen an seinen Ufern für Glück verheißend. Varanasi nimmt jedoch eine Sonderrolle ein: Der Legende nach manifestierte sich hier einer der obersten Hindugötter, Shiva, zusammen mit seiner Gefährtin Parvati. In Anlehnung an Shivas erste Inkarnation als Lichtsäule nennen Tiefgläubige die Stadt auch Kashi, die Leuchtende oder Stadt des Lichts.

Für den Hinduismus ist die Metropole überaus bedeutsam: Zwischen der heiligen Höhle von Amarnath im Himalaya (Kaschmir) im Norden, Kanyakumari an der Südspitze Indiens, Puri an der Ostküste und Dwarka an der Westküste markiert sie das Zentrum des hinduistischen Universums. Wegen seiner Nähe zu einer uralten Furt gehört Varanasi außerdem zu den heiligsten *tirthas* (Übergangsstellen) zwischen der himmlischen und der irdischen Welt.

Varanasi ist schon seit langer Zeit ein wichtiges Pilgerziel: Alle gläubigen Hindus möchten die Stadt mindestens einmal in ihrem Leben besuchen, um im heiligen Wasser des Ganges zu baden. In Varanasi zu leben, heißt, mit den Göttern zu leben – und wer hier stirbt, erlangt die *moksha* (ewige Vergebung). Die Stadt wird aber nicht nur von Hindus verehrt, sondern auch von Anhängern des Buddhismus und des Jainismus; seit jeher zieht sie Pilger und Veda-Studenten an.

Früher und heute

Varanasi ist eine der ältesten bewohnten Städte der Welt und seit 2000 v. Chr. mit Religion und Spiritualität verbunden: Schon da-

Weg zum Himmel Einige Gläubige baden, andere hingegen stehen einfach betend dem Sonnenaufgang zugewandt bis zur Brust im Wasser.

प्रयागघाट
PRAYAG GHAT
JHOOLA

Rituelle Bäder Zwischen den Schirmen der Schriftgelehrten *(pandits)* versammeln sich die Menschenscharen am Gangesufer. Familienmitglieder jeden Alters baden gemeinsam.

mals war es ein Zentrum der indogermanischen Religion und Philosophie. Im 6. Jh. lag hier die Hauptstadt des Königreichs Kashi; Buddha soll erstmals im nahe gelegenen Sarnath gepredigt haben. Trotz 300 Jahren unter muslimischer Herrschaft blieb Varanasi ein hinduistisches Zentrum und lockte auch weiterhin Pilger an. Der stetige Besucherstrom machte die Stadt zu einem wichtigen Handelsposten, und bis heute ist sie eine Hochburg der Seidenproduktion.

Die Ghats

Trotz der vielen mittlerweile entstandenen modernen Gebäude ist die Altstadt bis heute der Mittelpunkt des städtischen Lebens: Das Gewirr der schmalen Straßen ist so charmant-chaotisch, wie es Indienliebhaber mögen und erwarten. Am wichtigsten für die Millionen Hindupilger ist jedoch die zusammenhängende Reihe von Ghats, die am schmucken Westufer in den Fluss hinunterführen: Für die Hindus ist Varanasis Heiligkeit untrennbar mit der Ganga Ma verbunden, der „Mutter Ganges". In der Hindumythologie war der Fluss ein Himmelsstrom, dem Shiva erlaubte, durch seine Haarlocken zur Erde hinabzufließen. So gilt der Ganges als Lebenselixier *(amrita)*, das den Lebenden die Reinheit und den Toten die Erlösung bringt. Nach dem hinduistischen Glauben beendet das Baden im Wasser des Ganges das Leiden und wäscht die Sünden fort.

Varanasis zahllose Ghats säumen einen 7 km langen Uferabschnitt zwischen Palästen, Pavillons, Tempeln und Terrassen. Jedes Ghat hat eine eigene Bezeichnung und symbolische Bedeutung; am Dhobi- oder Wäscher-Ghat werden z. B. bei Sonnenaufgang Kleider gereinigt. Manche Ghats sind marode; andere wie das Man-Mandir-Ghat mit seinem herrlichen Observatorium aus dem 18. Jh. lassen noch Spuren früherer Pracht erkennen. Die Ghats werden meist von einem Lingam (phallisches Shiva-Symbol) gekennzeichnet und nehmen jeweils einen speziellen Platz in der religiösen Stadtgeografie ein.

Traditionell bilden die Ghats einen Abschnitt einer heiligen Route, auf der Gläubige in verschiedenen Schreinen beten. Sie werden von einem *panda* (Priester) begleitet und müssen bei jeder Etappe eine *sankalpa* (Willlenserklärung) rezitieren. Eine der beliebtesten Routen ist die Panchtirthi Yatra, die über fünf *tirthi*-Ghats (Assi-, Dasaswamedh-, Adi-Keshava-, Panchganga- und Manikarnika-Ghat) von Norden nach Süden führt.

Bei Sonnenaufgang beginnt das Ganges-Bad der Gläubigen. Gruppen aus Männern, Frauen und Kindern werden dabei von Brahmanen-Priestern begleitet, die *pujas* (Opferrituale) durchführen. Einige Gläubige meditieren, betreiben Yoga oder tauchen mindestens einmal ganz unter. Andere strecken die Hände gen Himmel, um ihre Sünden durch Wasseropfer an die Sonne abzuwaschen. Diese Massenandacht ist Teil des Alltags und wirkt zuweilen wie eine gesellige Veranstaltung: Kinder spielen im Wasser, während ihre Mütter Wäsche waschen; Masseure arbeiten neben *sadhus* (heiligen Männern), die im Sitzen lange Pfeifen rauchen. *Pandits* (Schriftgelehrte) öffnen ihre Sonnenschirme und bereiten sich auf den Tag vor. Nebenbei lauern alle auf den neuesten Tratsch; selbst spontane Kricketspiele sind hier nichts Außergewöhnliches.

Öffentliches Einäschern

Wer als Hindu in Varanasi stirbt, erlangt die *moksha*, die sofortige Vergebung der Sünden, sowie Himmelszugang und Befreiung vom Zyklus von Leben, Tod und Wiedergeburt. Deshalb kommen Menschen seit Jahrhunderten in die Stadt, um hier ihre letzten Tage zu verbringen oder die Asche von Angehörigen in den

Ganges zu streuen. Die öffentlichen Einäscherungen am Flussufer wirken auf Besucher faszinierend, sind aber private Zeremonien. Sie finden meist am Harishchandra- oder Manikarnika-Ghat (den „Verbrennungs-Ghats") statt und dürfen nicht fotografiert werden. Eigentlich gelten Plätze für Feuerbestattungen als unrein und liegen daher an Stadträndern. Doch Varanasi ist eine Ausnahme: Die Stadt Shivas wird als große Einäscherungsstätte *(mahashamshana)* für das ganze Universum betrachtet.

Für die relativ schlichte Zeremonie wird der in Tuch gewickelte Leichnam auf einer Bambustrage zu einem Scheiterhaufen gebracht. Dort werden Feuerholz, Sandelholz, Ghee (geklärte Butter) und andere Beigaben angeboten; die finanziellen Mittel der Angehörigen bestimmen deren Menge und Qualität. Nach einem letzten Priesterritual besprengt das Oberhaupt der Trauernden den Scheiterhaufen mit Ghee und entzündet ihn mit einer dargereichten Fackel – ein sehr emotionaler Moment für die Familie. Nach vollendeter Verbrennung löscht Letztere die Glut mit Ganges-Wasser, sammelt die Asche in einer Urne und schüttet sie in den Fluss.

Tempel und Festivals

Wie es sich für eine so religiös geprägte und spirituelle Stadt gehört, hat Varanasi rund 2000 Tempel. Einige davon stehen an den Ghats; die meisten verteilen sich aber über das ganze Stadtgebiet. Am heiligsten ist der Goldene Tempel (Kashi Vishwanath) aus dem 18. Jh.: Der *jyotirlinga* (Schrein) zeigt Shivas erste Inkarnation als Lichtsäule. In ganz Indien gibt es insgesamt nur zwölf dieser Schreine; Hindus glauben, dass schon der Blick auf einen *jyotirlinga* die Seele reinigt.

Das alljährliche Mahashivratri zählt zu Varanasis wichtigsten religiösen Festen; hierbei ist der Goldene Tempel das Ziel einer Prozession. Zusätzlich beten Gläubige aber auch intensiv in allen anderen Shiva-Tempeln der Umgebung. Bis spät in die Nacht lauschen sie Lesungen hinduistischer Schriften, fasten, opfern Blumen oder Früchte vor Shiva-Statuen und preisen den Gott mit Gesängen.

Wie auch das fünftägige Ganga-Mahotsav-Festival zu Ehren des Ganges ist das Mahashivratri ein wichtiger Teil des örtlichen Veranstaltungskalenders und von fröhlicher Euphorie geprägt. In dieser außergewöhnlichen Stadt sind Leben und Tod ständig präsent – und beides wird hier mit Freude angenommen.

Abendritual Bei Sonnenuntergang halten Priester die *Ganga Aarti*-Zeremonie ab, bei der dem Ganges unter Gebeten und Gesang Licht geopfert wird.

Die Konkurrenten

WALLFAHRTSORTE

■ Der **Borobudur** auf der indonesischen Insel Java stammt aus dem 9. Jh. und ist eine der größten buddhistische Tempelanlagen der Welt. Seine ansteigenden Terrassen symbolisieren die Stufen der buddhistischen Kosmologie: Von ganz unten, aus der Welt des Verlangens, folgen Pilger den Korridoren und Treppen bis ganz hinauf zum Nirvana (Himmel).

■ Der heiligste Schrein (Gurdwara) der Sikhs, der **Goldene Tempel** oder Harmandir Sahib in Amritsar (Punjab), zieht Sikh-Pilger aus aller Welt an. Berühmtester und ehrwürdigster Teil der Anlage ist der vergoldete Göttliche Tempel (Hari Mandir), den Verse aus dem Heiligen Buch der Sikh, dem Guru Granth Sahib, zieren.

■ Die Bergschreine der japanischen **Kunisaki-Halbinsel** waren einst ein bedeutendes Zentrum des Shugendō, einer alten japanischen Religion. Sie gehören zu den wenigen Orten, an denen Mönche bis heute die traditionelle Gebetsform des „In-Sich-Gehens" betreiben, indem sie heiligen Bergpfaden folgen.

■ **Mekka** in Saudi-Arabien ist für Nichtmuslime tabu. Die heiligste Stadt des Islam ist der Geburtsort des Propheten Mohammed und der Standort der Kaaba mit dem Schwarzen Stein. Alle Muslime sollten die Wallfahrt nach Mekka (Hadsch) mindestens einmal im Leben unternehmen; Millionen Gläubige tun dies jedes Jahr.

Goldener Tempel in Amritsar

■ **Santiago de Compostela** im nordwestspanischen Galicien gehört zu den wichtigsten Wallfahrtsorten des Christentums: Seine Kathedrale birgt angeblich die sterblichen Überreste des Apostels Jakobus und ist das ersehnte Ziel am Ende des Jakobswegs – jener Pilgerroute, die alljährlich Tausende von Gläubigen und Nichtgläubigen absolvieren.

■ Im **Zahntempel** in Kandy (Sri Lanka) wird ein Zahn aufbewahrt, der angeblich Buddhas linker Eckzahn gewesen sein soll. Mönche beten täglich in der Innenkammer des Tempels und reinigen die Reliquie einmal pro Woche im Rahmen eines Rituals.

DIE EINZIGARTIGE LAGUNENSTADT

VENEDIG

Gleichermaßen fragil und unverwüstlich überdauert Venedig nun schon mehr als 1000 Jahre an der flachen Adriaküste. Wie kaum eine andere Stadt ist sie mit dem Wasser verbunden.

GEOGRAFISCHE LAGE

Venedig ist die Hauptstadt der Provinz Venetien und über die Straße, mit dem Zug, mit dem Schiff oder dem Flugzeug erreichbar. Die Stadt ist mit dem Festland über den Damm zur Piazzale Roma verbunden; Autos dürfen nur bis zur Piazzale Roma fahren. Ab 2019 soll von den Tagestouristen Eintrittsgeld verlangt werden.

Im 6. Jh. bestand Venedig lediglich aus ein paar Fischernestern an einer Adrialagune, bewohnt von Menschen, die vor den vordringenden Goten in diese sumpfige Wildnis geflohen waren. Rund 600 Jahre später war daraus eine mächtige Republik mit eigener Verfassung und regierendem Dogen geworden. Im 16. Jh. hatte Venedig ganz Nordostitalien kolonisiert, Byzanz erobert und das Monopol auf den Mittelmeerhandel inne. Diesen Status konnte es bis zu seinem Niedergang im 18. Jh. wahren. Seit dem Ende der Republik Venedig 1797 hat sich die Inselstadt immer wieder neu erfunden und ist für Menschen in aller Welt zum Objekt der Faszination geworden. Zahllose Fotos, Filme und literarische Werke beweisen: Venedig ist heute eines der bedeutendsten Reiseziele der Welt. Über 30 Mio. Besucher

Lagunenblick Gegenüber dem Viertel San Marco liegt die Insel San Giorgio Maggiore, deren Kirche von Andrea Palladio entworfen wurde.

Beständige Pracht Vor dem Markusplatz und dem Dom steht der Dogenpalast neben dem Campanile. Die beiden Säulen links vom Palast waren einst das offizielle Stadttor.

kommen jedes Jahr hierher – angelockt vom besonderen Zauber, der großartigen Geschichte und der einzigartigen Lage der Stadt.

Stadt der Wahrzeichen

Venedig ist Teil einer Gruppe von über 100 Laguneninseln und weltweit die einzige Stadt, die vollständig im Wasser errichtet wurde. Um geeignetes Bauland zu schaffen, mussten die ersten Venezianer die wassergesättigten Eilande befestigen und erweitern. Zu diesem Zweck trieben sie tausende Holzpfähle dicht an dicht in den Schlick der Lagune und platzierten darauf wasserdichte Fundamente aus istrischem Kalkstein.

Die sechs Stadtviertel *(sestieri)* sind über mehr als 150 Kanäle und 400 Brücken miteinander verbunden. Der wichtigste Platz Venedigs ist die prächtige Piazza San Marco (Markusplatz) mit Säulengängen, Cafés und Läden; Napoleon nannte sie einst „Europas schönsten Salon“. Hier und an der angrenzenden Piazzetta stehen viele venezianische Wahrzeichen wie der Markusdom oder der Campanile (Glockenturm), der mit

Unvergleichlich, weil …

- Als einzige Stadt der Erde ist Venedig vollständig im Wasser gebaut.
- Es gehört zu den wenigen Fußgängerstädten der Welt; die kleinen Gässchen münden in große Plätze.
- Im Verhältnis zu seiner Größe beherbergt Venedig mehr Kunst als alle anderen Städte Europas.
- Eine Gondelfahrt gehört zu den beliebtesten Touristenerlebnissen überhaupt.
- Die Kanäle übernehmen die Funktion von Gassen und Straßen – über sie ist das Stadtgebiet erschlossen.

Goldener Innenraum Die Mosaike des reich verzierten Markusdoms zeigen Lebensabschnitte Christi und andere Bibelszenen.

98,50 m das höchste Gebäude vor Ort ist. Weitere Höhepunkte sind der reich verzierte Uhrenturm und der Dogenpalast, in dem früher die Regierung der Republik Venedig residierte. Von der Rückseite des Palasts führt die Seufzerbrücke zum Stadtgefängnis; sie heißt so, weil Gefangene angeblich seufzten, wenn sie den letzten Blick auf Venedig warfen, während sie in den Kerker gebracht wurden.

Optisch wie symbolisch wird der Platz vom Markusdom mit seinen fünf Kuppeln dominiert, einem Meisterwerk byzantinischer Architektur und Beutekunst, das den Großmachtstatus Venedigs während der Renaissance widerspiegelt. Vergoldete Mosaike auf 4000 m² Fläche machen den prächtigen Innenraum zu einem der Wunder der Christenheit.

Von diesem zentralen Punkt im Bezirk San Marco führt ein Gewirr aus Straßen und Gassen zu den anderen fünf Vierteln, die jeweils ihren eigenen Charakter haben: Am größten ist Castello mit dem Arsenale, einst Europas größte Marinebasis. San Polo und Santa Croce sind belebte Arbeiterbezirke mit schmalen Gassen voller Läden, Cafés und Weinbars; dort befinden sich auch die weltberühmte Rialtobrücke und der Fischmarkt La Pescheria. Zum eleganten Dorsoduro gehören die Inselgruppe Giudecca und der gleichnamige Kanal. Cannaregio im Norden beherbergt das älteste jüdische Ghetto der Welt.

Als Hauptverkehrsader windet sich der berühmte Canal Grande durch die sechs Stadtteile. Dieser 3 km lange Wasserweg wird von über 100 repräsentativen Kaufmannshäusern im byzantinischen, gotischen und Renaissance-Stil gesäumt; am bemerkenswertesten sind der Ca' Pesaro – nun ein Museum für moderne und orientalische Kunst – und der Ca' Rezzonico, ein Museum über das Venedig des 18. Jh. Die Canal-Grande-Fahrt vom Bahnhof nach San Marco erfolgt heute eher per Motorschiff *(vaporetto)* als mit der Gondel, ist aber immer noch einer der Höhepunkte jedes Venedigbesuchs.

Herausragende Kunstschätze

Obwohl Venedig mit 5 km² Gesamtfläche recht klein ist, stellt sein Reichtum an Kunst- und Architekturschätzen das kulturelle Werk so mancher großer Nation in den Schatten. Vor allem zwischen dem 14. und 18. Jh. lockte das Lagunenlicht viele Maler nach Venedig. Ebenso reizvoll waren die lukrativen Aufträge von reichen Kaufleuten, religiösen Orden und karitativen Vereinigungen *(scuole)*, deren vermögende Mitglieder ihre Residenzen mit Kunst verschönern ließen.

So arbeiteten hier viele Künstler wie Jacopo Bellini und dessen Söhne Giovanni und Gentile, Veronese, Tintoretto (ein gebürtiger Venezianer), Giorgione, Carpaccio oder auch Tizian, der große Meister der venezianischen Hochrenaissance: Seine ausdrucksstarken Werke beeinflussten die Malerei Venedigs und die übrige westliche Kunst. Viele Gemälde hängen in *scuole* wie dem „Tintoretto-Tempel" Scuola Grande di San Rocco oder in großen Galerien wie der Galleria dell'Accademia; Letztere zeigt Meisterwerke wie Carpaccios *Ursula-Zyklus* und Tizians *Tempelgang Mariens*. Weitere Werke zieren die zahlreichen prächtigen Kirchen, die das Stadtbild prägen:

Die gotische Frari-Kirche mit zwei Meisterwerken Tizians (*Mariä Himmelfahrt* und *Madonna di Ca' Pesaro*) wurde 1340 von den Franziskanern gegründet. Die Votivkirche Santa Maria della Salute mit Bildern Tintorettos und Tizians entstand zur Erinnerung an das Ende der Pest 1630. Die Kirchen San Giorgio Maggiore und Redentore an der Lagune wurden von Venedigs Meisterarchitekt Andrea Palladio entworfen; die beiden spektakulären Bauten schmücken Werke Tintorettos bzw. Veroneses.

VENEDIG IN GEFAHR

Es ist seit Langem bekannt, dass Venedig allmählich im Schlick der Lagune versinkt. Manchen Berichten zufolge nahm dieser Vorgang sogar schon mit dem Baubeginn vor etwa 1000 Jahren seinen Anfang. Über die letzten Jahrhunderte hat das Gewicht der Gebäude zur allmählichen Schlick-Erosion unter den Fundamenten der Stadt beigetragen. Zusammen mit dem steigenden Meeresspiegel bedeutet das nun eine noch größere Überflutungsgefahr.

Vor allem die jährlichen Spitzenpegel der Adria, die lokal *acqua alta* (Hochwasser) genannt werden, überschwemmen die lagunennahen Viertel komplett. Dann stehen wichtige Wahrzeichen wie der Markusplatz und viele Fußgängerwege teilweise tagelang unter Wasser. Im November 1966 ließ das schlimmste Hochwasser der Geschichte den Pegel um mehr als 2 m über den Normalwert steigen. Man fürchtete um den Fortbestand der Stadt und so wurden Schutzstiftungen nach einem Großaufruf unter der Schirmherrschaft der Unesco gegründet. Seitdem entstehen neue Flutbarrieren.

Doch auch die 30 Mio. Besucher belasten die Stadt und insbesondere die riesigen Kreuzfahrtschiffe bedeuten eine große Gefahr. Daher sollen sie künftig nicht mehr direkt im historischen Zentrum anlegen dürfen. Auch die gerade einmal 50 000 Einwohner in der Altstadt Venedigs haben mit dem Massenansturm der Touristen zu kämpfen.

Alle Reiseführer nennen diese berühmten Meisterwerke. Doch viele von Venedigs schönsten Sehenswürdigkeiten verstecken sich im Gewirr der historischen Gassen: Selbst in den schlichtesten der 200 örtlichen Kirchen wartet irgendein besonderes Glanzlicht.

Besonders und bezaubernd

Herrlich ist ein Bummel durch Venedig: Die einzigartige Lage der Stadt lässt keinen Autoverkehr zu und macht Venedig zu einem der wenigen reinen Fußgängerstädte der Welt. Abseits der Menschenmassen in San Marco können sich Spaziergänger durch die schmalen, verwinkelten Gassen treiben lassen, die in die Stadt hinein oder aus ihr heraus führen. Bei solchen Streifzügen entdeckt man vielleicht ein schönes Gemälde in einer einfachen Kirche an einem ruhigen Platz, einen besonders hübschen Brunnen oder Kamin, ein winziges Fresko an einem Hauseingang oder Räumlichkeiten, in denen man sich ins 17. Jh. zurückversetzt fühlt.

Venedig ist robuster, als es wirkt. Über die Jahre hat man hier gelernt, mit der Zeit zu gehen: Die Palazzi wurden in Läden, Hotels und Wohnhäuser umgebaut, die Lagerhäuser in Museen. Die Gondeln transportieren nur noch Touristen und sind vielfach Motorschiffen *(vaporetti)* gewichen. Auch Venedigs Verhältnis zur Kunst ist im Heute angekommen: Alle zwei Jahre findet hier mit der Biennale eine große Ausstellung moderner Kunst statt. Mit dem Peggy-Guggenheim-Museum, das Werke von Picasso, Mondrian und Magritte zeigt, hat sich Venedig als renommiertes Zentrum für moderne Kunst etabliert. Im Lido-Seebad auf der Landzunge zwischen Stadt und offenem Meer – verewigt durch Thomas Manns *Tod in Venedig* – finden seit Langem alljährlich die glamourösen Internationalen Filmfestspiele von Venedig statt.

> „Vor allem zwischen dem 14. und dem 18. Jh. lockte das Lagunenlicht viele Maler nach Venedig …“

Doch das charakteristischste Element Venedigs ist und bleibt das Wasser. Verkehrslärm fehlt und die Lagune und die Kanäle verstärken die typisch venezianische Geräuschkulisse aus dem Läuten der Campanile und den Bugwellen der Boote, die gegen uraltes Gemäuer schwappen. Zudem spiegelt sich die Stadt im schimmernden Wasser.

Zu jeder Jahreszeit versetzt der prachtvolle Geburtsort von Tintoretto und Vivaldi Besucher in eine andere Welt. Hier finden klassische Konzerte genau in jener Kirche (La Pietà) statt, in welcher der Komponist selbst gearbeitet hat. Gondeln gleiten an den schönsten Renaissance-Bauten der Welt vorbei. Wo sonst kann man tagelang umherlaufen, ohne auch nur ein einziges Auto zu sehen, oder so viel Spitzenkunst auf so engem Raum bewundern? Und wo sonst wird Letztere noch von ihrer Umgebung übertrumpft, etwa wenn die Sonne im Sommer über Santa Maria della Salute untergeht oder sich frühmorgens durch den Herbstnebel über der Lagune arbeitet? Einzigartig, magisch, bezaubernd – diese Stadt sucht wahrlich ihresgleichen.

Grenzbrücke Die Rialtobrücke von 1591 ist die älteste der vier Brücken über den Canal Grande. Sie markiert die Grenze zwischen den Vierteln San Polo und San Marco.

TREVI-BRUNNEN

Fons, die lateinische Basis des Wortes Fontäne, bedeutet schlicht Quelle. Schlicht waren die Entnahmebecken am Ende römischer Aquädukte aber nicht; Skulpturen zierten sie. Während der Renaissance wurde dieses Prinzip im Bezirk Trevi wiederbelebt, als man dort einen römischen Aquädukt restaurierte. In den nächsten 300 Jahren gab es diverse Pläne für die Gestaltung des Beckens. 1762 schließlich war der Brunnen fertig, der von Nicola Salvi entworfen worden war: In einem Muschelwagen stehend wird der Meeresgott Oceanus von Pferden und Tritonen gezogen. Dieses Wahrzeichen ist in Filmklassikern wie *Das süße Leben* oder *Ein Herz und eine Krone* zu sehen. Besucher werfen Münzen hinein und hoffen, so ihre Rückkehr nach Rom zu sichern. 2015 wurde der Brunnen nach einer aufwändigen Restaurierung wiedereröffnet.

DER ULTIMATIVE SPRINGBRUNNEN?

Wasser ist die Essenz des Lebens und wer damit spielt, huldigt der Herrlichkeit eines der alltäglichsten und doch wichtigsten Naturgüter. Schon die Römer bauten Springbrunnen, indem sie Wasser durch schmale Auslässe zwängten: Mit genug Druck ließen sich so sanfte Kaskaden oder hohe Fontänen erzeugen. Meist wirken Springbrunnen besinnlich, doch die versteckten Fontänen

in mittelalterlichen oder Renaissance-Gärten waren ein- und ausschaltbar, um ahnungslose Gäste zu durchnässen und zu erheitern. In muslimischen Gärten symbolisierten die Brunnen den gottgegebenen Wasserreichtum und eine geordnete Gesellschaft. Die Wasserspiele von Versailles standen für die absolute Macht des Königs über Frankreich und für die des Menschen über die Natur. Springbrunnen haben also auch einen Symbolwert, der heute mit „musikalischen" Varianten samt Lichtshow einen neuen Höhepunkt gefunden hat.

DUBAI FOUNTAIN

Der weltweit spektakulärste und raffinierteste Springbrunnen mit Musik wurde 2009 in Dubai (Vereinigte Arabische Emirate) eingeweiht. Statt aufwendiger Skulpturen sorgt hier das Wasser selbst für den Effekt: Hunderte Druckdüsen und -kanonen blasen es nach einer festen Choreografie in den Himmel – sorgsam abgestimmt auf Licht und Musik (Oper, Klassik, Pop oder arabische Klänge). Dank beweglicher Düsenköpfe drehen und wiegen sich die Fontänen oft wie Tänzer. Die Abendvorstellung beleuchten über 6600 Lampen und 50 Projektoren; wenn dann die Wasserstrahlen knallend und bis zu 150 m hoch aus den Druckkanonen schießen, wirken sie wie ein Feuerwerk. Trotz des recht einfachen Grundprinzips – zwei Bogen mit fünf Düsenkreisen auf 275 m Gesamtlänge – ist der Effekt ungemein dramatisch.

DAS VERSCHLOSSENSTE MACHTZENTRUM

VERBOTENE STADT

Alle Details an Chinas weitläufigem Kaiserpalast symbolisieren die absolute Macht des Herrschers, dessen Thron im Zentrum steht.

Ein Meridian teilt Pekings befestigte Altstadt in zwei Teile: Er führt durch das Yongdingmen hindurch, das 2005 wieder rekonstruierte Zentraltor in der Südmauer, und folgt in Richtung Norden einer Prachtstraße zu den Doppeltürmen des Zhengyangmen (Vordertor), das einst den älteren nördlichen Stadtteil von der südlichen Erweiterung abtrennte. Weiter im Norden geht die Linie mitten durch die drei größten Hallen der früher für die einfache Bevölkerung unzugänglichen und daher „verbotenen" Stadt. Dann führt sie durch den Glocken- und den Trommelturm, die hier einst die Zeit vorgaben, und durch das Tor in der Nordmauer wieder hinaus.

Wenn der Kaiser in der Halle der Höchsten Harmonie auf seinem Thron saß, verlief der Meridian exakt durch ihn hindurch. Der Herrscher befand sich im absoluten Zentrum der Macht, symbolisiert durch das Gewirr der Zeremoniengebäude, Residenzen, Verwaltungsräume, Gärten und Vergnügungsstätten, das wie Peking selbst symmetrisch um ihn herum angelegt war. Vom Haupteingang aus gesehen tragen alle Tore auf der linken Seite den Namenszusatz „rechts" (und umgekehrt) – jeweils orientiert am südwärts gerichteten Blick des sitzenden Kaisers.

GEOGRAFISCHE LAGE

Einer der vier Bezirke im Zentrum Pekings ist Dongcheng; dort befindet sich die Verbotene Stadt. Man betritt sie durch das Mittagstor (Südtor) nördlich des Platzes des himmlischen Friedens, der per U-Bahn erreichbar ist. Zu Spitzenzeiten wird die Besucherzahl begrenzt.

Imperiale Pracht

Pekings Mauern sind heute weitgehend Ringstraßen gewichen; bis auf wenige Ausnahmen wurden die Tore abgerissen. Das imposante Mittagstor hinter dem Palastgraben wird aber noch immer von einem Pavillon gekrönt und gewährt Einlass in die 10 m hohen Palastmauern. Die meisten Bauten sind nach Süden ausgerichtet, um möglichst viel Sonne einzufangen und Unheilvollem aus dem Norden abgewandt zu sein. Ihre Marmorsockel zieren aufwendig gestaltete Brüstungen und Wasserspeier in Drachenform. Die aus Baumstämmen bestehenden Hauptsäulen sind rot lackiert – in der Farbe des Reichtums.

Das prächtigste Gebäude der Verbotenen Stadt ist die Halle der Höchsten Harmonie. Sie ist angeblich der größte Holzbau Chinas. Von seinem Thron aus inspizierte der Kaiser hier bei zeremoniellen Anlässen bunt gekleidete Höflinge, die sich auf den Steinplatten des größten Palasthofs niederwarfen.

Der Kaiserpalast heißt heute offiziell Palastmuseum, ist aber besser als Verbo-

Drachenthron Der Kaiserthron im Zentrum der Halle der Höchsten Harmonie ist überschwänglich mit dem imperialen Drachenmotiv verziert.

Goldene Stadt Von Norden gesehen scheinen die geschwungenen Dächer wie Wellen gen Süden zu wogen; der prächtigste Bau steht auf dem zentralen Meridian.

tene Stadt bekannt. Die alte chinesische Bezeichnung Zijin Cheng wird oft mit Purpurne Verbotene Stadt übersetzt. Doch das chinesische Schriftzeichen für „purpur" bezieht sich auf den Polarstern, auf den der Komplex ausgerichtet ist.

Der ursprüngliche Palast entstand in 14 Jahren anhand von Grundrissvorgaben aus einem alten Text, den *Riten der Zhou*, die wohl etwa aus dem 3. Jh. v. Chr. stammen. Am Bau wirkten angeblich 100 000 Kunsthandwerker mit – solche runden Zahlen geben Chinesen jedoch gern an, wenn sie „viele" meinen. Der Palast wurde 1420 vollendet und kurz darauf von Ming-Kaiser Yongle bezogen; bis 1924 sollten ihm noch 23 weitere Ming- und Qing-Herrscher folgen.

Chinas größte und am besten erhaltene Gruppe historischer Bauten soll mindestens 9000 Räume beherbergen. Diese Zahl bezieht sich jedoch in Wirklichkeit auf Felder, d. h. auf die Flächen zwischen den Säulen der Höfe und Hallenfassaden. Nichtsdestotrotz nimmt der Komplex ein Gebiet von etwa 1000 auf 750 m ein.

Bedeutsame Symbolik

Die Erhabenheit des Palasts liegt nicht nur in dessen Größe begründet, sondern auch in den Details: Nichts ist zufällig – alles hat eine praktische, politische oder versteckte Bedeutung. Gelbe Dachziegel durften z. B. nur mit kaiserlicher Zustimmung verwendet werden. Kleinere Gebäude und Prinzenresidenzen hatten grüne, Beamtenbauten graue Ziegel. Das Dach einer Palastbibliothek war schwarz; die Farbe stand für Wasser – was zur Verhütung von Bränden beitragen sollte.

Die großen Goldnägel der gewaltigen Holztüren ähneln Fischaugen, Schüsseln oder *mantou* (chinesischen Dampfbrotrollen). Auf einem Stockwerk sind sie Muscheln nachempfunden, die Zusammenhalt und Sicherheit symbolisieren. Die Nagelanzahl – meist neunmal neun, siebenmal sieben oder fünfmal fünf – weist auf die Wichtigkeit einer Tür hin.

An jedem Dachfirst blicken sich zwei Wasserdrachen an, die Feuer und Blitzschlag abwehren sollen. An den Traufen führen Reihen aus Keramikfiguren hinunter, die mehrere Tiere hinter einem Mann darstellen. Letzterer soll traditionell den tyrannischen Prinzen eines vorchinesischen Staates versinnbildlichen, der von seinen Nachbarn gestürzt und am Dach seines Palasts aufgehängt wurde. Die Menschen setzten dazu Figuren aufs Dach, bei denen der Prinz auf einem flugunfähigen Huhn saß und von einem Dra-

Inneres Heiligtum Das Tor der Himmlischen Reinheit markiert die Grenze zum inneren Palasthof und wird von zwei vergoldeten Bronzelöwen bewacht.

chen hinter ihm an der Flucht gehindert wurde. Ansonsten sind kleinere Drachen, Phönixe, Löwen, Einhörner und Himmelspferde abgebildet. Die vom Kaiser benutzten Hallen sind mit neun dieser Figuren versehen; nur in der Halle der Höchsten Harmonie gibt es zehn davon.

Die gewaltigen, umfassend restaurierten Paläste und die breiten Plätze entlang der Hauptachse sind immer noch einschüchternd eindrucksvoll. Stimmungsvoller jedoch sind die kleineren, normaler wirkenden Wohngemächer, in denen die Geister ertränkter Konkubinen und skrupelloser Eunuchen spürbar sind. Im Palast des Ewigen Frühlings auf der westlichen Seite der Anlage lebten früher mehrere berühmte Konkubinen. Die Passagen links und rechts davon enden vor genialen *trompe-l'œil-* (Augentäuscher-)Gemälden, durch welche die Passagen endlos erscheinen. Andere Hofbereiche schmücken gemalte Szenen aus dem chinesischen Romanklassiker *Der Traum der Roten Kammer*, der im 18. Jh. entstand und vom Schicksal einer Pekinger Adelsfamilie handelt.

Das Dach des Pavillons des Blütenregens ist mit riesigen vergoldeten Drachen und blauen Ziegeln verziert; an den Traufen ragen kleinere Drachen auf.

Der letzte Kaiser

Der hinterste Palasthof ist der Kaiserliche Blumengarten. Hier gibt es kleine Tempel, uralten Bambus, einen weitläufigen Steingarten und einen kleinen Pavillon. Ein Gebäude auf der Westseite war der frühere Unterrichtsraum des letzten Kaisers Puyi. 1908 wurde er im Alter von 2 Jahren zum Kaiser gekrönt. Vier Jahre später, als die Republik China ausgerufen wurde, musste er wieder abdanken. Allerdings durfte er seinen Titel bis 1924 behalten und lebte weiterhin in der Verbotenen Stadt.

Der Pavillon der Angenehmen Klänge (erbaut 1776) nordöstlich des Palasts ist Pekings schönstes Operntheater. Er verfügt über eine mit Wolken bemalte Decke, Falltüren und andere mechanische Bühneneinrichtungen.

Ganz in der Nähe spielte sich im Jahr 1900 ein Drama anderer Art ab: Als sich die Kaiserfamilie auf die Flucht vor den ausländischen Truppen vorbereitete, befahl die Kaiserinwitwe Cixi den Tod der Lieblingskonkubine des Kaisers Guangxu. Diese wurde daraufhin unverzüglich in dem Brunnen ertränkt, der heute Brunnen der Perlenkonkubine heißt.

Der Blumengarten des Palasts des friedvollen Alters liegt in derselben Ecke;

Die Konkurrenten

MACHTZENTREN

■ Der eindrucksvolle **Tower in London** hat sich seit 700 Jahren kaum verändert. Seinen Mangel an Größe kompensiert er durch Atmosphäre (vor allem in den Verliesen) und herrliche Schätze wie die unglaublichen 23 578 Preziosen der britischen Kronjuwelen. In einem Atemzug mit dem Tower werden meist die Yeoman Warders mit den bunten Uniformen und die sechs großen Raben genannt, die täglich mit rohem Fleisch und blutgetränkten Keksen gefüttert werden.

■ Bis zur Februarrevolution 1917 war der elegante Sankt Petersburger **Winterpalast** fast 200 Jahre lang das Heim der russischen Zaren gewesen. Die 1500 Räume hinter der breiten, grün-weißen Fassade sind heute aber eher für eine der größten Kunst- und Antiquitätensammlungen der Welt bekannt, begründet im 18. Jh. von Katharina der Großen.

Tower in London

■ Der befestigte Istanbuler **Topkapı-Palast** für Wohn-, Verwaltungs- und zeremonielle Zwecke steht auf der europäischen Seite des Bosporus. Der weitläufige asymmetrische Komplex aus Minaretten, Kuppeln und Innenhöfen sucht im Westen seinesgleichen. Über 500 Jahre hinweg wurde er häufig erweitert; die Kombination aus byzantinischen und muslimischen Elementen ist auch im Osten einzigartig.

DIE ERSTE FÜHRUNG

Am 14. August 1900 kam ein internationales Korps nach Peking, um die zweimonatige Belagerung des Gesandtschaftsviertels zu beenden. Damit sollte auch verhindert werden, dass die Boxerrebellen und Mandschu-Truppen alle Ausländer töteten. Die Kaiserfamilie war geflohen. Die Alliierten wollten die Qing-Dynastie nicht stürzen, aber demütigen. So zogen zwei Wochen später rund 3000 ausländische Soldaten durch die Verbotene Stadt, darunter berittene Offiziere, britisch-indische Dudelsackspieler und eine russische Militärkapelle. Chinesische Offizielle öffneten die Tore und führten den Zug auf einer vorher festgelegten Route durch die Thron- und Audienzsäle; dann ging es am Ostrand der Privatgemächer entlang, durch die Gärten und wieder hinaus. Heute folgen Besucher fast derselben Route; statt Trompetern sind jedoch Reiseleiter mit Megafonen dabei.

seine Pfade winden sich zwischen kleinen Pavillons unter hohen uralten Bäumen hindurch.

Besondere Ausstellungsstücke

Die schönsten Schätze der Verbotenen Stadt befinden sich heute im Nationalen Palastmuseum in Taiwan, die insgesamt 1,8 Mio. Kunstgegenstände in ihrer Sammlung vorweisen kann. Verschiedene Hallen auf der östlichen Palastseite beherbergen aber noch atemberaubende Ausstellungen von Spielzeug, Schmuck, Kunst und Gewändern. Viele Stücke der Uhren- und Automatenausstellung wurden den Kaisern einst geschenkt. Vielleicht am eindrucksvollsten ist eine britische Uhr von 1780: Sie enthält ein Figürchen, das mit einem Kalligrafiepinsel die acht chinesischen Zeichen für „Menschen kommen von überall her, um dem Kaiser Respekt zu zollen“ zu schreiben scheint.

Im Palast der Strahlenden Menschlichkeit werden Bronzeskulpturen und Steingut präsentiert. Unter den Keramiken in den Nachbarräumen sind 110 Stück Teegeschirr aus der Palastsammlung. Durch das Patronat des Kaisers wurde das heute verbreitete unglasierte Yixing-Steingut populär, von dem spezielle Sets für den kaiserlichen Gebrauch angefertigt wurden.

Eine deutsche Firma begann 1909 damit, den Wasserpalast zu errichten. Der westlich geprägte Bau wurde aber nie vollendet und bei dem Luftangriff bombardiert, der die kurze Herrschaft des wieder eingesetzten letzten Kaisers beendete. Das teilweise mit Marmor verkleidetes Eisengerippe des Bauwerks sollte ursprünglich in einem Wasserbecken stehen. Die Reliefs der Neun-Drachen-Wand von 1773 zeigen Drachen auf großen Fliesen. Eine Fliese soll eine Holzkopie sein, mit der man eine Keramikfliese ersetzte, die zerbrochen war und bis zur Inspektion nicht ersetzt werden konnte.

Kampf gegen den Verfall

Bei der längst fälligen teilweisen Renovierung der Verbotenen Stadt (1999) wurden Höfe neu gepflastert und Dächer von Bewuchs befreit; dennoch sind viele Bauten immer noch überwuchert. Dieser Zustand könnte aber am nächsten an den historischen herankommen: Reparaturen wurden hier nur durchgeführt, wenn die dafür aufzubringende Summe fast der für einen Neuaufbau entsprach. Fotos von 1900 zeigen faulendes Holz, abgeplatzten Putz und bröckelnde Farbe; Journalisten berichteten damals von schäbigen Innenräumen. Und obwohl heute nur knapp die Hälfte der Anlage besichtigt werden kann, ist sie so weitläufig, dass man sich leicht darin verläuft.

Reicher Zierrat Der reich verzierte Glockensaal gehört zu den 24 Bauten des kaiserlichen Altersruhesitzes, dem Palast des Friedvollen Alters.

DIE SCHÖNSTE MITTELALTERLICHE STADT

VISBY

Hier scheint die Zeit stillzustehen: Die Festungsstadt auf Gotland gehört zu den besterhaltenen Europas und lässt noch heute erkennen, dass sie im Mittelalter florierte.

Am 13. Mai 1525 landete eine Lübecker Streitmacht ohne Vorwarnung auf der Insel Gotland und erstürmte Visby. Die Lübecker plünderten Wohnhäuser, zerstörten Kirchen und taten auch sonst alles, um die blühende Handelsstadt zu verwüsten. Dann zogen sie wieder ab.

Mittelalterliches Erbe

Obwohl sich Visby erholte, waren seine goldenen Zeiten vorbei. Das historische Erbe zieht allerdings schon seit dem 19. Jh. Touristen an. Visby ist nach wie vor von seiner Sonderstellung als wichtigem europäischen Handelszentrum des 12. und 13. Jh. geprägt – damals beheimatete die Stadt Kaufleute aus ganz Nordeuropa. Der Abstieg zum verschlafenen Ostseeort hat jedenfalls dazu beigetragen, dass das geschlossene mittelalterliche Stadtbild erhalten blieb.

Die großartige *ringmur* (Ringmauer) mit 27 Türmen stammt aus dem 13. Jh.; sie umgibt etwa 200 mittelalterliche Bau-

Herausragende Gebäude Aus dem Stadtbild stechen die Wachtürme der alten Mauern und die schwarzen Turmspitzen des Doms zu Visby hervor.

ten wie Kirchen, Zunft-, Kaufmanns- und Lagerhäuser. Die Domkirche St. Marien aus dem 12. Jh. wurde im 13. Jh. mit gotischen Bogen und Gewölben versehen. Sie überragt ein Gewirr aus verwinkelten, kurvigen Kopfsteinpflastergassen, die sich ohne erkennbaren Grund unvermittelt weiten oder verengen. Die alte Apotheke ist ein typisches Beispiel für die vielen mittelalterlichen Lagerhäuser aus Stein, die sich am Hang bis hinunter zum alten Hafen staffeln: In den großen Gewölben ließen sich sperrige Gegenstände aufbewahren; Türen mit Flaschenzügen machten alle Stockwerke direkt zugänglich. Wegen der Stufengiebel könnte man die Apotheke für eine zinnenbewehrte Burg halten.

GEOGRAFISCHE LAGE

Von Visby an der Westküste der schwedischen Ostseeinsel Gotland sind es etwa 90 km bis zum Festland. Der Flughafen mit Verbindungen ab Stockholm liegt 3 km außerhalb des Stadtzentrums. Anreisealternativen sind die Fähre ab Oskarshamn (3 Stunden) und die deutlich längere Fahrt von Nynäshamn aus.

Aufstieg und Fall

Im Mittelalter war der Warentransport über Land mühselig und unwirtschaftlich. So nutzten Kaufleute aus Finnland, Russland, Schweden, Lettland, Estland, Litauen und Norddeutschland die Ostsee als schnelle Frachtroute. Wie ihre Handelspartner in Norwegen, Schottland, England oder weiter entfernten Ländern verschifften sie Holz, Textilien, Pelze, Bernstein, Elfenbein, Honig, Bier, Wein, Rohmetall und Waffen über die regionalen Gewässer. Visbys ideale Lage als Zwischenstation, Lager- und Marktplatz brachte ihm schließlich die Führungsposition innerhalb der Hanse ein. Dieses Bündnis gleichgesinnter Handelsstädte wurde ab dem 14. Jh. zu einer starken Wirtschaftsmacht. Die Dominanz Visbys begann jedoch langsam zu wackeln, als es zunächst 1350 stark unter der Pest litt. 1361 landete schließlich der dänische König Waldemar IV. (1321–1375) auf der Insel Gotland und nahm diese ein. Auch Visby kapitulierte. Waldemar IV. forderte zwar Tributzahlungen ein, die Stadt durfte aber trotz allem ihre Handelsprivilegien behalten. Visbys Beziehungen reichten zu der Zeit von Russland bis Island und von Norwegen bis Frankreich.

Visbys Vormachtstellung in der Hanse blieb allerdings nicht mehr lange unangefochten: Auch Lübeck wollte die Herrschaft über die Hanse – schneller Geld- und Machtzuwachs hatten es bald zur mächtigsten aller Hansestädte gemacht. Im frühen 15. Jh. war aus Konkurrenzdenken offene Feindschaft geworden, die bei Hansetagen regelmäßig in Streit gipfelte. So war es nur eine Frage der Zeit, bis Lübeck die Initiative ergriff und den Konkurrenten Visby beseitigte. Als die Lübecker die Stadt 1525 angriffen, setzten sie 500 Jahren Wohlstand und Handelswesen ein Ende.

Die Konkurrenten

HISTORISCHE STÄDTE

■ Der französische Kurort **Aix-en-Provence** hat römische Fundamente. Er ist für Brunnen, Musikfeste, Museen, Galerien und seine Universität bekannt, vor allem aber, weil er die historische Hauptstadt der Provence ist.

■ Die Römer sorgten dafür, dass das englische **Bath** seinen Namen bekam, indem sie hier ein Bad um Thermalquellen gründeten, die zuvor einer Keltengöttin geweiht waren. Der Nobelkurort mit den eleganten georgianischen Plätzen liegt am Südende der Cotswolds.

■ **Brügge** bündelt den Geist der flämischen Renaissance: Schönheit und bürgerlicher Gewerbefleiß gehen hier Hand in Hand. Mit Kaufmannshäusern, Kanälen, einer alten Börse, einem Marktplatz und einer Kathedrale birgt das belgische Städtchen ein unverwechselbares Erbe.

■ Zwischen zwei Schluchten thront das spanische **Cuenca** auf einem schroffen Felsen. Seine „hängenden" Häuser stehen aus Platzmangel dicht gedrängt an der Oberseite des Felsens; eine mittelalterliche Stadtmauer schützt die Südseite.

■ **Edinburghs** Altstadt unterhalb der Burg wirkt mittelalterlich. Abseits der Altstadt erstreckt sich der elegante neue Teil von Schottlands Hauptstadt; dort lebten einst Aufklärer wie Adam Smith oder David Hume.

■ Die Stadt **Trier**, dessen Name auf den keltischen Stamm der Treverer zurückgeht, wurde vor mehr als 2000 Jahren gegründet und ist somit die älteste deutsche Stadt. Von den römischen Stadtgründern sind noch diverse Bauten wie etwa die Thermen oder auch die Porta Nigra, das Wahrzeichen Triers, erhalten.

■ Es gibt römische Monumente wie die berühmte Arena, romanische Bauten wie die Basilika San Zeno und die Renaissancekirche Sant' Anastasia – über die Jahrhunderte hat sich **Verona** in Italien mehrfach neu erfunden.

DER BERÜHMTESTE FRIEDHOF

WIENER ZENTRAL-FRIEDHOF

GEOGRAFISCHE LAGE

Der Zentralfriedhof befindet sich im Wiener Bezirk Simmering. Die Straßenbahnlinie 71 führt hin – daher der lokale Euphemismus, ein Verstorbener hätte „den 71er genommen". Busse der Linie 106 halten mehrfach innerhalb des Geländes; in der Nähe des Friedhofs hält auch die Wiener S-Bahn.

Hier ruhen – vom Hamburger Friedhof Ohlsdorf abgesehen – mehr Menschen als auf sonst einem Gottesacker Europas. Es gibt ganz unterschiedliche Grabstile und viele Prominentengräber.

Der Name täuscht: Dieser besondere Friedhof befindet sich nicht im Zentrum Wiens, sondern am Südostrand des Stadtgebiets. Das Attribut „zentral" verdankt das knapp 2,5 km² große Gelände seiner Bedeutung: Im 19. Jh. war Wien eine schnell wachsende Hauptstadt mit überfüllten alten Friedhöfen. Das Problem der Überbelegung löste ab 1874 der riesige Zentralfriedhof, der Menschen aller Glaubensrichtungen offensteht.

Sakrales Herzstück Die Karl-Borromäus-Kirche gilt als bedeutender Jugendstil-Kirchenbau. Sie steht zentral zwischen gepflegten Grabreihen.

Seitdem wurden hier 3,3 Mio. Menschen beerdigt – eine Zahl doppelt so groß wie die aktuelle Einwohnerzahl Wiens. Über 330 000 Gräber machen den Zentralfriedhof, der insgesamt siebenmal erweitert wurde, zu einer Galerie der Bestattungskunst. Prächtige Grüfte und Mausoleen säumen das regelmäßige Raster aus baumbestandenen Wegen.

Viele Wiener wollten ihre Toten zunächst nicht so fern ihrer Wohnstätte begraben. So griff die Obrigkeit zu einem Werbetrick: Sie brachte einige Größen der an Prominenten reichen Wiener Musikwelt ins Spiel. 1888 wurde Ludwig van Beethoven ganze 61 Jahre nach seinem Tod hier erneut bestattet, nachdem man ihn zweimal exhumiert hatte. Franz Schubert starb ein Jahr nach Beethoven und wurde wie dieser auf den Zentralfriedhof umgebettet.

Die Ehrengrabliste wurde später um die Ruhestätten von Johannes Brahms (gest. 1897) und „Walzerkönig" Johann Strauss dem Jüngeren (gest. 1899) erweitert. Arnold Schönberg (gest. 1951) setzte den Reigen berühmter Komponisten fort; sein Grab ziert ein riesiger glatter Steinwürfel. Zwischen den Gräbern der Komponisten steht zudem ein Denkmal für den anderswo bestatteten Mozart.

Kultureller Schmelztiegel

Der Zentralfriedhof hat einige Anlässe zu Kontroversen gegeben. Vor seiner Eröffnung am 1. November 1874 (Allerheiligen) fand eine private katholische Weihe statt, durchgeführt vom Wiener Kardinal und Erzbischof, der nur sehr widerwillig akzeptierte, dass hier auch Juden bestattet werden sollten.

Musikalische Nachbarn Prächtige Grabsteine zieren die Ehrengräber von Johann Strauss dem Jüngeren und Johannes Brahms.

Zwischen 1908 und 1910/11 entstand auf dem Gelände eine neue Kirche. Sie war das Meisterstück von Max Hegele, einem Künstler des Wiener Jugendstils, der den Wettbewerb zur Gestaltung des Zentralfriedhofs gewonnen hatte. Hinter der Fassade mit byzantinischen und neoklassizistischen Elementen verbirgt sich eine exquisite Jugendstil-Innengestaltung. Der Bau, der offiziell Friedhofskirche zum heiligen Karl Borromäus heißt, wurde nach Carlo Borromeo benannt, der im 16. Jh. der Erzbischof und Kardinal von Mailand war. Da sich seit 1910 die Gruft des Wiener Bürgermeisters Dr. Karl Lueger unter dem Hauptaltar befindet, sprach man lange auch von der Dr.-Karl-Lueger-Gedächtniskirche. Da Luegers antisemitische Politik jedoch Einfluss auf Hitler hatte, ruft sein Grab im Herzen des Friedhofs bis heute Unbehagen hervor.

Während der Reichskristallnacht 1938 wurde einer der jüdischen Friedhofsbereiche verwüstet; trotzdem gibt es hier immer noch 138 000 jüdische Gräber. Kulturelle Vielfalt herrscht weiterhin: Für römische Katholiken, Juden, Protestanten, Muslime, Buddhisten, Mormonen und einige orthodoxe Kirchen existieren jeweils eigene Abteilungen. Zusätzlich gibt es Bereiche für tot geborene Kinder (seit 2000) und Verstorbene, die ihre Körper den Wissenschaftlern der Universität Wien zur Forschung zur Verfügung gestellt haben (seit 2009).

Auch rund 150 Jahre nach seiner Eröffnung dient der Zentralfriedhof noch als letzte Ruhestätte für die Toten der Stadt: Pro Tag finden an diesem würdevollen Ort etwa 20 Beisetzungen statt.

Die Konkurrenten

BESONDERE FRIEDHÖFE

- Der **Cementerio de La Recoleta** in Buenos Aires wirkt wie eine kleine Stadt, deren Wege von kunstvollen Mausoleen und Gräbern flankiert werden. Hier ruhen viele argentinische Prominente, z. B. Eva Perón.

- Als Londons Friedhöfe im 19. Jh. überbelegt waren, wurden sieben neue geschaffen, u. a. der 1839 eingeweihte **Highgate Cemetery**. Die 53 000 Mausoleen, Grabmäler und Statuen zwischen den Alleen erinnern z. B. an George Eliot, Douglas Adams oder Lucien Freud; der berühmteste bestattete Prominente ist Karl Marx.

- Früher fuhren Bestattungsgondeln über Venedigs Lagune zur **Isola di San Michele**. Unter französischer Besatzung wurde dort zu Beginn des 19. Jh. ein Friedhof eröffnet, auf dem Berühmtheiten wie Sergei Diaghilew, Ezra Pound und Igor Strawinski liegen.

- Der **Fröhliche Friedhof** im nordrumänischen Săpânța wird wegen seiner Holzkreuze geschätzt, die bunt mit Mustern, Porträts und Szenen aus dem Leben der Verstorbenen bemalt sind.

Cementerio de La Recoleta

DIE VOLLKOMMENE ROKOKO-KIRCHE

WIESKIRCHE

Das lichtdurchflutete Innere der bayerischen Wieskirche erstrahlt in Weiß und Gold. Der Rokoko-Bau aus dem 18. Jh. ist ein „Raumwunder“, das eine künstlerische Brücke zum Himmel schlägt.

Wer auf den winzigen Steingadener Ortsteil Wies mit seinem äußerlich wenig auffälligen Gotteshaus zuläuft, ahnt noch nicht, dass er sich einem vollendeten Wunderwerk des Rokoko nähert. Die Wieskirche ist allerdings so berühmt, dass die meisten Besucher nicht zufällig in die Gegend kommen. Aber selbst wenn sie auf Pracht gefasst sind, raubt der erste Blick ins opulent ausgestattete Innere der Kirche vielen Betrachtern einen Moment lang buchstäblich den Atem.

Extravaganz im Rokoko-Stil

Nach Betreten der Kirche erblickt man zunächst eine Sinfonie in leuchtendem Stuck, ein wahres Märchen aus Alabaster und Marmor. Die Einrichtung wirkt, als ob sie aus einem besonderen glasierten Material bestünde und nicht aus Gips, Holz und Stein: Die Säulen und Pfeiler sind üppig mit Blattgold überzogen; sogar die Orgelpfeifen sind von verschnörkeltem Blattwerk und stilisierten Lilien gekrönt. Engel- und Heiligenstatuen schauen von Wänden herab, die man kaum wahrnimmt, da überreicher Zierrat die Übergänge von den Mauern zur Decke perfekt tarnt. Die großen Fenster sind so weit oben platziert, dass das hereinflutende Licht von den vergoldeten und bemalten Stuckelementen, von den Bogen, Girlanden und Pfeilern im oberen Raumbereich reflektiert wird; Pastellfarben verstärken den Leuchteffekt.

Die in Trompe-l'œil-Technik bemalte Decke scheint fast frei zu schweben, getragen nur von Engeln. Am Rand des Himmels ist Christus gerade so erkennbar; er wird mitsamt seinem Kreuz nach oben gehoben; Chorsänger und Trompeter mit Fanfaren begrüßen ihn. Anderswo in der Kirche ist er stets sitzend als Wiederauferstandener zu sehen.

GEOGRAFISCHE LAGE

Die Wieskirche steht ca. 5 km südöstlich des Ortes Steingaden im bayerischen Alpenvorland. Sie gehört zu den vielen Sehenswürdigkeiten an der Romantischen Straße, die von Würzburg nach Füssen führt. Ihre genaue Bezeichnung lautet Wallfahrtskirche zum Gegeißelten Heiland auf der Wies.

Verschwenderische Pracht Zierrat, Bildhauerei und Malerei vereinen sich zu einem überschwänglichen Ausdruck des Glaubens. Die Statue des Gegeißelten Heilands ist Teil des prunkvollen Altars.

Wundersame Wandlung

Mit der Hilfe seines Bruders, des Hofmalers Johann Baptist Zimmermann, erschuf der bekannte bayerische Baumeister Dominikus Zimmermann aus Landsberg diese herrliche Kirche zur Erinnerung an ein Wunder, das sich hier ereignet haben soll: Die Gemeinde hatte einst eine hoch verehrte Holzstatue des Gegeißelten Christus besessen, die einer einheimischen Familie zufolge im Jahr 1738 echte Tränen weinte. Daraufhin war Zimmermann beauftragt worden, eine angemessene Stätte für die Figur zu bauen. Von 1745 bis 1754 arbeitete dieser hart an seiner Wallfahrtskirche zum Gegeißelten Heiland auf der Wies – so benannt, weil inzwischen Gläubige aus fast ganz Mitteleuropa hierher kamen, um die Statue zu bestaunen.

Diese Wandlung einer schlichten Dorfkirche zum Kunstschatz spiegelt die Veränderung des römischen Katholizismus während der Gegenreformation und die entsprechende Entwicklung des Barock-Stils in der sakralen Kunst bzw. Architektur wider. Zur Zeit der Gegenreformation wurde Gefühlsintensität höher gewichtet als frommer Gehorsam. Das Barock und dessen Spätform, das Rokoko, trugen damals entscheidend dazu bei, diese Sichtweise zu transportieren, indem sie mithilfe aufwendiger optischer Effekte Ehrfurcht und Ergriffenheit bei den Gläubigen erzeugten.

Die Wieskirche trifft mit Sicherheit nicht jedermanns Geschmack – manche bezeichnen den üppigen Zierrat als überladen. Dieser war jedoch eine gezielte Trotzgeste gegen die optische Strenge des Protestantismus.

Die Konkurrenten

BAROCKE PRACHT

- In der Wachau in Niederösterreich thront das Benediktinerkloster **Stift Melk** oberhalb der Donau. Im 18. Jh. entstand hier auf den Fundamenten einer mittelalterlichen Abtei ein eindrucksvoller Barock-Bau mit wunderschöner Stuckausstattung.
- Die Basilika **Santa Croce** im italienischen Lecce ist ein Paradebeispiel dafür, welche Ausprägung das Barock im Italien des 17. Jh. fand: Reliefs von Pflanzen und grotesken Figuren schmücken die reich verzierte Fassade. Der Innenraum wirkt etwas dezenter; bemerkenswert ist die große Fensterrose über dem Hauptportal.
- Die Kirche **Santa Maria della Vittoria** in Rom stammt aus dem 17. Jh. und hat eine herrliche Fassade im frühbarocken Stil. Zu den Schätzen gehört die Bernini-Statue *Verzückung der heiligen Theresa*, die eine Szene aus dem Leben der heiligen Teresa von Ávila zeigt.
- Die von Sir Christopher Wren entworfene **St Paul's Cathedral** in London repräsentiert das schlichtere englische Barock.
- Der Barock-Stil überquerte auch den Atlantik: Unter den schönsten Beispielen sind Kirchen und Kathedralen in Mexiko und Brasilien. Am herrlichsten ist aber die **Kirche des heiligen Franz von Assisi** im brasilianischen Ouro Preto: Ihr Inneres birgt Statuen und reich vergoldete Schnitzereien.

20 08
ICH BIN WO DU BIST

DAS FASZINIERENDSTE GEOTHERMIEGEBIET

YELLOWSTONE-NATIONALPARK

Entfesselte vulkanische Kräfte versorgen diese explosive Landschaft mit Energie. Wissenschaftler und Besucher sind hingerissen von Geysiren, farbigen Quellbecken und einer grandiosen Natur.

Der 1872 gegründete Yellowstone-Nationalpark zählt weltweit zu den ersten Schutzgebieten dieser Art. Bis heute gehört er auch zu den eindrucksvollsten: Geothermische Phänomene wie Geysire, Becken voller blubberndem Schlamm, Schwefeldampf speiende Fumarolen und kunterbunt gefärbte Thermalbecken sind hier so zahlreich wie nirgendwo sonst. Hinzu kommen Berge, tiefe Schluchten, Flüsse, donnernde Wasserfälle, versteinerte Wälder, eine reiche Tierwelt und eine dichte Vegetation.

Unermüdliche Geysire

Zu den über 10 000 geothermischen Phänomenen von Yellowstone gehören auch zwei Drittel aller Geysire der Welt. Abgesehen von vielen „Nebendarstellern" gibt es hier sechs große Geysire, die täglich Wasser und Dampf etwa 30 m hoch in die Luft schleudern. Am regelmäßigsten tut das der Old Faithful, der im Schnitt alle 90 Minuten und dann bis zu fünf Minuten lang ausbricht. Die Maximalhöhe seiner Dampfsäule betrug bisher 56 m.

Ein „Vulkankegel" aus hellem mineralischem Sinter umgibt den Castle Geyser, der während eines Ausbruchs so viel Energie freisetzt, dass er wie ein Zug dröhnt. Der Riverside Geyser lässt Wasserdampf und Wasser im 60-Grad-Winkel über den Firehole River schießen und erzeugt dabei manchmal Regenbogen. Aktueller Weltrekordhalter ist der Steamboat Geyser: Seine Fontäne kann bis zu 40 Minuten lang rund 90 m hoch aufsteigen und tagelange Dampfausstöße nach sich ziehen. Allerdings bleibt er mitunter über Tage, Monate oder Jahre inaktiv.

Wasserspiele

Das meiste geothermisch erhitzte Wasser wird aber nicht aus der Erde geschleudert, sondern ergießt sich in Thermalquellen. Doch auch unter denen gibt es lebhafte: Aus der Dragon's Mouth Spring in einer Höhle schießt das heiße Wasser heraus. Vor allem an Hügelflanken wird

GEOGRAFISCHE LAGE

Der Yellowstone-Nationalpark liegt größtenteils im US-Bundesstaat Wyoming, reicht aber bis nach Montana und Idaho hinein. Es gibt Zugänge an allen Seiten des Parks, z. B. über Jackson im Süden. Flugzeuge landen in Cody und Jackson (Wyoming), Bozeman und Billings (Montana) oder Idaho Falls (Idaho).

Regenbogenring Die Thermalquelle Grand Prismatic Spring stößt etwa 2000 l Wasser pro Minute aus. Ein Biofilm aus Bakterien erzeugt die Farben.

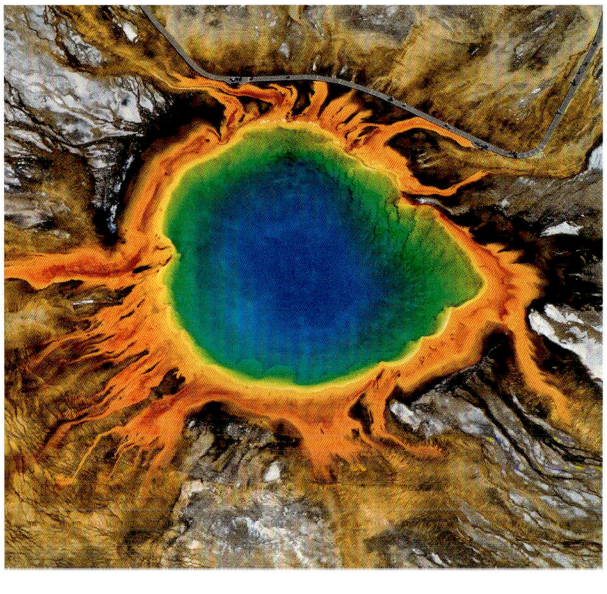

das Nass einiger Quellen noch unter der Oberfläche zu Dampf und erzeugt so die höchsten geothermischen Temperaturen – der Black Growler Steam Vent erreicht z.B. 138 °C. Die meisten normalen Geysire sind mit 95,5 °C deutlich kühler.

Den Fountain Paint Pot bilden weiß, grau oder braun blubbernde Schlammlöcher. Diese entstehen durch Dampf, der den Schlamm wie Haferbrei aufwallen lässt und platzende Blasen erzeugt. Manche Schlammlöcher können sogar zu Geysiren werden und den Schlamm 10 m hoch schleudern. Der Congress Pool scheint eine gespaltene Persönlichkeit zu besitzen: Den Großteil des Jahres ist er ein stiller Teich mit hellblauem Wasser; Letzteres brodelt jedoch ab und zu auf und wird zu dunklem Schlamm. Die bunteste Parkattraktion ist die Grand Prismatic Spring – die größte Thermalquelle der USA und die drittgrößte der Welt. Das blaue Wasser in ihrer Mitte wird von grünen, gelben, roten, braunen und orangefarbenen Zonen umgeben. Die Ränder werden von einem Biofilm aus Bakterien erzeugt, die in dem warmen und mineralstoffreichen Wasser leben. Je nach Jahreszeit schimmert der Film grünlich (Winter), rötlich oder eher orange (Sommer). Auch bei einer anderen Yellowstone-Attraktion spielen Bakterien eine Rolle: Sie färben einige Kalksinterterrassen der Mammoth Hot Springs ein, die ansonsten weiß sind; das Ganze sieht dann aus wie ein erstarrter Wasserfall mit Adern.

Schlummernder Supervulkan

Auslöser der geothermischen Aktivität in Yellowstone ist eine riesige Magmakammer über einem Hotspot unter der Erdoberfläche: Die Erdkruste ist hier höchstens 65 km dick – unter Landmassen beträgt die Mächtigkeit sonst rund 145 km.

Unter Hochdruck Den Castle Geyser umgibt ein Kegel aus abgeschiedenen Mineralien. Hitze liebende Mikroorganismen färben das Wasser im Geysirbecken.

Kratzbaum Ein Grizzlybär im Nationalpark schärft seine Krallen an einem abgewetzten Baumstamm.

Magmablasen drücken aus dem Erdmantel in die dünne Kruste hinein und reichen sehr nah an die Oberfläche heran (6–16 km); an diesen Stellen ist die Bodentemperatur deshalb weit höher als anderswo. Auf den meisten Kontinenten erhöht sich die Temperatur in der Tiefe alle 30 m durchschnittlich um etwa 0,6 °C. Bei Forschungsbohrungen im Norris Geyser Basin im Yellowstone-Nationalpark wurden jedoch 68 °C pro 30 m und 205 °C in nur 80 m Tiefe gemessen.

Der Park liegt in der gigantischen Caldera eines der weltweit größten Supervulkane. Die Gesteinsschichten über dem Yellowstone-Vulkan wurden in den letzten 2 Mio. Jahren mehrfach abgesprengt; der Vulkan gilt immer noch als sehr aktiv. Die heutige Caldera entstand vor etwa 640 000 Jahren bei der letzten großen Eruption. Eine solche ereignet sich im Schnitt alle 730 000 Jahre – in nur 90 000 Jahren wäre es also wieder einmal soweit.

Treffpunkt für Wildtiere

Da Nordamerikas kontinentale Wasserscheide durch den Park verläuft, entwässert der Snake River westwärts zum Pazifik, während der Yellowstone River über Missouri und Mississippi dem Golf von Mexiko zuströmt. Auf seinem Weg durch den Park stürzt der Yellowstone River über die spektakulären Yellowstone Falls in den Grand Canyon of the Yellowstone hinein; innerhalb der 48 kontinentalen US-Bundesstaaten ist er der längste Fluss ohne Dämme. Das größte Gewässer im Park ist der Yellowstone Lake, Nordamerikas größter Bergsee.

Etwa 80 % des Nationalparks sind bewaldet, der Rest ist Grasland. Im Park leben u. a. Kojoten, Weißkopf-Seeadler, Schwarz- und Grizzlybären. Da die Räuber scheu sind, zeigen sich meist die Pflanzenfresser: Bisons grasen friedlich, können aber sehr schnell loslaufen, wenn man ihnen zu nahe kommt. Im Spätsommer tragen die Bullen ihre Brunftkämpfe aus; röhrende Wapitihirsche tun es ihnen im September gleich. Durch den Park ziehen auch Gabelböcke, die schnellsten Langstreckenläufer im Tierreich. Dickhornschafe aus dem Gardner River Canyon verstopfen bisweilen den Dunraven Pass – wie Touristen.

Durch die Wiederansiedlung von Wölfen 1995 veränderte sich das Ökosystem schnell: Mit dem Wapiti-Bestand ging der Verbiss zurück. So konnten Espen und Weiden wachsen, wodurch Habitate für Biber und Elche entstanden. Selbst Bären profitierten davon, dass sie sich nach dem Winterschlaf mit den Resten der Wolfsbeute stärken konnten.

Der Yellowstone-Nationalpark und die umliegende Wildnis bilden das größte und am wenigsten beeinträchtigte Ökosystem in der gemäßigten Zone der Nordhalbkugel. Wegen seiner landschaftlichen Vielfalt und des Artenreichtums wurde der Park zum Weltnaturerbe ernannt.

Rückzugsgebiet Ein Bison weidet nahe dem Old Faithful. Yellowstone ist der einzige Teil der USA, in dem seit prähistorischer Zeit durchgängig Bisons leben.

Die Konkurrenten

GEOTHERMIEGEBIETE

Der **Lady Knox Geyser** im geothermisch aktiven Gebiet Wai-O-Tapu auf der Nordinsel Neuseelands wird täglich um 10.15 Uhr zum Ausbruch gebracht. Rund 20 Minuten Fahrt entfernt liegt Rotorua, das wegen der schwefelhaltigen Luft auch „Schwefelstadt" heißt. Der Champagne Pool ist nach den aufsteigenden Blasen aus Kohlendioxid benannt; die hellorangefarbenen Ränder entstehen durch Arsensulfide und Stibnit im Wasser. Ein weiteres Naturwunder ist der Pohutu Geyser im Whakarewarewa Thermal Valley, aus dem 20-mal pro Tag Wasser bis zu 30 m hochschießt.

Lady Knox Geyser

Das **Tal der Geysire** auf der sibirischen Halbinsel Kamtschatka gilt als eines der Naturwunder Russlands. Im Jahr 2007 verschüttete ein Murenabgang das Tal; die Geysire überdauerten. Bis in die 1940er-Jahre mieden Einheimische die Gegend, da sie dort böse Geister vermuteten. Touristen kommen nur mit dem Helikopter hierher.

El Tatio (Der Großvater) in Chile gehört zu den hoch gelegenen Geysirfeldern der Erde. Mit 80 Geysiren ist das größte Feld auf der Südhalbkugel auch das weltweit drittgrößte nach Yellowstone und Kamtschatka.

Beppu in Japan hat neun dampfende Thermalfelder, die sogenannten „Höllen von Beppu". Deren 2909 Quellen sollen weltweit die zweitgrößte Menge Heißwasser produzieren. Ein Teil davon wird für *mushiyu* (Dampfbäder), *sunayu* (Sandbäder) und *doroyu* (Schlammbäder) benutzt. Am ungewöhnlichsten ist die Chinoike-Jigoku (Bluthölle), ein Teich mit rotem Thermalwasser.

DAS BEDEUTENDSTE INDUSTRIEDENKMAL

ZECHE ZOLLVEREIN

Wo sich einst eine riesige Steinkohleförderanlage befand, schafft der stillgelegte Komplex der Zeche Zollverein heute das angemessene Ambiente für ein modernes Kulturzentrum.

Ein besonderer Bau steht über Schacht 12 der Zeche Zollverein: Waagrechte und senkrechte Fensterreihen und schmale Stahlbänder gliedern den Backstein. Dahinter ragt der riesige Stahlrahmen des Förderturms mit A-förmigen Trägern und großen Rädern empor – eine Ikone der Industriegeschichte des Ruhrgebiets. Die Anlage wirkt sehr modern, stammt aber aus dem Jahr 1932.

GEOGRAFISCHE LAGE

Die Zeche Zollverein, ein wichtiger Punkt auf der Europäischen Route der Industriekultur, liegt am Rand der Stadt Essen im Ruhrgebiet. Sie ist mit der Straßenbahn und der S-Bahn erreichbar; der nächste Flughafen ist in Düsseldorf, 25 km entfernt. Die Zeche Zollverein ist heute ein Aushängeschild des Ruhrgebiets.

Industrielle Meisterleistung

Weil der Industrielle Franz Haniel Steinkohlekoks für sein Stahlwerk benötigte, eröffnete er an dieser Stelle 1847 die erste Kohlegrube, die sich als sehr ertragreich erwies. Um 1890 hatte die Zeche Zollverein drei Schächte und war mit einer Jahresfördermenge von 1 Mio. t Kohle die produktivste Zeche Deutschlands. Acht weitere Schächte entstanden bis zum Ersten Weltkrieg, bei dessen Ausbruch die Region bereits die deutsche Kohle-, Eisen- und Stahlproduktion dominierte.

In den 1920er-Jahren ging die Leitung der Zeche Zollverein an die Phoenix AG für Bergbau und Hüttenbetrieb über; später wurde sie der Gelsenkirchener Bergwerks-AG unterstellt. Letztere legte den Schacht 12 an, die mit Abstand größte Anlage. Die Architekten Fritz Schupp und Martin Kremmer entwarfen das Gebäude darüber und bescherten der Zeche den Ruf als „schönste Zeche der Welt". Oberirdisch wurde das Gelände um neue Kokereien und Produktionsanlagen erweitert.

Freizeitpark Zu den Attraktionen des Zechengeländes gehören heute ein Park, ein Schwimmbad, ein Riesenrad und eine Eisbahn.

Das Ende der Schwerindustrie

Die Zeche überstand den Zweiten Weltkrieg fast unversehrt und wuchs bis in die 1970er-Jahre hinein. In den frühen 1980er-Jahren war sie jedoch unrentabel geworden; der Kohleabbau und die Kokerei wurden 1986 bzw. 1993 eingestellt.

Damit hätte die Geschichte enden können – doch das Bundesland Nordrhein-Westfalen sprang ein und übernahm die gesamte Anlage: Diese ist nun ein Kulturzentrum mit Platz für Kunst, Unterhaltung, Familienattraktionen, Konzerte und Messen. Das ehemalige Kesselhaus beherbergt heute passenderweise das Red-Dot-Design-Museum, das jährlich die Gewinner des begehrten Red Dot Design Award präsentiert. Auf Zechenführungen und auf der sogenannten Ringpromenade lernen Besucher u. a. die Originalanlagen des früheren Kesselhauses kennen.

Industrielles Erbe Die beeindruckende Architektur der Anlage erinnert nachdrücklich an die Geschichte des Ruhrgebiets als Zentrum der Schwerindustrie.

Die Konkurrenten

INDUSTRIEDENKMALE

Im 17. und 18. Jh. war Schweden für hochwertigen Stahl bekannt, der in großen Hüttenwerken in eher ländlichen Gebieten hergestellt wurde, z. B. im **Hüttenwerk Engelsberg** (gegründet 1681). Dort, mitten in den südschwedischen Wäldern, sind rund 50 rostrot gestrichene Gebäude mit historischen Schmieden, Brenn- und Schmelzöfen erhalten geblieben.

Liverpool an der Nordwestküste Englands gehörte im 19. und 20. Jh. zu den betriebsamsten Häfen der Welt, erlebte dann aber einen schnellen Niedergang. Als die feuersicheren Lagerhäuser am **Albert Dock** im Jahr 1846 aus Eisen, Stein und Backstein errichtet wurden, waren sie landesweit die ersten ihrer Art. Inzwischen sind die Gebäude kreativ zu Hotels, Restaurants, Unterhaltungseinrichtungen, Museen oder Galerien wie der Tate Gallery Liverpool umgebaut worden. Gleich nördlich von ihnen säumt seit 2011 das ultramoderne Museum of Liverpool das Ufer am Pier Head.

Bei seiner Vollendung 1923 war das norditalienische **Fiat-Werk** im Turiner Stadtteil Lingotto die größte Autofabrik der Welt. Die Fahrzeuge wurden stückweise montiert und dabei über fünf Stockwerke nach oben transportiert. Nach einer Fahrt auf der Dachteststrecke rollten sie dann über eine spiralförmige Rampe wieder hinunter. Produktionsende und Stilllegung erfolgten 1982; mittlerweile ist aus dem Werk ein schicker Einkaufs-, Veranstaltungs- und Hotelkomplex geworden. Die Entwürfe hierfür lieferte der italienische Stararchitekt Renzo Piano.

DER ATEMBERAUBENDSTE AUSSICHTSPUNKT

ZUCKERHUT

Dieser einzigartige Berg im Herzen von Rio de Janeiro bietet einen großartigen Panoramablick auf die Stadt, das Meer, die Strände und die Berge der Umgebung.

GEOGRAFISCHE LAGE

Der Zuckerhut ragt an der Seeseite der brasilianischen Metropole Rio de Janeiro auf. Als zweitgrößte Stadt des Landes hat Rio gute Flug- und Straßenverbindungen; Taxi, Bus und U-Bahn sind ideal für Touren vor Ort. Täglich von 8 bis 20 Uhr fährt die Seilbahn *O Bondinho* in zwei Etappen auf den Zuckerhut hinauf.

Der 395 m hohe Pão de Açúcar – besser bekannt als Zuckerhut – gehört zu den am häufigsten fotografierten Bergen der Welt. Er steht am Eingang der Guanabara-Bucht, mitten in Rio de Janeiro. Der Blick von seinem Gipfel ist spektakulär, weit schweift er über die scheinbar endlose Stadt, die bewaldeten Berge, den weiten Atlantischen Ozean und die Strände an der riesigen Bucht. Umgekehrt wirkt der Zuckerhut von unten aus betrachtet nicht weniger imposant: Die charakteristische Form des Granitfelsens, die kahlen Flanken sowie das ungewöhnliche Nebeneinander von Fels und Wasser machen seinen einzigartigen Reiz aus – er ist nicht unbedingt geometrisch perfekt, mutet aber fast schon „unnatürlich" an.

Der Berg erhielt seinen Namen auf dem Höhepunkt des brasilianischen Zucker-Booms, als man gekochten Zuckerrohrsaft zu Rohzucker raffinierte, der in konischen Tonformen nach Portugal und in andere Länder exportiert wurde. Die süßen Kegel wurden *pãos de açúcar* (Zuckerhüte) genannt – dass Rios ähnlich geformter Berg diesen Namen erhielt, war da unausweichlich. Tatsächlich spielte der Zuckerhut eine Schlüsselrolle in der Stadtgeschichte: An seinem Fuß ließ der Offizier Estácio de Sá die erste portugiesische Siedlung an der Guanabara-Bucht errichten, als er 1565 eine Militärexpedition gegen französische Kolonisten leitete. Die Festung São João

zeugt bis heute von den vielen Kämpfen in der turbulenten Landesgeschichte; sie gehört zu einem Netz kolonialzeitlicher Forts, das die Bucht mehr als 400 Jahre lang schützte.

Europäische Maler des 19. Jh. betrachteten den Berg als faszinierendes Sujet und machten ihn mit ihren Bildern weltweit bekannt. In *Flying Down to Rio* (1933), *Carioca* (1941) und *Moonraker – Streng geheim* (1979) wurde das Wahrzeichen auch zur Filmkulisse und steigerte so Rios Ruf als faszinierende Stadt noch zusätzlich.

Seilbahn zum Gipfel

Zwei Gipfel ragen aus derselben Basis: der niedrigere Morro da Urca (Urca-Hügel) und der eigentliche Zuckerhut. Sie entstanden vor etwa 600 Mio. Jahren während einer Gebirgsbildungsphase auf dem Urkontinent Gondwana. Im Vergleich zu anderen Granitfelsen fallen die Hänge des Berges fast senkrecht ab und sind unbewachsen. Obwohl sich die beiden Gipfel auch zu Fuß besteigen lassen, ist die schwindelerregende Seilbahnfahrt ab der Talstation an der Praia Vermelha (Roter Strand) am beliebtesten: Der *O Bondinho* wurde 1912 als landesweit erste und weltweit dritte Seilbahn dieser Art eröffnet. Vom Boden aus führt die erste Etappe (220 m) in nur drei Minuten zur Spitze des Morro da Urca; von dort aus gelangt man in weiteren drei Minuten zum Gipfel des Zuckerhuts. Die Glasgondeln schweben während der Fahrt über dem Granitsattel zwischen den beiden Bergen. Eine historische Ausstellung zeigt, wie stark sich die Seilbahntechnologie seit den ersten, noch spannenden Fahrten auf den Zuckerhut weiterentwickelt hat.

Schwindelerregend An der Guanabara-Bucht und vor dem Stadtzentrum ragt der charakteristische Zuckerhut empor. Die Bergstation der Seilbahn ist gerade noch erkennbar.

PERSPEKTIVENWECHSEL

Der Blick vom Gipfel des Zuckerhuts ist grandios, doch wer den Berg fotografieren möchte, muss einen der anderen Aussichtspunkte rund um Rio aufsuchen: Die besten Fotos in der Morgen- und Abenddämmerung entstehen vom Corcovado aus, dessen Granitkuppe den Zuckerhut im Westen überragt. Tagsüber kann man gut vom Westrand der Guanabara-Bucht aus fotografieren, z. B. von den Stränden Morro da Viúva und Flamengo. Außerdem bietet die Terrasse des Strandrestaurants *Porcao* einen traumhaften Blick auf den Zuckerhut. Von Copacabana im Westen aus lässt er sich ebenfalls gut knipsen. Ein weiterer hinreißender Aussichtspunkt ist die Spitze des Morro do Leme südlich der Praia Vermelha, die man über die Avenida Atlantica am Ostende des Stadtteils Copacabana erreicht.

Oben am Gipfel dünnt der Besucherstrom aus, vor allem entlang des Naturlehrpfads auf der Seeseite, wo einsame Aussichtspunkte mit Fernblick bis zum Horizont aufwarten. Auf der Rückseite des Berges sonnen sich Eidechsen auf den Wegen und Mauern eines Picknickplatzes, der von Bäumen beschattet wird.

Spektakuläres Panorama

Die Aussicht vom Zuckerhutgipfel ist schlicht spektakulär: Auf dem Corcovado im Westen ragt die riesige Statue von Christus dem Erlöser hinter den goldenen, weltberühmten Stränden von Copacabana und Ipanema auf. Im Norden liegen der dicht bevölkerte Bezirk Flamengo, die Innenstadt und Rios Inlandsflughafen – manche Maschinen kommen dem Berg so nahe, dass man glaubt, sie mit der ausgestreckten Hand berühren zu können. Östlich befinden sich der Eingang zur Guanabara-Bucht, die Vororte Niterói und Jurujuba sowie die Fortaleza de São João aus dem 16. Jh.

Üppiger atlantischer Regenwald bedeckt Teile des Zuckerhuts und den Morro da Urca. Neben einheimischen Tukanen und Papageien beheimatet der Wald auch die kleinsten Primaten der Welt (Marmosetten), die auf Bäumen nahe der Morro-Seilbahnstation leben. Während der 1980er-Jahre wurde die Landschaft im Rahmen des Programms Operação Vegetação regeneriert: Man pflanzte einheimische Bäume, Büsche und Blumen auf beiden Berge.

Gipfelsturm

Die Erstbesteigung des Zuckerhuts erfolgte 1817 durch Henrietta Carstairs; zum Verdruss der Einheimischen hisste das furchtlose britische Kindermädchen den Union Jack auf dem Gipfel. An die steile Nordwand wagte sich niemand heran, bis ein australisches Team den

Stadt der Kontraste Wer vom Zuckerhut Richtung Westen blickt, kann den langen Strandbogen von Copacabana (links) und den Berg Corcovado oberhalb der Stadt (rechts) aus der Vogelperspektive betrachten.

Weltbekannte Statue Christus der Erlöser krönt den Berg Corcovado; vom Zuckerhut aus ist die riesige Statue deutlich sichtbar.

schroffen Granitdom im Jahr 1972 bezwang. Heute überziehen den Zuckerhut viele Kletterrouten mit verschiedenen Schwierigkeitsgraden und fantasievollen Namen wie Checkmate, Crazy Horse, Ace of Spades oder Waldo. Der Felsen zählt nun zu den populärsten stadtnahen Kletterrevieren der Welt – manch einer kommt nur hierher, um das Können der Kletterer zu beobachten.

Zwar ist es möglich, den rückwärtigen Steilhang hinaufzuklettern, doch Unerfahrene sollten davon absehen, da der schwierige Aufstieg selbst für Erfahrene eine Herausforderung ist. Auf dem Gipfel gibt es keine Rückfahrkarten für die Seilbahn; also kauft man besser ein Einzelticket an der Talstation und nimmt es mit nach oben. Der Aufstieg am niedrigeren Morro da Urca folgt dem Claudio-Coutinho-Pfad, der sich ab der Praia Vermelha zwischen den beiden Bergen in die Höhe windet.

Die Konkurrenten

STÄDTISCHE AUSSICHTSPUNKTE

Alcatraz bietet einen ganz speziellen Stadtblick: Man sieht San Francisco, die Golden Gate Bridge und die Bay Bridge von der Gefängnisinsel aus. Die Häftlinge hatten also eine verlockende Aussicht auf die verlorene Freiheit.

Obwohl auf dem **Gianicolo** (in römischer Zeit *Ianiculum*) ebenfalls schöne Bauten stehen, macht seinen größten Reiz der Ausblick auf andere Attraktionen aus. An Sommerabenden scheint Rom von oben betrachtet im Sonnenuntergang zu glühen, weil man nur schimmernde Mauern, Dächer und Kuppeln sieht.

Das **London Eye** wurde im Jahr 2000 eröffnet, um das neue Millennium mit einer traumhaften Aussicht auf die britische Hauptstadt zu feiern. Das größte Riesenrad der Welt lässt Glasgondeln in 30 Minuten gemächlich bis auf 135 m Höhe über der Themse hinaufschweben. Aus der Vogelperspektive schaut man dann auf Londoner Wahrzeichen.

Über das schäumende Kielwasser der **Staten Island Ferry** hinweg betrachtet, wirkt Manhattan wie ein treibendes Floß. Diese für New Yorker alltägliche Pendlerfahrt ist für Touristen ein Erlebnis. Das One World Trade Center dominiert nun das Stadtbild, das trotz fehlender Twin Towers so faszinierend ist wie eh und je.

Außer mit der Aussicht vom Eiffelturm punktet Paris mit dem reizvollen Gipfelblick vom **Montmartre**. Von den Terrassen vor der Basilika Sacré Cœur schaut man auf das Pariser Leben hinab, wer dies von noch weiter oben tun will, besteigt die mächtige Kuppel.

Der Hongkonger **Victoria Peak** ist nach der regierenden Königin zur Zeit von Großbritanniens Herrschaft über die Insel benannt; man erreicht den Hügel mit der rot-weißen Peak Tram oder nach einer langen Autofahrt. Der Blick schweift von hier aus über den Hafen, die Halbinsel Kowloon, das Perlflussdelta und die vielen Inseln im Südchinesischen Meer

REGISTER

Fett gedruckte Seitenzahlen verweisen auf Hauptartikel.

Bildnachweis

Abkürzungen: o = oben; **u** = unten; **l** = links; **r** = rechts; **m** = Mitte
Umschlagvorderseite: iStock/Onfokus
Umschlagrückseite: iStock/lucky-photographer
Vorsatz: Superstock/Hemis fr;
1 National Geographic Stock/Speleoresearch & Films/Carsten Peter; **2–3** Shutterstock.com/Kipp Schoen; **4ul** SuperStock/Angelo Cavalli; **4um** FLPA/Frans Lanting; **4ur** 4Corners Images/SIME/Laurent Grandadam; **5ul**, **5um** 4Corners Images/HP Huber; **5ur** Getty Images/Vetta/Chris Hepburn; **6** Corbis/Hemis/Arnaud Chichurel (© SETE Illuminations Pierre Bideau); **8–9** Alamy/Russell Kord; **10or** awl-images.com/Julian Love; **10ul** SuperStock/JTB Photo; **11mr** awl-images.com/Michele Falzone; **11ul** Shutterstock.com/Planner; **12** picture alliance/United Archives/DEA PICTURE LIBRARY; **13** Panos Pictures/Georg Gerster; **14** SuperStock/Marka; **15ml** Still Pictures/Blickwinkel/R.Gemperle; **15um** Shutterstock.com/Galyna Andrushko; **16–17** 4Corners Images/Huber/Reinhard Schmid; **18** iStock/Gatsi; **19o** Corbis/Ocean; **19ul** Shutterstock.com/Motordigitaal; **20–21** awl-images.com/Doug Pearson; **22** 4Corners Images/Huber/Günter Gräfenhain; **23o** Corbis/Jean-Pierre Lescourret; **23u** Shutterstock.com/Barone Firenze; **24–25** Shutterstock.com/MP cz; **25or** National Geographic Stock/Minden Pictures/Pete Oxford; **25um** Shutterstock Images/Hung Chung Chih; **26ul** National Geographic Stock/Kent Kobersteen; **26–27o** 4Corners Images/ Huber/Günter Gräfenhain; **28o** Getty Images/AFP/Tang Chhin Sothy; **28u** Panos Pictures/Dieter Telemans; **29** National Geographic Stock/Steve Raymer; **30–31** Robert Harding/Geoff Renner; **32o** Specialist Stock/Michael S. Nolan; **32u** SuperStock/JTB Photo; **33** FLPA/Minden Pictures/Colin Monteath; **34um** The Philip Johnson Glass House/Eirik Johnson; **34–35** Arcaid Images/Steve Hall/Hedrich Blessing; **36**iStock/Liens; **37** awl-images.com/Jane Sweeney; **38–39** Shutterstock.com/Mikhail Markovskiy; **39o** naturepl.com/Doug Allan; **40o** Shutterstock.com/Gontar; **40u** SuperStock/JTB Photo; **41or** National Geographic Stock/Bates Littlehales; **41ml** SuperStock/imagebroker.net; **41ur** Hedgehog House/Colin Monteath; **42ul** Corbis/Robert Harding World Imagery/Tony Waltham; **42–43, 44–45** awl-images.com/Michele Falzone; **46–47** Alamy/Ian Cowe; **48o** Getty Images/SSPL; **48u** Ken Kaizuka; **49om** Shutterstock.com/Mikhail Markovskiy; **49mr** picture alliance/dpa; **49ul** SuperStock/Robert Harding Picture Library; **50** awl-images.com/Cahir Davitt; **51** 4Corners Images/SIME/Massimo Borchi; **52um** Shutterstock.com/Freddy Eliasson; **52ur** Getty Images/Photolibrary/Ted Mead; **53** Shutterstock.com/Chris Rodenberg Photography; **54** awl-images.com/Peter Adams; **55** Robert Harding/age fotostock/Jeff Greenberg; **56** Shutterstock.com/Mikhail Markovskiy; **57o** Lonely Planet Images/Tim Barker; **57ul** awl-images.com/Michele Falzone; **57mr** Getty Images/Donald Nausbaum; **58ul** Shutterstock.com/Oleg Znamenskiy; **58–59** awl-images.com/Danita Delimont Stock; **60** SuperStock/Yoshio Tomii; **61or** 4Corners Images/SIME/Massimo Ripani; **61ur** Sonia Halliday Photographs; **62o** Corbis/Sylvain Sonnet; **62u** SuperStock/Hemis.fr; **63o** 4Corners Images/Huber/Fridmar Damm; **63mr** Corbis/Sylvain Sonnet; **63ul** 4Corners Images/SIME/Massimo Ripani; **64** awl-images.com/Neil Farrin; **65o** SuperStock/Stock Connection; **65ur** 4Corners Images/Huber/Reinhard Schmid; **66–67** 4Corners Images/SIME/Laurent Grandadam; **68** Shutterstock.com/Songquan Deng; **69** awl-images.com/Jon Arnold; **70o** Alamy/Nathan Benn; **70ul** Getty Images/Brian Lawrence; **70ur** SuperStock/Travel Library Limited; **71ul** Corbis/Art on File; **71ur** Getty Images/IMAGEMORE Co, Ltd.; **72–73** Alamy/Arterra Picture Library; **74–75** Lonely Planet Images/Richard I'Anson; **76ul** Corbis/SOPA/Massimo Borchi; [illegible] Gavin Hellier; **78–79** Shutterstock.com/sergruss; **80** SuperStock/imagebroker.net; **81** Shutterstock.com/Probasson Frederic; **82** SuperStock/Robert Harding Picture Library; **83o** SuperStock/Flirt; **83u** SuperStock/Prisma; **84u** Corbis/Ocean; **85** Getty Images/DEA/N.Cirani (Kakadu National Park:www.environment.gov.au/parks/kakadu/visitor-information/permits; **86–87** Robert Harding/age fotostock; **88** Getty Images/Mark Jones Roving Tortoise Photos; **89ol** ardea.com/M. Watson; **89ur** Getty Images/Michele Westmorland; **90–91** FLPA/Frans Lanting; **92** Getty Images/Max Homand; **93** SuperStock/F1 Online; **94–95** SuperStock/age fotostock/David Lyons; **95o** Shutterstock.com/Pecold; **96–97** picture alliance/REUTERS; **97or** Die Gläserne Manufaktur, Volkswagen Automobilmanufaktur Dresden GmbH; **98–99** Corbis/Momatiuk-Eastcott; **100** 4Corners Images/Stefano Amantini; **101o** Corbis/National Geographic Society/John Burcham; **101u** iStock/rbulthuis; **102–103** Corbis/All Canada Photos/Bruce Corbett; **104** 4Corners Images/Huber/Sabine Lubenow; **105** 4Corners Images/SIME/Massimo Borchi; **106** Getty Images/National Geographic/Bill Curtsinger; **107or** Getty Images/National Geographic/Michael Melford; **107ul** Corbis/Hugh Sitton; **108–109** 4Corners/Huber/Günter Gräfenhain; **109or** Shutterstock.com/modestlife; **110–111** Corbis/Hemis/Romain Cintract; **112–113** Getty Images/Toshi Sasaki; **114** naturepl.com/Photo Resource Hawaii; **115or** FLPA/Frans Lanting; **115ul** naturepl.com/Igor Shpilenok; **116–117** Corbis/Richard Klune; **117o** 4Corners/Huber/Reinhard Schmid; **118** Alamy/blickwinkel; **119o** Corbis/National Geographic Society/Greg Dale; **119u** Shutterstock.com/Skowron; **120ul** Robert Harding; **120–121** National Geographic Stock/Speleoresearch & Films/Carsten Peter; **122–123** 4 Corners Images/SIME/Antonino Bartuccio; **124o** 4 Corners Images/SIME/Antonino Bartuccio; **124u** Alamy/David Lyons; **125o** naturepl.com/Gabriel Rojo; **125u** Shutter stock.com/Janne Hämäläinen; **126u** Alamy/blickwinkel; **126–127o** Alamy/Georgie Bristow; **127u** Robert Harding/Image Broker/Michael Krabs; **128ul** FLPA/Imagebroker/Bernd Mehmen; **128–129** FLPA/Imagebroker; **130** Getty Images/Tier und Naturfotografie J & C Sohns; **131** Shutterstock.com/Jamie Valentino; **132** Corbis/Martin Harvey; **133** naturepl.com/Dan Rees; **134–135** Rex Features/Roland Kemp; **135or** SuperStock/age fotostock; **135ur** Alamy/Alan Gignoux; **136–137** iStock/kilhan; **138o** awl-images.com/Katie Garrod; **138u** SuperStock/age fotostock; **139** SuperStock/Robert Harding; **140ul** Robert Harding/age footstock; **140–141o** Corbis/George Steinmetz; **141um** awl-images.com/Travel Pix Collection; **142–143** Shutterstock.com/Christian Wilkinson; **144o** akg-images/Gilles Mermet; **144u** 4Corners Images/SIME/Guido Baviera; **145** Robert Harding/Sergio Pitamitz; **146–147o** 4Corners Images/Huber/Fridmar Damm; **147ur** Shutterstock.com/Sebastian Burel; **148** © David Boswell/DBoswell Photography ; **149or** naturepl.com/Orsolya Haarberg; **149ml** SuperStock/imagebroker.net; **149ur** 4Corners Images/SIME/Gabriele Croppi; **150ul** Robert Harding/age fotostock/Nacho Calonge; **150–151** Corbis/Hemis/Arnaud Chicurel (©SETI illuminations Pierre Bideau); **152o** SuperStock/Fine Art Images; **152u** Corbis/Sylvain Sonnet; **153** Corbis/Hemis/Bertrand Rieger; **154or** 4Corners Images/SIME/Susy Mezzanotte; **154ul** SuperStock/imagebroker.net; **155mr** SuperStock/Hemis.fr; **155ul** Corbis/Bob Krist; **156–157** Getty Images/Kelly Cheng Travel Photography; **158** SuperStock/age fotostock; **159or** Getty Images/De Agostini/G. Dagli Orti; **159um** SuperStock/Prisma; **160–161u** SuperStock/Frans Lemmens; **161or** Shutterstock.com/Steffen Foerster Photography; **162um** SuperStock/imagebroker.net; **162–163** awl-images.com/Michele Falzone; **164ul** Rex Features/Brian Harris; **164–165** Dreamstime.com/Andyemptag; **166or** Rex Features/Daily Mail/David Crump; **166ul** Alamy/Robert Preston; **167or** Corbis/Michael St. Maur Sheil; **167ml** Corbis/Paul Thompson; **167um** Shutterstock.com/alessandro0770; **168** 4Corners/SIME/Massimo Borchi; **169o** Alamy/Paul Lindsay; **169um** SuperStock/Prisma; **170–171** Corbis/Jose Fuste Raga; **172or** SuperStock/Ernest Manewal; **172u** awl-images.com/Danita Delimont Stock; **173or** Robert Harding/Gavin Hellier; **173ur** Alamy/Carver Mostardi; **174** Issac Brooks; **175** iStock/Nikita Birzhakov; **176–177** Alamy JTB Photo Communications, Inc; **177or** ALIMDI.NET/WOT; **178or** awl-images.com/Michele Falzone; **178ul** Getty Images/Robert Harding/Peter Barritt; **179** Corbis/Rob Howard; **180ml** Lonely Planet Images/Holger Leue; **181** Hedgehog House/Colin Monteath; **182** SuperStock/age fotostock; **183o** SuperStock/Marka; **183u** Shutterstock.com/Mikhail Markovskiy; **184–185** Robert Harding/age fotostock/P.Narayan; **186ml** The Bridgeman Art Library/Giraudon/Musee Marmottan Monet, Paris, France; **186–187u** Lonely Planet Images/Diana Mayfield; **187or** SuperStock/ClassicStock.com; **188or** Corbis/Harpur Garden Library; **188um** Shutterstock.com/S. Borisov; **189** Shutterstock.com/Anneka; **190um** Robert Harding/Odyssey/Robert Frerck; **190–191** National Geographic Stock/George Steinmetz; **191um** awl-images.com/Max Milligan; **192ul** Shutterstock.com/Konstantin Mironov; **192ur** Corbis/Visions of America/Joseph Sohm; **193** 4Corners Images/SIME/Olimpio Fantuz; **194–195** awl-images.com/Ivan Vdovin; **196o** FLPA/Frans Lanting; **196ul** naturepl.com/Visuals Unlimited; **196–197u** naturepl.com/Nick Garbutt; **198–199o** Shutterstock.com/Pal Teravagimov; **198ul** SuperStock/NaturePL; **199um** Alamy/Ulrich Doering; **200–201** 4Corners Images/SIME/Antonio Bartuccio; **201mr** SuperStock/age fotostock/Alvaro Leiva; **202–203** SuperStock/Angelo Cavalli; **204ul** SuperStock/Wolfgang Kaehler; **204–205** Corbis/Yann Arthus-Bertrand; **206** Getty Images/Roy Toft; **207or** Corbis/Staffan Widstrand; **207um** SuperStock/Science Faction; **208** Shutterstock.com/CJPhoto; **209u** 4Corners Images/SIME/Johanna Huber; **210–211o** Robert Harding/age fotostock/Yadid Levy; **211um** Shutterstock.com/Edward Kim; **212–213u** Alamy/Huu Dai Trinh; **213or** picture alliance/imageBROKER; **214o** Luke Duggleby; **214ul** Getty Images/National Geographic/Carsten Peter; **215** Eisriesenwelt GMBH; **216** SuperStock/Photononstop; **217** SuperStock/Robert Harding Picture Library; **218–219** SuperStock/Hemis.fr; **220** SuperStock/Robert Harding Picture Library; **221** Lonely Planet Images/Felix Hug; **222–223** 4Corners Images/Huber/Günter Gräfenhain; **223** Shutterstock.com/Frank11; **224u** Getty Images/Zack Seckler; **224–225** Science Photo Library/George Steinmetz; **225um** Robert Harding/age fotostock/Hoffmann Photography; **226–227** SuperStock/Travel Library Limited; **228–229** SuperStock/Hidekazu Nishibata; **229o** Shutterstock.com/Maugli; **230o** 4Corners Images/SIME/Guido Baviera; **230u** Photo Scala, Florence; **231o** 4Corners Images/SIME/Guido Baviera; **231u** Robert Harding/age fotostock/Wojtek Buss; **232** Getty Images/National Geographic/Michael Lewis; **233** awl-images.com/Walter Bibikow; **234** SpecialistStock/Aurora/Peter McBride; **235or** SuperStock/age fotostock; **235ml** Alamy/Alex Segre; **235ur** SuperStock/Travel Library Limited; **236ul** Corbis/Ryan Pyle; **236–237o** 4Corners/Huber/ Günter Gräfenhain; **238–239** 4Corners Images/SIME/FotoSa/Alexander Petrosyan; **240** Shutterstock.com/Sergei Butorin; **241o** SuperStock/Photononstop; **241u** Superstock.com/Prisma; **242–243** Shutterstock.com/Eastimages; **243o** SuperStock/imagebroker.net; **244ul** 4Corners Images/SIME/Antonino Bartuccio; **244–245** SuperStock/age fotostock/Jan Wlodarczyk; **245u** 4Corners Images/SIME/Johanna Huber; **246** The Bridgeman Art Library/Alinari/Scrovegni (Arena) Chapel, Padua, Italy; **247** Photo Scala, Florence; **248ul** Still Pictures/Sean Sprague; **248–249** 4Corners Images/Huber/Fridmar Damm; **250–251** Lonely Planet Images/Sean Caffrey; **252** SuperStock/imagebroker.net; **253o** Invision/Stephane Remael; **253u** SuperStock/Photononstop; **254** Corbis/Rob Howard; **255** Shutterstock.com/Crobard; **256–257** mauritius images/Ben Jeayes/Alamy; **257ur** Shutterstock\Debra James; **258–259** PA Photos/aapnewswire/Mick Tsikas; **259or** awl-images/Andrew Watson; **259um** Shutterstock.com/leungchopan; **260–261** 4Corners Images/Huber HP/Huber; **262** Shutterstock.com/Carlos Neto; **263or** Corbis/Alex Masi; **263m** Lonely Planet Images/Sara-Jane Cleland; **264ul** Shutterstock.com/P.Santibhavank; **264–265** Corbis/JAI/Peter Adams; **266** Corbis/Robert Harding World Imagery/Michael DeFreitas; **267o** Getty Images/Altrendo Travel; **267u** Shutterstock.com/Gerry Broughan; **268–269** Alamy/Prismo Archivo; **270o** SuperStock/imagebroker.net; **270u** iStockphoto.com/Lubomir Jendrol; **271o** Corbis/Gianni Dagli Orti; **271u** Shutterstock/Christian Delbert; **272ul** Panos Pictures/Dieter Telemans; **272–273** Corbis/Ocean; 276tm Corbis/Imaginechina; **274um** Shutterstock.com/Boris Sirotujko; **275o** National Geographic Stock/O. Louis Mazzatenta; **275u** PA Photos/AP/Color China Photo/Lan Shan; **276–277** awl-images.com/Michele Falzone; **278ul** naturepl.com/David Fleetham; **278–279** SuperStock/NaturePL; **280** Still Pictures/WaterFrame/Borut Frulan; **281ml** Alamy/imagebroker/Norbert Probst; **281ur** Eddie Gerald/Alamy; **282–283** Alamy/John Gaffen; **284ul** Alamy/David Pearson; **284–285** awl-images.com/Aurora Photos; **286** SuperStock/Prisma/Blum Bruno; **287o** Panos Pictures/G. M. B. Akash; **287u** Shutterstock.com/Luciano Mortula; **288–289** Getty Images/Vetta/Chris Hepburn; **289ol** 4Corners Images/SIME/Olimpio Fantuz; **290** 4Corners Images/SIME/Giovanni Simeone; **291** awl-images.com/Alan Copson; **292** iStock/OlegAlbinsky; **293** Getty Images/arabianEye/Gerald Donovan; **294u** Robert Harding/Tao; **294–295** Getty Images/Best View Stock; **296o** Robert Harding/PanoramaStock; **296u** Getty Images/Marco Simoni; **297** Robert Harding/Christian Kober; **298–299** picture alliance/imageBROKER; **300** Still Pictures/Blickwinkel/McPHOTO; **301o** SuperStock/imagebroker.net; **301u** SuperStock/imagebroker.net; **303** Corbis/Ocean; **304ul** Robert Harding/age footstock/Luis Castaneda; **304–305** SuperStock/age fotostock/Photri Inc; **305u** SuperStock/Hemis.fr; **306o** Nature Picture Library/George Sanker; **306u** Shutterstock/Jan Mika; **307** SuperStock/Flirt; **308ul** SuperStock/imagebroker.net; **308–309** Stiftung Zollverein/Thomas Willemsen; **310–311** 4Corners Images/SIME/Antonino Bartuccio; **312–313** mauritius images/Günther Gräfenhain; **313o** Getty Images/Michael Regan

Titel der englischen Originalausgabe
The Best of the Best Places in the World

Deutsche Ausgabe
Übersetzung: Berna Ercan, Tobias Ewert, Dr. Christian Rochow
Redaktion: Olaf Rappold, Julia Wilhelm (red.sign GbR, Stuttgart)
Grafik: Annette Zeininger (red.sign GbR, Stuttgart)

Reader's Digest
Redaktion: Helin Dag
Bildredaktion: Sabine Schlumberger

Redaktionsdirektor: Michael Kallinger
Chefredakteurin Buch: Dr. Renate Mangold
Art Director: Susanne Hauser

Produktion
arvato distribution: Thomas Kurz
Druck und Binden: Neografia, Martin

Aktualisierte Ausgabe 2019

Redaktionsschluss: 01.07.2019

FR 2232/G-UK

Printed in Slovakia

ISBN 978-3-95619-379-8

Besuchen Sie uns im Internet:
readersdigest-verlag.de | readersdigest-verlag.ch | readersdigest-verlag.at